东寨港旧址　摄影：张一平　2012 年

中和镇老街　摄影：张一平　2014 年

琼海南洋风格建筑　摄影：张一平　2015 年

崖州古城　摄影：张一平　2014 年

府城鼓楼遗址　摄影：张一平　2012 年

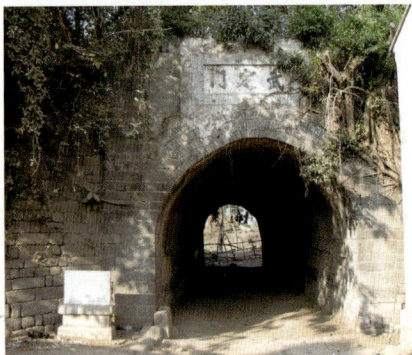

儋州故城　摄影：张一平　2015 年

海口钟楼　摄影：钱堃　2018年

海口老街　摄影：钱堃　2018年

海口港　摄影：钱堃　2018 年

海口美兰机场　摄影：钱堃　2017 年

国家出版基金项目
NATIONAL PUBLICATION FOUNDATION

海 南

与

海上丝绸之路

中共海南省委党史研究室　著
（海南省地方志办公室）

清华大学出版社
北 京

内 容 简 介

2013年10月，习近平主席在访问印度尼西亚期间，提出了建设21世纪海上丝绸之路的战略倡议。2015年3月，国务院授权国家发展改革委、外交部、商务部发布《推动共建丝绸之路经济带和21世纪海上丝绸之路的愿景与行动》，进一步明确了21世纪海上丝绸之路建设的目标与任务。鉴于海南在21世纪海上丝绸之路建设中的特殊地位与作用，中共海南省委党史研究室（海南省地方志办公室）组织专家学者围绕"海南与海上丝绸之路"主题开展专题研究。本书即是这一研究的最终成果。

本书着重阐述了海南在21世纪海上丝绸之路建设中的地位和作用，以及经略南海与海上丝绸之路建设的战略关系，提出了海南参与21世纪海上丝绸之路建设的战略构想与政策建议。为了深入、完整地认识21世纪海上丝绸之路建设的战略意义，本书辟专章研究了历史上海南在海上丝绸之路上的地理区位、海南古代海上对外交流与经济贸易、海南古代港口与沿海城镇以及《更路簿》与海南地方文化的关系等问题。

本书可作为参与"一带一路"建设工作的政府有关部门、企事业单位的重要理论读物，也可作为学习、研究丝绸之路相关问题的参考资料。

审图号：GS(2018)337号

本书封面贴有清华大学出版社防伪标签，无标签者不得销售。
版权所有，侵权必究。侵权举报电话：010-62782989   13701121933

图书在版编目（CIP）数据

 海南与海上丝绸之路/中共海南省委党史研究室（海南省地方志办公室）著. —北京：清华大学出版社，2018（2018.10重印）
 ISBN 978-7-302-50416-0

 Ⅰ.①海… Ⅱ.①中… Ⅲ.①海南－地方史－研究 ②海上运输－丝绸之路－研究－海南
Ⅳ.①K296.6

 中国版本图书馆 CIP 数据核字(2018)第 131960 号

责任编辑：张瑞庆 战晓雷
封面设计：傅瑞学
责任校对：梁 毅
责任印制：沈 露

出版发行：清华大学出版社
    网   址：http://www.tup.com.cn，http://www.wqbook.com
    地   址：北京清华大学学研大厦 A 座   邮   编：100084
    社 总 机：010-62770175   邮   购：010-62786544
    投稿与读者服务：010-62776969，c-service@tup.tsinghua.edu.cn
    质量反馈：010-62772015，zhiliang@tup.tsinghua.edu.cn
    课件下载：http://www.tup.com.cn，010-62795954

印 装 者：三河市铭诚印务有限公司
经 销：全国新华书店
开 本：185mm×230mm   印 张：28.5 彩 插：2   字 数：467 千字
版 次：2018 年 8 月第 1 版   印 次：2018 年 10 月第 2 次印刷
定 价：128.00 元

产品编号：071404-01

序

  海上丝绸之路研究既有深远的历史意义,又有重大的现实意义。2014年1月,海南省人民政府与中国社会科学院共同签署了为期4年的合作开展海南考古研究框架协议,其中包括海南古代海上丝绸之路的研究。海南省史志部门响应省政府的号召,发挥本部门优势,并借助有关方面力量,积极参与海上丝绸之路研究,专门成立了课题组,确定从地方志的角度入手,围绕区位优势、海上贸易、海上通道、经略南海等专题进行研究,形成了一批有资政意义的研究成果,也为地方文化事业留下了可靠的史料。

  海上丝绸之路自秦汉时期开通以来,一直是中外经贸文化交流的重要通道。据《汉书》记载,今广东省的徐闻成为汉代南方重要的贸易始发港之一。海南地处始发港旁,是下南洋和下西洋的必经之域,从汉代起便是我国东南沿海海上丝绸之路的重要组成部分;海上贸易的兴起也带动了海南的发展,中央政权对海南的政治经济文化影响日益加深。公元前110年,西汉在今海南设立珠崖和儋耳两郡,辖16县。唐代以后海上丝绸之路对海南的影响更加凸显,随着唐代综合国力明显增强,海上贸易繁荣,广州和交州成为唐代南方重要的海上贸易始发港。海南正处于我国两条海上贸易通道的交会处,海南的沉香、花梨、益智子等土特产成为重要的贸易商品。宋代后,海南因其位于南海的前沿位置,既是中外商船往来东西方必须经停的中继港、避风港,又是大陆、东南亚国家及海南岛特产的重要中转集散地。明清时期,过往的商船不断增加,各国朝贡的船只也在海南停靠和补给。由此可见,海南一直是我国海上下南洋和下西洋贸易通道的必经之地。

  海南作为海洋大省和祖国的南大门,历史上又是海上丝绸之路的重要必经通道和中继站,具有重要的战略地位。在 21 世纪海上丝绸之路发展进程中,海南作用突出。海南参与海上丝绸之路的建设,服务于国家总体外交大局,也将为海南全面深化改革开放提供新的契机和动力。中共海南省委党史研究室(海南省地方志办公室)编写的《海南与海上丝绸之路》一书面世,将对深入研究海南与海上丝绸之路的关系,进一步挖掘、整理和弘扬海南文化,推动海南全岛建设自由贸易试验区,逐步探索、稳步推进中国特色自由贸易港建设,具有重要的现实意义。

2018 年 6 月

目　录

第一章 海南在 21 世纪海上丝绸之路建设中的战略地位和作用研究

第一节　21世纪海上丝绸之路倡议的提出背景和基本内涵

一、21世纪海上丝绸之路倡议的提出背景

（一）21世纪海上丝绸之路倡议提出的国内背景

1. 转变经济发展方式，推动产业结构转型升级

十一届三中全会以来，中国凭借强大的人口红利优势、丰富的自然资源以及改革开放的政策支持，保持了经济的高速增长态势，平均每年8%～10%的增长速度令世界咂舌，创造出了中国经济的奇迹。然而，在取得一系列亮丽成绩的背后，中国的增长也呈现出旧时代工业化模式的弊病：高耗能、高污染、高投入。"三高模式"中隐藏着以牺牲资源环境为代价来实现经济的快速增长，显然，这是不符合可持续发展道路及其规律的。事实上，这样的现象在西方国家的工业化阶段初期也十分普遍，某种意义上中国也在重复这样高代价的发展之路。近些年来，随着"可持续发展"理念的提出与施行，中国正在将"又快又好"的发展方式逐步转变为"又好又快"经济发展方式，开始注重提高能源资源的利用率以及提升人员素质和培养创新能力。可以看到，中国的工业化之路正在向"新型工业化"之路逐步迈进，而转变经济发展方式，推动产业结构转型升级，是新时期中国经济保持健康稳定增长的重要条件和现实路径。

以经济建设为中心是兴国之要，发展仍是解决我国所有问题的关键。在新时期，党和国家领导人已经深刻地认识到加快完善社会主义市场经济体制和加快转变经济发展方式对我国经济社会发展的重要意义。在党的十八大报告中就明确指出："要推进经济结构战略性调整，这是加快转变经济发展方式的主攻方向。必须以改善需求结构、优化产业结构、促进区域协调发展、推进城镇化为重点，着力解决制约经济持续健康发展的重

大结构性问题。要牢牢把握扩大内需这一战略基点,加快建立扩大消费需求长效机制,释放居民消费潜力,保持投资合理增长,扩大国内市场规模。牢牢把握发展实体经济这一坚实基础,实行更加有利于实体经济发展的政策措施,强化需求导向,推动战略性新兴产业、先进制造业健康发展,加快传统产业转型升级,推动服务业特别是现代服务业发展壮大,合理布局建设基础设施和基础产业。建设下一代信息基础设施,发展现代信息技术产业体系,健全信息安全保障体系,推进信息网络技术广泛运用。"①

"着力激发各类市场主体发展新活力,着力增强创新驱动发展新动力,着力构建现代产业发展新体系,着力培育开放型经济发展新优势。"十八大报告中提出的"四个着力"不仅指明了新的经济发展方式的基本内容,也进一步明确了不断增强我国长期发展后劲的途径所在,体现了我国经济发展全方位的战略选择。"四个着力"是我们推动经济结构调整升级、经济发展方式转变的本质要求。这就需要我们做到扩大国内需求,从以投资为发展的主要力量向以消费为主导、投资消费出口协调拉动增长的方式转变;完善国内市场,增强各类市场主体的竞争活力,加强市场在资源配置中的基础性作用;在国内市场发展中,要以产业结构的合理化以及产业结构的转型升级作为发展经济的另一驱动力,淘汰技术落后、效率低下、高能耗高污染的产业,着力促进以科技和创新为主的高新技术产业的发展;转变资源的利用方式,合理利用资源;实现各产业部门协调发展,从而提供社会需要的产品和服务;提供劳动者充分就业的机会,推广应用先进的产业技术,进而实现最佳经济效益,构建资源节约型、环境友好型社会。

然而,要实现转变经济发展方式,推动产业结构转型升级并不是一蹴而就的。在当前经济全球化的时代,一国经济与其他各国的经济紧密相连。一国经济形势的调整、改革和完善不仅需要国内强大动力的支持,也需要与外部世界实现紧密的联动、协调和配合。中国在进行经济改革和深化发展的同时,还应结合自身和周边国家的产业结构状况,适时进行产业转移和升级,促进高新技术联合开发和区域间的资金与劳动力流动。

---

① 胡锦涛.坚定不移沿着中国特色社会主义道路前进　为全面建成小康社会而奋斗——在中国共产党第十八次全国代表大会上的报告.人民日报,2012-11-09〔2015-08-01〕.http://cpc.people.com.cn/18/n/2012/1109/c350821-19529916.html.

2014 年 5 月，习近平总书记在河南考察时指出，要增强信心，从当前中国经济发展的阶段性特征出发，适应新常态。2014 年 11 月，习近平总书记在亚太经合组织工商领导人峰会开幕式上首次系统阐述了新常态。同年 12 月，中央经济工作会议全面描述了经济进入新常态的九大趋势性变化，提出要认识新常态、适应新常态、引领新常态。中国经济进入新常态，经济发展的体制、动力、模式和目标都将加速转变，同时也面临诸多挑战，需要根据新的约束条件选择适当的发展战略，才能实现由经济大国向经济强国的转变。

经济新常态[①]，就是经济结构的对称态，在经济结构对称态基础上的经济可持续发展，包括经济可持续稳增长。经济新常态是调结构、稳增长的经济，而不是总量经济；着眼于经济结构的对称态及在对称态基础上的可持续发展，而不仅仅是 GDP、人均 GDP 增长与经济规模最大化。简而言之，经济新常态就是用增长促发展，用发展促增长。

而海上丝绸之路这个历史悠久的通商之道在新时期我国的经济建设和发展中将起到搭建与周边国家进行经贸合作的桥梁的重要作用。当今世界，经贸合作已经不再是简单的互通有无、往来贸易等，而是区域间资金、技术、资源、产业、劳动力等生产要素的流动与合作开发。倡导 21 世纪海上丝绸之路建设，将对我国的经济结构调整和经济发展方式转变有重要的推动作用，同时也将促进周边国家的经济社会发展，实现互利共赢、合作发展的新局面。

推进 21 世纪海上丝绸之路建设，在一定程度上还有利于通过外部形势倒逼我国企业加快产业结构调整和技术转型升级，在发展方式上由粗放型向集约型转变，增强我国全球化资源配置和管理开放型经济的能力，有利于从供给和需求两个方面拓展经济发展空间，从而保持经济平稳快速增长，调速不减势，量增质更优。

制造业的转型升级是新常态下的中国经济结构转型和升级的一个关键问题，也是与实施 21 世纪海上丝绸之路建设密切相关的问题。工业是经济的基础，是国家综合实力的源泉和根基，工业的发展与国家命运息息相关。目前，中国已经进入了工业化的中期

---

① 陈世清.对称经济学术语表（一）.中国改革论坛，2015 [2015-08-06] .http://people.chinareform. org.cn/C/chenshiqing/Article/201504/t20150418_223286.htm.

阶段,经济体量大。从产出总量上看,2010 年,中国已超越美国成为世界制造业第一大国,目前我国已有 200 多种工业品产量居世界首位,经济总量已居世界第二,被誉为"世界工厂"。目前,装备制造业已成为我国的重要产业,我们正加快成为现代装备制造业的大国和强国,尽快使我国从制造大国向制造强国迈进,将"中国制造"转变为"中国创造"。

在此过程中,引人注目的高铁已成为我国装备制造业一张亮丽的"名片",成为我国对外经济技术合作的"抢手货"。当前,我国已经公布了实施制造强国战略首个十年行动纲领《中国制造 2025》,国务院又印发了《关于推进国际产能和装备制造合作的指导意见》,提出将与我国装备和产能契合度高、合作愿望强烈、合作条件和基础好的发展中国家作为重点国家,并积极开拓发达国家市场。而 21 世纪海上丝绸之路沿线几十个发展中国家又恰恰是在基础设施建设上需求很大、工业化进程方兴未艾之地。通过中国装备与 21 世纪海上丝绸之路沿线国家结缘,实现合作共赢与共同发展,既是中国经济发展的新机遇,也为 21 世纪海上丝绸之路沿线许多国家解了燃眉之急,特别是对铁路、公路、水利、电力、生态等基础设施建设投资需求巨大的国家。

另一方面,当前中国经济发展面临的一个严峻的问题就是,我国已经步入老龄化社会,人口红利正在逐渐消失。据 2000 年 11 月底第五次人口普查的统计数据显示,65 岁以上老年人口已达 8811 万人,占总人口 6.96%,60 岁以上人口达 1.3 亿人,占总人口 10.2%,按照国际标准衡量,我国已进入了老年型社会。在应对人口红利消失、社会步入老龄化方面,首要的是保证劳动者的收入,以壮士断腕的勇气推进产业转型升级,向价值链高端迈进。以此为契机开展 21 世纪海上丝绸之路建设,周边国家能够为我国的制造业提供大量的廉价劳动力,降低劳动密集型产业的生产成本。同时,也有利于我国的相关产业走出去,有更多的机会向价值链高端迈进,进一步提高我国集约型产业的发展,由"中国制造"向"中国创造"大跨步前进。

通过 21 世纪海上丝绸之路建设,还能够进一步巩固、提升我国与沿线各国的经贸关系,提高贸易自由化、便利化水平,推动我国优势企业走出去开拓市场,在促进沿线国家产业发展的同时,也能够从要素供给和市场开拓方面拓展我国的发展空间,为经济平稳健康发展创造新的增长动力和新的条件。

虽然就目前而言,21世纪海上丝绸之路建设还未完全展开,但是其对经济结构调整与对外合作格局产生的影响已经可见一斑,对新常态下的经济已起到了破局作用。据商务部相关信息显示,2015年1—6月,我国非金融类的对外直接投资达到560亿美元,同比增长了29.2%;成套设备的出口达到600亿美元,同比增长了10%;中国制造业的对外投资达到了50.9亿美元,增长了63.1%。这一系列数据都表明我国对外经济合作水平又有了提高。中国企业目前在海外一共建立了68个境外经贸合作区域,完成投资95.9亿美元,雇用了14.8万名国外劳工,为东道国上缴12.8亿美元税金。特别是到今年上半年,我国企业对"一带一路"48个沿线国家的投资达到70.5亿美元,同比增长22.2%,这些投资包括基础设施、能源合作、农业加工、仓储物流等各个方面。从存量上看,在"一带一路"沿线国家,我国的对外直接投资存量已经达到1634亿美元,占我国整个对外直接投资的20%左右。我国企业除自己投资以外,还抱团出海,建立经贸合作区域,在"一带一路"沿线的23个国家建立了经贸合作区,投资额达到80亿美元左右。我国对"一带一路"沿线国家的出口已快于总体出口的增速。[①]

应该看到,21世纪海上丝绸之路沿线国家需求的表现还仅仅是刚刚开始,具体表现在基础设施的互联互通、建材、电力等领域。同时,这些领域也是当前经济结构调整和对外开放合作的新亮点,是新常态下经济起破局和推动作用的明证。中国经济展现出的新常态下的新的生机和活力,为世界经济注入了新动能。

总之,21世纪海上丝绸之路建设的实施为我国经济结构的调整升级和经济发展方式转变提供了有力支撑,同时也将为我国的经济发展迎来一个新的战略机遇;它不仅可以进一步释放我们的发展潜能,而且通过加快新一轮对外开放,构建起结构调整的全球化参与机制;通过加快新一轮的对外开放,实现国际分工地位的提升和资源在更大空间范围内的优化配置,从而推动中国经济发展迈向中高端水平。

2. 增强政治互信,开展多边外交合作

中国一直秉承和平共处五项原则,坚定地走和平发展的道路,通过实施独立自主的

---

① 李予阳.前6个月我国企业"一带一路"投资70.5亿美元.经济日报,2015-07-17 [2015-08-07].
http://www.hzccpit.com/art/2015/7/20/art_8204_408239.html.

和平外交政策,建立和开展广泛的多边外交关系。近十年来,随着改革开放的脚步逐渐加快,中国的经济实现了高速迅猛发展,强大的经济实力引得一些国家注目的同时,"中国威胁论"等与中国外交理念背道而驰的论调也甚嚣尘上。从历史上看,中国自古以来就是礼仪之邦,主张以诚相待。无论是张骞出使西域还是郑和七下西洋,中国始终都没有以大国姿态傲视其他国家,反而是通过海上丝绸之路、陆上丝绸之路等通商古道,与周边国家进行经贸、文化交流,以此增进国与国之间的深入了解,传递和平的理念。

如今的中国依旧没有忘记人民心中对和平的呼唤,中国虽然在崛起,但却是和平崛起,从未有过建立单极国家、实行霸权主义强权政治的念头。200 多年前,拿破仑曾说:"中国是一头沉睡的狮子,当这头睡狮醒来时,世界都会为之发抖。"拿破仑的"中国睡狮论"很大程度上影响了西方国家对中国的基本看法。2014 年在巴黎举行的中法建交 50周年纪念大会上,中国国家主席习近平说:"中国这头狮子已经醒了,但这是一只和平的、可亲的、文明的狮子。"①这表示中国有意愿同世界各国一起维护世界和平发展的稳定局面。

当前世界格局复杂多变,我国周边环境虽呈现平稳态势,但是周边国家也在领土等问题上与我国偶有摩擦。中国倡导与周边国家共同建立 21 世纪海上丝绸之路,就是希望能够通过深入开展的经贸合作带动进一步深化的政治交流,增强政治互信,创造合作、和平、和谐、稳定的外部环境,为我国全面深化改革创造良好的机遇和外部环境,同时也为中国与周边国家的发展提供交流途径,搁置争议,携手合作,实现共赢。

3. 弘扬丝路精神,增进文化交流

海上丝绸之路最早开辟于秦汉时期。穿越千年时空传递而来的不仅仅是厚重的历史,更有丝路之上孕育而生的璀璨文化与坚韧、和善的丝绸之路精神。"国之交在于民相亲",中国倡导 21 世纪海上丝绸之路建设,也是希望在日益进步的现代文明中不忘却先辈传承下来的深厚友谊。古代海上丝绸之路是由民间为通商而开辟的海上贸易路线,在

---

① 习近平.在中法建交 50 周年纪念大会上的讲话.新华网,2014-03-27 [2015-08-10] .http://news.xinhuanet.com/2014-03/28/c_119982956.htm.

这一条条征服自然、战胜艰险开辟出的航线上，流动着的不仅是中国的丝绸和茶叶、东亚国家的香料和农作物等，更是使沿线各国人民在政治、经济、文化、宗教、艺术等方面进行深入而广泛的交流的熠熠生辉的精神财富，同时也促进了中国同周边各国人民之间的友好往来。

2014 年 9 月，国家主席习近平访问塔吉克斯坦、马尔代夫、斯里兰卡、印度等国家，自南向北，由陆到海，9 天时间昼夜兼程，向周边国家宣传中华文化，树立中国和平友好的大国形象，加深国家之间人民的交流。中国一直以来都重视与周边国家的文化交流与合作。中国倡导与各国一起建设 21 世纪海上丝绸之路，就是希望能够在中国—东盟命运共同体形成的基础上，进一步形成连接亚洲、非洲、欧洲等国家的海上交通航运路线，在广泛的经贸合作、政治互动的基础上，促进日益多元化的世界文化的交流与融合，为各国的经济社会发展提供助力。此举是中国重视周边外交和"睦邻、安邻、富邻"政策的具体实践，充分体现了当前中国愿与世界各国一起携手共进、和平发展、合作共赢的理念。

（二）21 世纪海上丝绸之路倡议提出的国际背景

1. 美国主导下的跨太平洋伙伴关系协议谈判

进入新世纪，特别是 2008 年全球金融危机后，中国在全球经济中的作用开始凸显，政治地位也明显提升，并被看作是下一个超级大国。因此，美国在建立"两国集团"（G2）或中美国（Chimerica）的愿望落空后，转而实行"重返亚太"或者说"转向亚洲"（pivot to Asia）战略，并在 2013 年具体调整为"亚太再平衡"政策。客观地看，再平衡政策是盎格鲁-撒克逊的传统地区战略，迥异于冷战时期的对苏遏制战略。但从安全与经济角度看，中国显然是美国再平衡的主要对象。近段时间以来，美国在这方面表现颇为积极，其中最大的举动就是跨太平洋伙伴关系协议谈判。

跨太平洋伙伴关系协议（Trans-Pacific Partnership Agreement，TPP）也被称作"经济北约"，其前身是跨太平洋战略经济伙伴关系协定（Trans-Pacific Strategic Economic Partnership Agreement），是由亚太经合组织成员国中的新西兰、新加坡、智利和文莱四国发起，从 2002 年开始酝酿的一组多边关系的自由贸易协定，旨在促进亚太地区的贸易自由化。2011 年 11 月 10 日,日本正式决定加入跨太平洋伙伴关系协议谈判。2013 年 9 月 10 日,韩国也宣布加入跨太平洋伙伴关系协议谈判。然而,早在 2008 年 2 月,美国就宣布加入 TPP,并于当年 3 月、6 月和 9 月就金融服务和投资议题举行了 3 轮谈判。同年 9 月,美国总统奥巴马决定参与 TPP 谈判,并邀请澳大利亚、秘鲁等一同加入谈判。2009 年 11 月,美国正式提出扩大跨太平洋伙伴关系计划,澳大利亚和秘鲁同意加入。美国借助 TPP 的已有协议,开始推行自己的贸易议题,全方位主导 TPP 谈判。至此而后,美国在跨太平洋伙伴关系协议谈判中起着主导作用。

首先,美国希望通过跨太平洋伙伴关系协议全面介入亚太区域经济整合进程。2010 年 1 月 1 日,有 19 亿人口和 6 万亿美元 GDP 的中国—东盟自由贸易区正式建成,对东亚经济一体化进程产生重要影响。美国通过跨太平洋伙伴关系协议谈判,可以对中国—东盟自由贸易协定起到制衡作用,削弱中国经济在该区域的影响力,确保美国在东亚的地缘政治、经济和安全利益。同时,美国也希望借此能够重塑并主导亚太区域经济整合进程,稀释中、日等国的区域影响力。尤其是在亚太区域经济整合进程明显加快,形成了"10+1""10+3""10+6"("10"指东盟十国,"+1"指中国,"+3"指中国、日本、韩国,"+6"指中国、日本、韩国、印度、澳大利亚和新西兰)等经贸合作机制,美国在该区域的贸易份额持续减少,有可能被排除于亚太区域经济合作之外的情形之下,这种需求显得紧迫而必要。

其次,美国希望借跨太平洋伙伴关系协议开创并主导 21 世纪贸易协议的新标准。跨太平洋伙伴关系协议将突破传统的自由贸易协定(FTA)模式,达成包括所有商品和服务在内的综合性自由贸易协议。这一对传统自由贸易协定的突破可能将成为亚太地区一体化进程的典范。美国之所以高调参与跨太平洋伙伴关系协议谈判,目的就是与跨太平洋伙伴关系协议的成员达成并主导这种新型的自由贸易协议。

再次,美国希望在参与、主导跨太平洋伙伴关系协议的基础之上,为"五年出口倍增计划"提供战略保障。所谓的"五年出口倍增计划",是指 2010 年 1 月 27 日和 3 月 11 日,美国总统奥巴马在国情咨文中和美国进出口银行年会上先后两次提出的"国家出口倡议(National Exports Initiative,NEI)",这一倡议明确美国将在未来五年实现出口翻一番、创造 200 万个就业机会的目标。这也意味着,要实现这一目标,美国的出口年增幅要在

15％以上。而美国通过跨太平洋伙伴关系协议谈判,将美国未来出口战略的重心锁定在有 19 亿人口和 6 万亿美元 GDP、具有十分广阔的市场前景的亚太地区,是奥巴马"五年出口倍增计划"四大战略支柱之一。

最后,跨太平洋伙伴关系协议是对美国 FTA 战略进行调整和重新布局的重要举措。出于战略和策略方面的考虑,布什政府时期区域贸易协议谈判进程一度被搁置。而奥巴马政府出于刺激经济和带动就业方面的考虑,摒弃了布什政府的做法。一方面奥巴马政府开启了与哥伦比亚、韩国的贸易协议;另一方面,奥巴马政府开始全力推进跨太平洋伙伴关系协议谈判进程,试图通过设立不同于传统 FTA 的新型区域贸易协议,使美国企业快捷、便利、无障碍地进入亚太地区,扩大出口,增加国内就业,拉动国内经济的增长,进而保持在国际竞争格局中的主导地位。

总而言之,以美国为主导的跨太平洋伙伴关系协议将会对中国周边的政治格局和经济发展带来深远的影响。因此,适时地提出 21 世纪海上丝绸之路倡议,把欧亚大陆与中国自身的发展紧密连接,这是应对美国主导下的跨太平洋伙伴关系协议谈判的必要手段和举措。

2. 加快区域经济一体化步伐,应对经济全球化

改革开放 30 多年来,通过"中国制造"和相当的人口红利,中国创造出了令世界震惊的"中国速度",迅速成长为世界性的大国。但是这仅仅是中国发展的一个阶段,在未来相当长的时期内,努力进行内部调整,加快区域经济一体化,应对经济全球化,将成为中国可持续发展的主要目标。在这一背景之下,21 世纪海上丝绸之路倡议便具有了相应的现实基础。

2008 年全球金融危机发生后,对冷战后持续至今的全球化形成了永久性的伤害。根据国际货币基金组织(IMF)的测算,全球经济仍然未能走出危机。按照以前的经验,下跌之后通常都有一个强烈反弹然后逐渐回归的曲线,而这次危机唯一的例外是,下跌之后再没有恢复,由此全球损失了约 1.5％的潜在增长水平和能力。在贸易方面更是如此,危机前世界贸易增长通常都是 GDP 增速的一倍,GDP 增长 4％～5％,贸易就会达到 7％～8％,而贸易正是全球经济增长的火车头。而危机以来贸易增长的速度低于全球实

际经济增长的速度,这在以前从来没有发生过。更有甚者,现在全球 FDI 占 GDP 的比重比 2007 年下跌了一半,这几乎是不可想象的。投资下降,贸易下降,全球资本流动下降,那么问题就来了,全球化究竟怎么了?

答案是显而易见的,由于美国的制造业回流和能源独立使得它的需求总体内向化,这就导致对全球其他经济体(包括制造国和资源国)的滴涓效应下降,这是全球化停滞和世界经济复苏乏力的重要原因。当前,全球经济正处于无明显增长动力的时期,各国经济和金融市场可能还蕴含着再次下行的巨大风险。

而在另一方面,中国外汇储备接近 4 万亿美元,约占世界外汇储备的三分之一。当前中国的产业结构也急需转型升级,在 500 个主要产品产量中有 220 种居世界前列,钢、铜、煤炭等在过去高投资的增长方式下保持了较高产量,但是资源的有效利用率却比较低,使高产能不能发挥出应有的作用,反而成为经济向新阶段发展的障碍。当投资的边际报酬持续下降,投资增速开始下滑时,过剩产能将影响到中国经济增长。淘汰落后产能,转变经济增长方式,是产业转型与升级的必由之路。当前国内需求疲弱,短期要消耗高产能较为困难,这时拓展海外需求却大有可为。应当说中国通过 30 年全球化环境下的血汗打拼,终于换来了一个一线大国的坯子,但这仅仅是序曲。在努力进行内部调整的同时,在对外方面中国还需要积极地进行地缘布局,以此推动新兴经济一体化和寻找全球发展的新动力。

历史总是惊人地相似。第二次世界大战后,全球面临的是被战争重创几乎瘫痪的欧洲和亚洲两大经济体,以及即将获得独立但几乎是一穷二白的新兴民族国家区域。为应对这种局面,当时美国执行了大规模援助计划,西欧各国通过参加经济合作发展组织(OECD)接受了美国包括金融、技术、设备等各种形式的大量援助。这不仅消化了美国的产能,支持修复了欧洲和日本两个产业转移副中心,还迎来了战后长达 20 多年的所谓资本主义"黄金时代",一举奠定了市场经济牢不可破的世界格局和演进路径,也正式开启了全球化 3.0 时代。

中国对此也有着清醒的认识,十八届三中全会的改革决定提出了适应经济全球化新形势,以开放促改革的战略级规划。可以预见,未来中国将通过不断扩大内陆沿边、外部沿海开放以及海外投资布局等战略,力图形成全方位开放的新格局。在这个背景下,"一带一路"应运而生。它贯穿整个欧亚大陆,涵盖中亚、南亚、西亚、东南亚和中东欧等国家和地区,沿线有 60 多个国家,主要是新兴经济体和发展中国家,这些地区总人口约 44 亿,经济总量约 21 万亿美元,分别约占全球的 63% 和 29%,是目前全球贸易和跨境投资增长最快的地区之一。

向西的陆上丝绸之路经济带既是地缘与资源战略的交汇点,又是中国内部地区发展和外部战略结合的典范。"一带"横跨亚欧大陆,绵延 7000 多千米,途经多个国家,总人口近 30 亿。以上海合作组织为例,其 6 个成员国(中国、俄罗斯、哈萨克斯坦、吉尔吉斯斯坦、塔吉克斯坦、乌克兰)、5 个观察员国(蒙古、巴基斯坦、印度、伊朗、阿富汗)、3 个对话伙伴国(白俄罗斯、土耳其、斯里兰卡)绝大部分都位于丝绸之路经济带沿线。

向南的是与中国有深厚联系的海上丝绸之路经济带,沿线国家既有较大的基础建设需求,又与中国有很强的贸易互补性。"一路"以东盟为重要支点,以点带线,以线带面,串起连通东盟、南亚、西亚、北非、欧洲等各大经济板块的市场链,发展面向南海、太平洋和印度洋的战略合作经济带,以亚欧非经济贸易一体化为发展的长期目标。

二、 21 世纪海上丝绸之路倡议的基本内涵

(一) 21 世纪海上丝绸之路倡议的整体构想

2014 年 11 月 4 日,中共中央总书记、国家主席、中央军委主席、中央财经领导小组组长习近平主持召开中央财经领导小组第八次会议。他在会议上发表重要讲话时强调,"丝绸之路经济带和 21 世纪海上丝绸之路倡议顺应了时代要求和各国加快发展的愿望,提供了一个包容性巨大的发展平台,具有深厚历史渊源和人文基础,能够把快速发展的中国经济同沿线国家的利益结合起来。要集中力量办好这件大事,秉持亲、诚、惠、容的周边外交理念,近睦远交,使沿线国家对我们更认同、更亲近、更支持。'一带一路'贯穿欧亚大陆,东边连接亚太经济圈,西边进入欧洲经济圈。无论是发展经济、改善民生,还是应对危机、加快调整,许多沿线国家同我国有着共同利益。历史上,陆上丝绸之路和海

上丝绸之路就是我国同中亚、东南亚、南亚、西亚、东非、欧洲经贸和文化交流的大通道，'一带一路'倡议是对古丝绸之路的传承和提升，获得了广泛认同。"①此次会议深刻地阐述了"一带一路"倡议中所体现出来的中国和平外交理念。在此之后不久，中国政府发布官方文件，更加详细地阐述了与各国共建"一带一路"的愿景与行动。2015 年 3 月 28 日，国家发改委、外交部、商务部联合发布了《推动共建丝绸之路经济带和 21 世纪海上丝绸之路的愿景与行动》，在该文件中提到："共建'一带一路'致力于亚欧非大陆及附近海洋的互联互通，建立和加强沿线各国互联互通伙伴关系，构建全方位、多层次、复合型的互联互通网络，实现沿线各国多元、自主、平衡、可持续的发展。"

由此，中国倡议与周边国家乃至有意愿的世界各国一起建设丝绸之路经济带和 21 世纪海上丝绸之路，其初衷就是希望面对当前动荡不安、暗流涌动的世界局势以及增长疲软、复苏缓慢的世界经济，通过此举加深各国的经贸交流与合作，促进产业转型升级，形成进一步开放融合的世界市场，推动人员、资金、技术等生产要素的流动和整合，打破贸易壁垒，加强政治互信，弘扬丝路精神与文化。

2013 年 9 月，习近平主席在对哈萨克斯坦进行国事访问期间，提出"五通"构想：即政策沟通、道路联通、贸易畅通、货币流通、民心相通，并强调以点带面，从线到片，逐步形成区域大合作。从陆上丝绸之路经济带和 21 世纪海上丝绸之路形成的"一带一路"倡议来看，两条路线的规划对于国内和周边国家都有重要的影响。陆上丝绸之路经济带是北线，东起我国陕西至新疆，一直延伸到西亚各国，对于我国推进西部大开发战略，加快西部地区经济发展，协调区域平衡发展，减小东西部发展差距，形成具有西部特色的发展方式和发展路径，都具有重要意义；21 世纪海上丝绸之路是南线，东起福建泉州，转广东、海南、广西，经东南亚国家过南海和印度洋，一直延伸至大洋洲、非洲和欧洲等地，这将进一步促进沿岸国家和地区的经贸交流合作，维护我国周边的稳定与和平，同时加深东南亚国家与大洋洲国家和欧洲国家之间的交流合作，促进产业转型升级。事实上，21 世纪海

---

① 习近平.加快推进丝绸之路经济带和 21 世纪海上丝绸之路建设.新华网，2014-11-06［2015-08-11］. http://news.xinhuanet.com/politics/2014-11/06/c_1113146840.htm.

上丝绸之路倡议的整体考量,并不仅仅是受惠中国的单一方面,而且是可以使参与进来的各个国家和地区都在其中受益,国与国之间优势互补,形成互利共赢的局面。

中国提出的21世纪海上丝绸之路倡议,具有深厚的历史渊源,同时也具有坚实的现实基础,对促进中国的改革开放以及沿线国家和地区的发展都有着极为重要的意义和作用,具体来说:

首先,21世纪海上丝绸之路倡议对于维护中国周边地区的稳定以及实现共同发展具有重要意义。

海上丝绸之路自古以来就一直是以中国与世界其他地区和国家之间的经济交流和贸易往来为基础的。因此,21世纪海上丝绸之路倡议也是以其所具有的极大经济价值为出发点的。从目前的部署来看,打造新"海上丝绸之路"首先要以东盟及其成员国为依托,这就为该构想提供了坚实的经济基础。作为亚洲新兴市场国家,中国和东盟是这一地区乃至世界经济持续增长的希望所在。中国经济在世界经济不景气的大环境之下,依然保持着稳定增长的态势。长期以来,中国实行"睦邻、安邻、富邻"的外交政策,使包括东盟及其成员国在内的周边国家从中国经济的发展中得到实惠。

与此同时,由于国际经济形势以及地缘临近关系,东盟及其成员国在经济发展上也一直希望能够"借力"中国。中国同东盟携手合作,为双方发展提供广阔空间和不竭商机,从而有利于实现共同发展和共同繁荣的目标。目前,中国是东盟最大的贸易伙伴,2013年习近平主席在印度尼西亚国会讲演时还提出,中国愿提高中国—东盟自由贸易区水平,争取使2020年双方贸易额达到1万亿美元。中国致力于加强同东盟国家的互联互通建设,中国倡议筹建亚洲基础设施投资银行,愿支持本地区发展中国家包括东盟国家开展基础设施互联互通建设。这一讲话表达了中国愿在平等互利的基础上,扩大对东盟国家开放,使自身发展更好惠及东盟国家的良好愿望。

当前,中国和东盟都面临着历史性的机遇和挑战。东盟已经明确宣布了2015年建成共同体,实现互联互通的一体化建设目标。为此,需要落实一系列大规模的建设计划。例如,开展庞大的基础设施建设,增加商品、物资、人员往来的便利就成为当务之急。中国领导人倡议筹建的亚洲基础设施投资银行能够为东盟解决基础建设缺乏资金的现状提供一个有效的融资平台,无疑将有益于东盟共同体的建立与巩固。从长远来看,21 世纪海上丝绸之路倡议还将有利于中国—东盟自由贸易区建设的升级,从货物贸易和投资的方面更多地发展为包括信息流、人员流等在内的一个立体的互联互通网络,从而促进中国与东盟之间统一大市场的形成,使中国—东盟自贸区实现实质性的飞跃。

此外,21 世纪海上丝绸之路倡议立足于夯实与东盟的经济合作基础,也能够更加凸显东盟所具有的特殊地缘优势,充分体现其在东西方经贸交往中的桥梁作用。因为 21 世纪海上丝绸之路将把中国和东南亚国家临海港口城市串连起来,通过海上互联互通、港口城市合作机制以及海洋经济合作等途径,不仅能够造福中国与东盟,而且能够辐射南亚和中东,这与正在力图通过加快实现一体化以提高其影响力的东盟战略利益是相符的。

与此同时,中国和东盟合作建设 21 世纪海上丝绸之路,将与横贯欧亚的丝绸之路经济带相得益彰,从而保障中国自身的经济和战略利益。从地域上看,丝绸之路经济带和海上丝绸之路有望覆盖全球近一半的人口,并与中国此前提出的建立"中缅孟印经济走廊"和"中巴经济走廊"等战略构想连为一体,极大地拓展中国经济发展的战略空间,为中国经济的持续稳定发展提供战略支持,也有利于促进中国自身进一步深化改革进程,加大对外开放,从而为推动经济转型的顺利实施发挥重要作用。这一切都说明,21 世纪海上丝绸之路倡议无疑将增强中国和相关国家发展本国经济和抵御外部经济风险的能力,并将在一定程度上给中国带来地缘政治利益。

其次,21 世纪海上丝绸之路倡议将成为沿线国家和地区进行中外文化交流的重要渠道和载体。

从历史来看,海上丝绸之路不仅是经贸通道,也是中外文化交流和沟通的重要渠道。中国与东盟国家之间之所以能够文化相通,血脉相亲,成为天然的合作伙伴,正是得益于海上丝绸之路在漫长的历史时期为双方之间的文化交流所做出的不可磨灭的巨大贡献。实际上,海上丝绸之路在中外文化交流史上的贡献并不止于向海外传播了中国的丝绸。中国古代的许多发明创造,如脍炙人口的指南针、火药、造纸和活字印刷术等发明以及中医学、中草药等也主要是通过这条海路远播各国的。又如,宋代以来,瓷器逐渐成为中国外销的主要商品之一,以至于有人把这条海上商道称为"海上瓷器之路"或者"海上丝瓷之路"。与此同时,许多外国的特产,如珍珠、宝石、象牙、犀角以及各种珍稀矿产、药材和经济作物新品种,也通过海上丝绸之路传入中国。这些交流不仅改善了双方人民的生活,也促进了社会生产力的发展。

此外,海上丝绸之路也是中国与外国,特别是与东南亚各国之间人民往来的主要途径。据史籍记载,至少在唐朝以后,就有大批华人通过这条海路前往各国谋生。他们之中的许多人定居当地,并与当地人结婚,繁衍子孙。由于政治、经济等多方面原因,明末清初以及 19 世纪中期以后,更是出现过多次华人大规模移居东南亚等地的高潮,使这一地区至今仍是海外华人数量最多的地区。定居在海上丝绸之路沿线各国的华人与当地民众和睦相处,艰苦创业,为当地的经济社会发展做出了巨大贡献。同时,华侨华人也是其所在国与中国之间文化交流的桥梁。

因此,在今天倡导建设 21 世纪海上丝绸之路的时候,虽然经济贸易仍然是新海上丝绸之路的基础,但还必须把社会文化交流提升到足够的高度并予以充分的重视。在中国与东盟各国以及海上丝绸之路所经各国的互联互通中,人员及文化交流将成为经济合作能否得以巩固和发展的重要因素之一。正是出于对文化交流重要性的充分认识,习近平主席在印度尼西亚国会的演讲中,特意提及郑和七下西洋途经东南亚、中国名著《红楼梦》对爪哇珍宝的形象描述等双边民众友好交往的片段,以说明打造新"海上丝绸之路"符合双方人民的真诚愿望,是血脉相亲的共同要求。也正因如此,中国倡议将 2014 年确定为"中国—东盟文化交流年"等具体举措才会赢得广泛赞誉。

(二) 21 世纪海上丝绸之路倡议的共同愿景

21 世纪海上丝绸之路建设不仅是中国单方面的倡议,也是中国与沿线国家谋求本国乃至国际福祉的共同愿望。通过推动这一倡议的实施,实现沿线国家在政治上相互信任、彼此尊重,在经济上互联互通、共同发展,在文化上相互交流、促进繁荣。

政治方面,中国希望与沿线国家和地区一起,以共建 21 世纪海上丝绸之路为契机,把政治互信、地缘毗邻、经济互补的传统优势转化为务实合作、持续增长的新优势,并在互利互信的基础之上建立平等协商的机制体制,在最大范围内兼顾中方与沿线各个国家和地区之间的利益,反映各方利益诉求,联手共同推进更大范围、更高水平、更深层次的大开放、大交流与大融合。在既有的双边和多边交往机制和区域与次区域合作机制框架下,通过合作研究、论坛展会、人员培训、交流访问等多种正式或非正式的形式,促进沿线国家和地区对共建 21 世纪海上丝绸之路的内涵、目标、任务等方面的进一步理解和认同。不断充实完善 21 世纪海上丝绸之路的合作内容和方式,共同制定时间表、路线图,积极对接沿线国家和地区发展与区域合作规划。

在经济上,中国希望通过完善丝路基金、亚投行等资金池的建设与使用,刺激沿线国家和地区与其他相关国家的经济发展。尤其是置身其中的新兴市场国家和发展中国家,能够利用这个机会完善自己的基础设施建设,在为国内发展奠定基础的同时,进一步为广泛而深刻的国际间合作与发展提供基础条件。与此同时,通过签订多边协议、深化自由贸易区建设等方式,促进沿线国家和地区之间的经贸开放与往来,使在危机重重的后金融危机时代保持较为稳定的经济发展态势,为经济全球化和区域一体化的持续发展提供助力。

在文化上,中国希望通过 21 世纪海上丝绸之路建设,能够促进中国与沿线国家和地区之间的文化交流与往来,共同促进文化的发展与繁荣。在官方层面,发挥好现有的交流平台的作用,遵守执行与沿线国家签订的政府间文化合作协定,精心打造新的文化交流品牌,深化"丝绸之路文化之旅"活动,与沿线国家联合举办"丝绸之路艺术节",举办形式多样、丰富多彩的文化论坛、展览、演出活动。围绕"文化新丝路"的主题,联合译介、出版相关书籍,拍摄、播放有关影视片。同时,大力发挥民间组织的作用,为民间自发的高质量、有新意的文化交流活动搭建平台,提供必要的便利,共同推进文化的传承与创新。

总而言之,21 世纪海上丝绸之路是一条互尊互信之路,一条合作共赢之路,一条文明互鉴之路。只要沿线各国和地区和衷共济、相向而行,就一定能够达成既定的目标,让沿线乃至全球的国家和民众共享 21 世纪海上丝绸之路的建设成果。

第二节　海南在 21 世纪海上丝绸之路建设中的战略地位

自 21 世纪海上丝绸之路倡议提出以来,为服务国家大局,推动此项倡议更好地落地实施,同时加速自身的经济社会发展,国内各省、自治区和直辖市积极响应,针对自身的区位特点和客观条件,积极制定参与其中的建设方案,以期在 21 世纪海上丝绸之路建设中发挥自身优势,促进国家整体战略的实施与自身发展的转型升级。2015 年 3 月,经国务院授权,国家发改委、外交部、商务部联合发布了《推动共建丝绸之路经济带和 21 世纪海上丝绸之路的愿景与行动》,更进一步明确了 21 世纪海上丝绸之路建设的时代背景、共建原则、框架思路、合作重点、合作机制,详细阐述了国内各省区市在整体战略中所占有的地位和应发挥的作用。①

具体到海南而言,作为 21 世纪海上丝绸之路建设的重要区域,应依托自身优越的地理位置和自然条件,不断加大海南国际旅游岛开发开放力度,加强海口、三亚等沿海城市港口建设,找准自身的战略地位,发挥应有的战略性作用,通过抓住前所未有的重大机遇,在实现海南经济社会跨越式发展的同时,更好地为 21 世纪海上丝绸之路建设增添动力。

事实上,海南参与 21 世纪海上丝绸之路建设拥有自身独特且无可取代的诸多优势。由于特殊的地理位置,海南自古以来便是海上丝绸之路的重要纽带和枢纽。与此同时,海南作为全国最大的经济特区,授权管辖着约 200 万平方千米的南海海域,充分发挥南海海域的地缘和经济优势,海南责无旁贷。由于在地理上靠近东南亚各国,海南与它们的通商贸易古已有之,"下南洋"的民间交流也十分广泛。目前,海南是我国第三大侨乡,"国之交在于民相亲",借助侨胞资源深化与东南亚国家的民间交流与合作,可以为海南在 21 世纪海上丝绸之路建设中发挥自身作用提供诸多便利。另外,博鳌亚洲论坛自

---

① 国家发展改革委员会,外交部,商务部.推动共建丝绸之路经济带和 21 世纪海上丝绸之路的愿景与行动.新华社, 2015-03-28 [2015-08-13] .http://world.people.com.cn/n/2015/0328/c1002-26764633.html.

2001 年 2 月 27 日成立至今已有 15 年的时间,在此期间,博鳌亚洲论坛在促进亚太地区各国之间的交流与合作,为政府、企业及专家学者等提供一个共商经济、社会、环境及其他相关问题的高层对话平台方面发挥着十分重要的作用。因此,与国内其他省份相比,海南还拥有独一无二的国际会议组织平台优势。

自 1988 年建省办特区以来,海南在各个方面都取得了诸多的发展成就。依托自身优势和发展机遇,海南实现了人民物质生活和精神生活的极大丰富,经济社会发展状况整体良好,独特的自然条件和丰富的旅游资源使海南成为全国的生态环境保护示范区和旅游业示范区,各项社会建设事业蒸蒸日上。而 21 世纪海上丝绸之路倡议的提出更将为海南的跨越式发展提供新一轮的历史性机遇,海南应牢牢把握机会,充分发挥自身优势,继续深化改革,科学制定参与和推进 21 世纪海上丝绸之路建设的方案,以海为媒,铺筑中国与沿线国家和谐共处的和平之路、稳定畅通的安全之路、情感相依的友谊之路、互利共赢的合作之路和持续繁荣的发展之路。

2015 年 3 月全国"两会"召开期间,在海南代表团日接受媒体访问时,国务委员杨洁篪表示,海南可以将自身区域发展战略与 21 世纪海上丝绸之路建设规划有机结合,发挥特色,大做蓝色经济文章,推进以港口、航路和航空建设为先导的互联互通建设,加强友好省市交流,深化企业、智库和民间机构合作,拓展与东南亚、南亚国家的全方位合作,与各方面协调配合做大做强博鳌亚洲论坛,推进海南国际旅游岛开发开放,将海南打造成 21 世纪海上丝绸之路上的空港贸易物流枢纽、重要精品旅游目的地、经济文化交流合作的重要基地。海南能够牢牢把握建设 21 世纪海上丝绸之路这一历史机遇,担当起建设 21 世纪海上丝绸之路开路先锋的历史重任。①

综合以上分析,在 21 世纪海上丝绸之路建设过程中,海南应当基于"开路先锋"的定位,将自身的战略地位确定为南海航运与物流枢纽、南海资源开发与合作基地、环南海经贸合作连接点、环南海公共外交前沿阵地、生态环境保护示范区与海上丝路旅游特区等,

---

① 周元,彭青林,杨洁篪：海南要争做建设 21 世纪海上丝绸之路的先锋.海南日报,2015-03-07 [2015-08-15].http://www.hinews.cn/news/system/2015/03/07/017378646.shtml.

同时各方面协调联动发展,形成优势互补、互利共赢的局面。

一、南海航运与物流枢纽

(一)南海航运交通优势分析

1. 地理区位优势

海南地处中国最南端,北以琼州海峡与广东划界,西临北部湾与越南相对,东濒南海与台湾省相望,东南与南面分别与菲律宾、文莱和马来西亚为邻,全省行政区域包括海南岛和西沙群岛、中沙群岛、南沙群岛及其海域,自然条件优良,比较优势突出,发展潜力巨大。从地理区位上看,海南地处中国与东南亚国家相连接的重要航道上,是我国海洋强国建设的战略支点和 21 世纪海上丝绸之路建设的战略纽带。事实上,南海海域自古以来就是东西方交流的主要通道,是国际海上航运最繁忙的交通线之一,也是我国对外贸易的重要通道,战略地位十分重要。在国际海洋交通中,南海航线是西欧—中东—远东海运航线(世界最繁忙、最重要的海上航线之一)的重要组成部分,是我国联系东南亚、南亚、西亚、非洲及欧洲的必经之地。

仅就地理区位条件而言,海南具有其他省市所不可比拟的优势。作为一个四面环海的省份,海南是连接我国大陆与海洋的天然纽带,南海"一海跨两洋"、海南本岛"一岛连五国"、琼州海峡"一峡通三省",全省海域面积约为 200 万平方千米,约占全国海域总面积的 2/3,海岸线长 1928 千米,海岸线系数高达 0.55,位居全国第二位。特殊的地理条件使得海南成为我国背靠华南大陆,面向东南亚地区,建设海上丝绸之路最便捷的陆海交通海上枢纽。经过近 30 年的改革开放建设,海南已经具备了发展成为航运与物流枢纽的基础条件。2010 年 1 月,国务院颁布了《关于推进海南国际旅游岛建设发展的若干意见》,海南国际旅游岛建设正式上升为国家战略,借助 21 世纪海上丝绸之路建设的重大机遇,海南必将能够充分发挥和利用自身优势,不断推动经济社会的全面发展和战略转型。

2. 历史文化基础

由于独特的地理位置,历史上海南的造船业和航运业就比较发达。早在唐代,就有史料记载海南能够制造出远航的船只;至两宋时期,"海上丝绸之路"逐渐形成,至海南中转集散的船只增多,造船业逐渐兴起,据明正德年间的《琼台志》记载,宋代海口浦修造的优质大型木船,北航于长江流域,上至嘉陵江,南航达东南亚各国。明朝时期,海南的造船业达到顶峰,郑和七下西洋,每次都经过海南进行船队休整。据《海南省志·交通志》记载,明代海口已成为广东造船中心之一。清雍正五年(1727 年)和嘉庆十八年(1813年),海口两次被定为广东十大船舶修造中心之一。[①]在航海方面,作为海南渔民根据远航经验手绘的"航海宝典",海南的《更路簿》大约形成于明清时期,其中详细记载了南海海域的航线、岛礁地貌和海况,以及海浪、潮汐、风向、风暴等水文和气象信息,包括我国古代民间开辟出的"海上丝绸之路"的航线等。《更路簿》中记载的珍贵史料说明,海南作为南海地区的航运枢纽、休整驿站、物流中转与集贸中心的地位古已有之。

3. 交通设施建设现状

海南全省共有岛、洲、礁及沙滩 600 余个;可供建港的港湾 60 多处,其中海口、三亚、洋浦、清澜、八所等港湾面积较大,水深较深,腹地广阔,适合建设大型港口。和国内其他地区的大部分港口相比,海南的建港成本也比较低。海南的港口具有自身独特的优势,海南临海,所以港口面积普遍较宽,大部分为深水良港,口岸堆积泥沙较少,这些优势条件体现在港口拓宽航道、保养和基础设施建设等方面,都可以降低港口的建设和运营成本。另一方面,海南临港附近有较好的工业基础,随着洋浦港的快速发展,海南西部逐渐形成了以石油储备为基础的工业基地,这些因素也是推动海南航运物流蓬勃发展的重要动力。

作为南海水路交通的运输枢纽和对外贸易的门户地区,海南全省已开辟规模以上通航港口二十多个,形成了北有海口、西有洋浦和八所港、南有三亚港、东有清澜港的"四方五港"的格局。目前,全省共有生产性泊位 200 多个,万吨级深水泊位 40 多个,年货运吞吐量亿吨以上,集装箱货运量达上百万箱。另一方面,作为极为重要的海上运输设施,目

---

① 海南岛:自古航运业十分发达,历史悠久.海南国际旅游岛,2015-07-27 [2015-08-19].http://www.itdhainan.com/content-26-17838-1.html.

前海南已拥有我国第一个 10 万吨级国际邮轮专用码头,在区域间的海上航运中发挥着巨大作用。在其他方面,粤海铁路连接海南、广东两省,打通了海南通向全国各地的"七经八脉";东环、西环高铁将畅通本岛,实现了海南并入全国铁路网络的目标。美兰机场、凤凰机场国际化程度不断提升,航线网络覆盖范围逐年扩大,客运年吞吐量双双突破千万人次,跻身全国十大机场之列。博鳌机场也正在开工建设,为未来岛内和陆岛之间的交通分担客货运流量。岛内"三横四纵"的公路网络也实现了各市县之间的交通便利化。海南良好的基础设施建设和独特的地理位置,将成为其发挥区域间航运与物流枢纽的巨大优势,而便捷高效的现代化海陆空互联互通网络,决定了海南必将成为建设 21 世纪海上丝绸之路的重要航运和物流枢纽。

4. 航运与物流现状

南海航线是全球重要的大宗商品运输通道。以石油为例,根据统计,世界一半以上的超级油轮都要经过我国南海水域,经过南海地区的石油运输量,是经过苏伊士运河的 5 倍,巴拿马运河的 15 倍。同时,南海也是世界液化天然气最大的产区和贸易区。近年来,我国十分重视与东盟国家的合作,随着中国—东盟自由贸易区的建成和 21 世纪海上丝绸之路倡议构想的提出,我国与东盟各国的经贸关系将会进一步发展,处在重要航线上的海南应该发挥"航运枢纽"的作用。尤其是当设想中的克拉克运河开通之后,太平洋与印度洋之间的航线将比取道马六甲海峡缩短 1200 千米,大型船舶的航程可节省 2~5 天的时间,正好位于东南亚至东北亚国际海运航线中心位置的海南,将有望成为面向印度洋新航线的海上重要航运中心之一。

另一方面,虽然海南经济腹地有限,但是泛北部湾每年进出口货物量巨大,特别是云贵两省一直希望能够通过海上航运出口产品与资源。据估算,整个西南地区每年约有 2600 万 TEU(国际计量标准单位,20 英尺标准集装箱)的进出口需求量。[①] 由于北部湾地理条件的限制,西南地区丰富物产都需要依靠广州、深圳、珠海、香港等地的大型码头运往世界各地,由于陆路铁路运输成本过高,所以采取从靠近海南的水路运输成本较低。

---

① 黄飞舟.搭建丝绸之路桥梁 打造泛北部湾物流中转枢纽.今日海南,2015(3):32-35。

海南本身就处在连接东南亚和东北亚的国际航运的主航道线上,如果通过技术革新或者政策让利等方式降低经由海南转运的成本,开辟出新的国际航运线路,则此线路将会吸引大量国际航运货物运输量,促进海南当地的经济发展,也解决了我国西南地区货物运输的问题。

5. 政策优势

自 1998 年海南建省办特区以来,国家对海南的经济建设和发展给予了长期的政策倾斜支持,海南也因此累积了丰厚的"政策红利"。作为我国最大的经济特区,海南拥有特区立法权,可以根据自身发展情况,在对外的经济活动中采取更为灵活开放的政策。和其他地区相比,跨国企业在海南的准入标准更低,更容易吸引外来资金投资。当前,海南已经设有国家级洋浦经济开发区、洋浦保税港区和海口综合保税区三大经济开发区,良好的投资条件为吸引外来资金做了充足的准备。同时,由于海南省地处我国的西南地区,因此也享有国家西部大开发战略的政策支持。另外,海南作为拥有对西沙群岛、南沙群岛、中沙群岛及其附近海域管辖权的海洋大省,在 2012 年三沙市成立后,拥有国家对三沙开发建设的配套政策倾斜,政策范围涵盖了政权建设、基础设施建设、民生工程建设等各个领域。因此,三沙开发建设除了将在很大程度上促进海南经济社会发展之外,更将成为海南参与 21 世纪海上丝绸之路建设的重要推动力量。

(二) "南海航运与物流枢纽"的内涵

2008 年 4 月 8 日,时任总书记胡锦涛视察洋浦时曾作出重要指示:海南"要积极参与中国—东盟自由贸易区建设和环北部湾经济合作,以洋浦经济开发区为龙头,努力打造面向东南亚的航运枢纽、物流中心和出口加工基地"。面对当前 21 世纪海上丝绸之路建设的历史机遇,海南应结合自身巨大的优势,推动海上互联互通建设,建设面向东南亚、背靠华南腹地的南海航运与物流枢纽。

海南参与 21 世纪海上丝绸之路建设的关键在于"联通"。对于海南而言,首先要解决的问题就是与相关国家港口的互联互通。目前,海南的港口建设已经形成了"四方五港"的结构布局,形成了较为完善的立体式交通基础设施网络,为海南参与 21 世纪海上丝绸之路建设提供了良好的环境。下一步要通过运用现代先进技术,提升港口和设施的运行水平,提升物流集散功能,为推动各方海上经贸合作提供更加便利的条件。为此,要加快推进海南"四方五港"等重要港口资源整合步伐,继续完善建设结构合理、层次分明、功能完善、信息畅通、优质安全、便捷高效、文明环保的港口群,将"洋浦—海口"港群建设成为面向东南亚的区域国际航运枢纽;[①]与此同时,还要用好洋浦保税港、海口综合保税区的特殊政策,启动启运港退税政策,发展保税产业,提高两区产出和贡献率,为建设海南自由贸易园区积极创造条件。

建设21世纪海上丝绸之路的航运枢纽,必然会产生人员、物资的大规模集散和流动。海南地处海上丝绸之路的最前沿,要积极推动海上互联互通建设,打造畅通、快捷、便利、高效的海上大通道,实现与南海周边国家和地区海运、物流以及贸易等方面的深度融合,进一步扩大海南在南海航运方面的重要影响,为维护我国南海航道畅通和安全提供坚实保障,为21世纪海上丝绸之路建设的顺利推进提供不可或缺的区域支持和地缘支撑。

二、 南海资源开发与合作基地

(一) 南海资源开发现状分析

1. 南海资源优势

南海海域的自然资源十分丰富。在生物资源方面,既有各种藻类组成的植物资源,还有鱼类、虾类、贝类、螺类、海参、海蜇、鲍鱼等动物资源;在矿产资源方面,富含锰结核,海底热液矿床、钴结壳等稀有和贵重金属;在动力资源方面,可以开发风能、太阳能、潮汐能、波浪能、温差能、海流能、盐差能等清洁能源;在海水资源方面,可以提取海盐,海水淡化,从海水中提炼铀、镁、溴等稀有化学物质;在空间资源方面,沿海滩涂、领海、专属经济区和大陆架以及四通八达的海域空间可修建人工岛、航空港、海洋牧场、海上公园、海底

---

① 姚传伟,陈涛.海南建航运枢纽和物流中心.南国都市报,2014-03-20 [2015-08-22].http://ngdsb. hinews.cn/html/2014-03/20/content_2_3.htm.

隧道等设施场所;在旅游资源方面,得天独厚的地理位置、气候条件和自然景观构成了南海无与伦比的旅游资源优势。[①]

当然,南海海域最为引人瞩目的还有石油和天然气等自然资源。根据中国国土资源部的数据显示,南海海域有含油气构造 200 多个,油气田约 180 个,预计石油储量在 230 亿至 300 亿吨之间,相当于全球储量的 12%,约占中国石油总资源量的三分之一。仅仅在南海的曾母盆地、沙巴盆地和万安盆地的石油总储量就将近 200 亿吨。这个区域中一半的石油天然气储量分布在中国所主张管辖的海域之内。[②]按照最为乐观的估计,南海地区潜在石油总藏量约为 550 亿吨,天然气 20 万亿立方米,绝对堪称"第二个波斯湾"。依据《联合国海洋公约》,划归我国管辖的海域面积约为 300 万平方千米,在此之中,海南省授权管辖的海域面积约为 200 万平千米。在中国南海断续线以内(包括其附近),分布有 14 个含油气沉积盆地,总面积约 41 万平方千米,其中新生代含油气盆地有 8 个,主要包括曾母盆地、万安盆地、文莱—沙巴盆地、礼乐滩盆地、西北巴拉望盆地等。[③]除此之外,南海海域还蕴藏有丰富的非常规油气资源,尤其是被称为 21 世纪新能源的可燃冰,在南海的资源储量也十分巨大,根据国土资源部的调查统计,整个南海的可燃冰地质储量约为 700 亿吨油当量,远景资源储量可达上千亿吨油当量,资源开发前景十分广阔。

2. 当前开发现状

以南海油气资源开发为例。20 世纪 80 年代,针对南海形势的凸显和升温,中国政府提出了"主权属我、搁置争议、共同开发"的原则后,但由于各种原因,这一原则并没有得到周边各国的积极响应。目前,南海地区并没有形成明确的开采秩序,越南、马来西亚等国是南海油气资源开发的主要获利方,各种开采活动都处于较为混乱的状态之中。相比之下,中国对南海油气资源的开发严重滞后,随着我国经济总量的不断增长,对能源的需

---

① 李国强.南中国海研究:历史与现状.哈尔滨:黑龙江教育出版社,2003:49-89.

② 社科院专家介绍各国对南海实际控制与石油开采情况.[2015-08-17].http://news.ifeng.com/mainland/special/nanhaizhengduan/content-1/detail_2011_06/14/7007098_0.shtml.

③ 李金蓉,方银霞,朱瑛.南海南部 U 形线内油气资源分布特征及开发现状.中国海洋法学评论,2013,1.

求也与日俱增,开发南海资源尤其是南海中南部的油气资源,已经是我们不可回避的重要议题。

近年来,通过与中海油、中石油等国内大型油气龙头企业合作,并实施一系列石油化工项目,海南在海洋油气开发领域取得了重要进展。在儋州、洋浦等地已经形成了集炼油、油气储备、石油化工和装备运输于一体的油气化工完整产业链条,有望发展建设成为我国规模最大的区域油气化工加工、交易和集散基地之一。无论从时机和多年来的资金、技术、人才的积累来说,还是从根本改变能源消费结构来看,建立 21 世纪海上丝绸之路南海油气资源合作开发基地都具有重要的意义,既可以作为稳定的国内油气供给基地,又可以成为战略石油储备的重要基地。

(二) "南海资源开发与合作基地"内涵

海南是拥有广阔海洋面积的海洋大省,丰富的热带生物资源和海洋矿产资源为海南发展海洋经济、建设海洋强省提供了有利条件。2012 年国务院批复《海南省海洋功能区划(2011—2020 年)》,这是继 2010 年《海南国际旅游岛建设规划》获批后,海南在谋划"海洋大省"向"海洋强省"转型过程中的又一重大战略机遇。站在新的历史起点上,海南需要利用好国际旅游岛建设中原有的发展优势和发展红利,进一步配合国家海洋强国战略的实施,加大海上油气、渔业、旅游等资源的开发力度,完善海洋科研、科普和服务保障体系建设,建立健全相关配套服务机制体制,为 21 世纪海上丝绸之路建设提供坚实稳定的资源与服务保障。

南海资源开发与合作基地是在中央政府的领导下,以海南省为依托,凭借海南独特的地理位置和良好的航运交通,秉承中国一贯主张的"主权属我、搁置争议、共同开发"的原则,在加快南海资源自主开发的同时,通过与周边国家进行多样化的合作,共同开发南海油气、渔业、旅游等资源。海南可以作为资源开发、运输、初加工的中转站与后勤保障基地,然后根据分工合作和市场经济等原则,输送至内地或南海周边国家。在南海资源开发的过程中,海南通过与南海周边国家开展广泛的交流与合作,实现在人员、技术、资金等方面互利共赢,进而维护南海地区的和平与稳定,为南海争端的最终解决积累政治互信和现实基础。

三、 环南海经贸合作连接点

（一）海南环南海区位经贸优势分析

1. 地理位置优势

海南地处交通要道，是来往亚洲和大洋洲、太平洋和印度洋的必经之地，也是通往东南亚和东北亚的十字路口。从海南岛出发，向东经吕宋海峡、巴士海峡等均可直达西太平洋；向西南经马六甲海峡则可直通东印度洋。在区域经济合作和地区一体化过程中，海南置身于华南经济圈、"泛珠三角"经济圈、"泛北部湾"经济圈等众多的区域经济合作圈内，享有中国—东盟自由贸易区的各种优惠政策，既可以内地经济腹地为依托，挖掘"内需型"经济发展潜力，又能充分发挥辐射东南亚、面向港澳台等经济发达和活跃地区的联动优势，进一步夯实"外向型"经济基础。得益于地理位置上的内引外联作用，海南的区位经贸优势明显，未来发展潜力巨大。

2. 产业优势

海南产业发展独具特色，通过挖掘"海洋"和"热带"两大主线，已经逐步形成了较好的产业基础优势。在坚持"不污染环境、不破坏资源、不搞低水平重复建设"的原则下，海南集中布局，集约发展，大力实现"两大一高"的发展战略，打造了一批能够支撑海南经济社会长远发展的支柱产业和新兴工业项目。目前，海南已经拥有亚洲第一的浆纸生产能力，全国最大的大颗粒尿素生产基地和出口基地，国内单套最大的炼油和甲醇生产装置，正在积极培育发展高新技术产业，推动海口国家高新产业园区、文昌航天发射中心、海南创业产业园等高新技术产业基地建设。独特的位置和气候使海南发展热带农业具有得天独厚的优势。通过推广新技术，加快产业结构调整升级，海南正在建设我国现代热带农业示范基地。目前，海南已经拥有我国最重要的天然橡胶生产基地、农作物种子南繁基地、无规定动物疫病区和热带农业基地。

3. 历史文化基础

对于海南在古代海上交通与贸易中的地位，宋人楼钥曾有如下描述："黎山千仞摩苍穹,颠颠独在大海中……或从徐闻向南望,一粟不见波吞空,灵神至祷如响答,征帆饱挂轻飞鸿。晓行不计几多里,彼岸往往夕阳春。琉球大食更天表,舶交海上俱朝宗。势须至此少休息,乘风径集番禺东,不然舶政不可为,两地虽远休戚同。"而从"不然舶政不可为,两地虽远休戚同"一语可见,海南岛对当时中外海上交通和贸易的开展具有举足轻重的作用。①

4. 南海周边区域的经贸合作现状

如前所述,由于海南独特的地理位置,在泛珠三角经济圈、泛北部湾经济圈以及中国—东盟自由贸易区都占有一席之地,加之近年来海南的交通运输与经济社会发展都有了很大提升,所以海南在促进这三个区域的经贸合作、协同发展方面具有得天独厚的优势,而这三个区域本身也蕴含着极大的经贸合作潜能。就此意义而言,海南是推动环南海经贸合作的天然连接点。

首先,从泛珠三角区域合作来看,随着经济全球化、区域经济一体化的进程不断加快,国际产业结构新一轮调整和产业转移的步伐也明显加快,此时经济发达的粤港澳地区有向周边地区进行产业转移升级、开拓新的经济腹地的迫切需要,而周边地区也有对接港澳粤,实现经济社会快速发展的愿望。因此,泛珠三角合作应运而生。2003 年 7 月,时任广东省委书记的张德江首次提出泛珠三角区域协作的概念,并迅速得到了相关省区和港、澳特别行政区的积极响应。目前,泛珠三角区域合作的范围包括福建、江西、湖南、广东、广西、海南、四川、贵州、云南 9 个省区以及香港、澳门 2 个特别行政区,简称"9＋2"。这一区域地域辽阔,总面积为 200.6 万平方千米,人口 4.57 亿人,2003 年 GDP 达 52 605.7 亿元,在全国的地位十分突出。②

就宏观层面而言,泛珠三角经济圈位于东南亚地区与东北亚地区的接合部,两大区域之间的资金、技术、人员等生产要素的流动都要经过此处,因此在东亚经济结构中具有联系和沟通南北的战略意义。随着泛珠三角区域合作的深入推进,可以促使与东南亚进

---

① 陈张承、宁波.琼粤在古代海上丝绸之路的历史地位及当代价值.科技文汇,2015,6月(上)期。

② 段杰、李江.泛珠江三角洲的重构与整合.地域研究与开发,2006,25(1): 28-33。

行产业协作,有利于形成环南海经济圈。从微观层面来看,泛珠三角地区连接东盟各国和我国台湾省,承担着重要的经贸合作与交流的作用,同时也是开发南海资源、发展南海经济、维护南海地区权益的后方基地。海南参与和推动泛珠三角合作,有助于促进区域经济协调发展,实现区域内的产业结构转型升级,还可以推动中国与东盟各国深化经贸合作以及加速区域一体化程度。

其次,从泛北部湾区域合作来看,这是 2006 年 7 月由广西提出的区域经济合作构想,其范围涵盖了大部分东盟国家和我国多个沿海省份。其积极意义在于,既丰富了中国—东盟自由贸易区的内涵,同时又为区域经济合作提供了一个新的增长极。就某种意义而言,泛北部湾区域合作是推动中国—东盟自由贸易区建设进程的关键一步,也是实施中国—东盟战略合作的一项重要举措。它与大湄公河次区域合作、南宁—新加坡经济走廊一起,构成了中国—东盟"一轴两翼"区域合作新格局,实现了陆海合作的结合,有利于发挥区域内各自优势,促进产业的转移与分工,更好地引进与利用内外两种资源,从而形成新的经济增长点。另外,泛北部湾区域合作处于华南经济圈、西南经济圈与东盟经济圈的交叉处,是我国西南地区最便捷的出海大通道和中国通向东盟的陆、海要道,也是促进中国—东盟全面合作的重要门户和枢纽。因此,海南充分扮演好参与该区域合作的角色,将自身的优势发挥出来,对于推进与周边国家和地区的经贸合作也具有十分重要的意义。

最后,从中国—东盟自由贸易区建设来看,这是亚太地区经济一体化进程中取得的重要进展和成就。2000—2013 年,中国—东盟双边贸易额从 395 亿美元上升到 4436 亿美元,年均增长 20.4%。目前,中国已经成为东盟的最大贸易伙伴,东盟也成为中国仅次于欧盟、美国的第三大贸易伙伴。基于中国—东盟自由贸易区的人口规模、经济发展活力和潜力,与北美自由贸易区等相比,中国—东盟自由贸易区仍然有巨大潜力,升级空间巨大。从地理区位上看,海南是中国与东盟大多数国家开展海上运输最便捷的省份,是打造"环南海经贸合作圈"的前沿阵地,具有得天独厚、独一无二的优势条件。然而,从相关数据来看,2013 年海南与东盟间贸易额仅为 27 亿美元,仅占中国—东盟同期贸易总量的 6‰。这从另一个方面也反映出海南参与中国—东盟自由贸易区建设的空间和潜力十分巨大。

（二）"环南海经贸合作连接点"内涵

1. 倡导和打造"环南海经贸合作圈"

2010 年,中国—东盟自由贸易区正式建立。2013 年,双方贸易总额超过 4436 亿美元,中国连续四年成为东盟第一大贸易伙伴和第二大出口目的地,东盟则是中国第三大贸易伙伴和第四大出口目的地。目前,双方正在为打造中国—东盟自由贸易区升级版,力争 2020 年贸易额达到 1 万亿美元而努力。中国—东盟自由贸易区的成功实践为双方进一步开拓海上务实合作,建设 21 世纪海上丝绸之路创造了有利条件。从长远来看,有必要在中国—东盟自由贸易区、泛北部湾合作、泛珠三角合作的基础上,积极倡导和打造"环南海经贸合作圈",条件成熟时可考虑成立环南海区域经济合作组织,将中国大陆、中国台湾、印度尼西亚、马来西亚、新加坡、越南、菲律宾和文莱等南海周边国家和地区纳入其中,最终形成一个以南海为纽带,东邻太平洋、西接印度洋的区域性海洋经贸合作圈。

2. 充当环南海经贸合作的"连接点"

在国家发改委、外交部、商务部联合发布的《推动共建丝绸之路经济带和 21 世纪海上丝绸之路的愿景与行动》文件中,中国倡导与周边国家和有意愿参与进来的世界各国一起建设 21 世纪海上丝绸之路,这体现出中国政府在坚持全球经济开放、自由、合作的基础上促进世界经济共同繁荣的发展理念,同时也彰显了中国周边外交的基本方针,即坚持"与邻为善、以邻为伴"以及"亲诚惠容"的外交理念。随着 21 世纪海上丝绸之路建设的推进,将会极大地促进区域内的经济贸易合作,带动相关地区实现经济一体化,使区域内的国家与地区共享经济发展的成果,这是我国站在全球经济共同繁荣的战略高度推进中国与周边及全球跨区域合作的新举措。

在此宏观背景下,作为古"海上丝绸之路"的重要驿站以及位于南海交通要塞上的海南,应充分利用背靠大陆,连接东南亚,处于泛珠三角经济圈、泛北部湾经济圈和中国—东盟自由贸易区核心位置的天然区位优势,一方面要将全国人大赋予的南海管辖权、国际旅游岛优惠政策以及建省办特区以来的其他倾斜政策充分发挥和释放;另一方面,还要充分发掘自身的比较优势,依托中国—东盟自由贸易区、泛北部湾经济圈和泛珠三角经济圈,积极倡导和打造 21 世纪海上丝绸之路框架下的"环南海经贸合作圈",并将海南—东盟经贸合作列为重要的"次区域合作计划",以此作为海南对外开放与合作的优先考虑方向,深度参与和融入到中国—东盟自由贸易区升级版建设中。在此基础上,不断推动中国—东盟自由贸易区、泛北部湾经济圈、泛珠三角经济圈三者之间的良性互动和协同发展,并通过在其中扮演不可或缺的"连接点"角色,加强环南海国家和地区之间的经贸合作,实现彼此互通有无、优势互补、合作共赢,有力促进区域经济一体化和共同繁荣发展。

四、 环南海公共外交前沿阵地

(一) 海南开展环南海公共外交的优势

1. 突出的平台和品牌优势

公共外交是一国总体外交的重要组成部分,同时也是一国在国际社会中确定其正当性和认同度的一条重要路径。在西方发达国家,公共外交在外交事务中占有很高比例,具有重要的地位,其所能起到的作用是官方外交无法代替的。21 世纪以来,随着中国国力的日益提升,公共外交在国家整体外交中的地位不断提高,作用日益凸显。在新的高度和起点上,中国要实现和平崛起以及不断增强自身的软实力,不仅需要加强国家与政府层面的外交,同时还要大力开展社会各个层面的公共外交。

具体到海南而言,一方面需要通过公共外交展示自身的良好形象,以便更好地推动海南国际旅游岛战略的实施;另一方面,海南身处南海之中,南海形势的发展变化将直接影响到海南的社会经济发展。当前,由于中国的快速崛起,周边各国普遍对中国存在各种疑虑、担心和误解等负面认知,这显然不利于中国的和平发展以及南海局势的和平稳定。有鉴于此,海南应当充分借助自身拥有的公共外交平台优势,大力开展面向环南海国家的公共外交,通过各种有效方式化解周边国家对中国的负面认知,尤其是加强环南海国家之间的文化交流和社会交往,真正实现"国之交在于民相亲",为维护南海地区的和平稳定以及共同繁荣发展贡献力量，并在此基础上推动中国整体公共外交的开展以及国家形象的正面传播。

其中，博鳌亚洲论坛无疑是海南最为知名的公共外交平台。作为永久定址在海南的国际会议组织，博鳌亚洲论坛成立至今已有15年，每年论坛年会的召开都会吸引国内外的极大关注，海南的国际知名度也得到了很大的提升。目前，博鳌亚洲论坛已经成为海南公共外交的特色品牌，在亚洲乃至全球都具有重要的影响力，并日益发挥着增强政治互信、凝聚合作共识的重要作用。此外，博鳌亚洲论坛也已经形成了完善的功能体系，其中的岛屿观光政策论坛、博鳌国际旅游论坛等也已成为在特定领域开展对外交流与合作的重要平台。尤其需要提及的是，2014年4月，海南省外办与中国公共外交协会、琼海市人民政府在博鳌亚洲论坛2014年年会期间共同签署了三方战略合作意向书，决定联合共建"博鳌公共外交基地"。这是全国性民间公共外交机构与地方官方外事机构、地方政府首次创新性合作。此外，在本次年会期间，海南省有关部门还策划和实施了"南海：共赢与合作的创新思路"闭门会议，这为海南今后与有关国家通过博鳌亚洲论坛平台就南海问题进行对话和交流，妥善解决南海问题打下了良好的基础，同时也为今后南海合作开发探索了道路。

与此同时，海南的其他公共外交平台也正在不断凸显，如借助中非合作圆桌会议平台成立的中非合作交流促进基地、三亚首脑外交和休闲外交基地等，已成为海南开展对外友好合作交流的新的重要平台。此外，还有国际数学论坛、三亚国际财经论坛，以及环海南岛国际公路自行车赛、万宁国际冲浪赛、观澜湖高尔夫世界杯等一系列国际论坛和大型体育赛事，都极大地提升了海南的知名度和美誉度。这都为海南开展环南海国家的公共外交奠定了坚实的基础，为21世纪海上丝绸之路建设贡献了海南的力量和智慧。

2. 悠久的历史文化优势

海南拥有悠久的海洋历史文化，与海上丝绸之路有着深厚的历史渊源。海南是古代海上丝绸之路的重要中转站。早在唐朝，海南已经有为古代海上丝绸之路而专门设立的港口，许多前往东南亚地区的船只都选择在海南避风或进行补给。宋代以后，这一现象更为明显，带动了海南本岛与内地之间的经贸与文化联系。海南出土的大量古代海上丝绸之路的珍贵文物,以及海南渔民代代相传的南海《更路簿》,充分体现了海南的古代海洋文明精神,同时见证了海南参与古代海上丝绸之路的历史成就。纵观古代海上丝绸之路的形成、发展和繁荣过程,海南都在其中扮演了重要的角色,发挥了不可替代的作用。因此,海南参与和融入 21 世纪海上丝绸之路建设,促进中国与沿岸国家的交流与合作拥有深厚的历史文化根基。

3. 民心相通的侨务资源优势

民心相通是 21 世纪海上丝绸之路建设的社会根基。海南是中国著名的三大侨乡之一,具有丰富的侨务资源优势,拥有浓厚的侨务文化氛围。目前,海南拥有 100 多万归侨和侨眷,有大约 200 多万琼籍华人华侨聚居在东南亚各地,活跃于政、商、学各界,拥有较大的社会影响力,人脉资源十分丰富。海南同乡会、海南会馆等海南元素的社会团体遍布东南亚地区,200 多个东南亚华人华侨组织与海南保持着经常性友好往来。由于海外华人华侨具有在语言和文化上融通中外的优势,在促进海南对外文化交流与合作方面发挥着独特而重要的作用。通过这些对海南和中国较为了解的海外华人华侨,向其居住国政府与社会公众说明海南与中国,推广海南与中国,展示海南与中国,传播海南以及中华文化,能够更好地团结周边国家,并与之开展全方位、多层次的交流合作。

近年来,海南作为侨务大省,紧紧围绕“以国外侨务工作为主导”的工作方针,通过博鳌亚洲论坛·华商圆桌会议、世界海南乡团联谊大会、世界海南青年大会、世界海南青少年冬(夏)令营、华侨华人中青年负责人研习班、世界华文媒体高层海南行等系列侨务品牌活动平台,并积极利用“请进来”和“走出去”的各类侨务团组,积极主动加大与海外琼属乡亲的联谊力度,促进了侨务资源的可持续发展,涵养了一批对我友好的侨务力量,成为我省开展公共外交的重要资源。2014 年 4 月博鳌亚洲论坛年会期间,国务院侨务办公室主任裘援平和时任海南省省长蒋定之还共同签署了《国务院侨务办公室海南省人民政府关于发挥侨务资源优势促进海南国际旅游岛建设战略合作框架协议》,协议涵盖“海口国家侨务交流示范区建设”“博鳌亚洲论坛·华商圆桌会议”“创建侨务公共外交理论研究中心"等内容,将会大大促进海南省的侨务公共外交工作。①除此之外,海南还与东南亚各国的诸多省份都建立了友好关系。截至目前,海南的友城范围覆盖东南亚和东北亚,已经与菲律宾宿务省、柬埔寨磅湛省、越南广宁省、印度尼西亚巴厘岛、马来西亚槟城州、日本兵库县、韩国济州岛等8个国家的地方政府建立了友好关系,人员往来密切,经贸交往活跃。毫无疑问,这些都将为海南开展面向环南海国家的公共外交提供巨大的力量支持和群体支撑。

(二) "环南海公共外交前沿阵地"内涵

总体而言,21世纪海上丝绸之路倡议是我国新一届领导层在全面考虑当前世情、国情后,从战略全局高度作出的重要部署,是新时期我国周边外交新思想、新理念的重要体现。就海南而言,参与和融入21世纪海上丝绸之路建设的核心在于扩大对外开放和交往,而开展公共外交无疑是其中不可或缺的重要一环。经过多年的积累和发展,海南已经形成了以博鳌亚洲论坛为代表的系列公共外交服务平台,成为了我国开展多边外交活动的重要载体,很好地服务了我国的公共外交事业。

2014年1月出台的《中共海南省委关于贯彻落实党的十八届三中全会精神推动海南全面深化改革的实施意见》明确指出:"加强策划和运筹,推进博鳌公共外交示范基地、三亚首脑外交和休闲外交基地、万宁中非合作交流促进基地和海口国家侨务交流示范区建设。"这无疑为接下来海南开展公共外交工作奠定了基础并指明了方向。因此,海南应该继续立足于自身优势,通过加强统筹策划,进一步发挥博鳌亚洲论坛品牌效应,推进博鳌公共外交示范基地、三亚国家首脑外交和休闲外交基地建设,更好地发挥对外开放的引领作用,借助多样化的公共外交平台,从国家总体外交布局和实际需要出发,同时依托中国南海研究院、中国(海南)改革发展研究院、海南大学等本地智库,在不断加强现有公共外交平台的基础上,积极承担新的公共外交平台建设的任务,通过开展面向环南海国家

---

① 海南省外事侨务办公室.对《关于大力发展海南省公共外交工作的建议》的答复.海南省人民政府网.[2015-09-10].http://www.hainan.gov.cn/tiandata-zxta-hf-6173.html.

的公共外交,将海南打造成为我国"环南海公共外交前沿阵地",这对于推动海南自身的发展和国家的整体公共外交事业都具有十分重要的价值和意义。

五、 生态环境保护示范区与海上丝路旅游特区

(一) 海南当前的现状与优势

1. 特色旅游资源优势

海南位于中国的最南端,属热带季风气候条件,因此海南的旅游业极具热带风情元素。海南的汉族、黎族、苗族、回族是世居民族,久居于此,形成了极具民族特色的历史文化旅游资源、民俗文化旅游资源、宗教文化旅游资源、海洋文化旅游资源等,地方文化特色浓郁,历史文化积淀厚重。当前,国内外游客更加注重目的地的文化资源状况,丰富的文化资源和深厚的历史积淀是现代旅游业竞争中取胜的法宝。目前海南拥有 14 处国家级重点文物保护单位,66 处省级文物保护单位,还有众多的市县级文物保护单位。[①] 这些历史文化资源反映出海南不同历史时期的文化发展轨迹,表现出鲜明的海南区域文化特征和内涵。

2010 年以来,随着国际旅游岛战略的推进,海南的旅游业和现代服务业迎来了发展的黄金时期。通过充分发挥海南特色旅游资源的稀缺性、独特性和不可替代性优势,坚持以市场需求为导向,为中外游客提供多样化旅游服务产品,加快推进世界一流旅游度假设施建设,完善方便快捷的交通旅游网络,海南旅游业的总体质量不断得到提升,已经形成了具有海南特色的国际著名旅游品牌。与此同时,旅游业的发展间接带动了现代服务业的转型升级,如博鳌乐城医疗旅游先行区、文昌航天主题公园等,使得海南的旅游设施和旅游产品等更加丰富,海南作为国际知名旅游和度假目的地的形象初步树立,成为了国内外广大游客向往的度假胜地。

2. 生态环境保护优势

海南岛四面环海,拥有丰富的热带资源。独特的地理位置,加上海南开发较晚,本土

---

① 管媛媛.海南国际旅游岛文化建设研究 [D].海口:海南师范大学,2013.

污染工业也较少,基本上呈现未受现代工业污染的状态。因此,海南具有其他地区不可比拟的生态与自然环境优势,总体环境质量位居全国前列(表 1.1)①。在大气环境方面,全省的大气环境质量长期优于国家一级标准。三亚、海口在近年来我国重点城市空气质量检测评比中一直名列前几位。水环境方面,河流及淡水湖库水质总体保持良好状态,水质符合国家地面水 1、2 类标准的河段占 72.6%;达 1、2 类标准的湖库占 67.0%;近岸海域海水质量良好,三亚、海口等主要滨海旅游城市有 60% 的海区水质符合《海水水质标准(GB 3097—1997)》中 1、2 类标准。② 此外,全省森林覆盖率达 53.3%③,远远高于全国13.5% 的覆盖率,空气清新,负氧离子含量高,加上海岸线漫长,优质沙滩广布,蓝天碧海,椰风海韵享誉海内外,因此海南岛也被誉为"回归大自然的好去处""未受污染的长寿岛"。

表 1.1　海南省生态环境状况表

淡水环境	河流水质:国家 1、2 类标准,总体良好 湖库水质:国家 1、2 类标准,总体良好
近岸海域环境	北部:以国家 2 类为主 南部:优于国家 2 类 东部:国家 1、2 类 西部:国家 2、3 类,总体良好,满足水域功能要求
大气环境	二氧化硫:国家空气质量 1 级指标 氮氧化物:国家空气质量 2 级指标 总悬浮微粒:91%,符合国家空气质量指标,大气降雨:pH 值范围 4.2~7.55,总体良好
森林	总面积:171.08 万平方千米 天然林:86.5 万平方千米,覆盖:53.3%
土地、耕地	土地总面积:344.21 万平方千米 耕地总面积:429 599 平方千米,比重 12.5% 园地总面积:566 700 平方千米,比重 16.0%

---

① 陈海鹰.海南省生态旅游可持续发展研究 [D].武汉:华中师范大学,2007.

② 吴庆书,杨小波,韩淑梅.海南旅游业发展与生态环境的关系研究.海南大学学报自然科学版,2000,18(2):159-164.

③ 吴碧漪.海南旅游业可持续发展环境分析.华南热带农业大学学报,2002,8(2):79-84.

生物多样性	乔、灌木 1400 多种,药用植物 2500 多种,陆栖脊椎野生动物 561 种,爬行类 104 种,鸟类 344 种,海洋生物 3000 多种(鱼类 1000 多种)
自然保护区、生态系统	自然保护区:面积 300 多万平方千米,数量:75 个 生态系统:森林系统 8 类,草原系统 3 类,农田系统 3 类,海洋系统 7 类

(二)　"生态环境保护示范区与海上丝路旅游特区"内涵

在 2010 年初国务院公布的《国务院关于推进海南国际旅游岛建设发展的若干意见》中明确指出,海南要结合自身的优势资源与独特的地理位置,大力发展旅游业,并且提出了明确的目标:"到 2020 年,旅游服务设施、经营管理和服务水平与国际通行的旅游服务标准全面接轨,初步建成世界一流的海岛休闲度假旅游胜地。旅游业增加值占地区生产总值比重达到 12% 以上,第三产业增加值占地区生产总值比重达到 60%,第三产业从业人数比重达到 60%。"[①]同时在国际旅游岛战略定位方面,为"我国旅游业改革创新的试验区、世界一流的海岛休闲度假旅游目的地、全国生态文明建设示范区"。

对于海南来说,独特的自然环境是海南旅游业发展的一大特色,因此,保护自然环境是海南旅游业乃至社会经济可持续发展的物质基础。基于国际旅游岛的战略定位,海南应该坚持生态立省、环境优先,在保护中发展,在发展中保护,推进资源节约型和环境友好型社会建设,探索人与自然和谐相处的文明发展之路,使海南成为全国人民的四季花园,以及 21 世纪海上丝绸之路建设中沿线国家和地区的"生态环境保护示范区",从而为周边和世界各国提供中国在实现工业化和现代化的过程中努力推进生态环境保护、倡导可持续发展理念的地区样本。

另一方面,在 21 世纪海上丝绸之路建设推进过程中,作为其中重要纽带的海南,与东南亚各国地缘相近,人缘相亲,文化相融,具有无可比拟的诸多优势。因此,海南应抓住这个历史机遇,充分利用 21 世纪海上丝绸之路这一历史上的商贸和文化交流之路,深入挖掘沿线的历史与文化资源,并因地制宜地开发出相应的旅游产品和线路,形成具有

---

① 　国务院办公厅.国务院关于推进海南国际旅游岛建设发展的若干意见: 国发〔2009〕44 号.〔2015-08-26〕.http://www.gov.cn/zwgk/2010-01/04/content_1502531.htm.

海南元素与中国特色的精品旅游项目,广泛吸引中外游客前来参观体验,实现以旅游带动文化交流,以文化交流促进经济发展的良性循环。与此同时,海南还要与沿线国家和地区密切合作,通过整体开发和全方位对接,将古代海上丝绸之路与21世纪海上丝绸之路的特色资源实现有机融合,通过打造富有特色的精品旅游线路,使中外游客在充分游览自然风光的同时,也能深入了解海上丝绸之路的历史与文化,促进不同国家和地区之间的民间交流与社会认同,最终形成以海南和南海为核心的"海上丝路旅游特区"。

第三节　海南在21世纪海上丝绸之路建设中的战略作用

一、推进互联互通建设,实现国际运输便利化

(一)作用阐述

将海南打造成为21世纪海上丝绸之路建设中的南海航运与物流枢纽,既是海南所处位置带给自身的历史机遇,同时也是发展自身经济的良好契机。海南成为国际化的航运与物流枢纽,一方面能够使泛珠三角、泛北部湾、东盟地区的东南亚国家之间互通有无,打通东南亚各国与我国内地物流运输的海上通道,缓解我国沿海其他港口的运输压力,同时形成良好的区域间经贸合作网络。另一方面,推进国际化的航运与物流枢纽建设,也需要大量的港口、码头、机场、道路、桥梁等基础设施建设,既可以提供大量的工作岗位以及促进本省经济增长,还可以将岛内的特色产品进行出口和转运,与周边地区形成良好的贸易合作关系,实现海南经济结构的转型升级和社会生活的跨越式发展。

(二)具体实施建议

1. 加强港口体系建设,整合当前港口资源

以洋浦保税港、海口港为龙头,以东方八所港、文昌清澜港、三亚港等为支撑,加快推进港口信息化、通关现代化建设,积极推动国际客运和大宗货种专业化码头建设,努力将上述重要港口建设成为中转港。此外,还要进一步优化海南的港口结构、布局和功能,依

托区位、港口资源和保税港区的政策优势,以三亚、海口、洋浦为重点,配套建设一批为国际旅游岛和临港产业发展服务的配套设施,把洋浦保税港区打造成为背靠华南腹地、连接北部湾、面向东南亚的区域性航运和物流中心;把洋浦港、海口港建设成为主枢纽港,将洋浦—海口组合港建设成区域性国际航运枢纽:把八所港、三亚港建设成地区重要港口;发展一批地方特色专业港口,形成布局均衡的港口体系。

此外,还要推动国际客运和大宗货种专业化码头建设,坚持集约化、高效化、专业化、信息化的发展方向,完善布局,优化结构,提升功能。大力发展共用码头,加快大型专业化码头建设,形成集装箱、石油天然气、煤炭三大重点货种港口的专业化、集约化布局,完善海运直达、水中转联运的运输体系。另外,还要加强与东南亚国家和地区的港口体系对接,在口岸、物流和信息设施等领域以及合作方向、重点内容和共建机制等方面开展合作,着力推进多式联运和集疏运交通体系建设,通过重点打造若干个在东南亚地区具有竞争力的港口和海运中心,实现将海南建设成为"南海航运与物流枢纽"的目标。

2. 加快完善海陆空立体交通枢纽网络建设

进一步完善航空通道建设,依托海口美兰机场和三亚凤凰机场,加快建成面向南海的区域性枢纽机场;发挥海南开放第 3、4、5 航权的政策优势,增加面向东南亚的国际航线;加强海陆对内和对外通道建设,完善沿海城镇基础设施建设和综合交通网络建设,规划和推进公路、铁路大型枢纽、场站通道建设。推动琼州海峡跨海通道筹建工作提速,争取列入国家"十三五"规划纲要。[①]与此同时,大力推动洋浦港等港口与海口美兰机场、三亚国际机场以及其他大型航空集团组建战略联盟,着力构建海陆相连、空地一体、衔接良好的立体交通网络,全面提升海陆空交通枢纽的纵深辐射能力。

3. 完善海运支持保障系统,加强海上安全合作

首先,加快港航管理信息化建设,加强水上交通安全监管。通过建设一体化基地和防污染基地,提高有毒有害物质及危险品运输污染防治和应急处置能力。加快航道水上

---

① 新华网.海南省政协建议: 打造 21 世纪海上丝路南海基地. [2015-09-01]. http://www.hq.xinhuanet.com/news/2015-01-23/c_1114098280.htm.

服务区建设,增强海运服务保障能力,提升海运便利化水平,要推进"一站式"通关,切实解决好"一站式"通关的标准、规范、机制、信息化等问题。注重海上安全合作机制和制度建设,共同打造南海海上交通安全保障体系。重点加强航行安全、海上救援和应急处置、船舶防污染、海事技术交流与人员培训等领域的合作。其次,加强南海应急救援基地建设。争取国家支持在南海有条件的岛礁建设直升机平台、避风码头及避风锚地,改建现有码头达到防风要求;购置救援直升机、水上飞机、救助船只等设备,提高海上救援救助效率;在三沙市建设集监控、通信、指挥等一体化政府应急指挥平台。要加快港航管理信息化、沿海巡航搜救监管一体化建设,拓展航行安全、海上搜救、应急处置等方面的培训和合作力度。

4. 加快航运业发展,提高海运市场国际化水平

大力发展国际远洋运输,积极扶持培育国际海运事业发展。加快海运运力结构调整步伐,适应市场需求,实行积极的扶持政策,实现运力结构优化;大力发展集装箱、矿石、滚装、石油、液化气等专业化船舶运输。加快海运企业转型升级。促进航运业规模化、集约化经营,加快运力增长;培育具有活力和竞争力的现代海洋运输企业集团、现代运输队,引入国内外有实力的大公司,对现有的国有资产进行重组和专业化分工。

二、 推动南海资源开发与合作,实现互利共赢

(一)作用阐述

2012 年 7 月 24 日,海南省三沙市正式成立,这是我国对南海宣示主权、加强海洋行政管理的重要举措。三沙市的设立有利于加快我国南海资源自主开发的步伐,与此同时,还有必要考虑构建南海资源合作开发的秩序和模式。具体来说,在中央政府的领导下,与周边各国展开一揽子的磋商和谈判,秉承"搁置争议、共同开发"的原则以及"互谅互让、互利共赢"的精神,逐步推进南海资源的共同开发步伐。充分而有序地开发南海资源,一方面可以满足国内日益增长的能源和资源需求,有效维护我国的主权和安全;另一方面,也有利于与周边国家形成睦邻友好的关系,维护地区稳定与和平,促进地区经济在

良好的外部环境下发展。在此背景下,海南作为我国深入南海的前沿省份,有必要通过建设南海资源开发与合作基地,提升自身在维护南海权益和服务南海建设上的地位,发挥其他省份不可替代的角色和作用,这既是海南国际旅游岛建设的内在要求,也是体现我国 21 世纪海上丝绸之路建设倡议的重要举措,充分展现了中国在南海问题的一贯立场和主张,有利于理性务实地解决南海争端,维护我国南海权益以及地区和平稳定。

(二)具体实施建议

1. 建立南海资源开发保障基地和初加工基地

推进南海资源开发是一项系统工程。由于远离大陆,南海资源开发面临着诸多的困难和挑战,需要相配套的保障措施和稳定的后勤补给,海南基于自身的特殊地理位置,非常适宜建设南海资源开发的后勤保障基地,提供诸如航道安全维护、后勤补给、气象预警、海上救援救助等综合服务,以及在此基础上建立海洋科研、科普和服务保障体系等。另一方面,依托便利的海上运输优势,对开发出来的各种资源进行初加工,有利于将初级产品运往内地或周边国家进行深加工,形成资源加工合作的上下游一体化产业链条。在此过程中,海南需要根据南海资源开发的进度和需要,积极建设相配套的后勤保障基地和产业加工园区等,并引进相关的人员、技术、工程服务、产业集群等。

2. 建立南海渔业资源开发与合作基地

基于目前海洋生态环境保护的需要,海南渔业亟须压缩近海捕捞,积极拓展外海和远洋捕捞,大力发展深海网箱养殖,努力转变海洋渔业发展方式。为此,要以发展现代海洋渔业为目标,在远洋捕捞渔船控制指标、维护补给中转站、避风港建设、南沙深海网箱养殖、南海渔业资源调查和水产育种科研建设等方面争取国家给予政策、资金等方面的大力支持。与此同时,扶持组建大型捕捞船队,大力发展水产品精深加工,扶持壮大一批龙头企业。积极推进渔港建设,打造一批特色鲜明的渔业风情小镇。另一方面,基于现实和长远的考虑,还要通过国家层面加强与越南、菲律宾、马来西亚、印度尼西亚等东南亚国家的渔业合作。例如,实施共同的渔业保护与养育制度,渔业生产中的污染防治,渔业联合执法与检查,渔产品一体化收购与加工,渔业技术合作与培训,渔民安全保障和物质补给,渔民临时避难和遇险搜救等,上述诸多事项的开展,都需要在南海建立数个综合性的渔业合作基地。在此过程中,海南毫无疑问将在其中扮演不可替代的角色。

3. 建立南海油气资源开发与合作基地

在推进南海油气资源开发的过程中,应该坚持二元并举、整体推进的战略方针,全方位、多层次地实施和展开。总体来说,推进南海油气资源开发无非包括自主开发与共同开发两个层面。事实上,"搁置争议、共同开发"已经内含了自己要首先参与开发。中国提出了共同开发的方针,但是唯独自己不参与开发,这种状况必须尽快改变。在目前共同开发难于实施的情况下,加快自主开发的步伐刻不容缓。具体来说,可首先选择存在主权争议或者我国实际控制的地区,遵循"先远后近、先南后北、先难后易"的开发步骤,在恰当的政治、法理和军事斗争配合下,稳扎稳打、步步为营地推进自主开发的进程。在此过程中,要在内部的战略制定、体制建构、管理创新、法律保障、军事威慑、民意支撑等方面不断进行完善和建设。对海南而言,要争取中央将南海油气开发权部分下放给海南省,支持海南参与南海油气开发,合理调整中央与地方南海油气开发收入分配比例。积极支持中石油、中海油、中石化勘探开发南海油气资源,优先保障项目用地、用海需求,开通项目审批建设的绿色通道;优先支持配套南海资源开发的海洋工程装备制造、维修服务、加工利用等产业发展,鼓励大型海上油田服务公司落户海南。

另一方面,从长远来看,也要考虑推进南海油气资源共同开发的可能性与可行性,通过建立相关的合作开发基地,为未来推进南海油气的共同开发奠定基础。为此,在加快推进我国南海油气资源自主开发的过程中,还要对周边声索国的油气勘探与开发进行有效的施压和分化。对于周边声索国在争议海域的单方面开发以及与域外国家进行的联合开发,中国政府要采取有效的维权措施,要通过运用强有力的干预方式,迫使它们重新考虑与中国进行共同开发。事实上,只有让周边国家感受到中国的决心和意志,体会到占有的风险大于获得的好处,才能促使它们从现有的立场上让步,进而同意与中国进行谈判和开发。借助这种"内挤外压"的双重策略,或许有可能推动相关国家真正落实"搁置争议、共同开发"。从长远来看,中国提出"搁置争议、共同开发"的主张还是拥有强大生命力的,会逐渐得到更多的认可和接受。只要各方拿出诚意,发挥智慧,就一定能够找到实现共同开发的具体思路和办法。因此,在加快推进南海油气资源自主开发的过程中,我们也要时刻高举共同开发的道义旗帜,要加大双边谈判和协商的力度,争取通过互惠共赢、一揽子解决方案等积极稳妥地推进共同开发进程,并在此基础上加快区域经济合作和地区一体化进程。

三、 促进地区经济合作,实现区域一体化发展

(一) 作用阐述

　　一个和平稳定、能够开展良好合作的周边环境,是加快海南经济社会发展的重要条件,同时也是与周边国家进一步展开经贸合作的首要基础。经贸合作越紧密,人员、资本等的流动就越频繁,周边的政治社会环境就会呈现出一种繁荣稳定的状态。如前所述,在"环南海经贸合作圈"内,海南发挥出经贸合作连接点的作用,一是有利于缓解与周边国家的海洋争端,促进与区域间的合作与交流,同时能提供了一个对话、沟通与协调的载体,便于双方妥善应对和解决各种纠纷。二是有利于海南规避与东盟各国在农业和旅游业上的不利竞争。海南与东盟各国地理相近,气候相同,产业同构,特别是在农业和旅游业方面存在一定程度的竞争关系。为此,海南可以充分利用"环南海经贸合作圈"这个平台,在农业、旅游业方面与东盟国家实施错位竞争,通过产业链与价值链整合,共同开发国际或国内市场,最终实现合作共赢。三是有利于海南扩大对外开放的程度,海南有 200 万琼籍华侨,其中绝大部分分布在东南亚,因此东南亚一直是海南对外开放的重点地区。近年来,海南与东盟国家的经贸往来呈升温之势。总体来看,海南与东盟国家经济合作势头良好,潜力很大。综上所述,通过"环南海经贸合作圈"这个平台,发挥海南"环南海经贸合作连接点"的作用,海南可以不断深化与东盟国家的经贸合作,在招商引资、进出口贸易、产业链与价值链整合等方面迎来新的发展机遇。

（二）具体实施建议[①]

1. 大力发展金融业、服务业和高新技术产业

针对海南岛屿型经济的特点，大力发展物流成本较低、经济附加值较高、吸纳就业能力强的金融业、服务业以及信息业等高新技术产业，为做好海上丝绸之路建设中的综合服务保障工作打好基础。打造面向东南亚的，为客户提供服务和培训的研发基地；发展信息、教育、网络等"知识产业"；完善创新金融组织体系、金融产品和资本市场，建设休闲金融总部，实行自由货币兑换制度，推动海南离岸金融试点开展，增强海上丝绸之路金融服务和保障能力。

2. 打造海口、三亚空港自贸区

充分发挥海口的省会中心城市的综合优势和带动作用，依托美兰国际机场建立空港综合保税区，把海口打造成海上丝绸之路建设的前沿窗口。要争取并全力推进在三亚通过人工填海建设面向东南亚及亚太地区的大型空港项目，以空港为依托争取设立三亚海上丝绸之路临空自贸区，打造符合国际贸易自由化要求的开放型经济示范区。

3. 建设洋浦自由工业港区

争取国家放宽洋浦的原油及成品油进出口和转口贸易配额限制。争取恢复洋浦的人民银行和外汇管理机构，支持洋浦国际能源交易中心办理跨境结算业务。在洋浦设立国家战略石油储备基地，积极拓展石油加工产业链，大力发展海洋油气业和临港自由贸易区，在完善配套产业链和公共基础设施建设方面给予政策倾斜和资金扶持，把洋浦建设成为符合国际惯例的、高度开放的新型自由工业港区。

4. 建立优先项目滚动推进机制

在政府引导下，以市场化方式运作 21 世纪海上丝绸之路建设，拓宽企业融资渠道，发挥企业的主体作用。把握"2015 年中国—东盟海洋合作年"筹办契机，积极争取一批基

---

① 本部分内容参见：新华网.海南省政协建议：打造 21 世纪海上丝路南海基地. [2015-09-01] .http://www.hq.xinhuanet.com/news/2015-01/23/c_1114098280.htm.

础好、可行性强、见效快的国家项目落地海南,实现早期收获,发挥示范效应。从国际化、区域合作的背景出发,对具备一定基础和可行性的重点合作项目搞好论证谋划,争取上升到国家建设 21 世纪海上丝绸之路项目清单中去。对项目的申报、储备、谋划逐年进行调整。此外,根据海上丝绸之路建设的需要,打造面向环南海国家的产业园区。要对海南现有产业园区进行规划整合,提升园区规模和档次,统筹发展模式和方向,深化管理体制机制改革。积极实施走出去战略。鼓励、支持海南有条件的企业到海上丝绸之路沿线国家投资办厂,开展产品服务和资源方面的合作,充分利用沿线国家的劳动力、土地、资源及广阔的市场,通过收购、参股或合作等方式,实现企业的国际化和产业的转型升级,提高海南本土企业的国际竞争力。

5. 充分发挥海南热带高效农业的优势,打造 21 世纪海上丝绸之路建设的"种子硅谷"

要从规划、用地、融资等方面给予大力支持并加强引导和监管,在海南建成集科研、生产、销售、科技交流、成果转化为一体的"种子硅谷",为 21 世纪海上丝绸之路沿线国家发展热带高效种植业、养殖业的种苗提供服务与合作。同时要加强海南和其他沿海省市的协调合作,积极发挥海南特殊的区位优势和比较优势,加强与广东、广西、福建等沿海地区的协调与配合,服从和服务于国家的战略布局,更好地发挥市场作用,合理配置资源,形成与周边省市区合理分工、错位发展、互利共赢的局面,共同推进海上丝绸之路建设。

四、 增强政治互信,推动区域社会文化交流

(一) 作用阐述

面对新的国际形势,中国提出的 21 世纪海上丝绸之路倡议,既是构建和平稳定周边环境的战略举措,也是中国与沿线国家开拓新的合作领域、深化互利合作的战略契合点,有利于双方建立政治互信,增强政治共识,推动构建和平稳定、繁荣共进的周边环境;又是新形势下中国应对挑战、用开放倒逼深层次改革的重要途径;还是拓展中国经济发展

战略空间的深远谋划,不仅有利于中国与沿线国家在港口航运、海洋能源、经济贸易、科技创新、生态环境、人文交流等领域开展全方位合作,而且对促进区域繁荣、推动全球经济增长都具有重要意义,同时也将在很大程度上为中国经济持续稳定发展提供有力支撑,并最终促进沿线国家共同繁荣,实现互利共赢。

自建省办特区以来,海南将就服务国家总体外交放在优先位置,着力打造公共外交精品平台。近年来,在国家的支持下,随着博鳌亚洲论坛等一系列重要国际多边活动相继在琼举行,海南在世界范围内的知名度得到显著的提升,已经成为我国进一步推进公共外交、开展对外社会文化交流的重要基地。充分发挥海南在公共外交领域已经形成的"品牌"效应,以博鳌亚洲论坛等机制化国际交流平台为切入点,充分发挥我国作为主办方的优势,推动并主导在海南举办与21世纪海上丝绸之路相关的系列主题活动,在向外界推介"丝路"战略构想的同时,吸引沿线国家积极参与并共同打造跨区域的社会文化交流平台,服务于21世纪海上丝绸之路总体战略的顺利实施。

21世纪海上丝绸之路是我国对外战略的重大举措,将这一构想变为现实,离不开各种机制化国际交流平台的支撑。借助这些交流平台,各参与主体可进一步明确21世纪海上丝绸之路的内涵与外延,研习与之有关的重大布局、实施步骤及保障机制,充分表达自身合作意愿与计划,广泛听取各方意见,增进彼此共识与理解,消除存在的误解与分歧,为下一步开启实质性合作奠定基础。就此而言,海南应注意从机构组成、议题设计、议程安排、舆论引导等方面入手,通过召开相关新闻媒体见面会、发布相关专题研究报告、建立名人专家库、"海上丝绸之路项目库"等多种形式,切实推动有关21世纪海上丝绸之路的国际传播与跨文化交流。

（二）具体实施建议

1. 充分利用博鳌亚洲论坛品牌效应，着力打造公共外交精品平台

21世纪海上丝绸之路是我国对外战略的重大突破,将对我国的外交艺术与执行能力形成考验。为了能够使21世纪海上丝绸之路倡议得到更多的国际认知和认同,必须充分各种机制化国际交流平台的作用。因而以博鳌亚洲论坛等国际平台为基础,充分发挥

海南在公共外交领域形成的"品牌"效应,有利于同沿线国家的政府领导人、企业团体、社会组织、专家学者、大众媒体等进行深入探讨,吸引多方力量参与到 21 世纪海上丝绸之路的共商、共建、共享之中。海南要积极争取国家把更多对外机制、外事活动及会议等向海南倾斜,把海南打造成为海上丝绸之路沿线国家首脑外交和休闲外交基地、公共外交基地、中非合作交流促进基地和侨务交流示范区。拓展海南与海上丝绸之路沿线国家有关地区的友城,支持海南有条件的市县与沿线国家重要城市结为友好城市。

2. 以侨为桥,推动和丝路沿线国家的人文交流

"国之交在于民相亲",文化交流是 21 世纪海上丝绸之路建设的重要组成部分,对增进中国与沿线国家与民众间的了解互信具有不可替代的重要作用。为此,海南要以自身为核心大力弘扬丝路文化,为建设 21 世纪海上丝绸之路奠定人文基础。在此过程中,海南尤其要充分发挥作为侨务大省的优势,推动与丝路沿线国家的人文交流。要以侨为桥,密切与东南亚琼籍华侨往来联系,加强和海外华侨社团组织的联谊联络。从侨务工作渠道加大对侨胞驻在国议会、媒体、智库和社会各界人士的工作力度,促进当地主流社会对构建 21 世纪海上丝绸之路的正面认知,筑牢民意基础。适时召开东南亚琼籍华人华侨领袖及代表人物座谈会,为海上丝绸之路建设出力献策,鼓励并激发他们回乡投资兴业的积极性。积极申请参与国家即将大力推动的 21 世纪海上丝绸之路影像和书籍出版工程,推动琼剧、黎苗优秀剧目等富有海南特色的文化艺术在 21 世纪海上丝绸之路沿线国家的交流,弘扬海南丝路文化。[①]

3. 建立相关合作机构,开展系列主题活动

要争取国家在海南设立南海合作发展基金、亚洲基础设施投资银行分支机构。支持中国南海研究院、中国(海南)改革发展研究院、海南大学等机构与沿线国家开展联合研究,合作举办学术论坛。建立涉海名人专家库、南海合作研究中心、三沙研究中心等机

---

① 　人民网海南视窗. 省政协: 海南打造 21 世纪海上丝绸之路南海基地. 2015-01-21 [2015-08-17]. http://news. 0898. net/n/2015/0121/c231190-23637961. html.

构,充分发挥智库效应,切实推动开展 21 世纪海上丝绸之路务实研讨。此外,主动举办环南海区域经济合作论坛等系列主题活动。提请外交部在博鳌设立环南海区域经济合作论坛。由海南配合外交部在议题设计、议程安排、舆论宣传、组织引导等方面做好设计,吸纳环南海区域国家参与经济合作论坛。在每年的博鳌论坛上设立海上丝绸之路分论坛,使其成为机制化的交流平台。还可以定期举办高规格的海上丝绸之路文物展、文化节或博览会等系列主题活动。①

五、 保护生态环境,促进旅游业转型升级

(一) 作用阐述

世界旅游业发展的实践表明,旅游目的地之间的竞争主要还是历史文化的竞争,如果说优美的自然风光是旅游产品精美的"包装",那么独特的历史文化则是旅游产品值得回味的"精神内核"。因此,只有充分利用本地的历史文化资源,赋予本地旅游产品以更多的精神价值,旅游业发展才更加具有可持续性。

20 世纪 90 年代一项对美、日、法、德、英五国游客访华动机调查结果显示,排在首位的是了解当地民众的生活文化(占 100%),第二位是了解历史文化(占 80%),第三位是游览自然风光(占 40%)②。

对来华美国游客的一次抽样调查表明,主要目标是欣赏名胜古迹的占 26%,对中国人的生活方式、风土人情最感兴趣的却达 56.7%③。根据国家旅游局抽样调查,我国 1997—2009 年入境游客感兴趣的旅游资源如表 1.2 所示。

---

① 人民网海南视窗. 省政协: 海南打造 21 世纪海上丝绸之路南海基地. 2015-01-21 [2015-08-17]. http://news.0898.net/n/2015/0121/c231190-23637961.html.

② 沈受君.民俗旅游的现状与发展.民俗研究, 1995, 1: 12-13.

③ 喻学才.我们应从海洋规划中学习什么?.旅游学刊, 2001, 16(4).

表 1.2　1997 年、2009 年入境游客感兴趣的旅游资源对比

年份	山水风光	文物古迹	民俗风情	文化艺术	饮食烹调	医疗保健	旅游购物	海滩	节庆活动
1997	50.6	39.6	27.0	18.1	19.2	4.1	18.7	2.1	1.8
2009	52.5	43.9	37.7	28.3	34.8	11.9	29.3	9.3	11.8
增减	+1.9	+4.3	+10.7	+10.2	+15.6	+7.8	+10.6	+6.2	+10.0

数据来源：根据国家旅游局抽样调查报告整理。

由表 1.2 可见，1997—2009 年入境游客感兴趣的旅游资源，山水风光仅提高 1.9 个百分点，属于文化旅游资源的文物古迹则提高 4.3 个百分点，民俗风情提高 10.7 个百分点，文化艺术提高 10.2 个百分点，这充分印证了激发国际旅游的动机是与旅游地居民交往，了解当地文化和生活方式[①]。

海南作为古代海上丝绸之路必经的核心区域，其独特之处即在于长期积淀下来的厚重历史文化。因此，海南应深度挖掘自身在海上丝绸之路中的历史文化资源，通过倡导"海上丝绸之路旅游特区"建设，夯实 21 世纪海上丝绸之路建设中的历史文化根基，这既可以增进与周边国家的经贸联系，促进自身以旅游业为主导的第三产业转型升级，为我国的旅游业改革创新寻找到新的突破口，还可以加深与沿线各国之间的历史文化交流，促进区域经济社会一体化发展。

具体而言，海南在推进国际旅游岛建设的过程中，要切实做好对历史文化遗产资源的保护、利用和开发，大力发掘海南文化与海上丝绸之路的历史，并纳入国际旅游岛建设的总体规划中，使海南的旅游业发展凸显出深厚的历史底蕴和人文精神，这是海南旅游业的核心竞争力，也是促进旅游产业不断发展的关键，不仅能够进一步提升海南国际旅游岛的知名度和影响力，也会使海南在与其他旅游目的地的竞争中拥有自己的独特优势。

另一方面，要想让"海上丝绸之路旅游特区"拥有持久的生命力和吸引力，形成富有特色、口碑良好的区域旅游品牌，除了深度发掘丰富的历史文化资源并注重历史文化的

---

① 杨寿川.云南民族文化旅游资源开发研究.北京：中国社会科学出版社，2003.

传承外,还要注意保存好独特的热带自然风光这个精美"包装"。事实上,保护好海南的自然生态环境,不仅对于旅游业的发展具有重要意义,对于海南社会经济的可持续发展更是不可或缺。因此,同时推进海南的"生态环境保护示范区"建设,为国内乃至沿线国家提供人与自然和谐相处、人与环境可持续发展的地区样板,是海南在参与和融入 21 世纪海上丝绸之路建设中需要高度重视并着力打造的另一项战略性功能定位。

(二)具体实施建议

1. 建立健全生态保护长效机制,争创生态文明建设的实践范例

青山绿水、碧海蓝天是海南最突出的优势和最重要的资本,是大自然馈赠给海南的宝贵财富,必须加倍珍爱、精心呵护。有鉴于此,建议在海南设立国家森林碳汇交易市场,加快发展森林碳汇交易,积极推进碳汇造林项目。探索建立政府、企业、个人等多渠道生态补偿投融资体制,例如设立绿色产业发展基金、发行生态补偿基金彩票、试行生态补偿税费、建立环境保护产权和排污权交易等制度。绿化宝岛大行动也要常抓不懈,对各市县生态保护、植树造林特别是海防林建设情况形成常态化的检查和考核机制。大力发展海洋风电等可再生能源项目,争取国家将新型海洋能源项目落在海南开展实验和试点,实现一些重大技术突破。加快海洋生态保护规划和立法建设,建立南海海洋生态环保区域合作机制。划定海洋生态红线,实施海洋环境整治和生态修复工程等。[1]

2. 以发展旅游业为龙头,带动第三产业的转型和升级

海南参与 21 世纪海上丝绸之路建设的出路在于"转型升级",旅游业作为海南最亮丽的"名片",也是海南国际旅游岛建设的根本所在。发展旅游业,海南具有得天独厚的优势。具体来说,可以通过加强与东盟有关国家的海上旅游合作,打造 21 世纪海上丝绸之路国际精品旅游路线,海南可以将海上旅游航线延伸至更多东盟沿海城市。此外,还可以博鳌乐城国际医疗旅游先行区建设为契机,吸收国内外高端医疗、研发机构进入,以

---

① 毛雷.省政协: 海南打造 21 世纪海上丝绸之路南海基地.人民网海南视窗.2015-01-21〔2015-08-17〕.http://news.0898.net/n/2015/0121/c231190-23637961.html.

及知名医疗旅游机构、康复保健中心、医疗培训机构等落户海南,推动旅游性医疗、康复性医疗产业的发展以及本岛健康医疗产业的升级。与此同时,还应通过积极努力争取国家层面的支持,不断放活现有的免税购物产业政策,充分发挥海口观澜湖、三亚海棠湾、万宁奥特莱斯国际购物中心的优势,通过设立离岛免税网购平台,加快完善海南国际购物中心建设。推动出入境管理方面的改革,方便国外游客前来海南旅游购物。进一步加强与环南海国家的互利合作,大力开发滨海度假、海岛休闲、海洋观光、海上运动等,不断完善海南"海上丝绸之路"特色旅游项目,共建环南海旅游经济圈。

3. 加快邮轮与游艇产业发展,形成新的旅游产业增长点

争取国家支持海南大力发展邮轮产业。实施鼓励邮轮在琼注册和停靠的优惠政策,协调中央金融机构为在海南注册的邮轮公司提供租船、买船的低息或贷款贴息。对于在海南注册的邮轮公司购买中型以上新型游轮予以税收优惠或财政性补贴。协调国家有关部委,减免游轮进港时所需要的海事、引航、关税等方面的费用,降低邮轮公司的经营成本,吸引更多邮轮停靠海南邮轮码头。建立并完善海洋旅游区域协调机制,建设一程多站式国际邮轮旅游航线。推进海南国际邮轮母港建设和航线项目建设,通过制订实施邮轮产业发展中长期规划,加快海口、三亚邮轮母港建设,完善相关配套设施,开辟邮轮旅游航线,打造面向东南亚、南亚的跨国邮轮旅游环线。另一方面,将海南游艇产业做大做强。向国家争取支持海南游艇产业开放发展,调低进口游艇税率,出台海南进出境游艇相关法律法规,完善游艇监管办法,进一步放宽游艇在海南游览观光活动水域。对境外游艇可考虑开放海口东营、琼海博鳌、万宁石梅湾、三亚海棠湾、三亚南山、乐东龙沐湾、昌江棋子湾、临高临高角 8 个海上游览景区,以丰富游艇旅游线路和产品。

综上所述,21 世纪海上丝绸之路建设是沿线国家开放合作的宏大愿景,需要各国携手并进、共同努力,朝着互利互惠、合作共赢的目标相向而行。海南作为 21 世纪海上丝绸之路建设中的重要区域,应充分利用自身的区位优势与自然条件,努力在其中发挥独特的作用与价值,在与周边省份和沿线国家的紧密合作中,推动实现区域基础设施更加完善,陆海空交通网络更加畅通,投资贸易便利化水平不断提升,经济联系更加紧密,政治互信更加深入,人文交流更加广泛,不同文明互鉴共荣,各国和平友好、共同繁荣。

第二章 │ 海南海上丝绸之路历史地理区位

　　肇始于汉代的南海丝绸之路迄今已有 2000 多年的历史。因海南岛地处中国大陆通往南海的要冲,所以,自南海丝绸之路开辟以来,海南岛及其所管辖的岛屿、海域在南海丝绸之路的发展、繁荣乃至衰落的历史进程中均扮演了重要的角色。那么,海南在南海丝绸之路发展的历史进程中到底扮演了一种怎样的角色? 主要表现在哪些方面? 具体又是如何发挥作用的? 上述问题则是理解与阐释海南海上丝绸之路历史地理区位的关键所在。

第一节　南海丝路之航线要冲

一、 汉代海南岛及其西部海域是南海丝路的重要门户

　　关于海南岛在秦汉时期的建制沿革,一般认为秦代属象郡地。秦末至汉初属南越国。汉元鼎六年(前 111 年)灭南越国。元封元年在海南岛置珠崖、儋耳二郡。汉始元五年(前 82 年)罢儋耳郡,并属珠崖郡,使珠崖成为统辖全岛的地方一级政权。汉初元三年(前 46 年)罢珠崖郡,在海南岛仅设朱卢县,隶属于合浦郡。①

　　此一时期,关于南海海上丝绸之路的文献记载最早则属《汉书·地理志》。《汉书》卷二八下"粤地"条后载:"自日南障塞、徐闻、合浦船行可五月,有都元国;又船行可四月,有邑卢没国;又船行可二十余日,有谌离国;步行可十余日,有夫甘都卢国。自夫甘都卢国船行可二月余,有黄支国,民俗略与珠崖相类;其州广大,户口多,多异物,自武帝以来,皆献见。有译长属黄门,与应募者俱入海,市明珠、璧流离、奇石异物,赍黄金杂缯而往。所

---

　　① 李勃. 海南岛历代建制沿革考: 上册. 海口: 海南出版社; 南方出版社, 2008: 26-27.

至国皆禀食为耦，蛮夷贾船，转送致之。亦利交易，剽杀人。又苦逢风波溺死，不者数年来还。大珠至围二寸以下。平帝元始中，王莽辅政，欲耀威德，厚遗黄支王，令遣使献生犀牛。自黄支船行可八月，到皮宗；船行可二月，到日南、象林界云。黄支之南，有已程不国，汉之译使自此还矣。"①

虽然目前学界对这段材料的个别地名仍有争议，但其关于汉代早期南海丝绸之路航线的描述还是很清晰的。即从徐闻、合浦和日南出海，沿着中南半岛近海岸到泰国湾、穿越马来半岛，抵达缅甸沿岸，远航到黄支国（今印度东南部东岸的康契普拉姆），最后抵达已程不国（今斯里兰卡）返航。后人将这条航线称为"徐闻、合浦南海道"。因当时的航海技术和船只不适合远洋航行，只能沿着近海岸远航。其次，这段材料揭示了这是一次有商业目的的航行，即"赍黄金杂缯"而往，换取"明珠、璧流离、奇石异物"。"杂缯"是古代对丝织品的统称。所以这也是有关中国丝织品通过海路丝绸外传的较早的文献记载。那么与海南岛相关的即是"黄支国，民俗略与珠崖相类"这一句，说明当时汉代对海南岛已有深入了解。正因有这句材料，才有明代唐胄在《正德琼台志》中作了如下引申："黄支去徐闻几万里，舟行以岁余计，民俗略与珠崖类。汉人尚金缯，远往交易，数年乃还，况珠崖与徐闻对岸，舟仅夕可至，地多诸异产，而人有不乐向乎？且观秦置桂林、南海、象郡，以谪徙民与越杂处。"②言外之意，汉朝当局遣使不远万里到达黄支国无非是去换取一些奇珍异宝，那么这些特产海南岛就有，而且不用跋山涉水，从徐闻"仅夕可至"。为什么不到海南岛来换取呢？作者表达不解之余进而揭示了海南人民想得到当局重视并有加入到南海丝绸之路贸易的愿望。

不仅如此，汉元封元年（前110年），海南设立珠崖、儋耳两郡后，郡县官员及其家人、随从和大量军队入琼，开启了历史上第一次由政府组织的大规模的人口入迁。汉人就是沿着西部航线经琼州海峡和北部湾海域到达了今海口、临高、儋州一带，并以此为据点，

---

① 《汉书》卷二八下《地理志》第八下。

② 唐胄. 正德琼台志：卷三. 海口：海南出版社，2006：57-58.

沿水路向岛的北部、东部移民;另有一路向岛的南部推进。①

二、 唐宋以后海南岛东部及西南沙海域是南海丝路的必经之地与重要组成

唐代是开创中西方海上丝路新纪元的重要历史时期。中西方交通,自汉代以来一直以横贯中西的陆上丝路为主。自唐中叶以后,海上丝路取代陆上丝路而成为中西交通的主要通道。② 究其原因,至少可以从以下几个方面进行分析。③ 首先,唐代中期"安史之乱"后,唐朝失去对西域的控制权,路上丝绸之路遭受阻断。加之北方战乱不断,经济中心开始南移。中国传统外销产品丝绸和瓷器在南方的发展逐渐超过北方,为南方海上丝绸之路奠定了重要的物质基础。其次,为了应对大量瓷器的出口和各种香药的进口,海上运输量加大。尤其是瓷器成为出口的大宗商品,因其易碎且重量较大,海运则较为合适。最后,随着造船技术和天文导航技术日趋成熟,具备了远航的能力和条件。唐贞元年间(785—804 年),开通了以广州为起点,沿着海南岛东部经西沙群岛北礁通往印度洋和东非沿岸的新航线,大大缩短了途经徐闻、合浦,环绕北部湾行驶的弯曲路线,④逐渐成为唐王朝对外交通的主要路线。

关于唐代海上交通的航线以贾耽的《广州通海夷道》的记载最为详尽:"广州东南海行二百里,至屯门山;乃帆风西行二日,至九州石;又南二日,至象石;又西南三日行,至占不劳山,山在环王国东二百里海中。"⑤

---

① 田德毅. 海南宝岛: 海上丝绸之路的重要中转地——海南三亚、陵水、万宁等地穆斯林文化田野报告. 世界宗教研究, 2014(2): 185-191.

② 张难生. 海上丝绸之路与广州. 中国社会科学, 1992(1): 192.

③ 陈炎. 海上丝绸之路与中外文化交流. 北京: 北京大学出版社, 1996: 24-27.

④ 田德毅. 海南宝岛: 海上丝绸之路的重要中转地——海南三亚、陵水、万宁等地穆斯林文化田野报告. 世界宗教研究, 2014(2): 188.

⑤ 贾耽《广州通海夷道》,见欧阳修撰《新唐书》卷四十三下《地理志》。 转引自: 韩振华.我国南海诸岛史料汇编. 上海: 东方出版社, 1988: 30.

根据伯希和《交广印度两道考》①的考证,"九州石"即七洲,今文昌县的七洲列岛;"象石"即今万宁县大洲岛(旧称独州岭);"占不劳山"即今越南中圻的占婆岛;"环王国"即占婆国,在今越南中部。韩振华则认为,文中的"象石"应指西沙群岛,而不是指独州岭。②姑且不论"象石"到底指何处,但可以肯定的一点是,这条重要的航线与海南岛有着密切的关系,显然是经过海南岛东北部的七洲列岛及其海域和万宁县近海的大洲岛或远海的西沙群岛。据此可以说海南岛东部及其附近海域在唐代已成为南海丝绸之路的必经航道和重要组成部分。

其他证据还有公元748年唐代高僧鉴真第五次东渡日本失败,漂流到海南岛,关于在万安州的一段文献。《唐大和上东征传》载:"州大首领冯若芳请住其家,三日供养。若芳每年常取波斯舶二三艘,取物为己货,掠人为奴婢。其奴婢居处,南北三日行,东西五日行,村村相次,总是若芳奴婢之住处也。若芳会客,常用乳头香为灯烛,一烧一百余斤。其后宅,苏芳木露积如山;其余财物,亦称如此。"③从文献可知,冯若芳每年能"取波斯舶二三艘",说明途经万安州附近海域的商船很多,且多为阿拉伯地区的商船。文中又提到"乳头香",此物并非海南岛特产,而主要产于非洲索马里和埃塞俄比亚等地,显然是阿拉伯商人进行贸易的商品,这也进一步印证了海上丝绸之路也是"香料之路"的说法。

在宋代,"千里长沙,万里石塘",泛指南海诸岛,此时已属广南西路琼管(即海南四州军)的管辖范围。④古《琼管志》载:"外有洲,曰乌里,曰苏吉浪。南对占城,西望真腊,东则千里长沙,万里石塘。渺茫无际,天水一色,舟舶来往,唯以指南针为则,昼夜守视唯谨,毫厘之差,生死系焉。四郡凡十一县,悉隶广南西路。"⑤"千里长沙,万里石塘"尽管在不同时期、不同文献中有不同的称谓,但其真实的地理位置就是指今天我国的西沙和南沙。既然在宋代开始有官方文献明确记载"千里长沙和万里石塘"隶属广南西路琼管范

① 伯希和. 交广印度两道考. 冯承钧,译. 上海: 上海古籍出版社,2014: 228-230.

② 韩振华. 我国南海诸岛史料汇编. 上海: 东方出版社,1988: 30-31.

③ 真人元开. 唐大和上东征传. 汪向荣,校注. 北京: 中华书局,2000: 68.

④ 韩振华. 我国南海诸岛史料汇编. 上海: 东方出版社,1988: 33.

⑤ 杨博文. 诸蕃志校释. 北京: 中华书局,2000: 216.

围,那么也可以说自此以后海南就成为南海海上丝绸之路的管理者。如此,则海南岛东部、南部诸岛屿及其海域成为南海丝绸之路的重要组成部分已毫无疑义。

元代海上交通频繁,重要港口如泉州、上海、澉浦、温州、广东、杭州、庆元市舶司等均与诸番进行贸易。后来又用兵安南、缅甸、占城、爪哇等国,使者往来更是络绎不绝。但留下来的文献记载却不多。① 在此仅举周达观之随使诏谕真腊一例:"真腊国,或称占腊……自温州开洋,行丁未针,历闽、广海外诸港口,过七洲洋,经交趾洋,到占城。又自占城,顺风可半月到真蒲,乃其境也。"②此航线与海南岛有关者有"七洲洋"。但需要注意的是,此处的"七洲洋"并非指传统意义上的文昌东北部的七洲列岛,而是指我国的西沙群岛③(Paracels)。因西沙群岛从宋代就属于海南岛管辖范围,元代承袭前制,海南在元代自然也是海上丝绸之路的必经之地和重要组成部分。

明代是我国航海史上的辉煌时期,郑和七次下西洋均与海南岛有关系。关于此点可以借助《武备志》卷二百四十《郑和航海图》④进行解读。如原图第 40、41 页(见图 2.1)涉及海南地名共七处,并附《郑和航海图》地名索引解释,即,七洲(本图之七洲,他书又作七州、七州洋,因有七峰崛起海上,故名。在广东上、下川岛与海南岛之间。又西沙群岛亦名七洲洋,与此同名异地。俗云"上怕七洲。下怕昆仑"之七洲指后者而言)、石塘(此是万里石塘之石塘,当指今西沙群岛而言)、南海黎母大山(即今海南岛之五指山,一作黎母山)、万州(在海南岛,今改万宁县)、铜鼓山(本图铜鼓山有二。此在海南岛文昌县境)、独猪山(独猪山又作独珠山、大洲山、大洲头、大洲套,在今海南岛万宁(旧万州)海上,与岛相距约半日程,为古代海舶航行望山)和琼州府(即今海南岛)。七个地名都是海南岛标志性的地理坐标,大多在海南岛东部海岸。显然,这些地方都是郑和航海所熟悉或经过的地方。

---

① 冯承钧. 中国南洋交通史. 北京: 商务印书馆,2011: 59.

② 周达观《真腊风土记》,转引自: 韩振华.我国南海诸岛史料汇编.上海: 东方出版社,1988: 33。

③ 韩振华. 南海诸岛史地论证. 香港: 香港大学亚洲研究中心,2003: 99-143.

④ 西洋番国志;郑和航海图;两种海道针经. 向达,校注. 北京: 中华书局,2000.

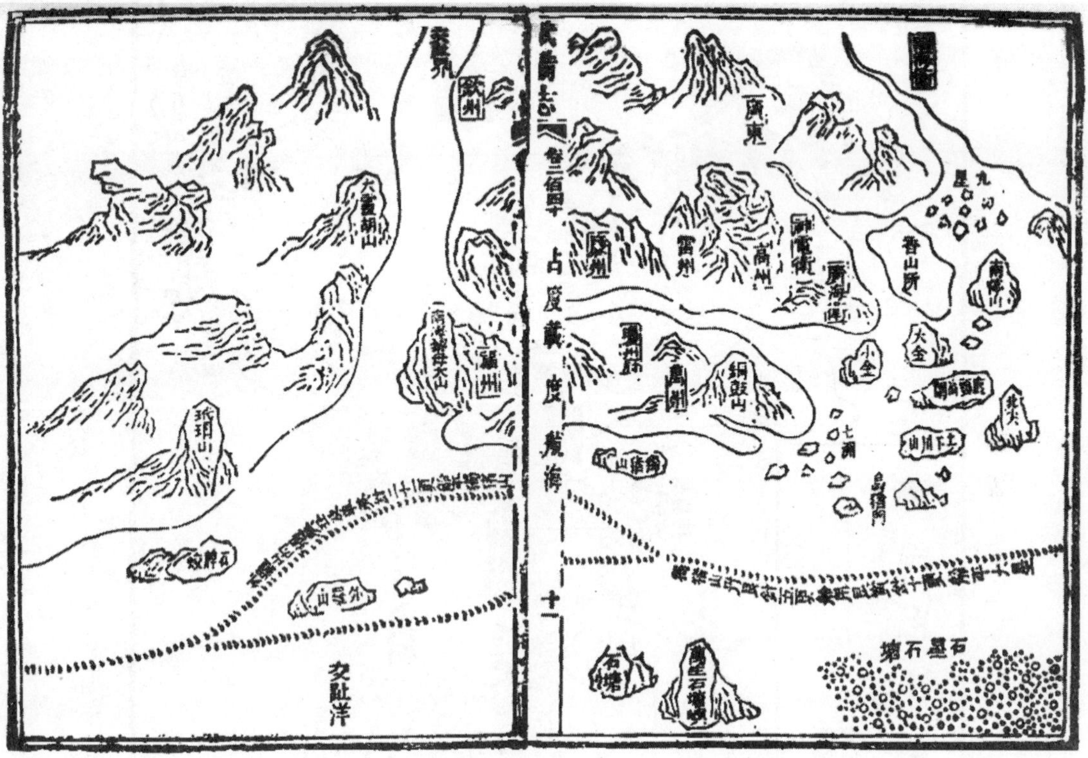

图 2.1　郑和航海图

　　图 2.1 只是详细描述了郑和航海所经过的海南岛东部沿海的线路。而《郑和下西洋图》(图 2.2)则展示了郑和航海所经过海南岛东部的独猪山和七洲洋。独猪山之地理方位与图 2.1 同,均指今天万宁县近岸的大洲岛。七洲洋则和图 2.1 之七洲指代不同,而是指今天的西沙群岛。

　　清代以来,南海丝绸之路航线与海南相关的文献大多以记载途经"七洲洋"为主。当然,此处"七洲洋"就是指海南岛管辖下的西沙群岛。因文献较多,仅举几例为证。如《皇朝文献统考》和《皇朝通典》记载中国和南海丝绸之路经过"七洲洋"的航线:"柬埔寨……每冬春间,浙闽粤商人往彼互市,近则兼市丝斤,及夏秋乃归。粤人之归也,舟必经七洲大洋,到鲁万山,由虎门入。""柔佛在西南海中,背山,而国前临大海,历海洋九千里达广东界。经七洲大洋,到鲁万山,由虎门入口……七洲洋中有神鸟,状如海雁……没岁冬春

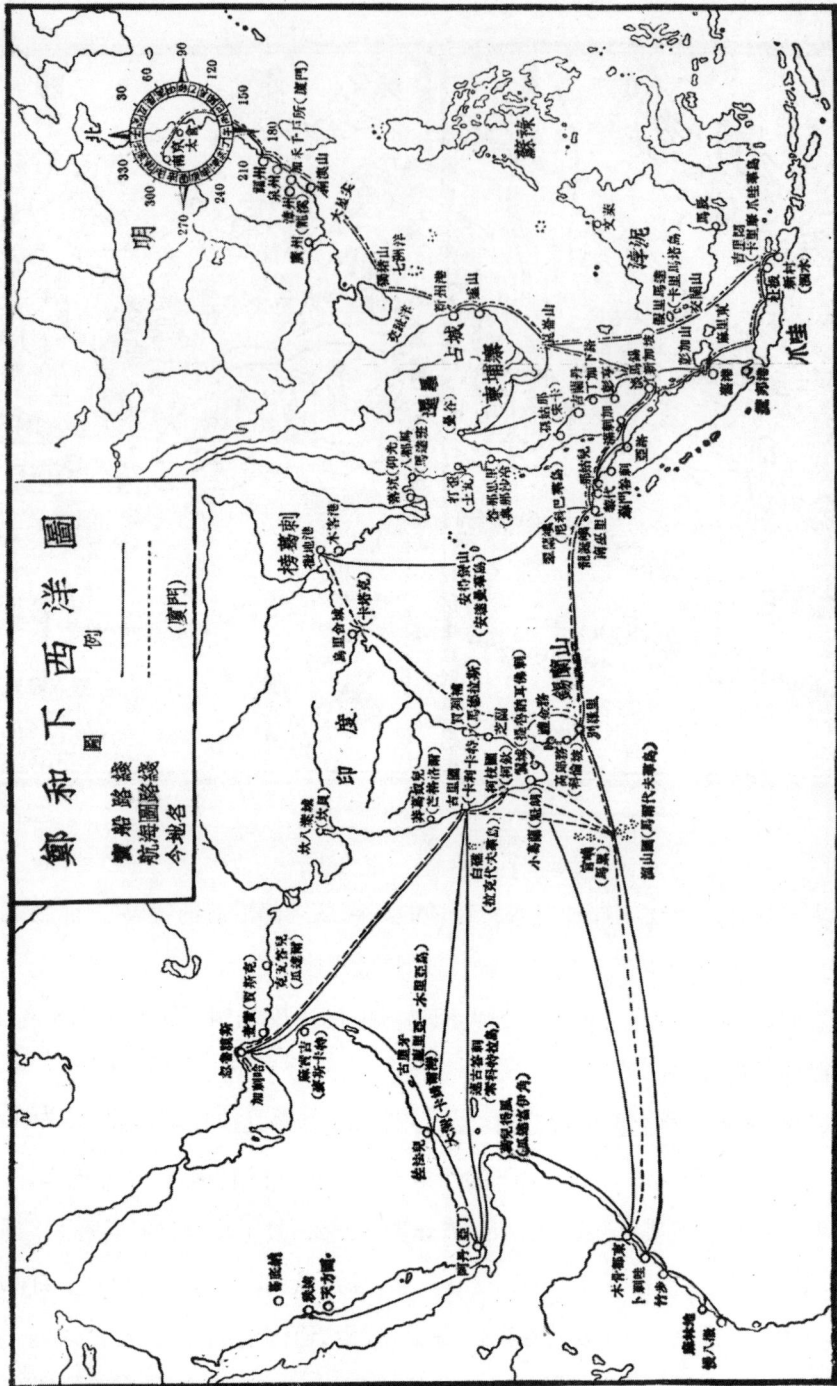

图 2.2　郑和下西洋图

间,粤东本港商人,以茶叶瓷器色纸诸物,往其国互市……"。王大海《海岛逸志》记载了由中国经"七洲洋"往南海丝绸之路的航线:"噶喇吧,在中国西南洋中,从厦岛扬帆,西过广东外七洲洋,至安南港口,转南经昆仑茶盘至万古屡山。又转西经麻六甲三笠,南过屿城,而至其地。"①又如陈伦炯在《海国闻见录》中载:"七州洋,在琼岛万州之东南,凡往南洋者,必经之所。"②可见,在清代,"七洲洋"依然是南海海上丝绸之路的必经之地。

总之,自秦汉丝绸之路南海航线开辟以来,因海南岛地处中国大陆通往南海的要冲位置,海南岛自然扼南海海上丝绸之路至航线要冲。汉代因当时造船水平及航海技术有限,不能横渡大洋航行,所以只能沿着北部湾与中南半岛的海岸航行,即海南岛的西部海岸或海域。唐宋以后,随着中原王朝经济重心的南移,政府对海外贸易的重视,路上丝绸之路的阻隔及造船、航海水平的提高,近岸的绕远航线逐渐被舍弃,开辟了从海南岛东部海域直达南海的航线。海南岛东部海岸及其海域成为南海丝绸之路的必经之地。尤其是宋代以来,西沙南沙海域成为海南岛管辖的区域,海南岛东部海域成为南海丝绸之路的重要组成部分。像"七洲""独猪山""万州""石塘""七洲洋"等成为中国古代有关南海文献中的高频词汇。明清以来,海南岛仍然扮演着与唐宋时期同样的角色。

第二节 南海丝路之重要中转站

已如前述,海南岛是南海丝绸之路的航线要冲。事实上海南岛的优势不仅如此,其本岛还蕴藏着丰富的资源,其独特的地理区位及特殊的经济地位也为海南岛在南海丝绸之路上扮演不同角色奠定了重要基础。"海南岛,位于广东西南之大海中,为中国海西南之门户,面积几等于台湾。岛中金属矿物、农牧渔盐之利蕴藏极富,取之不竭,诚天府之区,国防之要隘也。"③海南岛不仅资源丰富,地理位置、经济地位也极为重要。"美属菲律

---

① 韩振华. 南海诸岛史地论证. 香港: 香港大学亚洲研究中心,2003: 77,79.

② 韩振华. 南海诸岛史地论证. 香港: 香港大学亚洲研究中心,2003: 74.

③ 王国宪,许崇灏,等. 琼志钩沉(三种). 海口: 海南出版社,2006: 124.

宾各岛在其东,法领安南在其西,英荷所属南洋各岛在其南,台湾在其东北,于我国防上不但占着重要位置,而经济上亦居特殊地位。盖本岛东北与广东香港仅隔一衣带水;赤坎、广州湾既在其东,北海、海防又在其西,其地位实已为广州与北海间各港口之航线中枢,而其前途且可为中国西南港口之咽喉。论国防者,尝评琼崖存则精神完聚,失则肢体残缺,可知非寻常岛屿介在可有可无之间也。"①"西望安南,南控南洋群岛,迤东则遥与菲律宾相望,北隔海南海峡与雷州半岛对峙,于国防上、经济上均占有重要位置。西人尝评海南、台湾两岛为吾国之二目,可以知其价值也。"②

正因海南岛有如此丰富的资源和特殊的地理经济优势,才使海南岛成为南海海上丝绸之路的重要参与者。那么海南岛到底是如何参与到南海海上丝绸之路的呢?

一、 古代海南岛港口发展概况

因为海南岛四面环海,在古代如与外界发生联系,港口即成为一个重要且不可或缺的窗口。正因如此,有必要先理清古代海南岛港口的基本情况。

据笔者查阅海南地方志及相关史书记载发现,海南岛环岛一圈港口无处不在。故笔者特以琼州(海口)为起点按顺时针方向绕海南岛一圈,将海南地方志及相关史书中关于海南岛港口的记载进行简单梳理,以使读者对海南岛的港口有一个粗浅的了解。

1. 琼州(海口或琼山)

海口港,与海安营对峙,相距八十里。大海中以清水流分界,又名分水洋,港内深宽可泊大船数十。元朝,海口浦成为全岛地物产出入的基地,士商往来的中心,且距离府城仅十里,又靠近雷州半岛,于是海口浦逐渐代替白沙津的交通地位。元至元三十一年(1294年)迁津建浦,港口码头移到海田的通津村。明洪武二十八年(1395年),海口所城建成,北门外的水港口成为琼州府的官渡与商埠码头。清康熙二十四年(1685年),海口关部前设"常关总局",会馆、商埠沿海街道相继兴建。乾隆(1736—1795年)间,建谷场码

---

① 王国宪,许崇灏,等. 琼志钩沉(三种). 海口:海南出版社,2006:135.
② 陈铭枢. 海南岛志. 海口:海南出版社,2004:44.

头(在关厂村、东厂村外沙湾)。但因水浅,后弃用。白沙门又发展起来,成为海口的港口码头。光绪二年(1876年),海口设"琼海关",在长堤建码头,可泊浅水船只。货物装运和旅客出洋,均用帆船定期寄泊港和货物销售地。1918年,港口迁至琼海关前(原海口海关处)。1925年,拆所城,建长堤码头堤岸,联成长堤路,此即成为海口港原先码头。①

神应港,亦称白沙津,蕃舶所聚之地也。其港自海岸屈曲,不通大舟,而大舟泊海岸,由多风涛之虞。王帅光祖欲直一港,以便商旅。已开,而沙复合,人亦难之。忽飓风作,自冲一港,尤径于所开者。神物所相如此,遂名神应港。时淳熙戊申也。②宋元期间,白沙津(亦称神应港)成为海南岛对外贸易的主要港口,也是岛上居民出海谋生的主要口岸,又是历代王朝驻扎水军的海防要塞。南宋淳熙年间(1174—1189年),白沙津开始办理对外贸易与外籍船舶进出港口业务。当时船舶在海口(含海甸岛)靠岸,然后将货物改乘小舟沿美舍河上至府城米铺上岸。

白沙港,在郡城北十里。宋设水军,赵汝珞拒元兵于此。明隆庆初,始设白沙寨兵船防守,与海口唇齿相通,凡大舟商船皆往泊焉,是琼治之咽喉也。东六十里曰铺前港,深广可容商船,凡倭寇贼船常从此入,即李茂澳党往泊为患处,势与白沙相倚,是琼治之胸项也。③

烈楼港,(今秀英区新海乡)两汉三国魏晋南北朝诸代已成为主要渡口。自徐闻渡海,小午(两三个小时)可到烈楼港。汉伏波将军也渡海于此。隋唐期间,海口为官渡,烈楼为私渡,白沙为古渡。海口、白沙都是南渡江入海口。烈楼渡口虽距离徐闻较近,但不靠近南渡江,并且离府城四十里多,故岛内货物运输和士商往来不便,因此,烈楼渡逐渐衰落。④

其他诸港在《民国琼山县志》⑤均有简介,兹列如下:

---

① 海口市地方志编纂委员会. 海口市志. 北京:方志出版社,2004:338.

② 乐史,等. 地理志·海南. 海口:海南出版社,2006:75.

③ 康熙琼山县志(二种):上册. 海口:海南出版社,2006:243.

④ 海口市地方志编纂委员会. 海口市志. 北京:方志出版社,2004:338.

⑤ 民国琼山县志:第二册. 海口:海南出版社,2006:514-517.

海口港东二里有牛矢港,浅狭不能泊船。

牛矢港东二里许有白沙港,可泊船,又东二十里有沙上港、大林港、北洋港、俱狭小,不能泊大船。

网门港,在大沙栏北,为海水入口之处。渔人网杠在此,故名网门。

河港,在演丰图北三里许,港外海沙一带浮浅不能行船。

追丁洋,在河港二里许,有外内二层,中间为盐场,洋外海沙一带直接铺前港。

沙上港东三十里许有北港,四面皆水,中间浮一屿为北港村,村前可泊大船二十余只,又东十里即文昌界。

海口港西二里许有盐灶港,有西五里有小港,亦名沙上港,港外有沙洲一段,不能泊船。

沙上港西五里有小英湾,可泊大船十余只,湾西又有白庙港、红沙港、丰盈港,俱狭小,不能泊大船。

东营港,在郡城二十里。右有沙豆港、博茂港、芒寮港、沙上港至海口港,左有新溪港达文昌浦前港。

北洋港,在县东三十里兴仁都,港东立墩台,有兵防守。

新溪港,在县东五十里演顺都,与文昌交界。明万历间地震,沉陷七十余村,名为新溪,与浦前港相通,海船可以出入。

2. 文昌

清澜港,商埠,在县东南二十五里。地势平衍,滨海,毗连陈家市对面马头埠。港水深而阔,可容多舰达各港。前此士商外出,多由海口候轮。该轮泊在大洋中,风涛险恶,搭客寒心。民国二年,内地绅商偕华侨在此港组织商埠,省督准请立案。现已筑围基、石堤,造铁板货仓、商场,已立基础,异日建造铺户。船依码头,浪静波平,上落尤便,不惟邑人之利,尤交通琼、乐、万、崖、陵,商民咸赖之。[①] 且本港当东亚与欧洲及南洋航线之旁,

---

① 民国文昌县志:上册.海口:海南出版社,2003:49.

经过轮船不必渡木兰头急水门之险,顺途寄泊,其势甚便,往往有停泊港外运取淡水之事。①

铺前港,可泊大船数百只,商渔皆聚于此。港外有石栏,在炮台外面稍西,与琼山路北港洋面接界。② 昔时航业颇盛,近则渐趋于清澜,现仅有二三艘约 1000 余担之帆船往来于暹罗、安南、江门、澳门及陵水各处。③

乌石仔港西北曰急水门,为商船来往之户,最险,人呼为鬼门,西即螭虎岭。④

铜鼓岭,在清澜东北五十里。琼属洋面,东路最险处亦名铜鼓角。岭东有大澳,遇西南风,可泊十余船。南有小澳,可泊四五船。四五月间,贼尝于此二澳栖泊,窥伺客船。距岭百余里为七洲外洋,北接硇洲,东通夷洋。岭外水深无底,乱石如麻,皆漩涡急流,舟经此者多沉溺。大海中,望见铜鼓角辄惊避。⑤

涩渚港,南沙港东四里。自清澜一度石栏至此始尽。海湾可泊舟六七只。道光戊申,海匪进港,肆掠商船。乡人惊惶。职员林清华运石六十余船填港门。去港湾半日,为三公龙。地高数十丈,可瞭望。原设有望海楼。每匪船至,击鼓会众防御。⑥

新村港、港内适于避风,多产鱼盐,清澜、博鳌、江、澳等处之帆船时集于此。⑦

3. 会同

会同县的主要港口是潭门港,旧名调懒港。每年二三月间,有 1000 担左右之帆船由南洋各埠回港。⑧

4. 乐会

乐会的主要港口是博鳌港,通航线有三,一南洋,二海口,三藤桥、三亚,均帆船。每

---

① 陈铭枢. 海南岛志. 海口:海南出版社,2004:80.

② 民国文昌县志:上册. 海口:海南出版社,2003:269.

③ 陈铭枢. 海南岛志. 海口:海南出版社,2004:79.

④ 民国文昌县志:上册. 海口:海南出版社,2003:268.

⑤ 民国文昌县志:上册. 海口:海南出版社,2003:268.

⑥ 咸丰文昌县志:上册. 海口:海南出版社,2003:40.

⑦ 陈铭枢. 海南岛志. 海口:海南出版社,2004:82.

⑧ 陈铭枢. 海南岛志. 海口:海南出版社,2004:81.

年春季,一二千担之船约 300 艘往来其间,过春后则仅七八百担之船 10 余艘在港而已。①

5. 万州

万州古有港门港、周村港、南港、陂都港、前后澳、东澳、乌场港、港北港。

港门港,一名莲塘港,在城东三十里。港口二山并峙,南北如门,开塞神速,舟出入颇险。其山岨有一石船,三石番神,不知其所由来,商贾祷之极灵,忌猪肉。嘉靖三年,石神忽失。②

前后澳,在城东二十里临涛都,乃疍户捕鱼处。此澳昔无额课,自明成化八年,疍民互争讦告,因樟树岭延出于澳,乃断以岭为界,岭南谓之前澳,属民,岭北谓之后澳,属疍,而课起焉。前澳即大塘,可泊舟,产鱼亦甚美。③

港北港,由 3 月至 8 月之间,文、乐、陵、崖、江、澳各埠一二千担之帆船时有往来。④

6. 陵水

陵水主要港口是新村港,港口宽 3 丈余,港内周围约 2 里。水深由 7 尺至 20 余尺。1000 担左右之帆船可以出入,但人货起落必须小艇驳载。港内适于避风,多产鱼盐,清澜、博鳌、江、澳等处之帆船时集于此。⑤

7. 崖州

崖州港口主要有榆林港、三亚港、保平港、藤桥港、大蛋港、禁港、铁炉港、合水港等。

榆林港,城东一百三十里,西南与安南之陀林湾对望,约三百里许,为我国与南洋群岛交通必经要道,也为印度洋所必由之路。口内东西宽一千三百丈有余,南北约宽四百丈。水有深至二丈以上者,能容大兵轮十余艘,中小轮船三四十艘。港东均硬地,可造船

---

① 陈铭枢. 海南岛志. 海口:海南出版社,2004:81.

② 道光万州志. 海口:海南出版社,2004:307-308.

③ 道光万州志. 海口:海南出版社,2004:308.

④ 陈铭枢. 海南岛志. 海口:海南出版社,2004:81.

⑤ 陈铭枢. 海南岛志. 海口:海南出版社,2004:81-82.

坞。① 夏季往来南洋船舶多寄泊此港，购买食物，汲取清水。②

三亚港，城东一百二十里，受三亚、大坡、临川水入海，为商船麇集处。③ 三亚港东接万州，西达昌化。东南风发，前代时有渤泥番沿海登岸抢劫，最宜防守。④

8. 感恩

据《民国感恩县志》载，主要港口有县门港（在城西三里，受雨龙江水入海，为商船聚集处）、板桥港、南港、白沙港、响地港、盐汀港、八所港（《旧志》作大南港）、北黎港。

9. 昌化

昌化的主要港口是英潮港，每年二三月间渔船麇集，鱼客云屯，极形热闹。⑤

10. 儋县

据《民国儋县志》记载，主要港口有新英港、白马井港、洋浦港、峨曼港、滳滩港、干冲夏兰港、黄沙港、鱼骨港、神确港等。

新英港，虽积沙多而水不甚深，然四五百吨之轮船可以出入。且本港位置正与北海相望，将来钦榆铁道筑成，本岛与大陆西部之联络当以此地为最便。本港于对内对外均具有相当之价值，未可忽视之也。⑥

11. 临高

临高主要港口有马袅港、新安港、石牌港、朱碌港、博铺港、乌石港、龙昆港等。

马袅港，在临高县治东北约四十里。最近有侨商组织农业公司在本港附近经营大规模之种麻事业。去年由香港购置农用机器粗重者多件，径由轮船运入，在港起卸。海口、

---

① 光绪崖州志（外一种）：上册. 海口：海南出版社，2006：66-67.

② 陈铭枢. 海南岛志. 海口：海南出版社，2004：83-84.

③ 光绪崖州志（外一种）：上册. 海口：海南出版社，2006：66.

④ 光绪崖州志（外一种）：上册. 海口：海南出版社，2006：304.

⑤ 陈铭枢. 海南岛志. 海口：海南出版社，2004：85.

⑥ 陈铭枢. 海南岛志. 海口：海南出版社，2004：86-87.

海防间轮舶遇飓风时,亦往往入港躲避。①

龙昆港,在临高县治之西北四十里。多盐田。有载重约千担之帆船十余艘,往来新英、海口、北海、阳江各埠。以鱼盐为输出品。②

12. 澄迈县

澄迈县主要港口有东水港、石矍港、泉凿港(县四五十里,在南楚都)、颜张港(连泉凿界)、麻颜港(县西五十里那托都)、材坊港(在南楚都,上有烟墩,以望海警)、玉抱港(南楚都临高界)、花场港等。

东水港,县西北三十里。不受海潮,上合澄江、内外桥、祥塘三水出入成港。南北二沙涌结攒合,中流之处仅容一舟,潮落约深五尺,潮至方可通行。原有地税三十两。按此港最为要害。以通近县城,潮起风生,巨舰可直抵城下也。今水师协镇,岁拨一千总或把率哨船领兵一百名戍此。

石矍港,县西二十里封平都外。会海潮上接西峰、沙地、湳滚、稍阳四水,港口两岸环抱,障海藏风,贾人巨舰湾泊于此。按此港最为可忧,以沿海二三十里,地岸平衍,风涛安便,随处随时巨舰可泊。考旧志从前贼舟多泊此入寇。③

从上述对海南岛港口的相关地方志文献进行粗略梳理不难发现,海南岛港口呈现如下特点:海南岛虽然港口众多,但东西部港口却呈现发展不平衡态势。西部港口多吃水较浅,且泥沙较多,不能停泊吨位大的船只,而航线也主要沿海南岛周边各个港口之间为主。东部港口则深水港较多,能够停泊吨位大的船只,且航线多直达南洋诸国。关于此点,有史料为证。据民国《海南岛志》记载"本岛外环大海,实为粤之屏障,而南部国防要区也。尤以岛北之海口、岛南之榆林为其要冲。海口当海南海峡与雷州半岛对峙,为往来安南、暹罗一带航路所经,自昔即重视之。自海禁开,海口遂为通商口岸,洋商麇至,贸易日繁。至榆林港,位本岛极南,港湾佳良,形势险要,与越南相望,往来南洋群岛之巨舟

---

① 陈铭枢. 海南岛志. 海口:海南出版社,2004:88.

② 陈铭枢. 海南岛志. 海口:海南出版社,2004:89.

③ 嘉庆澄迈县志. 海口:海南出版社,2004:296-297.

悉在望中,洵为吾国南方重要门户。"①"海南—南洋线:由本岛铺前、清澜、博鳌、藤桥、三亚、海头等港往来于安南、暹罗及南洋群岛间之帆船。"②正因如此,才为海南岛作为南海丝绸之路的中转站提供了重要保证。

二、 贡船蕃舶寄泊地与海难漂流地

古代中国在东亚地区建立了以中国为中心的区域国际关系秩序——宗藩体制或朝贡体制。以朝贡和册封为主要内容的宗藩体制在东亚地区存在上千年,东南亚诸国以安南、占城、暹罗等东南亚古国为代表的国家在明清时期是中国的重要朝贡国。因为这是一种区域国际秩序,这些国家到中国进行朝贡的时间和朝贡的路线均有具体规定。这些制度在明清会典里都有详细的记载。

明朝,海南岛被官方指定为入广东贡道,明英宗特颁敕谕:"务令使臣于广东市舶提举司河下或琼州府海口港次湾泊,庶官司开闸,接取便当,亦免盗贼侵扰之患。"③所以此后途经海南的贡舶络绎不绝。如崖州的望楼港"番国贡船泊此",毕潭港有"占城贡船泊此",④陵水的桐栖港有"商船蕃舶泊于此"。⑤"凡番贡多经琼州,必遣官辅护。暹罗国,洪武三十年,正统十年,天顺三年,继贡象物。占城国,宣德四年,贡方物;正统二年,又贡;十二年,贡象;十四年,贡方物;天顺七年,贡白黑象;成化七年,贡象虎,十六年,又贡虎;弘治十七年,贡象;正德十三年,又贡。满剌加,弘治十八年,贡五色鹦鹉。各遣指挥、千百户、镇抚护至京。"⑥从材料可知,涉及东南亚朝贡国家 3 个,即暹罗、占城、满剌加,朝贡次数为暹罗 3 次,占城 9 次,满剌加 1 次。而这些朝贡的贡道均要经过琼州,且须由"指挥、千百户、镇抚"即海南地方官员护送到中原王朝的首都。可见,这是一种官方行为,对

---

① 陈铭枢. 海南岛志. 海口: 海南出版社, 2004: 176.

② 陈铭枢. 海南岛志. 海口: 海南出版社, 2004: 277.

③ 《明英宗实录》卷一百四十三。

④ 唐胄. 正德琼台志: 卷三. 海口: 海南出版社, 2006: 122,123.

⑤ 万历琼州府志: 上册. 海口: 海南出版社, 2003: 85.

⑥ 唐胄. 正德琼台志: 卷三. 海口: 海南出版社, 2006: 475.

海南岛当地官员而言，是一项必须完成的政治任务。换而言之，中央能够将如此重要的一项任务交给海南来负责，在一定层面上反映了海南岛在古代中国对外关系中已经扮演了一种重要的角色。

当然，也应该认识到，如此重要的任务也给海南当地政府及中国当局带来了一定的负担。因为按照朝贡制度的规定，各国贡使到中国地方之后，由地方官员进行接待，而且还要进行护送。接待的规格都有具体的规定，比如每天多少肉、多少油等在明清会典中均有具体规定。这笔费用均由地方政府负担。如果贡使来往过于频繁，当然也会引起中央的不耐烦。如，"洪武七年三月癸巳，暹罗斛国使臣沙里拔来朝贡方物，自言本国令其同奈思里侪剌悉识入贡，去年八月舟次乌诸洋，遭风坏舟，漂至海南，达本处官司，收货漂余苏木、降香、儿罗棉等物来献。省臣以奏，上怪其无表状，谎言舟覆而方物有存者，疑必番商也，命却之。诏中书礼部曰：'古者中国诸侯于天子，比年小聘，三年一大聘。九州之外，番邦远国则每世一朝，其所贡方物不过表诚敬而已。高丽稍近中国，颇有文物礼乐，与他番异，是以命依三年一聘之礼，彼若欲每世一见，亦从其意。其他远国如占城、安南、西洋、瑠里、爪哇、淳尼、三佛齐、暹罗斛、真腊等处新附国土，入贡既频，劳费大甚，朕不欲也。令遵古典而行，不必频烦。其移文使诸国知之。'"①毫无疑问，这段材料表明了明朝皇帝对于东南亚的一些朝贡国家频繁来贡的一种限制。如前所述，频繁来贡不仅给地方带来了沉重的经济负担，对中央而言也是一样。因为中国在这种体制下奉行厚往薄来的外交原则，即中原王朝往往要赏赐给这些贡使价值远远大于朝贡国贡献的特产的礼品。这也是一笔不小的费用。不仅如此，朝贡体制下还允许朝贡使团进行朝贡贸易，即可以允许使团附带一些当地的特产到中原王朝的首都进行免税贸易。正是有这种获利的途径，往往一些朝贡国家打着朝贡的幌子而行贸易之实，尤其是近代以后西方国家或与中国关系比较淡薄的东南亚国家。正如史家所言："岛夷朝贡，不过利于互市，岂真慕义而来。"②上述材料其实已经表明了大明王朝皇帝对此有一定的认识。正因如此，琼州作为

---

① 海南地方文献丛书编纂委员会. 明清《实录》中的海南. 海口：海南出版社，2006：9.

② 费琅. 昆仑及南海古代航行考；苏门答剌古国考. 冯承钧，译. 上海：上海古籍出版社，2014：45.

东南亚国家的贡道必经之地随着朝贡次数和朝贡国家的减少也被取消。正如文献记载："今海外诸国入贡道路，有昔由广东而经福建、广西者，有径由广东省会者，近均不由琼州。"①

在古代道路交通中，海路较之陆路更方便快捷，但因为大海的风云变幻，深不可测，其危险性也大大增加。有文献记载的南海海域人员和船只因为遭遇海难漂流到海南岛的事件就有数起，为使之条理更为清晰且一目了然，下面以表格的形式呈现，见表2.1。

表2.1　明清时期因遭海难漂流到海南岛情况简表

时间（年）	地点	国家	海难简况	救助情况	资料来源
1373	海南	暹罗	朝贡，遭风坏舟	谎言舟覆而方物有存者，疑必番商，不予理睬	海南地方志丛刊《明清〈实录〉中的海南》（以下简称《实录》），海南出版社，2006年版，第9页
1495	琼州府境	暹罗	夷人挨凡等六人，舟被风飘至琼州府境	命给之口粮，俟有进贡夷使还，令携归本国	《实录》，第50页
1731	万州	安南	运米遭风，内载75人，人船无损	支给口粮，代其整修船只，不久顺风回国	孙宏年《清代中越海难互助及其影响略论》，载《南洋问题研究》2001年第2期（以下简称"孙文"）
1731	崖州	安南	贸易遭风，内载80人，人船无损	支给口粮，助其修船，不久顺风回国	孙文
1738	文昌清澜港	安南	邓兴等驾船采钓遭风，漂至清澜港	给予口粮，抚恤，次年发遣回国	《实录》，第132页
1738	崖州保平港	安南	令奉等驾船装谷，被风漂至保平港	给予口粮，抚恤，次年发遣回	孙文
1745	崖州望楼港	安南	1743年黎文请等7人驾船采玳瑁，后遭风漂至望楼港	支给口粮，抚恤，1745年发遣回国	《实录》，第144页

---

① 乾隆琼州府志：下册. 海口：海南出版社，2006：827.

续表

时间 (年)	地点	国家	海难简况	救助情况	资料来源
1753	文昌清澜港	安南	广义府彰义县割镰队安永社军人十名,于七月往万里长沙采拾各物,八名登岸寻觅各物,只存二名守船。狂风断绳,漂入清澜港	伊官查实,押送回籍。	(越南)阮雅等著,戴可来译:《黄沙和长沙特考》,商务印书馆1978年版,第10页
1794	崖州望楼港	安南	西山朝士兵25人乘船漂至望港楼	抚恤,送还	孙文
1803	文昌、陵水	越南	夷目阮文年等56人运送木料遭风漂入,木料尚存	恤给口粮,木料变价出售,送往钦州转送出境	孙文
1809	感恩	越南	俚福等15人贩货遭风漂入,船稍损,货尚存	船只、货物准其变卖,经钦州转送出境	孙文
1815	崖州	越南	军官阮文缙与士兵50人运送木材,遭风漂入	抚恤,派人送回	孙文
1840	越南	崖州	阮廷豪等兵船遭风漂入	抚恤,经钦州转送出境	孙文

　　根据笔者所能查阅到的文献,因遭海难而漂流到海南岛的船只主要集中在明清时期,涉及的主要国家有越南(安南)、暹罗,漂流到南海的沿海城市主要集中于东部、南部的崖州(望楼港、保平港)、万州、文昌(清澜港)等。这与前述海南岛东部的港口与南洋有贸易关系及海南岛东部处于南海丝绸之路航线要冲基本吻合。失事船只当时主要从事的活动有捕鱼、贸易,也有士兵。漂流到海南后基本上都能得到很好的安置,大多都上报中央,给予官方的抚恤并遣送回境。一方面反映了中国的人道主义救助精神,而在宗藩关系体制下,更多的是一种怀柔远人、体恤属国的政治需要。事实上,中国的船只遭风难漂流到越南的也有很多,也都得到了很好的救助。这说明在古代南海海域海难救助早有互相合作的优良传统,海南在这种合作中始终处于前线,扮演了一种不可或缺的角色。

三、 补给地、避风港与重要地标

因海南岛及其海域地处去往南洋的必经之地,在一定时期也是海外诸国向中国朝贡的贡道所在地,且沿岸尤其是东部海岸有众多优良港口,所以,在历史上,海南岛自然就成为过往商舶、往来使者、遭海难漂流到此的人员等的重要补给地和避风港。

从海南岛自身的资源来看,主要是各个港口能够提供淡水资源、食物及其他生活必需品。如,白马井港"泉味甘美,商舶回日,汲载以供日用",[①]文昌县的七洲洋山"茂林巢诸鸟,下出淡泉,航海者于此取水采薪",[②]崖州的淡水湾"上山有淡水,舟人常汲取之",[③]陵水的双女屿"上有淡水,商舟往来汲之",[④]陵水的新村港"港内适于避风",[⑤]崖州的榆林港"港中附近水质清洁,往来船只饮料不虞缺乏。夏季往来南洋船舶多寄泊此港,购买食物,吸取清水",[⑥]潭门港"当东亚与欧洲及南洋航线之旁,经过轮船不必渡木兰头急水之险,顺途寄泊,其势甚便,往往有停泊港外运取淡水之事",[⑦]临高之马袅港"海口、海防间轮舶遇飓风时,亦往往入港躲避"。[⑧]

当然,作为补给地的海南不仅仅补充淡水,也提供食物或补充货物等。对过往使者所必须进行的官方接待自不必说。对于因遭风难漂流到海南岛的人员来说,也均提供了食物等补给。如唐代高僧鉴真第五次东渡日本时漂流到海南振州,振州别驾冯崇债将其"迎入宅内,设斋供养",后又送到万州冯若芳家,"请住其家,三日供养。"[⑨]至于补充货物,则正如 1883 年越南来华使者阮述在《往津日记》中的记载:"抵琼神州海口,自海阳海防

① 杨博文. 诸蕃志校释. 北京：中华书局，2000：218.

② 唐胄. 正德琼台志：卷三. 海口：海南出版社，2006：101.

③ 唐胄. 正德琼台志：卷三. 海口：海南出版社，2006：123.

④ 唐胄. 正德琼台志：卷三. 海口：海南出版社，2006：114.

⑤ 陈铭枢. 海南岛志. 海口：海南出版社，2004：82.

⑥ 陈铭枢. 海南岛志. 海口：海南出版社，2004：83-84.

⑦ 陈铭枢. 海南岛志. 海口：海南出版社，2004：80.

⑧ 陈铭枢. 海南岛志. 海口：海南出版社，2004：88.

⑨ 真人元开. 唐大和上东征传. 汪向荣，校注. 北京：中华书局，2000：67-68.

至此五百八十二里。该船停泊搭货。"①因为当时越南使者阮述乘坐的是轮船招商局往返中国与越南之间的商船,所以,海口就成为一个货物补给站。

海南的补给作用不仅体现在本岛,隶属于海南管辖的西南沙群岛也有此作用。海南地方志对此有详细记载:"南海主要航线为新加坡、香港、马尼剌三地间之联络线。今日新加坡、香港间之重要航线(Main Route),即经南沙双子岛之西方、西沙和五岛之东方,而北指香港。其东线(Eastern Route),由双子岛北折经中沙之东,而趋香港。新加坡赴马尼剌航线,亦抵双子岛后折而东行。南海各岛均布全部海面,平时可供给来往船只之淡水、燃料及气象情报,遇风可作避难场所;战时为给养和鱼雷潜艇之根据,为情报前哨,其关系交通、国防者至大至巨。"②

海南岛是南海丝绸之路的重要地标,即海上航行过程中的重要参照物。根据文献记载,能够充当地标作用的地方主要有七洲(或七洲洋、七州山,主要指今天文昌东北部的七洲列岛和我国的西南沙群岛)、独猪山(或独珠洋,主要指今天万宁的大洲岛)、铜鼓岭等。

事实上,能作为南海丝绸之路上重要参照的较早的记载是关于"涨海"的描述。虽然当时并不能确定其具体位置,但大致是指我国的西南沙海域。南北朝时沈怀远《南越志》所记载的"涨海"中的海鸥:"江鸥,一名海鸥,在涨海中,随潮上下,常以三月,风至乃还洲屿,颇知风云,若群飞至岸,必风,渡海者以此为候。"③

关于七洲山和独州山的最早记载是贾耽《广州通海夷道》中的"九州石"和"象石"。此后历朝文献均有相关记载,具体可参见韩振华所编《我国南海诸岛史料汇编》。如《海国闻见录》云:"凡南洋海艘,俱由老万山出口,西南行同七洲洋,有七洲浮海面,故名。又行经陵水,顺东北风,约四五日,便过越南之顺化界,顺化即越南王建都之所也。"又云:"七洲洋在广东海南岛万县东南,凡往南洋者必经之。其东北有长沙石塘等礁,舟行宜慎。相传洋中有箭鸟,凡船到洋中,辄飞来引导。"上述各古籍所谓"七洲洋""七里洋""七

---

①　阮述往津日记. 陈荆和, 编注. 香港: 香港中文大学出版社, 1980: 21.

②　陈天锡, 郑资约, 杨秀靖. 南海诸岛三种. 海口: 海南出版社, 2004: 192.

③　韩振华. 我国南海诸岛史料汇编. 上海: 东方出版社, 1988: 28.

里山""七洲洋山""九洲洋""九星洋"及"长沙石塘""石塘"等名称即西沙群岛。七洲者,即指群岛之东部七岛,亦即今之赵述岛、西沙、中岛、南岛、石岛、永兴岛、北岛是也。① 如关于独猪山的地理标识作用的记载:"南番诸国进贡,视此山为准。州治向于此,名为榜山。"②

又如关于铜鼓岭的记载:"在清澜东北五十里。琼属洋面,东路最险处亦名铜鼓角。岭东有大澳,遇西南风,可泊十余船。南有小澳,可泊四五船。四五月间,贼尝于此二澳栖泊,窥伺客船。距岭百余里为七洲外洋,北接硇洲,东通夷洋。岭外水深无底,乱石如麻,皆漩涡急流,舟经此者多沉溺。大海中,望见铜鼓角辄惊避。"③

上述地理标识在南海丝绸之路海上航行过程中起到重要参照物的作用,不然古人就不会详细记载其具体位置与作用。

第三节　中外贸易与文化交流的重要通道与平台

因海南地处南海丝绸之路的航线要冲、必经和中转之地,且背靠大陆,面向东南亚,使其成为中外贸易与文化交流的重要通道和平台。

一、 中外贸易的重要通道与平台

海南在中外贸易中发挥其独特作用在唐宋以后较为突出。已如前述,唐代开通"广州通海夷道"后,海南东部及其沿海区域成为南海丝绸之路的必经之地和重要中转站,海南才开始参与中外贸易。前述《唐大和上东征传》中关于万安州冯若芳的记载即是一例。与此相似的是关于唐代振州富豪陈武振的记载:"唐振州民陈武振者,家累万金,为海中大豪,犀象玳瑁仓库数百。先是西域贾商漂舶溺至者,因而有焉。海中人善咒术,俗谓得

---

① 陈天锡,郑资约,杨秀靖. 南海诸岛三种. 海口:海南出版社,2004:199-201.

② 道光万州志. 海口:海南出版社,2004:38.

③ 民国文昌县志:上册. 海口:海南出版社,2003:268.

牟法。凡贾舶经海路,与海中五郡绝远,不幸风漂失路,入振州境内,振民即登山披发以咒诅。起风扬波,舶不能去,必漂于所咒之地而止,武振由是而富。招讨使韦公干,以兄事武振,武振没入,公干之室亦竭矣。"①陈武振和冯若芳发家致富的途径基本如出一辙,都是以抢劫途经海南东部海域的过往商舶而获得财富的,虽然其行径与海盗无异,但从另一个侧面反映了唐代南海丝绸之路上中外贸易的繁荣,而海南当时所扮演的角色则是有限的参与。

宋朝以后,海南的中外贸易迎来了繁荣时期。关于此点,我们从当时中央政府在海南设立的贸易管理机构及对海南进出口货物进行征税等一系列措施中可见一斑。

唐宋以来,随着海上丝绸之路的繁荣,开始出现负责管理海南贸易的专门机构——市舶司。到宋代,我国已经建立起完整的市舶制度。那么海南的市舶机构出现于何时呢?《宋会要辑稿·职官》记载:"先是,提举黄良心言,欲创置广南路提举市舶司主管官一员,专一觉察市舶之弊,并催赶回舶抽解,于琼州置司。"但遭到臣僚的反对,臣僚言:"昔贞元中,岭南以舶船多往安南,欲差判官往安南收市,陆贽以谓示贪风于天下,其事遂寝。遣官收市犹不可,况设官以渔利乎!"于是,"宋孝宗九年七月十二日,诏广南路提举市舶司申乞于琼州置主管官指挥更不施行。"②据此可知,提举黄良心提请在琼州设置市舶司的建议并未得到中央的批复,原因是设置遣官赴安南收市都不行,更何况设置新的官职,恐怕会滋生贪腐之风。至于市舶司何时设置,从笔者所掌握的史料中无从知晓,从现有的学术成果来看也都没有定论。但《诸蕃志》却有如下记载:"琼山、澄迈、临高、文昌、乐会,皆有市舶,于舶舟之中分三等,上等为舶,中等为包头,下等名蜑舶,至则津务申州,差官打量丈尺,有经册以格税钱,本州官吏兵卒抑此以赡。"③可见在宋代海南已有市舶,但是具体的设置时间却无法找到相关文献确认。

不仅如此,上述材料揭示了在海南五处市舶征税的方法。事实上,关于按照船身尺寸的长度进行征税的方法是遭到时人的批评与反对的。如时任琼州安抚使朱初平就认

---

① 周伟民,唐玲玲. 历代文人笔记中的海南. 海口:海南出版社,2006:14.

② 徐松. 宋会要辑稿·职官. 北京:中华书局,1957:3378.

③ 杨博文. 诸蕃志校释. 北京:中华书局,2000:219.

为：“定舟船之丈尺量纳，谓之格纳。其法分三等。假如五丈三尺为二等，则是五丈二尺遂为第三等，所减才一尺，而纳钱多少相去十倍，加上客人所来州郡物货贵贱不同。自福建两浙湖广来者，一色载金银匹帛，所值或及万贯；自高化来者，惟载米包瓦器牛畜之类，所值或不过一二百贯，其不等如此。而用丈尺概收税，甚非理也。”因为此种原因，“以故泉福客人多方规利，而高化客人不至。以此，海南少有牛米之类。”对此，朱初平提出整改建议：“使客船须得就泊琼崖儋万四州水口，不用丈尺，止据货物；收税讫，官中出与公凭，方得于管下出卖。其偷税之人，并不就海口收税者，许人告，并以船货冲赏。”①可见，因为税收方法的弊端，会导致牛米等价值较为低贱的商品难以运送到海南，而进行金银匹帛等贸易的船只又容易偷税漏税，所以建议海南的收税方法不以船的尺寸为标准，而以货物本身为标准。对于偷税漏税的行为允许世人监督。如此即可保证海南与大陆贸易的正常运行。但据学者研究，上述建议似乎并未被宋朝政府所采纳，直到元明时期才根据舶货征税。② 只是该文作者也没有给出令人信服的史料作为证据，不知其依据如何。由此可以认为，因为史料的缺乏，现有对海南市舶的相关研究缺乏深入细致的史实考证，以致有些问题模糊不清。这也为以后海南史的研究提出了新的问题与挑战。

那么宋朝对海南贸易征税的情况如何呢？据《宋会要辑稿·食货十七》载：“琼州旧在城一务，岁四千二百八十八贯。熙宁十年，在城：一万九千五百九十二贯四十二文。昌化军旧不立额，熙宁十年，在城：一万六千五百三十九贯一百八十三文；昌化镇：二百八十五贯七百文；感恩镇：七十九贯四百八文。万安军旧不立额，熙宁十年，在城：一千一百八十九贯一百四十二文。朱崖军旧在城一务，岁二百贯。熙宁十年，在城：一千二百三十七贯一百四十五文。”③如果只看上述数字，可能感受不到海南的税收在当时处于一种怎样的水平，但如果与当时其他州进行比较，可能就会说明一些问题。按宋时行政区划，海南属于广南西路，而广南西路下辖桂州、龚州、贵州、宜州、横州等共 20 多个州，其中

---

① 李焘《续资治通鉴长编》卷三百一十。转引自：黎雄峰，等. 海南经济史. 海口：南方出版社；海南出版社，2008：84-85。

② 卢苇. 历史上的海南在国内外贸易中的地位和作用. 广东社会科学，1989（4）：83.

③ 徐松. 宋会要辑稿·职官四四. 北京：中华书局，1957：5088.

以桂州为其首府。如以熙宁十年的广南西路各州商税额看,桂州商税额最高,数字为一万八千九百零三贯五百八十文,但比起海南琼州同年商税额一万九千五百九十二贯四十二文却还要低。昌化军商税额虽比同年桂州商税略低,但它的管辖范围却小于桂州(按宋时行政系统,军在州之下),因而实质上所收商税额更高。总之,与桂州同年商税额相比,海南琼州、昌化军商税额高得多,之所以如此,即因两地都是扼住管下商港,进出口商船往来频繁,从而征收之船舶税也必然增多。需要重点指出的是,宋时海南"船舶税"是附于商税之中的,如与当时大陆一些地区相比较,海南每年征收商税数口不小,其原因就是包括了"船舶税"在内。①

不仅如此,宋朝还对海南的蕃舶贸易做了相应的规定。"雍熙中,遣内侍八人赍敕书金帛,分四路招致海南诸蕃。商人出海外蕃国贩易者,令并诣两浙市舶司请给官券,违者没入其宝货。淳化二年,诏广州市舶,除榷货外,他货之良者止市其半。大抵海舶至,十先征其一,价直酌蕃货轻重而差给之,岁约获五十余万斤、条、株、颗。太平兴国初,私与蕃国人贸易者,计直满百钱以上论罪,十五贯以上黥面流海岛,过此送阙下。淳化五年申其禁,至四贯以上徒一年,稍加至二十贯以上,黥面配本州为役兵。"②由此可见海南蕃舶贸易之繁荣。

关于宋代海南海外贸易的情况可以举几例说明。如占城来海南买马事件:"乾道八年,占城复来买马,人徒甚盛。琼州不受,怒归,肆行劫掠。淳熙二年,诏帅臣张栻草书付琼管司,谕以中国马自来不许出外界,令还所掠人口,自今不得生事。三年,占城发回所掠人口,见存八十三人;又申乞与本番通商。诏栻行下琼管司,朝廷加惠外国,各已有市舶司主管交易,海南四郡既无通商条令,仰遵依体例施行。"③占城虽然没买成马,但请求通商,引起中国的重视。《宋史·三佛齐传》载:"太平兴国五年,潮州言,三佛齐国番商李甫海,乘舶船载香药、犀角、象牙至海口,会风势不便,飘船六十日至潮州。"④这是东南亚

---

① 卢苇. 历史上的海南在国内外贸易中的地位和作用. 广东社会科学, 1989(4): 83.

② 周小华. 二十五史中的海南. 海口: 海南出版社, 2006: 188.

③ 唐胄. 正德琼台志: 卷三. 海口: 海南出版社, 2006: 473.

④ 《宋史·外国五·三佛齐》卷四百九十八。

另一个重要国家三佛齐来琼贸易的史实。

到元代,海南的海外贸易制度进一步完善。"元,设博易提举司,税依市舶司例。至元己丑设,至大四年罢。"①。这个记载较为清楚地表明海南官方管理贸易的机构即博易提举司,这是和市舶提举司同类的机构。此后又置覆实司,实质上也是掌管当地海贸同样事务的新机构。② 关于元代海南的贸易尤其是与东南亚的贸易情况可以从元代汪大渊的《岛夷志略》中略知一二。该书涉及海南的部分主要记载了海南布在东南亚各国的情况,据笔者查核全书共有 6 条。第一条是有关遢来勿介绍中的贸易之货"用占城海南布"。点校者苏继庼认为"占城"之后缺"布"字,事实上是指占城布和海南布。第二条有关吉兰丹的介绍中记载有"货用塘头布"一句。据该书的点校者苏继庼考证"塘头布"就应该是海南布。第三条是有关罗斛的介绍记载"货用海南槟榔□"。点校者苏继庼认为缺字应为"布"。关于此点还有待考证。第四条是有关苏洛鬲的介绍中记载"贸易之货用青白花器、海南巫崙布"一句。点校者苏继庼认为即"海南岛所织棉布"。第五条是关于都督岸的介绍中记载"贸易之货,用海南占城布"。同"遢来勿"条,指海南布和占城布。第六条是关于蒲奔的介绍中的贸易之货"海南布"。③ 据此可见,海南布作为东南亚至少六个国家和地区的贸易之货,一方面说明海南布受到东南亚各国的欢迎,另一方面也说明同海南进行海上贸易的东南亚国家之多。

明代实行海禁政策,但仍允许官方贸易的存在,即主要是朝贡贸易。因为明代将琼州作为贡使进入广州的必经之地,所以在一定程度上也促进了海南海上贸易的发展。海南的一些港口成为蕃舶贡船的停泊地。如崖州的望楼港"番国贡船泊此",毕潭港有"占城贡船泊此",④陵水的桐栖港有"商船蕃舶泊于此"。⑤ 从当时海南港口的情况也可粗略了解海南的贸易情况。明代海南人丘濬在《学士庄纪》中描述这一盛况时说:"吾郡以海

① 道光琼州府志:第二册. 海口:海南出版社,2006:651-652.

② 卢苇. 历史上的海南在国内外贸易中的地位和作用. 广东社会科学,1989(4):82.

③ 苏继庼. 岛夷志略校释. 北京:中华书局,1981:93,99,114,123,173,199.

④ 唐胄. 正德琼台志:卷三. 海口:海南出版社,2006:122,123.

⑤ 万历琼州府志:上册. 海口:海南出版社,2003:85.

岛为疆界,自北至北海,道仅十里,所谓神应,海口是港门,帆樯之聚,森如立竹。"

清初,政府仍实行海禁政策。不过康熙二十三年开始废除海禁。康熙二十四年,粤海关在海口设分关,下设九个子口,即:文昌的铺前口和清澜口,会同的沙荖口、乐会口、万州口、儋州口,感恩的北黎口、陵水口、崖州口。均为正税之口。所谓正税即进出口货物税,分为衣物、食用、用物、杂货等项,各项品目都规定详细的税率。到乾隆二十三年,清政府确定粤海关一口通商制度。至于海南的税收制度仍沿用康熙年间的做法,在海口设琼州总口,下设 9 个子口。事实上,粤海关"正税之口三十有一,在琼州者十,在潮州者九,在惠州者四,在广州、雷州、廉州者各二,在肇庆、高州者各一"。① 海南占据粤海关正税口岸将近三分之一的数量,不得不说海南在当时清政府海外贸易中扮演着重要的角色。

既然如此,海南当时的对外贸易情况如何呢? 清代前期海南与大陆的贸易主要集中在南方,尤其是与广州之间的贸易较为频繁。大陆以大米、丝绢 乃至各种日常用具大量供应海南,而海南输往大陆的主要有糖、沉香、乌木、誉子花、砒渭、槟榔、椰子、菠萝蜜、车渠、花黎木、藤等等各类物品。从事于海南与大陆之间贸易的不仅是海南商船,同时也有大量广州、上海、宁波、厦门、福州或大陆沿岸各港口的大小船只。清代前期,海南的土产不仅输送到中国南方各省,甚而到达了北方。例如,清代前期海南的不少糖就主要输送到了华北,后来甚至远达辽东湾头的锦州府等地。至于海南当时与海外国家的贸易情况可以从英人希尔特的著作中略知一二,其主要介绍了海南与东南亚国家贸易的情况:19世纪初叶,每年从海南到暹罗的大沙船(戎克)在四十艘以下,这是稀有的事,到交趾支那南部是二十五艘,开往东京和交趾支那北部的通常是五十艘。这种沙船的船积是每艘百吨到百五十九吨,这种船就从事外国贸易商船而论还是最小型的,但是就数量说倒是最多的一种。②

清代后期,尤其是 1876 年琼海关设立之后,海南的对外贸易为西方列强所控制,中

---

①　梁廷枏《粤海关志》。 转引自: 王向红. 海南岛与东南亚交流史. 海口: 海南出版社, 2013:
216。

②　卢苇. 历史上的海南在国内外贸易中的地位和作用. 广东社会科学, 1989(4): 83.

外贸易的性质发生改变，历史上的海上丝绸之路也逐渐失去其应有的光环。

二、 中外文化交流的重要通道与平台

伴随着海上丝绸之路的发展，海南在中外交流中逐渐被世人所知，往来于海南的人员流动频繁，诸如前述因朝贡、贸易、海难等的人员往来。这些人员成为文化传播的使者，不自觉地承担起海南本土文化外传和外来文化内传的任务。因为海上丝绸之路才使这些人员往来成为可能，从此意义上来说，海南海上丝绸之路在历史上也不自觉地充当了中外文化交流的重要通道与平台。本部分只列举有代表性的事例加以佐证。

已如前述，唐宋之后海南成为南海海上丝绸之路的必经之地和重要组成部分，随之而来的外来人员和文化也开始传入海南岛。如前述《唐大和上东征传》记载，冯若芳不仅获取了阿拉伯商人的货物，还将阿拉伯人变为其奴婢，且规模不小。如此一来，阿拉伯人因为长久居住于海南，自然将其文化习俗带到海南，这即是海南的伊斯兰文化的重要源头之一。关于万州穆斯林的史料记载还有关于港门港的介绍中涉及的："其山咀有一石船、三石番神，不知其所由来。商贾祷之，极灵。忌猪肉。嘉靖三年，石神忽失。"[1]虽然没有明确指出，但"忌猪肉"则很容易让大家想到穆斯林文化。又如和冯若芳一样发家致富的振州陈武振也对过往商船（笔者按：大部分也应该是阿拉伯商船）进行抢劫，也应该会带来伊斯兰文化的印记。

海南伊斯兰文化的另一源头则是宋元时期来到海南的占城人。"番民，本占城回教人，宋元间因乱挈家泛舟而来，散居大疍港、酸梅铺海岸。后聚居所三亚里番村。初本姓浦，今多改易。不食豕肉，不供祖先，不祀诸神，惟建清真寺。白衣白帽，念经礼佛，信守其教，至死不移。捕鱼办课，广植生产。"[2]其语言也有所不同，形成相应的回语。"崖语有六种。曰番语，所三亚里言之，即回语。"[3]同时由于海外番民的长期居住，在生产上也形

---

① 康熙万州志. 海口：海南出版社，2004：40.

② 光绪崖州志（外一种）：上册. 海口：海南出版社，2006：52.

③ 光绪崖州志（外一种）：上册. 海口：海南出版社，2006：53.

成了"番人塘""番人坡"。"番人塘,一名新村塘,州西一百五十里。纵横十里,四面皆村。吐纳海潮,水合咸淡。渔利颇饶,兼产灰石。中有墩,四季草色皆青,名曰青墩。"①"番人陂,灌崩岸田三百余亩。"②

伊斯兰文化从唐宋时期传入海南的另一有力证据是"番人墓"的考古发现。20世纪80年代以来,考古工作者在海南岛陵水县和三亚市濒海沙滩先后发现6处古代穆斯林墓葬群,均分布于唐代振州和万安州所辖范围内,分别是:梅山墓葬群,位于今三亚市西南角,其范围宽约500米,长约1000米,历史上曾有"番人墓"数百座;干教坡墓葬群,位于陵水县英州镇土福湾村西约1公里的沙滩上,南面距海岸约300米;蕃岭坡墓葬群,位于陵水县和三亚市交界处的三亚市一侧,分布在东西长200米、南北宽80米的沙滩上,现尚有墓冢60余座;土福湾墓葬群,位于陵水县英州镇土福湾村东约500米处的濒海沙滩上;大疍墓葬群,位于三亚市崖城大蛋港东1公里的海滩上,当地称"番坟堆";回新拱北墓葬群,位于三亚市凤凰镇回新村旁,占地100多亩。这些墓葬分布较为集中,排列有序,葬俗特殊,明显保留着阿拉伯早期墓葬的特征。这些墓葬的年代,早期墓的上限为唐代,晚期墓的下限为元代。③

当然,因海上丝绸之路的推动,也有很多史料记载海南人到海外的史实。如前述占城人来买马不成而掳掠人口事件。关于海南人到海外的基本情况大致如下:"明代以前,已有相当数量的中国人,散居于各个地方。举凡印度支那半岛、印度沿海各地、苏门答刺、爪哇、婆罗洲、西里伯岛、摩鹿加群岛、菲律宾群岛等地,只要是中国海外贸易活动所达到的地方,都有或多或少的中国人居留在那里。自然海上贸易最发达的地方,居留在那里的中国人也最多。"④显然是突出了海上丝绸之路的作用。正是因为有很多海南人遍布海外,将海南的很多风俗文化等也远播世界各地,如分布于世界各地的琼州会馆,海神水尾圣娘信仰在东南亚地区的传播等。

---

① 光绪崖州志(外一种):上册.海口:海南出版社,2006:70.

② 光绪崖州志(外一种):上册.海口:海南出版社,2006:74.

③ 王向红.海南岛与东南亚交流史.海口:海南出版社,2013:289-290.

④ 张维华.明代海外贸易简论.学习生活出版社,1955:104.

综上所述，因海南岛地处中国南方出海口的要冲位置，自汉代海上丝绸之路开辟以来，海南岛东部就参与其中。尤其是唐宋以来，随着海上丝绸之路取代路上丝绸之路，海南岛及其东部海域成为南海海上丝绸之路的必经之地和重要组成部分。正因其特殊的地理区位优势和众多天然的良港，海南成为来往贡船商舶的寄泊地、补给地和重要的航海参照地标。虽然海南没有成为中外贸易的集散之地，但也在中外贸易中扮演了重要角色，成为中外贸易的重要通道和平台。伴随着中外贸易的繁荣与发展，为海南带来了外来文化，造就了海南文化多元的特性，也体现了海洋文化的开放包容性。同时海南特色文化也远播世界各地，使世界更加了解海南。如果说"代表北宋以前的中国文明，是黄河流域的文明；代表南宋以后的中国文明，是长江流域的文明，这都是带大陆性质的文明。自清中叶以后的文明，沿海一带及珠江流域发展得顶快，可以说是海洋性的中国文明。这样说来，也许琼崖是未来中国海洋文明的放出奇异的光彩之地啊！"[1]

---

① 王国宪，许崇灏，等. 琼志钩沉（三种）. 海口：海南出版社，2006：133.

第三章 | 海南古代海上对外交流与经济贸易

海南是全国陆地面积最小、海洋面积最大的省。其疆域包括海南岛、西沙群岛、中沙群岛、南沙群岛及其海域。全省陆地面积约 3.4 万平方千米,海域面积约 200 万平方千米。

海南岛是南中国海最大的岛屿,它北以琼州海峡与广东划界,西临北部湾与越南相隔,东濒南海与台湾省相望,东南和南边在南海中与菲律宾、文莱和马来西亚等国为邻。海南岛地理位置十分重要,在国际海运航线上具有重要的战略地位,是太平洋与印度洋之间海上交通的必经之地,位于东亚、东南亚通往南亚、中东、非洲、欧洲必经的国际重要航道上。自古以来,海南岛在古代海上经济贸易交流中的地位和作用都十分重要。

南海诸岛散布在浩瀚的南海之中,远离祖国大陆。当灿烂的文化之光开始照耀在黄河流域时,中原人士对南海和南海诸岛还视为"天末遐荒"。然而,这些孤悬于大海之中的群岛并非杳无人烟。我国沿海渔民为了生活,很早就乘风破浪,在大海上从事捕捞作业,并在岛上栖息。正是他们谱写了我国南海和南海诸岛的开发史,开创了早期的南海海洋文化。从秦汉时起,中央政权已经将南海及南海诸岛列入行政管辖范围。

早在先秦时期,中国人已在南海航行,并首先发现南海诸岛,尔后,世世代代舟楫捕捞往返于海陆之间,荷锄耕作栖息于诸岛之上。唐朝贞元五年(公元 789 年),南海诸岛正式归琼州府管辖。至宋代,中国政府首先对南海诸岛行使主权,派遣水师巡视,划归中国版图,实施经营管辖。明代,郑和七下西洋,途经南海,勘察诸岛,标绘其地理位置。清初,《海国闻见录》首将南海诸岛以东沙、西沙、中沙和南沙群岛分别命名。清代宣统元年四月,政府派广东水师赴西沙群岛视察,并勒石升旗。自古以来,西沙、南沙、中沙群岛及其附近海域是我国广东、广西和海南沿海渔民的传统生产基地,也是我国人民通过海路对外交往的重要区域。

据史书记载,公元前 221 年秦统一六国,分全国为四十二郡,其中岭南边郡是南海、桂林和象郡。《史记》云：秦"置南海郡，治所番禺（今广州）"。南海等三郡皆濒临南海北部和西部海域，这是南海诸岛正式列入我国版图的开始，也是三郡濒临的海区及活跃在海区和岛屿上的渔民受到中央政府行政的正式管辖的开始。

公元前 111 年，汉武帝平定南粤之乱，以其地置"儋耳、朱崖、南海、苍梧、玉林、合浦、交趾、九真、日南九郡"。其中，儋耳、朱崖二郡在海南岛。这时，已建立水师。宋代赵汝适《诸蕃志》载："武帝平南粤，遣使自徐闻渡海，略地置朱崖、儋耳二郡。"可以想见，水师还会承担巡视海域的任务。东汉时，中央政府常派官员巡视南海海域及各郡。

唐代南海归振州管辖，《旧唐书·地理志》记载，振州（今三亚市）疆域"西南至大海千里"。西沙群岛包括在内。唐穆宗时，岭南节度使管辖范围包括南海诸岛。《韩昌黎集》卷二十一称："隶府之州远者至三千里，悬隔山海……多州岛……若岭南帅得其人，则一边尽治。"

北宋时已在南海设置水师营垒。据清代明谊撰《琼州府志》称，宋仁宗庆历年间（1041—1048 年），"招收广南巡海水军，予以旗鼓训练，备战守之役。"《武经总要》载："广南东路……提举十六州，兵甲盗贼，控外海诸国，有市舶之利。蕃汉杂处，命王师出戍，置巡海水师营垒……"南海诸岛即在水师巡海的范围之内。

元朝初年，我国就对"南海"作过纬度测量。《元史》记载：至元十六年（1279 年），元世祖忽必烈派同知太史院士郭守敬，到南海进行测量"南逾朱崖"，"测得南海北极出地一十五度"。今人考证"南海"测点为西沙群岛（15°47′～17°08′N），因为纬度相近。至元二十九年（1293 年）12 月，元将史弼"以五千人合诸军发泉州……过九洲洋，万里石塘，历交趾，占城界"。这是元代在南海海域的巡海活动。元代至大、延祐年间（1311—1320 年），朱思本绘、罗洪先增补的《广舆图》中绘有石塘、长沙。石塘又称万里石塘，长沙又称千里长沙，是我国古代对南海诸岛的泛称。说明元代将南海诸岛正式列入版图。

明代自郑和下西洋起，海外交往频繁，南海为海上交通要道，时有海盗出没。政府派遣海军进行护航，并加强巡海。黄佐《广东通志》载："海寇，有三路，设巡海备倭（日本海盗）官军以守之"。唐胄《正德琼台志》"疆域"条记，琼州府有"千里长沙，万里石塘"。明代以后，我国方志中均将南海诸岛列入无遗。南海诸岛被列入地方志"疆域"条，进一步说明这是我国领土的组成部分。

清朝初年,国事鼎盛,曾大力开发经营南海,对南海诸岛及南海上从事渔业生产的渔民,亦派遣水师巡视,保境安民。到了清中后期,日本和西方列强大举入侵,南海诸岛首遭侵略。清政府曾采取多种措施,捍卫领土,开发经营。诸如加强水师巡逻、划定国界、筹划开发等等。

第一节　祖宗海与海南人

早在地质时期,海南岛原为大陆一部分,后因地壳下陷或海洋水面上升,才与大陆分离。地质研究表明,海南岛曾两次与大陆分离。第一次大约在距今 50 万年前,在新构造运动作用下产生地质断裂,形成琼州海峡,海南岛遂与大陆分离。第二次是在全新世早期,距今约 7000 年,海面上升,海南再次脱离大陆,成为海岛。[1] 在此之前,是海平面下降时期,大陆或南洋一些地区的原始人类往来,有可能陆行或使用独木舟进入海南岛。

海南人把他们面对的这片大海称为"祖宗海"。《尚书》曰:"江汉朝宗于海"。注云:"宗,尊也,有似于朝。"(唐徐坚《初学记》卷六)南海之所以被中国沿海渔民亲切地称为"祖宗海",表明了世世代代生活在南海北岸的渔民长期作用于南海的人与自然的关系,是他们几千年乃至上万年以船为家、以海为生的情感写照。虽然他们已说不清有多少先辈为了生存和改善生活,也为了索取海洋知识,在与惊涛骇浪、茫茫无际的大海搏斗中献出了生命,也不知自己付出过多少次血的代价,他们总是沿着前人的足迹,由缘海而进到驶向纵深,由畏海、惧海到敬海、爱海和离不开海,一部厚重的南海文明发展史便从这里开端。

---

① 中国科学院南海海洋研究所海洋地质研究室. 华南沿海第四纪地质调查研究报告. 中国科学院南海海洋研究所, 1976: 242.

一、 南海自然环境与条件

南海，全称为南中国海（英文全称：South China Sea），位于北起北纬 23°37′，南迄北纬 3°00′，西自东经 99°10′，东至东经 122°10′，东西距离约 1380 千米，南北距离约 2380 千米，总面积约为 356 万平方千米。在南海北岸一线有我国海南、广东、广西、福建和台湾，从南海东北的台湾海峡，就进入波涛汹涌的南海了。南海的东南至菲律宾群岛，西南至越南和马来半岛，最南边的曾母暗沙靠近加里曼丹岛，自古是太平洋和印度洋之间的通道。南海属热带海洋性季风气候。每年 10 月以后，从西伯利亚和蒙古高原吹来的冬季气流不断奔向我国南方海洋，造成南海每年 11 月至次年 3 月盛行东北季风；每年从 4 月开始受热带与赤道海洋气团的影响，5 月至 9 月盛行西南季风；4 月和 10 月是季风转换时期。受其影响，南海的海流也有明显的季风特点，夏天流向东北，冬天流向西南。人们熟知的南海台风，有七成来自菲律宾以东的西太平洋面和加罗林群岛附近洋面，三成源自南海的西沙群岛和中沙群岛附近海面。每年的台风会使南海诸岛、海南岛以及我国东南大部分地区上空形成丰沛的降水过程，对解除干旱或缓解旱象起很大作用，但也对海上航运、海上生产和海岛建设造成一定的灾害。

南海底部地形复杂，主要以大陆架、大陆坡和中央海盆三个部分呈环状分布。中央海盆位于南海中部偏东，大体呈扁的菱形，海底地势东北高、西南低，是平滑的深色火山岩，四周较浅，中间深陷，海底石油与天然气蕴藏丰富，据我国地质学家估计，蕴藏量约 200 亿吨，有"第二波斯湾"之称。

我国古典文献《尚书》中的《禹贡》篇最早出现"南海"之名，接着《诗经·大雅·江汉》也出现"南海"之名，云："于疆于理，至于南海"。但其确实情况不详，其范围同后世所讲的南海不一致。到周秦时，南海的名字所指才近乎今天的南海。据《山海经·海内南经》（卷五）记载："郁水出湘陵南海"，郁水即今广东西江，流入南海中。但这尚未成为人们统一的认识，在秦始皇时，秦的上层人物尚不明确南海的方位，如秦始皇到今浙江绍兴祭大禹，他的臣下留下的记载是"祭大禹，望于南海"，句子中指的南海实际是东海。到秦始皇二十三年（前 214 年），秦统一岭南（也称陆梁地），在今广东地区设置南海郡。西汉后东海方位既别有定域,从此时起史书所称的南海才相当于今天的南海。

海南省的行政区域除了海南岛,还包括西沙群岛、中沙群岛、南沙群岛的岛礁及其海域,是我国陆海面积最大的省。其中陆地(主要包括海南岛和西沙、中沙、南沙群岛)总面积 3.54 万平方千米,海域面积约 200 万平方千米。

南海诸岛中,西沙群岛位于海南岛东南 330 千米的大陆架边缘。有宣德、永乐两岛群,共 35 个岛屿、礁、滩。其中宣德群岛的永兴岛、石岛、东岛及永乐群岛的甘泉岛、珊瑚岛、晋卿岛最重要。永兴岛是西沙群岛中最大的岛屿,面积 1.85 平方千米。西沙群岛自然资源丰富,有大量海底矿藏,群岛附近的海面是中国水产丰富的热带鱼场,盛产红鱼、石斑鱼、龙虾、玳瑁和藻类。这里地处南海的中部,是中国大陆和海南岛的屏障,具有十分重要的战略地位。西沙群岛是南海诸岛中露出水面最多的一个群岛,总面积约 10 平方千米。东面的宣德群岛包括七个较大的岛屿(称为东七岛);西面的永乐群岛包括八个较大的岛屿(称西八岛);西沙群岛的石岛是中沙、西沙、南沙群岛中最高的岛屿,海拔约 14 米,西沙群岛西北部的北礁和南部的浪花礁之间是国际航线和国内航线的要冲,联系着中国到东南亚和太平洋的交通。历史上郑和在宣德和永乐年间所带七次远航太平洋、印度洋的船队,往返都经过这里。

中沙群岛位于西沙群岛东南一百多千米,是一群未露出水面的珊瑚礁滩。分布略呈椭圆形,海域呈微绿色。黄岩岛位于中沙群岛以东 300 千米处。主要是由中沙大环礁、黄岩岛几个独立的暗沙组成,中沙群岛受台风影响大,它是南海台风发源地。中沙群岛的主岛是黄岩岛。中沙大环礁在两百多年前被作为航海走"外沟"的标志,为南海交通要冲。

南沙群岛由 230 多个岛、洲、礁、沙、滩组成,露出水面的约占 1/5。据 1983 年中国地名委员会公布的我国南海诸岛标准地名,定名的有 192 个。最大的岛为太平岛,面积 0.432 平方千米;面积大于 0.3 平方千米的有景宏岛和中业岛;面积大于 0.1 平方千米的有西月岛、南威岛、北子岛和南子岛。最高为鸿庥岛,海拔 6.2 米。主要岛屿有太平岛、南威岛、中业岛、郑和群礁、万安滩等。曾母暗沙是中国领土最南点。

西沙、中沙、南沙群岛地势较低平,一般为海拔 4~5 米,西沙群岛的石岛最高,海拔约 14 米。西沙、中沙、南沙群岛属于热带海洋气候,长夏无冬,全年平均气温 26.5℃。具有良好的自然环境,丰富的海洋生物资源、油气资源和海底矿产资源。有鱼类 2000 多种,其中经济价值较高的鱼类多种,贝类 200 多种,海参 20 多种,水产品蕴藏量居全国第一。除此之外,这里还蕴藏着极其丰富的石油、天然气、铜、铅、锌、银、金、锰结核和金属软泥等。

清朝雍正时高凉总兵陈伦炯所著的《海国闻见录》内附有《四海总图》,是现在能见到的关于南海诸岛较早的地图,开始明确把南海诸岛划分为四大群岛,为以后各类著作所转载。

南海诸岛为广州、香港、马尼拉、新加坡弧形航线必经之地,地理位置十分重要。同时,南海诸岛也是太平洋与印度洋之间交通的必经之地,在国际海运航线上具有重要的战略地位。其中南沙群岛战略地位十分重要,地处越南金兰湾和菲律宾苏比克湾两大海军基地之间,扼西太平洋至印度洋海上交通要冲,为东亚通往南亚、中东、非洲、欧洲必经的国际重要航道,亦为我国对外开放的重要通道和南疆安全的重要屏障。

二、 石器时代的海南岛

海南岛是我国最具热带海洋气候特色的地方:全年暖热,雨量充沛,干湿季节明显,常风较大,热带风暴、台风频繁,气候资源多样。全岛在北回归线以南,是我国纬度最低的大陆岛,太阳投射角大,光照时间长。冬春干旱,旱季自 11 月至翌年 4、5 月,长达 6 至 7 个月。夏秋雨量多,5 至 10 月是雨季,总降雨量 1500 毫米左右,占全年降雨量的 70%～90%,雨源有锋面雨、热雷雨、台风雨等。由于五指山的隆起,受地形的影响,岛内降水量的空间分布存在明显的差别,自然植被也表现出鲜明的地区差异性。东南部降水丰富,西北部降水偏少,水热条件结合不均,给历史上海南的土地开发先后与利用形式带来影响。降水的地区差异导致岛内东南部植被为热带雨林;中西部有明显的旱季,由落叶、半落叶与长绿乔木组成热带季雨林植被;岛的西部和西南部沿海,处于背风的环境,降水稀少,但热量很充分,形成热带稀树草原景观。

这种地区自然环境的差异影响到农业生产的品种差别。海南岛东南部低平地区,以发展多种热带经济作物为主;西部沿海适宜发展海岛棉、剑麻等耐旱作物,需要人工灌溉。在水热气候与生物共同作用下,海南岛的自然土壤带主要是砖红壤和黄壤,土壤的肥力偏下;受台风的影响,容易被暴雨冲刷,这些也都影响着古代以农业经济为主的土地开发方向。

海南岛"新石器时代中期遗存多为沙丘遗址,山坡遗址较少,代表性遗址有陵水石贡、大港村及定安佳笼坡、通什毛道等处,它们在文化面貌上较为一致。石器以磨制为主,器型主要有梯形斧、锛,还出现了有肩石器,打制石器已少见。陶器以夹砂红褐陶居多,器表以素面磨光为主……海南新石器时代中期遗存与两广地区同时期遗址的关系十分密切"。其中,石贡遗址距今 4205 年左右[①]。

海南所处的华南地区,由于该区域绝大部分为山岭丘陵地,又多处于沿海一带,经常受到海洋季风的影响,雨量很多。由于时代或地域的差别,华南地区各地往往呈现不同的文化面貌。在目前已发现华南沿海地区的新石器时代早期遗存中,贝(沙)丘遗址占有了相当数量。贝(沙)丘遗址是具有海洋文化特质的古代文化遗迹,因分布在沿海的沙滩、沙堤和沙洲上而得名。通俗地讲,贝(沙)丘遗址就是当时沿海或沿河的人类的生活垃圾堆。当时人们在水中捕捞,到山中打猎,吃剩的螺蚌壳等物丢在垃圾堆,堆积得像小山丘一样,故称"贝(沙)丘遗址"。

贝(沙)丘遗址是沿海地区早期人类文化的典型代表。海南已发现的新石器时代早期遗址,多属贝(沙)丘遗址。目前发现的贝(沙)丘遗址主要分布在陵水、东方、三亚、儋州、临高等沿海市县。比较重要的遗址有以下四处。

新街贝丘遗址。位于东方市新街镇北黎河入海口 2.5 千米处,遗址临河靠海,东西长 150 余米,南北宽 100 余米,面积约 16 000 平方米。这是目前海南岛发现的最大的新石器时代贝丘遗址。由于海边的螺、蚌、蚝蛎等是当时人类最主要的食物来源,故而在文化层堆积中发现大量的贝壳遗骸。在此出土和采集的陶器均为夹砂粗陶,以灰褐陶为主,为圜底罐和圜底釜等,多为素面,有少量饰有粗绳纹。在距地表 0.4~1.0 米的文化

---

① 郝思德,王大新. 海南考古的回顾与展望. 考古, 2003(4): 3-11.

层中含有大量螺壳、贝壳和烧土、炭屑、烧骨，以及打制石器、斧状石器等，石器仍主要是打制石器，磨制石器较少。与落笔洞遗址相比，最重要的是这里出土了磨制石器和夹砂粗陶釜和罐，这也正符合考古学上新石器时代的早期特征。因此，该遗址属于海南新石器时代的早期遗址，距今 5000 余年。

陵水石贡遗址。位于陵水县南约 14 千米处的新村镇南湾村的南湾半岛西北角，为海南省文物保护单位。1992 年海南省文物管理委员会办公室和中山大学联合发掘了陵水石贡遗址；2006 年 2～3 月，海南省文物考古研究所又对该遗址进行了第二次考古发掘。遗址地处距海不足百米的狭长沙丘上，其后不到百米就是海拔 240 余米连绵起伏的山脉，可谓是依山傍海。遗址宽 60 余米，绵延几百米，遗址总面积约 20 000 平方米。与新街遗址相比，磨制石器大量增加，打制石器减少。常见的器型有梯形石斧、石锛，还有石盘、砺石、石片等，有的磨制石斧、石锛十分精美。但陶器生产仍停留在手工制作阶段，已发现的陶器大部分为夹砂粗陶，以红褐陶为主，也有少量黄褐、灰褐、褐色和红衣陶，大部分为泥片贴铸而成，火候较低。器型不规整，有罐、釜、杯、碗、钵等，大部分为环底器，部分为圈足、高圈足和平底器。纹饰有刻划和拍印的菱形纹、方格纹、水波纹、弦纹和绳纹等。说明这时期陶器的烧制还处在较低的水平。发掘过程中还发现有房址、柱洞、灰坑等遗迹，特别在第二次发掘中，考古人员还在探方中发现了当时居民使用的灶的遗迹，灶呈三块摆成品字形的石头摆放，旁边还有做饭用的陶釜残片，并有红烧土痕迹，这反映出海南岛创造海洋文化的先民已经开始过着定居或半定居的生活。同时在遗址中还出土了排列整齐，拟像动物形状的贝壳堆积，说明该遗址仍属贝丘（沙丘）遗址的范畴；而大量形状大小不同的陶制纺轮和陶网坠的出现，显示出当时的人们已经能编织渔网，从事海上捕捞作业，而贝类、鱼类已成为他们日常生活中的重要食物来源。经碳 14 测定，该遗址的年代距今 4205±159 年，与同时期海南岛其他遗址出土遗物比较分析，陵水石贡遗址属于海南新石器时代中期文化遗存。

陵水大港村遗址。位于陵水县三才镇大港村西南，系海南省文物保护单位。遗址南面是大海，面积 16.5 万平方米，文化堆积厚 0.5～1.5 米，属于新石器时代中期的贝丘遗址。1957 年初次发现，1962 年和 1973 年文物工作者对该遗址进行了两次考古发掘。出土长方形石锛、长条形石凿、梯形石斧、梯形石锛、圆柱形双肩石锛、石环、石网坠、双肩石斧、双肩石锛等。夹砂粗红陶罐、豆、网坠、纺轮，纹饰为篮纹和划纹。出土了少量的陶纺轮、陶坠饰，说明此时先民们已将捕鱼作为取得生活资料的辅助手段。

东方荣村遗址。位于东方市四更镇荣村北（原名付龙园遗址），现为海南省文物保护单位。该遗址地处昌化江下游，北近昌化江入海口，西濒北部湾。1986 年发现该遗址，1991 年进行了复查，1998 年 2～3 月，海南省文物考古研究所对该遗址进行了钻探发掘。由于荣村遗址靠海不远，属一处沙丘遗址。遗址坐落在昌化江左岸的二级台地上，第三层文化层年代最早，出土遗物较为丰富，以陶器为主，骨器次之，另有大量贝壳和少量兽骨等。陶器以夹砂陶为大宗，泥质陶次之，另有少量夹细砂陶。陶片以夹粗砂红褐陶居多，夹粗砂灰褐陶、黑褐陶和泥质红陶很少。夹砂陶均为手制，火候一般不高，仅部分夹细砂陶质地较硬；器表多为素面，少量经磨光，所见纹饰较少。泥质陶片多为划纹、水波纹、小方格纹、菱形纹、炫纹等，器型以平底器、圜底器为多，圈足器较少；陶器类型主要包括釜、罐、钵、盆和盘等。除陶器外，还出土 150 余件骨器，均利用切割、刮磨相结合的技术加工而成。骨器大部分较粗糙，器型也不甚规整，仅少量通体磨光。器类有鱼镖、针、凿、铲、匕、锥、镞和尖状器、剔刮器、两端器、簪、关柄等；此外还发现不少有截锯、刮削痕迹的骨料和骨片等。石器有梯形石斧、石片、敲砸器和石锛。遗址厚约 1～1.4 米，除地表层外，遗址可划分为三个文化层。根据出土遗物标本经碳 14 年代测定：最下层年代距今 2570±70 年，在大陆已进入奴隶社会的春秋早期阶段，由于海南岛文化相对滞后，该层在海南应属新石器时代末期；中间的文化层年代距今 1870±50 年，属东汉早期阶段；上面的文化层年代距今 1390±80 年，属南朝晚期阶段。

海南已发现的属于贝（沙）丘类型遗址的还有三亚亚龙湾遗址、乐东乐罗遗址、儋州沙井地遗址、马峤地遗址、临高兰卖遗址、三亚番岭坡遗址、陵水古楼遗址、宝墩遗址、港尾遗址、鼓楼坡遗址、鲍顿东遗址、万福遗址、南湾遗址、新村遗址、九所遗址、乐东黄流遗址、旧塘园遗址、东方十所遗址、稻坝遗址、昌江棋子湾遗址、鹅岭遗址、草蛉遗址、刀大岗等。

随着人类的不断进化，生产力水平开始提高，到了距今约 6000 年前，居住在海南岛的古人开始渐渐离开交通不便利的洞穴,逐渐迁徙到海南岛四周的沿海地带。从海南岛的新石器时代中期遗址分析,如陵水石贡遗址依山傍海,十分有利于人们的生产和生活;而东方荣村遗址则靠近海南岛的第二大江——昌化江,从地理位置看均地处海南岛的东、西、南沿海地带。其他已发现的贝(沙)丘遗址,大都分布在海南岛沿海地区。从这一时期遗址的出土文物来看,先人最早的生产活动主要以捕捞、狩猎与采集为主,并逐渐产生了海南古老的海洋文化。

史前时期的海南岛由于受到交通工具的影响,当时的海上交通不甚便利。但因海南岛特殊的地理位置,古人利用风向和流向,还是较容易往来漂流于海南岛及周边地区的。更有可能与周边的马来(今印尼)、安南(今越南)、暹罗(今泰国)等地区产生一定的联系。如在海南岛新石器时代遗址中经常发现的有肩石斧,这类器物在马来、安南、暹罗等地区都有发现。

在海南已发现的 400 多处新石器时代文化遗址和遗物点中,①采集和出土的各种石器千余件,其器型主要有斧、锛、铲、凿等,另有少量锄、刀、镞、矛、犁、戈、石拍及网坠、砺石等。其中,有肩石器与有段石锛在海南的出现,一般是到了本地区史前文化新石器时代中、晚期的两个发展阶段。在海南岛分布有几何印纹陶的众多古代文化遗址中,均发现有一定数量的有肩石器。有肩石器主要指有肩石斧、有肩石锛、有肩石铲三种器型。这类有肩石器是古代先民在制作过程中有意识地采用打制、切割、磨光等加工技术而形成的生产工具。可以认为,有肩石器的柄、肩、器身等形制特征均为人工所为,器型规整,磨制较好,刃部较锋利,有的还留有使用过的遗痕。

有肩石器中的石斧、石锛、石铲(含大石铲)及有段石锛是颇具地域文化特色的生产工具。它们都是海南新石器时代经济生活中较为普遍使用的工具,既有本地区的考古文化特征,又与岭南两广地区的古代文化有着十分密切的关系,并受到岭南地区古代文化

---

① 海南省文物考古研究所. 海南考古六十年//中国考古六十年. 北京: 文物出版社, 2009;郝思德. 海南史前文化初探//东亚玉器·庆祝中国考古艺术研究中心创立二十周年论集. 香港: 香港中文大学出版社, 1998.

的一定影响。①

有肩石斧在海南新石器时代中期文化遗存中已有一定的发现,如在陵水石贡遗址、②移辇遗址③的考古调查和发掘中,均出土过类似的石斧,但数量不多。到海南新石器时代晚期文化遗存时,发现的有肩石斧较多,并且还出现了带双肩的长身石斧,这是海南史前文化中较具地域特点的一种器型。④ 有肩石斧器身适中,通体磨制,一般通长 7~12 厘米,刃宽 5~7 厘米,器身或扁平,或两面稍鼓起,双肩平直且互相对称,双面刃,刃边大都呈弧形,上为短方柄,用以捆绑木把呈曲柄的生产工具。⑤ 海南岛发现的有肩石斧在器型特征上与两广百越族分布地区古代文化遗址出土的同类器物大同小异。

有肩石锛在海南大部分市县均有分布,其中以岛内南半部地区为主,又较集中地在南部昌江、东方、陵水、白沙、保亭等新石器时代中、晚期文化遗存发现为多。⑥ 有肩石锛发现数量很多,据初步统计,目前采集和发掘出土的近 400 件,在海南发现的有肩石器中居大多数。有肩石锛器型一般稍小,石质有板岩、页岩、砂岩等,大都通体磨光,形制规整,一般通长 3~7 厘米不等。形制上与有肩石斧较相似,唯器型较小些,双肩齐平,顶部带短方柄,一般为单面刃,常呈斜直状,有的近呈漫弧形。众多有肩石锛的发现,或许表明海南当地百越先民已较熟练地掌握了在石器上加工带"双肩"的技术,当然也同他们从事的经济活动有一定的关联。一般认为,有段石锛是我国东南及南部地区新石器时代晚期至青铜器时代较为重要的一种生产工具。

海南岛新石器时代晚期文化遗存分布范围明显扩大,主要集中在南部和北部地区的很多市县。如陵水县港尾、古楼坡遗址,三亚市亚龙湾、下马岭遗址,文昌市西边坡遗址,

① 参见郝思德《海南史前考古概述》和《海南史前文化初探》。

② 冯永驱. 陵水县石贡沙丘遗址//中国考古学年鉴·1993. 北京: 文物出版社, 1994; 郝思德, 李钊. 陵水县石贡新石器时代遗址//中国考古学年鉴·2007. 北京: 文物出版社, 2008.

③ 郝思德, 蒋斌. 陵水县移辇村新石器时代遗址//中国考古学年鉴·2008. 北京: 文物出版社, 2009.

④ 广东省博物馆. 广东海南岛原始文化遗址. 考古学报, 1960(2): 121-131; 王克荣. 海南岛的主要考古发现及其重要价值. 海南大学学报(人文社会科学版), 1988(1): 1-8.

⑤ 郝思德, 王明忠. 海南史前文化遗存经济生活初探. 南方文物, 2004(4)28-34.

⑥ 郝思德. 从考古、民族学材料看海南骆越文化//越文化实勘研究论文集. 北京: 中华书局, 2005.

琼中县荒堂坡、腰子村遗址,临高县昌栏村遗址等,①出土的石器比较流行有肩形式,主要器型有肩石锛、有肩石斧、有肩大石铲和双肩有段石锛等,其中石锛数量比石斧多,另石铲也较多见。发现的陶器虽大部分仍为夹砂粗红陶,已有少量泥质灰褐陶器。纹饰除素面为主外,也已出现施有几何形纹饰的一些陶器,也有少量几何印纹硬陶伴出。器型主要有釜、罐、碗、钵、杯、鼎等,其中釜仍为圜底器物。

从区域文化的大背景来看,海南原始文化遗存当属华南地区史前文化的范畴,尤其与岭南两广地区有着十分密切的关系,同属于一个经济文化区。广东、广西是骆越族主要的分布地域,海南岛则是骆越族活动最南的地区,他们在古代都共同创造了几何印纹陶文化。海南有肩石锛在形制上也与两广地区古代文化中发现的同类石器基本相近,有的几乎完全一致,当是受到了两广地区百越文化的直接影响。同时,这一地区也较流行有肩石器、有段石器,夹砂圜底陶釜也是常见的炊煮器之一,其文化面貌大体上是相一致的,文化交往上也有着较密切的关系,应属于同一个古代文化范畴。

三、 海南岛的早期居民

自 20 世纪 30 年代来,"南岛语族"这一学术热点一直备受太平洋地区考古学、人类学和语言学等领域诸多学者的密切关注。资料显示,南岛语族是世界上仅次于刚果语族的第二大语族,其地理范畴包括分布在太平洋和印度洋的上百个岛国,包括 1000 至 1200 种语言,其分布地区东至太平洋东部的复活节岛,西跨印度洋的马达加斯加,北到台湾岛,南到新西兰,主要居住地区包括中国台湾、菲律宾、马来西亚、美拉尼西亚、密克罗尼西亚和玻利尼西亚等地。属于南岛语系语言的人口约有 2.7 亿人。海南岛及所辖的南海诸岛正处在南岛语族的范围中。

关于南岛语族的起源问题。澳大利亚国立大学的考古学家彼德·贝尔伍德认为,新石器时代南岛语族的祖先是由中国东南沿海的浙江、福建和广东一带发展而来的,在距

---

① 参见海南省文物考古研究所《海南考古六十年》、郝思德《海南史前文化初探》、广东省博物馆《广东海南岛原始文化遗址》和王克荣《海南岛的主要考古发现及其重要价值》。

今 6000 多年前源于中国的南部,由于稻作农业所形成的人口压力而扩散至台湾,然后经过菲律宾,在很短暂的时间内殖民于整个太平洋地区,形成了广泛分布的南岛语族。该理论也被称为"快车理论"。2002 年 12 月,为了给破解南岛语族起源之谜提供强有力的证据,中美考古队首次合作在福建省东山县大帽山贝丘遗址进行了为期 20 多天的考古活动,两国考古学家从中国福建东山等东南沿海出土的大量石器、陶制品等文物的制作方法、生产工艺等方面进行大量考证后,得出了南岛语族的祖先可能源于中国福建的结论。认为南岛语族的起源地可能是福建东南沿海一带,再向中国台湾、菲律宾和大洋洲等地传播。

海南岛的远古人类可能和南岛语族相关。南岛语族是对使用南岛语系的族群的称呼,"南岛语"的名称是在 19 世纪末由德国学者施密特最早使用的,南岛语系的语言数目众多,分布广泛,"是世界上地理分布最广泛的语系"[1]。石器时代的南岛语族频繁往来于南海区域乃至太平洋的诸海岛之间,如"原马来人亦即原南岛语族由华南迁移到菲律宾,然后再转到印尼诸岛",[2]南岛语族"总的迁徙方向是从北向南,再折而向西或向东发展",活动的主体范围在南海区域,[3]我国台湾岛也是南岛语族迁移过程中的重要地区,在民族迁徙的过程中,他们不仅与当地原住民交流融合,而且传播了自身的特色风俗文化,促进了民族间的了解和文化发展。在不断的民族迁徙过程中,南岛语族所依靠的航海工具是带帆的单边架艇独木舟、双边架艇独木舟和双体独木舟,这是当时世界上比较先进的航海工具。同时,南岛语族还掌握了天文导航技术,通过观察天文现象来判断航向。可见,在长期与大自然搏斗的征程中,南岛语族已经掌握了比较先进的造船技术和航海技术,在人类早期海洋开发史上占有特殊的重要地位。

---

① 梁志明, 等. 东南亚古代史. 北京:北京大学出版社, 2013:106.

② 郭志超. 中国大陆东南土著族与南岛语族//陈支平. 林惠祥教授诞辰 100 周年纪念论文集. 厦门:厦门大学出版社, 2002:52.

③ 梁志明, 等. 东南亚古代史. 北京:北京大学出版社, 2013:108.

　　南岛语族的起源有几种假说,但多数认为起源于南海区域[①],百越部族是南海区域内一个重要的族群,为南海区域历史的发展做出了特殊的贡献。据民族学家研究,在距今约5000年以前的新石器时代,中国南方属于百越民族的族群不断迁徙至中南半岛,在与当地民族交流、融合的过程中,创造了丰富多彩的百越文化。百越文化属于新石器文化,以有段石锛和几何印纹陶器为典型特征。有段石锛不仅在南海区域有大量的发现,而且在太平洋各岛屿上也有发现。在南海区域内的越南东山文化、马来西亚柔佛州等地出土的印纹陶与中国南方各地出土的印纹陶纹饰十分接近,制作方法也相似。"菲律宾、印度尼西亚甚至太平洋诸岛等都发现有与我国南方出土陶器相似的陶器与有段石锛"[②],"有些制陶工具,如陶拍子、陶印模等和中国南方地区出土的也很相似。"[③]从考古发掘的有段石锛和几何印纹陶的特征来看,早在新石器时代,南海区域的先民们就已经有了一定的联系。不仅如此,南海区域还与世界上其他地区建立了某种联系,"从新石器晚期开始,便有百越诸族,陆续从南方迁移到菲律宾、印度尼西亚及汤加群岛,再散布到太平洋诸岛,甚至远到拉丁美洲西岸。"[④]

　　考古资料证明,民族融合是南海区域发展的主要动力之一。促进民族融合的因素有很多,其中交通工具的进步是最为重要的,尤其是海上交通工具的改进,为不同民族的往来提供了便利,有力地促进了南海区域内部的交流。另外,民族迁移也是一个重要因素。民族迁移不仅使劳动力得到了交流,而且也方便了生产工具和生产技术的传播,这有利于民族的融合。百越民族是我国东南和南部地区的古老民族,新石器时代生活在区域北部的原始居民就是百越的先民。百越部族先民的迁徙是该区域民族迁徙浪潮中的主流,

---

　　① 　关于南岛语族的起源问题并未在学界达成共识,主要有:"太平洋群岛说""东南亚群岛说""中南半岛说""华南闽台说"等,另有一种"多元论",认为古南岛语族一部分是闽南到中国台湾,一部分是中国的云南省及珠江出海口、越南湄公河口,即珠江口、湄公河口等海外迁徙。参见:何英德.论南岛语族的起源//张一平,等.百越研究:第三辑.广州:暨南大学出版社,2012:236.

　　② 　梁志明,等.东南亚古代史.北京:北京大学出版社,2013:106.

　　③ 　彭占凡.中国南方古代印纹陶.北京:文物出版社,1987:274.

　　④ 　覃主元.先秦时期岭南越人的航海活动与对外交通//张一平,等.百越研究:第三辑.广州:暨南大学出版社,2012:242.

产生的影响也最大，"民族考古学家在探索东南亚、太平洋群岛土著民族文化起源的研究中发现，波利尼西亚群岛上的有段石锛、大洋洲群岛上的拉皮塔文化等都源于新石器时代的中国大陆东南海岸。"①

在大陆和半岛地区的居民向海岛迁移的过程中，海上交通工具日益发达，除了独木舟以外，还出现了一种新型船只，"这种船是在独木舟的船身上加几层船板，用藤条或其他绳子同独木舟穿孔缚住，再用树脂封住缝口，并搭起椰叶编成的船篷，或扯起椰叶编成的船帆。"②也即上文提到的单边或双边架艇独木舟，交通工具的改进大大加强了区域内不同民族的交往和发展。

石器时代的南海区域先民过着群居的生活，全体成员共同生产，共享劳动产品，共同抵御自然风险和野兽的侵袭，成员之间平等互助。随着人口的增加，社会群体的规模逐渐扩大。原始的宗教信仰已经萌发，审美观念开始出现。到了新石器时代晚期，原始的农业已经出现，人类学会了定居、作物栽培和豢养禽畜。考古资料证明，在中国长江中下游地区、越南北部、泰国东北部已经出现原始的稻谷栽培业。

随着社会生产力的进一步发展，氏族公社出现了，而后又发展成部落和部落联盟。在新石器时代早期，南海区域的原始人类处于母系氏族公社时期，到新石器时代晚期则开始进入父系氏族公社时期。这些都为人类向更高层次的社会阶段过渡准备了充足的条件。

海南岛最早的居民是"三亚人"，距今大约一万年。在《三亚落笔洞遗址》发掘报告中说："我国先民在海南岛的居住历史可以追溯到一万年前左右，而且根据动物群的特点，大陆迁徙中占有较高的比例，文化性质与两广的文化遗存十分接近，当然不能排除人类从大陆迁入的可能性"③。对于"三亚人"的来历，学术界尚无定论，但人们普遍认为，"三亚人"是从外部迁移入岛的，而非岛上自然演变生成的。海南的新石器时代早中期遗存

---

① 吴春明，等. 从东夷、百越到华南汉人：亚太海洋文化的土著性//张一平，等. 百越研究：第三辑. 广州：暨南大学出版社，2012：251.

② 梁志明，等. 东南亚古代史. 北京：北京大学出版社，2013：57.

③ 郝思德，黄万波. 三亚落笔洞遗址. 海口：南方出版社，1998：10.

多分布在昌化江支流两岸的阶地和附近的岗坡上,说明这些原始的人群是从海南岛西岸登陆的,到新石器时代晚期,才遍及整个海南岛。据此,有人认为,在"距今 7000 年~3000 年前,南方的'骆越人'陆续迁入海南岛,成为黎族的祖先。"[①]

根据文献资料和考古发现,黎族古代活动在广东西部、西南部,与百越人中的后裔俚人有着密切的渊源关系。《汉书·贾捐之传》记载,西汉时海南岛上的原住居民称为"骆越之人"。考古学家认为属古百越人的一支。著名历史地理学家谭其骧教授认为:"有史以来,最先定居于粤东境内者,实为今日僻处于海南岛之黎族,汉、唐称'里'或'俚'者是也。"据此可断定黎族的先民是百越人中的后裔俚人。又据目前已发现的海地岛最早的文化遗迹——三亚落笔洞的文化堆积层来看,黎族的祖先均在新石器时代的早期(距今7000 年以上)从两广大陆横渡琼州海峡来到海南岛北部。来自两广的黎族先民,继登上本岛北部海岸之后,沿江河上溯岛内各地,辗转定居,艰难创业。

先后移居海南的黎人有五个分支:孝黎,移民海南时先在文昌、琼山、临高一带登陆居住,后再进入乐东、昌化江流域和三亚、陵水;杞黎,先移居海南北部地区,后再进入琼中、保亭;本地黎,先移居海南东、西和北部地区,后直入白沙县;美孚黎,先移居海南,后进入昌化江中游一带;加茂黎,先移居海南,后进入陵水、保亭。五支黎民移居海南,由于多种历史原因,逐步从东、西、北部向中、南部原始森林山区移居,过着刀耕火种和捕猎的生活。

此后黎族文化成为海南文化的主流文化。黎族文化优势向汉族文化优势的转型始于秦汉之际,由于海南被纳入中央政权的有效管辖范围,中原文化作为一种强势文化进入海南,并逐步取得统治地位。但在唐宋以前,海南岛的汉族人口非常少,仅居住在沿海少数地区,黎族文化仍然影响着海南岛大部分地区。

大约在秦汉之际,临高人迁入海南岛。这是从广西、广东交界地区迁入临高的壮族移民。黎人从西部进入山区后,临高人遍布西北部地区。包括今临高县及儋州、澄迈、琼山、海口的少部地区,现为汉族。汉初,海南设治,时有从广西、广东移居的黎人、临高人

---

①　王学萍. 中国黎族. 北京:民族出版社,2004:461.

和少许汉人共 10 万余户人家。

在汉族进入海南岛以前,岛上的黎族已经从渔猎活动进入原始农业的生产,新石器文化遗址多沿岛内各条河流流域分布。公元前 2 世纪,西汉武帝平南越之后,将海南置于中央政府管辖,郡县的设置揭开了海南岛经济发展的新阶段,中原的铜器和铁制农具被带到海南。此后,大陆农作物的三熟制、新的品种和耕作技术以及"占城稻"传入海南,梯田被用于山地丘陵,薯芋也在海南出现。此外,由于广州的兴盛,外贸发展的需求,使海南岛的香料、槟榔、麻、藤、黄蜡等经济作物开始大面积生产,然后输往大陆,从而推动了海南的经济发展。

汉族移入后,部分黎族先民开始与南迁的汉族接触,掌握了先进的铁制工具和农耕技术,社会生产力得到发展,开始从原始社会向阶级社会过渡。公元 1 世纪中叶,东汉伏波将军马援抚定珠崖,在海南建立城郭市井,封建统治渐趋巩固,后世遂有"伏波将军开琼"之说。

自西汉至明清时期,海南岛的大陆移民成分主要是汉族。根据其迁移的来源地和分布的地域范围可分为中原汉人、闽人、客家人和潮州人。古代海南岛移民的分布曾发生许多变化。新石器时代早期黎族先民首先移入岛内,成为岛北最早的居民。随后在秦汉之际,临高人迁入岛北部定居生活至今。西汉辟郡至五代时期,中原移民主要分布在岛西北和北部沿海若干州县治所。自宋至明清时期,闽、粤、桂来岛移民规模最大,经元、明至清达到高峰。闽人得宋地航运之便,先入为主,移居岛东北部和东部沿海,以后深入内地,成为这一带平原台地区的主要居民。粤东客家人和潮州人直到清代才比较多地移居本岛,分散在岛内各地,如儋县、那大、南丰、兰洋、洛基、海头、临高和舍以及三亚、琼中思河等地。广西壮族移民除早期的"临高人"外,还包括后来加入"临高人"行列的宋代征夫。因此,海南岛沿海及其内地自然条件较优越的地方,都先后被这些来自大陆不同地域的移民所占据,成为早期海南社会经济开发的主力军。与此同时,原居岛北黎族同胞被迫开始向南部山区转移,形成汉在外、黎在内、苗在山顶的水平和垂直两个方向上不同的民族分布层次。

第二节　海南古代海洋经济

　　海南岛早期人类主要居住在沿海平原台地和江河流域地带,以血缘关系组成若干氏族部落,是典型的原始社会。当时的生产力极端低下,人们主要依靠原始农业、狩猎、捕鱼、采集和手工业生产劳动维持生存,黎族部落间很少交往,与内陆也没有任何沟通。直到殷周时代,海南岛仍处于原始社会状态。秦末汉初原始社会开始瓦解,先从岛北部、西北部开始,逐渐向东部、南部沿海及内地山区推移,经历了漫长的过程,五指山少数民族地区在清末民初还保留着原始社会的残余。

　　海南岛自然资源丰富,自然条件优越,为古人的生产和生活提供了较为适宜的环境。考古发现证明,古代海南的农作物就有水稻、旱稻、小麦、番薯、芋头、玉米、甘蔗、花生、茶、香蕉、菠萝、龙眼等。由于光、热、水等条件好,生物生长繁殖速率比温带和亚热带高,农田终年可以种植,不少作物每年可收获两三次。海南岛的植物资源有 4000 多种,陆生脊椎动物 500 多种,再加上没有大型猛兽,所以对畜牧业的发展也十分有利。据《汉书》记载,汉初,登上海南的汉人见岛上"亡马与虎"。[①] 牛羊可以野牧,无须专人看管。直到明代,海南仍然"牛羊被野,无冒诏(领)者"。[②]

一、 造船与航海技术

　　距今约五千年前,华南地区的黎族人跨过琼州海峡来到海南岛,从海南岛的出土文物或历史记载中,我们知道黎族已能够使用竹木筏、腰舟、独木舟等。例如,在《清代黎族风俗图》[③](绘于清代顺治年间)中就有三处绘有竹木筏的造型,其中一处木筏呈长方形,由纵向 14 根圆木、横向 5 根圆木制成;另一木筏由 10 根圆木、横向用绳子捆绑而成。图

---

① 《汉书》卷八《地理志》。

② 张天复《皇舆考》卷七"广东"。

③ 符桂花. 清代黎族风俗图. 海口:海南出版社,2007:50.

的旁题中记载:"花梨产□岩密峒间,斩伐经月,成材则合众力扛抬下山,乘溪流急处,以相木编筏载出至平岸,始得以牛力车运。"第三幅图的筏是由竹子编制的,该文记载:"黎人每伐一株,必经月而成材,合众力推放至山下涧中,候洪雨流急,始编竹木为筏,缚载于上,以一人乘筏,随流而下。至溪流陡绝处,则纵身下水,浮水前去;木因水势冲下,声如山崩。及水势稍缓,复乘出黎地,此水虽同归于海……"。古代黎族社会发展缓慢,直到20世纪中叶,黎族社会还处于较为原始的状态。所以,此处记载的虽为黎族在清朝初期内河运载的现象,实际反映了黎族人几千年来的传统水上运载方式,是黎族渡海乘筏的有力证据。

黎族渡海还有一个重要的工具——腰舟。以往史家多引用《淮南子·物原》的"燧人氏以匏济水,伏羲氏始乘筏"来解释原始社会的渡水现象。所谓"匏"指的就是葫芦,把两个或几个葫芦系在腰间以渡水就称为"腰舟"。海南自古盛产葫芦,几乎所有黎族居住地区都有葫芦瓜拯救了黎族祖先的传说,实际上它是黎族远古时期一种常用的渡水工具。因琼州海峡最窄处只有18海里宽,在缺乏其他运载工具的情况下,使用腰舟渡海是完全可能的,这在《清代黎族风俗图》中也有图示和记载:"黎中溪水最多,势难徒涉,而黎人往来山际,必携绝大葫芦为渡;每遇溪流断处,则双手抱匏浮水而过,虽善泅者亦不能如捷,不可谓非智也。"[①]至今黎族聚居的地区还保存着这些葫芦,表明了人们对葫芦的一种特殊感情和依恋心情。

独木舟也是黎族的重要航海运载工具。今在海南省民族博物馆、昌江县博物馆等地,都收藏有黎族制作的独木舟。其中一只独木舟长约4米,用木棉树刻凿而成,外观基本像船的形制,但四边仍有弧度,舟内可乘坐2至3人。黎族的独木舟制作方法比较简单,一般是"选择浮力较好的树砍倒去枝后,砍成三四米的长度,将其腹掏空,两端外部修成斜坡状,这样一只独木舟就做成了。待其阴干后,即可下水使用。若独木舟干后出现裂缝,就用布条、胶质物等东西填补后再用"[②]。黎族人作为海南岛的早期居民,他们难免

---

① 符桂花. 清代黎族风俗图. 海口:海南出版社,2007:116.

② 王学萍. 中国黎族. 北京:民族出版社,2004:312.

要多次往返于琼州海峡,虽然他们使用的渡海工具十分简单、原始,但他们对琼州海峡、北部湾等海域的航线进行了最初的探查,这为海上丝绸之路的开辟提供了重要的前提。从近年考古发现来看,海南岛新石器时代的早期遗址主要分布在海南岛西部地区,即昌江流域。到新石器时代的晚期遗址才遍布全岛。说明海南岛的早期居民是首先在岛的西部登陆的,这就必然要经过琼州海峡和北部湾航线。这与南海海上丝绸之路航线首先开辟海南岛西部航线的历史过程是一致的。我国汉代的南越(今广东广西等一带)人精于造船,擅长航海。考古发现的资料证明,南海是目前所知的世界上最早使用船舵、船锚的地区之一。汉代番禺是南海的造船中心,所建造和使用的木板船能在海上进行远航和作战活动,在我国造船和航海史上达到了第一个高峰。唐代的造船业进一步发展,所造船舶规模巨大,船体坚固,设备完善,适宜远洋航行,许多外国商人都乐意乘坐中国船。

在航海技术方面,汉代指南针虽未被实际用于海上航行,但舟师用"观星定向"方法指导航行,出现了不少总结航海经验的著作,如《海中日月彗虹杂占》《海中五星顺递》等。公元5—6世纪,我国是南北分裂对峙的政治局面。南朝的宋、齐、梁、陈四个朝代都比较重视发展海外贸易和友好交往。中国船舶自南海、印度洋西航,印度洋沿岸及东南亚国家船只东来。《太平御览·舟部》载:"外域人名船曰舶,大者长二十余丈,高去水三二丈,望之如阁楼,载六七百人,物出万斛。"

指南针在宋代广泛应用于航海,保证了船只航向正确,使航海技术进一步提高。宋代造船者总结以往经验,得出北方木材易受海水腐蚀,不宜建造海船的特点,故在南方港口附近就地取材建造海船。宋代海船在船体设计上采用"鱼鳞式"的搭接法,这就使船体木板连接紧密,抗漏能力增强。总之宋代海船具有吃水深、航程远、船体坚固稳定、抗风能力强等特点。广州是宋代三大造船中心之一,所造之船,"大者可达五千斛,可载五六百人"。船上拥有当时世界上最先进的航海设备:罗盘针、转轴、避水舱、桅、舵、锚等装置。《宣和奉使高丽图经》描述"中国大舶"驰骋"海上丝绸之路"上,"巍如山岳,浮动波上,锦帆鹢首,屈服蛟螭。"

造船技术在元代更是取得突飞猛进的发展。至元十九年九月,元世祖令"平滦……

扬州、隆兴、泉州共造大小船三千艘"①。当时中国的船只还有诸多优点：载重量大，"船之大者，乘客可千人以上云""海船一载千石"；设备齐全，"华船之构造，设备、载重皆冠绝千古"；抗风力强，"船幅殆为四角形，下侧渐狭尖如刃，以便破浪""普通四桅，时或五桅、六桅、多至十二桅云"；结构坚固，当时很多船只船体通身都用钉子连接，每颗钉子长约五十英寸，还设有隔离舱，一个舱损坏不会殃及其余各舱。而且在当时元人也基本掌握了航海技术，认识到信风的特点，每年趁东北信风顺风下海，远航至东南亚。元代的航海家们还在航线两侧设置船浮，以避免船只撞上暗礁，同时在港口设置指示灯，确保船只正常靠岸和出海。

元朝海南的造船业有所发展。如《元史·世祖本纪十一》卷十四记载：至元二十四年（1278年）九月"湖广省臣言：海南琼州路安抚使、南宁军总管谢有奎、延栏总管符庇成，以其私船百二十艘、黎兵千七百余人，胁征交趾"。据此推算，则每船可载十余人。②

明朝的海运极其发达。首先是造船业规模宏大，技术精良，所造船只结构坚牢，航行力强。钮秀《觚腾续编》记载，崇祯年间（1628—1644年），海述祖在海南岛造一大舶，三年乃成，首尾约二十八丈，桅高二十五丈。

乐史《太平寰宇记·江南东道十四·泉州·风俗》记："唐武德八年（625年）都督王义童遣使招抚，得其首领周造陵、细陵等，并授骑都尉，令相统摄，不为寇。贞观十年始输半课。其居止常在船上，并结庐海畔，随时移徙，不常厥所。船式头尾尖高，当中平阔，冲波逆浪，都无畏惧，名了鸟船。"虽然这记的是东南沿海一带越人的风俗，对海南的航海技术水平仍有一定的参考价值。

二、 南海航线的开辟

早期人类冒着浪高水深、葬身海底的风险，为了生存从大陆来到海南岛，经过往返多次、长年不断的探索，积累了大海的风向、潮水、暗礁、深浅等一系列的海洋知识，掌握了

---

① 《元史·世祖纪九》卷一二。

② 吴永章. 黎族史. 广州：广东人民出版社，1997：175.

最初的航道。他们是最早的闯海者,为后来海上丝绸之路的形成与发展奠定了基础。

南海航线自秦汉时期产生,西晋南朝时期发展,至唐朝时期最终形成。宋代以来,中国北方地区终年动荡,百姓大量南迁。沿海地区商品经济日益增长,对外贸易在国家经济中的地位越来越重要,南海海上丝绸之路逐渐成为中外交往的主要线路。在这个过程中,海南岛的渔民对开辟南海海上航线做出了重要贡献。

南海航线分为两条:西线从徐闻、合浦出海后,沿着海南岛西面海岸线"梯航",经中南半岛到东南亚,穿过马六甲海峡再西行;东线则从广州、徐闻、合浦出海,经过海南岛东面的西沙群岛、南沙群岛抵达东南亚,再经马六甲海峡西行。返程亦然。无论走哪条航线,都必须经过海南岛周边海域。早期由于受到造船和航海技术的限制,出洋的船只多走西线。宋代以后,造船和航海技术大大提高,加上西线海盗较多,东线虽有激流险滩,但方便快捷,因此许多船家选择走东线。

从海南岛的地理位置结合史料记载可以看出,自徐闻、合浦为始发港向南有一条海上航线,而徐闻与海南岛北部的珠崖故城之间最近的直线距离仅10余海里。由于此时航海造船技术的限制,船舶航行只能沿海岸穿越琼州海峡顺着海南岛北岸和西岸"梯航"以致远,如此一来,海南岛北部和西北部的珠崖和儋耳两地的沿海地带就成了这条蓝色航线的必经之路。

汉代是我国历史上一个辉煌的时期,当时国力强盛,声名远播。汉代开通了中国由海道与西方交通的航线。《汉书·地理志》所记的海上航线仅限于南海与印度洋上的航线。中国海运货物抵达"已程不国",即今天的斯里兰卡,再经过印度接运而西,辗转至欧。

东汉末年以来,中原战乱不断,陆上丝路受阻,而岭南则相对稳定,中原人民大批南迁,促进广州生产和商业繁荣,海上丝路在三国至南朝时期得到进一步发展。广州港地位的提高,一方面与广州的政治、经济发展和地理形势有关,另一方面与海南岛东部经西沙群岛、南沙群岛一带航线的利用和发展有着密切的关系。1975年广东省考古工作者在西沙群岛进行了调查,证明当时许多往来于海上丝路的船舶航行在这条航线上。

魏晋南北朝以降,由于中国的政治、经济中心开始南移,中国南方地区逐渐形成了独立的经济体系。与此同时,随着造船技术的提高,人们已普遍掌握了掉樯驶风的航行技术,为从大陆南端为起点开辟离岸跨岛的远洋航线提供了可能。尤其到了东晋南朝时期,新开辟的远洋航线不再沿海岸穿越琼州海峡顺着海南岛西岸"梯航"的老航线航行,而是从广州港出发,经海南岛以东和西沙群岛海域,直航东南亚各港口。海南岛因而成为从广州港始发向南各航线的必经之地,海上丝绸之路由此更加影响着海南岛的政治、经济和社会等各个方面。

公元226年,孙权命宣化从事朱应和中郎康泰出使东南亚各国。朱、康二人访问了扶南(今柬埔寨)、林邑(今越南中南部)及"西南大洋洲上"诸国。二人分别写了《扶南异物志》和《吴时外国传》二书,记述了他们"所经及传闻,则有百数十国"的情况。康泰在书中对南海诸岛的形态和成因作了相当精确的描述。朱、康二人回国后,东南亚各国也先后派遣使者来到东吴,络绎不绝。据日人和田久德《世界史》记载,从3世纪30年代到7世纪的前半期,使节的派遣至少有26次。

由于对外贸易受到重视,依靠造船技术的进步,使得三国时期我国和东南亚及西方的海上交往十分频繁。南海和印度洋上,巨舶穿梭,风帆片片,一派繁盛景象。《晋书》记载:"朱崖在大海中,遥望朱崖洲大如菌,举帆一日一夜至,周匝二千里,径度七八百里,可十万家,女多姣好,长发美鬓。"北魏郦道元《水经注·温水》记:朱崖、儋耳二郡"在大海之中,南极之外"。吴国曾数次远征海南岛和台湾岛(时称夷洲),从大陆到海南岛已可借用风帆的力量提高航行速度,达到"一日一夜"可至。

南海航线自秦汉时期产生,西晋南朝时期发展,至唐朝时期最终形成。唐继隋兴,生产发展,国势昌盛,海外贸易空前发达,特别设置"市舶司"专管外贸事宜。南中国海、印度洋上,商船来往,络绎不绝。广州、泉州、宁波、扬州成为当时的四大国际贸易港。

唐代从广州启航,经西沙、南沙群岛到波斯湾、红海的海上丝路航线更为繁盛兴旺。唐人称之为"广州通海夷道"。唐人贾耽在《皇华四达记》中详细地记录了沿这条路线航行的途次、航期等。这条广州通海夷道是当时世界上最长的远洋航线。

唐代的海南岛作为自广州港出发驶往东南亚和阿拉伯航线的必经之地,其重要性愈加显现。据贞元年间(785—814年)贾耽所记的"广州通海夷道",广州经由海南岛到阿拉伯各国的航线"广州东南海行,二百里至屯门山(今广东深圳南头),乃帆风西行,二日至九州岛石(今海南东北海域七州列岛)。又南二日至象石(今海南东南海域独珠石)。又西南三日行,至不劳山(今越南占婆岛),山在环王国(即占城国)东二百里海中……小舟飘流,二日至末罗国(今伊拉克巴士拉),大食重镇也。又西北陆行千里,至茂门王所都缚达城(今伊拉克巴格达)"①。这条航线最后一直延伸到东非海岸,全长 14 000 千米,途经90 多个国家和地区,据考证这也是当时世界上最长的远洋航线。

三、 捕捞和渔业生产

渔民在南海中捕鱼的历史要远远早于海上丝绸之路,可以追溯到史前时期。据《山海经·海内经》载:"帝俊生禺号,禺号生淫梁,淫梁生番禺,是始为舟。"②现代考古发掘也证明南海北岸的渔业文明非常悠久,南海北岸渔民经历了洞穴、沙丘、贝丘等海洋性文化遗存类型,所以很可能在原始农业文明产生之前,人类就已经在南海北岸沿海地区繁衍生息。

南海属热带海洋,出产珍奇的海洋生物。早在战国时期的《逸周书·王会解》中就记载:商代国王汤让大臣们制定"四方献令",伊尹便建议:"正南……请令以珠玑、瑇瑁……为献。"这条史料说明,南海居民于公元前 18 世纪就从事南海水产资源的开发了。此后,在《史记》和《汉书》中,多有关于南方渔民捕鱼营生的记载。

秦汉时期,当中原王朝势力向海上扩张的时候,吸收了渔民的航海知识。东沙群岛是我国南海诸岛中最北、最靠近华南大陆的一个群岛,据裴渊《广州记》记载:"珊瑚洲,在(东莞)县南五百里,昔人海中捕鱼,得珊瑚。"③裴渊是晋代人,他提到"昔人"在珊瑚洲捕鱼,那么至少应当在晋代之前,华南沿海的渔民就已经在东沙群岛捕鱼、采珊瑚了。

中国古籍对于西沙群岛和南沙群岛及其海域资源和物产开发的记载是很早的。早

---

① 《新唐书》卷四十三《地理志》(下)。

② 《山海经》。

③ 裴渊《广州记》,见宋乐史《太平寰宇记》卷一五六《岭南道·广州》。

在二千多年前的汉代,就记载着我国的南海(包括西沙、南沙群岛)出产贝类;公元 1 世纪时,杨孚的《异物志》记载南海产有海龟和玳瑁;公元 3 世纪康泰的《扶南传》,就有关于西南沙群岛珊瑚岛礁的形态和成因的叙述;公元三四世纪的晋代,就有记载中国人到南海去捕鱼得珊瑚的事。三国时吴国人万震著《南州异物志》记载:"句稚去典逊游八百里,有江口,西南向,东北行,极大崎头,出多磁石"①。这是对经营南沙群岛的中国古代人对南沙群岛航行方位、距离和海况的记录,该书还记载:"玳瑁如龟,生南海……",这显然是古代中国人在南海经营(含捕捞)活动的记录。东晋著名高僧法显从印度返回中国时,曾穿过整个南中国海。他撰写的《佛国记》内记载从印度、斯里兰卡到广州的航程,其中从爪哇取道南海只需 50 天。这表明中国人在东晋时已开辟了穿越南海的航路。南北朝已有大陆人民在西沙群岛一带活动,证据是考古学工作者在西沙群岛的永兴和九礁等十一个岛屿和礁盘上发现南北朝(主要是南朝)的六耳罐、陶环及隋、唐、宋、元、明、清的陶瓷器(产地有广东、福建、江西等地)2000 多件。隋炀帝曾派常骏、王君政等经南海诸岛海域达到赤土国。

南海诸岛发现唐朝瓷器证明唐朝有国人在南海诸岛活动,《旧唐书·地理志》载:"振州(今海南三亚)……南至大海……东南至大海二十七里,西南至海千里。"其所指包括南海诸岛。宋以后,中国人先对南海进行命名,如《宋会要》记载:"……数日,主占城界,十日过洋情,东南有石塘,名曰万里,其洋或深或浅,水急礁多,舟覆翻者十七八。"这里石塘专指南沙群岛。此后史书往往用"千里长沙,万里石塘"以及类似的称呼泛指或专指南海诸岛,此后随着航海实践的丰富,中国人对南海命名的事更多。宋朝周去非在岭南为官多年,他在《岭外代答》书中具体指出南海中有"长沙石塘数万里""历上下竺与交洋,乃至中国之境"②。这里的"交洋"即"交趾洋",为现在北部湾。

据考证,南宋端宗曾逃到西沙群岛。元世祖于至元二十九年(1292 年)派遣大将史弼领兵五千远征爪哇,据考证这支舰队是先经西沙一带海域,也可能包括今天的南沙发动

---

① 《太平御览)》卷七百九十。

② 《岭外代答·交趾门》。

进攻,这是中国古代人在征服南海上迈出的一大步。我国著名天文学家郭守敬曾奉元世祖之命在至元十六年(1279 年)主持全国性的"四海测验",曾到南海一个岛屿上观测它的纬度,并取得卓越成果。这在天文测量史上和南海开发史上均是大事。据明王佐《琼台外记》记载:万州在明时辖有"长沙""石塘",海军指挥金事"统兵万余,巨舰五十艘",巡逻南海。确立明政府对南海诸岛及其海域的主权和管辖。我国著名航海家郑和等率领数十万人马,分乘几十艘巨舰,横越南海航线,出使西洋各国,远达西亚和东非。清代初期流传于民间的《更路簿》记载南沙群岛 73 个地名及其方位,地名是用海南方言拼的,但为外国人所用,即把地名拼写成外国文字记载在他们出版的航海图上。

海南"蜒"民(即疍民)是古代以捕鱼为生的海上民族。范成大《桂海虞衡志》载:"蜒,海上水居蛮也,舟楫为家,采海物为生,且生食之。"周去非《岭外代答》曰:"以舟为室,视水为陆,浮生江海者,蜒也。"陈师道《后山从谈》记:"二广——舟居谓之蜒人。"乐史《太平寰宇记》记:"蜑户,县所管,生在江海,居于舟船,随潮往来,捕鱼为业。"《宋史·高宗本纪》卷三十一记:"绍兴二十六年十月丙午,罢广州贡珠,纵蜒于自便。"《宋史·交趾传》又记:"大中祥符二年,广南西路言:蛮人劫海口蜑户。"

西南沙群岛自古以来就是中国渔民生产和活动的一个重要地区。渔民一般都在冬季利用东北风南下,到第二年夏季西南风来时北返。他们除从事捕捞水产外,还在西南沙群岛停留或短期居住,从事其他生产活动,挖井汲水,盖造房屋,修建庙宇,种植椰树以及开垦园地等等。他们成为开发西南沙群岛最早的主人。中国渔民在南海中从事的捕捞海产活动首先是捕鱼,从古至今,一直不断。据史载,渔民在南海诸岛捕鱼已有一千多年的历史。晋朝裴渊所著的《广州记》说:"珊瑚洲,在(东莞)县南五百里,昔入于海中捕鱼,得珊瑚。"

椰树是我国海南岛渔民移种至南沙群岛最主要的一种果树。椰子原产祖国大陆和海南岛一带,尤其是海南岛种植得最多。据住西南沙群岛的渔民介绍,椰子全身都是宝。树干可以当建筑材料,可用来当作简易房屋的横梁,椰叶可覆盖房顶;果皮外围的纤维可用来做扫把和当工业原料;内层硬壳坚牢,可作杯、碗、盘、壶等器皿,并可加工成各种工艺美术品,驰名中外的椰雕就是其中的一种。椰壳内面的胚乳的外层含有较多油分,除食用外还可炼油,是制蜡烛、肥皂的原料;内部的胚乳水汁清香可口,为极好的避暑饮料。据渔民说,西南沙群岛的水井都是渔民先辈们挖的。在琛航岛东南,有一口井,井口直径约一米,井沿用木板镶着。据了解,这口井是海南岛琼海县潭门公社孟荣园渔民王国彬于1919年前挖的,井面上有王国彬造字样。紧接着井房有一棵椰树,巍然挺拔,独具风格,果实累累,像一把大伞。这棵椰树高二十米,直径六七十公分。

南海诸岛发掘的地下文物也是渔民在南海诸岛生活的有力佐证。1992年在南沙群岛最大的岛屿——太平岛上发现秦汉米字压印纹硬陶片。这表明上古时代中国人最早发现南沙群岛。西汉时南海诸岛与我国大陆关系日渐密切。东汉人杨孚著《异物志》,已把当时或以前中国人对南海及南海诸岛的认识做了原始性的地理记载:"涨海崎头,水浅而多磁石"的记载,"涨海"是古代中国人对南海的泛称;"崎头"是古代中国人对岛礁、滩、沙洲的泛称。西南沙群岛海域出产的货贝远在古代就当作货币使用,西南沙群岛海域的珊瑚也已在当时汉代的国都长安陈列。近年来,在西沙群岛的甘泉岛发掘了一座唐宋时期居民遗址,挖出了许多文物,其中有大量的陶瓷器、铁刀、铁凿、吃剩的鸟骨和各种螺蚌壳以及燃煮食物的炭粒灰烬。在陶瓷器中,仅唐宋时代的青釉陶瓷器就达一百多件。论其类型、器型、胎质、釉色、花纹和制法,都和唐宋时期广东窑场产品完全相同。因此可以推定,使用这些陶瓷器的主人应该是广东移去居住的渔民。

根据考古调查,在西南沙群岛都有明清时期的小庙、水井和椰树等,西沙群岛先后发现了14座明清时期的珊瑚庙。这些小庙都是古代渔民为悼念开发西南沙群岛航海遇难的先辈亲人而建造的。清代道光年间(19世纪20年代),海南岛渔民就到南沙群岛从事渔业生产,并在岛上居住。1933年9月1日《广东琼东草塘港渔民申诉法占珊瑚岛九小岛书》说:"吾琼东文昌县渔民因生活所迫,于清道光初年,已到其地从事渔业。嗣后各县渔民渔户移居某地,建立房屋和兄弟公庙多所。"在南沙群岛的北子岛上就有两座坟墓,墓碑一载"同治十一年(1872年)翁文芹",一载"同治十三年(1874年)吴□□"。可见,距今一百五十多年前,海南岛渔民就在南沙群岛从事生产活动。

海南渔民在南海诸岛海区进行渔业生产,也见于外国人的记载。如英国海军部海图局编的《中国海指南》(1868年)中记载:"海南渔民以捕取海参、贝类为活,各岛都有其足迹,亦有久居礁间者。海南每年有小船驶往岛上,携米粮及其他必需物品,与渔民交换参贝。"自古以来,海南岛渔民每年在冬季乘东北风南下。出海至西南沙群岛捕捞水产,习惯从大陆带去椰树到各岛种植。《中国海指南》也记载了海南岛渔民开发西沙群岛和种植椰子的事实。书中说:"林康岛(即东岛),岛之中央一椰树不甚大,并有一井,乃琼州渔人所掘,以滤咸水者。"到了二十世纪初年,广东水师提督巡海至西沙群岛时,已看见西沙群岛"岛多椰子树"了。

海南岛渔民不但在西沙群岛挖井、种椰,改变西沙的面貌,在南沙群岛也同样是这样的情况。据调查,在清光绪年间(1875—1908 年),琼海县渔民在太平岛西北部建庙一座,挖井一口,种植椰子树二百株左右,又分别在西月岛、中业岛、双子礁、南威岛和南钥岛、鸿麻岛等岛各开挖水井一口,并种有椰子树二十株至一百株不等。

我国渔民在南海诸岛辛勤创业,在岛上建有住宅和神庙。住宅是他们的栖身之所,神庙是他们的精神安慰。建筑材料或就地取材,或由海南岛带来砖瓦木料。在甘泉岛上,考古工作者发现一处唐宋时代的居民遗址,出土了大量的铁锅碎片、瓷器陶器碎片,还有吃剩的鸟骨和螺蚌壳。今天,在永兴岛、石岛、东岛、南岛、北岛、广金岛、琛航岛、珊瑚岛、甘泉岛等处,还有明、清两代遗存的小庙 14 座。有些神庙还保存有佛像。如琛航岛上的娘娘庙中供奉的瓷观音像,是明代的龙泉窑烧制的。古代海南渔民还在不少岛上种植椰子树及其他农作物。

四、 海上丝绸之路的影响

海上丝绸之路始于秦汉,形成于隋唐,发展于宋元,壮大于明清,繁荣上千年,是古代中国与其他国家交通贸易、对外交往、文化交流极为重要的商船通道、历史航道和文化渠道。

古代海上丝绸之路有三条主要航线。第一条是东海黄海航线,从登州、莱州、扬州、明州、泉州、漳州出发经东海或黄海至朝鲜半岛、日本或东南亚;第二条是南海航线,从广州、徐闻、合浦出发经南海,穿过马六甲海峡进入印度洋,再西行至阿拉伯半岛、红海、波斯湾、地中海、欧洲及非洲东部;第三条是从广州、泉州、漳州出发经菲律宾进入太平洋,东行至美洲。其中第二条南海航线最为重要,海南岛就位于这条航线的交通要道上。

唐宋以降,中国沿海地区商品经济发展较快,海上丝绸之路逐渐成为中国对外贸易的主要通道。海南岛占尽地利,成为中外贸易往来的中转之地和重要驿站。海南岛及南海诸岛考古发现的瓷器、铜钱、铜锭、建筑构件等,证明了海南与海上丝绸之路的密切关系。例如,西沙群岛两次调查都发现大量明代青花瓷器、铜钱等,有人认为这些铜钱很可能就是郑和船队中的一艘在这里触礁沉没留下的遗物;海南岛西北部海域曾打捞出一批青花小罐,也是明代沉船中的外销瓷器,等等。这些都为南海"丝绸之路"研究提供了重要的物证。

陶瓷和香药贸易是唐宋南海"丝绸之路"的重要特征之一。因此,海上"丝绸之路"又有了"陶瓷之路""香药之路"之称。宋代瓷器品种繁多,出现不少专供大量外销出口烧造瓷器的窑场。香药即香料,主要为奢侈品,也有一部分可作药用,宋人因此称为香药。香药主要从东南亚、南亚和东非等地进口,也有一部分产自海南岛。宋代广州对外贸易的进口货中,以香药为最大宗,获利最多。

东汉班固《汉书·地理志》记载:"自日南障塞(今越南顺化灵江口)、徐闻、合浦船行可五月,有都元国(今苏门答腊);又船行可四月,有邑卢没国(今缅甸勃固附近);又船行可二十余日,有谌离国(今缅甸境内);步行可十余日,有夫甘都卢国(今缅甸境内)。自夫甘都卢国船行可二月余,有黄支国(今印度境内),民俗略与珠厓相类。其州广大,户口多,多异物,自武帝以来皆献见。有译长,属黄门,与应募者俱入海市明珠、璧流离、奇石异物,赍黄金杂缯而往。所至国皆禀食为耦,蛮夷贾船,转送致之。亦利交易,剽杀人。又苦逢风波溺死,不者数年来还。大珠至围二寸以下。平帝元始中,王莽辅政,欲耀威德,厚遗黄支王,令遣使献生犀牛。自黄支船行可八月,到皮宗(今马来西亚境内);船行可二月,到日南(今越南中部)、象林(今越南境内)界云。黄支之南,有已程不国(今斯里兰卡),汉之译使自此还矣。"①这是最早记载的海上丝绸之路航线了,但是这一时期的航线主要是沿着北部湾、越南东海岸南下,沿着海岸行走的。

———————————

① 《汉书·地理志》卷二十八下。

我国著名海上丝绸之路研究专家陈炎先生认为,完整的海上丝绸之路应该包括四条航线:黄海航线、东海航线、南海航线、太平洋航线。黄海航线从登州、莱州起航,到朝鲜、日本;东海航线从扬州、明州、泉州、漳州起航,到东南亚或者朝鲜、日本;南海航线从徐闻、合浦、广州起航,到东南亚、印度洋、红海、波斯湾、地中海、欧洲或者非洲东岸;太平洋航线从泉州、漳州起航,经菲律宾到南美洲。① 可见,古代海上丝绸之路实际上是从中国东部沿海到世界各地的全球航线。

海上丝绸之路在唐朝前后的发展变化很大,中国古籍《汉书·地理志》《新唐书》对此均有详细记载,它反映了各个历史时期中国造船、航海技术、社会经济和贸易发展的状况。

唐朝以前,海上丝绸之路黄海航线只能沿着山东半岛沿岸航行到朝鲜,再沿着朝鲜半岛海岸到日本。南海航线沿着雷州半岛、中南半岛、暹罗湾航行,从马六甲海峡到印度半岛东岸的锡兰岛,或者经中南半岛、暹罗湾、克拉地峡,到印度半岛东岸,这是一条水陆联运线路。这时期沿着海上丝绸之路形成的海上贸易圈,以广州为中心,范围包括北部湾到中南半岛沿岸、印度半岛东岸一带。早期与中国交往的国家主要分布在上述地区,如交趾、占城、真腊、锡兰、印度。

唐朝以后,海上丝绸之路获得飞速发展。唐宋时期从明州(今宁波)到日本的东海航线,从广州到东南亚、印度洋、波斯湾、地中海、欧洲、非洲的南海航线已经形成。明朝后期开辟了从泉州到菲律宾再到墨西哥的太平洋航线。至此,海上丝绸之路已经成为名副其实的环球航线,明州、泉州和广州成为最重要的海上贸易港口,中国成为世界贸易中心。海南岛是南海中最大的岛屿,位于我国通往东南亚、南亚、西亚、非洲、欧洲等地区必经的航道上。从现存的历史文献以及出土的历史文物来看,海南是联结"海上丝绸之路"远洋航船极为重要的中转站、避风港和补给港,具有重要的历史地位。

南海丝绸之路起于汉朝。早在汉武帝(公元前140—公元前87年)时,我国海船就携

---

① 陈炎.略论海上丝绸之路//海上丝绸之路与中外文化交流.2版.北京:北京大学出版社,2002:27-53.

带大批丝绸、黄金，从雷州半岛起航，途经今越南、泰国、马来半岛、缅甸等国，远航到印度的黄支国（今印度康契普拉姆）去换取这些国家的特产。然后，从今斯里兰卡经新加坡返航。这条为丝绸贸易而开辟的海上航路就是海上丝绸之路的南海航线。中国的丝绸通过这条干线已传入今日的越南、马来西亚、缅甸、印度和斯里兰卡，并通过缅甸传到欧洲的大秦（罗马）等地。贸易输入的物品，除传统的象牙、犀角、玳瑁、琉璃器外，吉贝（棉花）和香料也日渐增加。出口物品仍以丝绸为主，陶瓷器、铜铁器、漆器显著增加。这一时期的地下出土文物也在一定程度上反映了海上丝路的情况。波斯银币在广东的三个县均有发现。与银币一起出土的还有诸多波斯所产的精美的金银器，都是从海上输入的珍贵工艺品。

自汉朝起，经过南海航线，东南亚、南亚乃至西亚、欧洲各国的使臣都派使节来我国通好。《后汉书》曾记载，公元131年有日南（今越南）徼外叶调国（今爪哇），公元159年和161年有天竺（今印度），公元97年、120年和131年有掸国（今缅甸），都遣使来给我国进献；公元166年，大秦（古代罗马）王安敦派使臣从海道经越南到达中国，献"象牙、犀角、玳瑁，始乃一通焉"。这些是今缅甸、印尼、印度乃至欧洲罗马从海路最早来我国通好的文献记载。对方带来的是"奇珍异宝"，而我方回赠的是"印绶、彩缯"。丝绸作为国家之间友好往来时的回赠礼品，作用和意义越来越大，后来的统治阶级几乎都是以丝绸赏赐"朝贡国"的来献。从这个意义上说，丝绸就是友谊与和平的象征，丝绸之路既是使节之路，又是友谊之路。

宋代是海上丝绸之路的持续发展阶段，海南岛仍然是这条海上航线的重要中继港和避风港，随着海上中外船舶的频繁航行及中外商贾贸易额的不断扩大，对海南岛的社会经济和商品观念产生了更加深远的影响。1997年，在琼山永兴和府城发现的两座宋代砖室墓，出土的随葬品中各有一块"买地砖券"，分别记载了北宋大观元年（1107年）和南宋绍兴十九年（1149年）的两桩土地买卖情况，从一个侧面反映了此时期海南岛商品经济的发展状况①。

---

① 郝思德，王大新. 海南省近五十年文物考古工作概述//新中国考古五十年. 北京：文物出版社，1999.

第三节 海南与古代朝贡贸易

古代中国与其他国家的朝贡贸易是官方贸易的主要形式。朝贡贸易源于汉代,形成于唐朝,经宋元两代发展,到明朝达到鼎盛。明朝建国之初就强调夷夏之辨,"复汉官之威仪",极为仇视元朝"悉以胡俗变异中国之志",极力恢复中华传统礼法,致力于构建一个以明王朝为中心,海外诸国称臣纳贡的朝贡体系。明朝以《周礼》为指导,建立了最为完备的朝贡体系。

洪武七年,明太祖诏中书礼部曰:"古者中国诸侯于天子,比年一小聘,三年一大聘;九州之外,番邦远国,则每世一朝;其所贡方物,不过表诚敬而已。高丽稍近中国,颇有文物礼乐,与他番异,是以命三年一聘之礼;彼若欲每世一见,亦从其意。其他远国,如占城、安南、西洋琐里、爪哇、浡泥、三佛齐、暹罗斛、真腊等处新附国土,入贡既烦,烦劳太甚,朕不欲也。令遵古典而行,不必频烦,其移文使诸国知之。"①可见,明代时朝贡贸易是十分频繁的。

一、 南海区域的朝贡贸易

历史上,通过海上丝绸之路与中国保持传统朝贡关系的国家主要分布在南海区域,有史之初,中国和这一地区就有着海上的交通,但史籍可考者则始于西汉时期。其时中国丝绸已通过海路外传,因而海上贸易往来甚为盛行。有些国家如越南、暹罗与中国交往十分频繁。如宋代越南入贡 57 次,明代暹罗入贡 112 次,中国政府遣使访越、暹两国数十次。

宋朝时中国的经济中心逐步南迁,这就为庞大的南海贸易圈的形成创造了有利条件。加之国内经济发展迅速,拥有发达的工商业、纺织业、陶瓷业、造纸业,许多商品正是当时东南亚国家所需要的。东南亚的特产也为中国王公贵族所喜爱,因此南海区域国家

---

① 《明太祖实录》卷八十八"洪武七年三月癸巳"。

间贸易具有很强的互补性。同时宋朝的航海及造船技术日臻成熟，这也为中国海商远涉重洋提供了可靠的技术保障。政府在外交政策方面也较为开放，欢迎东南亚诸国前来朝贡。可以说宋朝以后，东南亚与中国的交往是全方位的，不仅官方外交往来密切，朝贡贸易也呈现出繁盛的局面。

在东南亚国家中，文莱具有典型意义，这是由文莱的地理位置决定的。宋代以前，东起西南太平洋菲律宾、印度尼西亚，西至印度洋及非洲东海岸的广大地区，我国统称之为"南海"或"西南海"，元代则称苏门答腊以西为"西洋"，以东为"东洋"，合称为"东西洋"。明朝东西洋则以加里曼丹为界，所以文莱成为东西洋交流的中心。张燮《东西洋考》中说：文莱"东洋尽处，西洋所自起也。"由于明王朝和文莱关系较为友好，因此文莱来明朝贡次数远远多于规定。明政府将文莱列为依"古礼"来贡的国家，所谓"古礼"就是指"番夷外国，当守常制，三年一贡，无更烦数来朝"①。因此，这里以文莱为例，阐述一下朝贡贸易在南海区域的繁荣情况。

宋赵汝适《诸蕃志》载："勃泥在泉之东南，去阇婆四十五日程，去三佛齐四十日程，去占城与麻逸各三十日程，皆以顺风为则。"②从上述资料中可知，往来于宋代泉州和文莱国之间至少有两条航道。一、西南航道：泉州——西沙——占城——勃泥。二、东南航道：泉州——澎湖——麻逸——勃泥。以上西南航道在唐代已经存在，后人称为"西洋针路"。东南航道则是宋代开辟的一条通往勃泥的新航道，后人称为"东洋针路"。通过这两条航道，宋朝与文莱国之间的使节和商人来往不绝于道，他们大多要途经南海。

据考证，文莱国首次来宋朝贡应该是在北宋太平兴国二年（977 年），当时来往于中国与爪哇间的海商蒲卢歇，因在途中遇到大风浪，其船破损严重，因此暂时将船泊于文莱国港口。文莱国王闻其来自中国，"即造舶船，令蒲卢歇导达入朝贡。"③从而开启了文莱与宋朝朝贡贸易往来的序幕。此次前来的文莱国使者给中国带来大量的特产："大片龙脑一家底，第二等八家底，第三等十一家底，米龙脑二十家底，苍龙脑二十家底，凡一家底并

---

① 《明太祖实录》卷一百六十"洪武九年五月甲寅"。

② 杨博文. 诸蕃志校释. 北京：中华书局，1996：135.

③ 《宋史·勃泥传》卷四八九。

二十两。龙脑版五,玳瑁壳一百,檀香三橛,象牙六株。"①同时带来了文莱国王呈送给宋朝皇帝的表文:"为皇帝千万岁寿,望不责小国微薄之礼。"②并表示愿"每年修贡,虑风吹至占城界,望皇帝诏占城,令有向打船到,不要留。臣本国别无异物,乞皇帝勿怪。"③

中国与文莱的贸易往来是建立在互通有无基础上的。中国向文莱出口的主要是纺织品、金属制品、陶瓷器等手工业制造品;从文莱进口的主要是香料、蜂蜡、藤条、树脂、树胶等热带丛林的动植物产品,以及燕窝、海参、鱼翅等热带海产品,还有黄金和金刚石等矿物产品,两国间的贸易往来具有很强的互补性。到了元代,中国和文莱的贸易往来更加频繁,据汪大渊的《岛夷志略》所载,勃泥国人"尤敬爱唐人,醉则扶之以归歇处"。足见中国商人在文莱国的受欢迎程度。

文莱国"地产降真、黄蜡、玳瑁、梅花片脑。其树如杉朱桧,劈裂而取之,必斋浴而后往。货用白银、赤金、色缎、牙箱、铁器之属。"④这些都是中国从南洋大宗进口物品。另外,《岛夷志略》中的"万年港"条,则记载其"地产降真条、木绵、黄蜡。贸易之货,用铁条、铜线、土印花布、瓦瓶之属",据考证,万年港一名,"当由 Berunai,Brunei 而得音,唐代载籍之勃泥与渤泥亦然",元末时,"此港已非此国都城所在,故当时贸易家、航海家名之曰万年港或万年屿。"⑤在《马可·波罗游记》中提到的"大爪哇岛",其实就是将婆罗洲与爪哇岛合二为一。其云:"离开占婆国,向南和东南之间行驶一千五百英里,便可到达一个面积很大的岛,叫做爪哇……这个国家的物产极为丰富。像胡椒、肉豆蔻、生姜、丁香和其他所有值钱的香料及药物,都是岛上特产,因此有许多商船满载货物前来交换,使双方都能获得巨大的利润。这里收集的金子的数量十分惊人,难以估算。刺桐和蛮子的商人常从这里输入大量的金子,至今也仍然如此。他们还从这里获得绝大部分香料,并把它

① 《宋史·勃泥传》卷四八九。

② 《宋史·勃泥传》卷四八九。

③ 《宋史·勃泥传》卷四八九。

④ 苏继庼. 岛夷志略校释. 北京:中华书局,1981:148-150.

⑤ 苏继庼. 岛夷志略校释. 北京:中华书局,1981:342-344.

们运往世界各地。"①由此可知,元代泉州港及中国东南沿海地区与婆罗洲（包括文莱）之间存在着贸易往来。

各个阶段文莱遣使来贡的情况在《明史》中都有详细记载。在明朝建国之初,洪武年间文莱就已经纳贡称臣,"是年,安南、浡泥、高丽、三佛齐、暹罗、日本、真腊入贡。"②同时文莱对明朝的朝贡频率也并非明政府所要求的依"古礼""三年一贡","婆罗,又名文莱,东洋尽处,西洋所自起也。唐时有婆罗国,高宗时常入贡。永乐三年十月遣使者赍玺书、彩币抚谕其王。四年十二月,其国东、西二王并遣使奉表朝贡。明年又贡。"③明王朝在处理与东洋、西洋各国关系时是区分对待的。高丽等国稍近于中国,并且东洋诸国"颇有文物礼乐,与他番异"。但是文莱地理位置很特殊,因此明王朝在处理与文莱国关系时,不自觉地会不同于其他东南亚诸国而相仿于东洋诸国。

洪武年间不仅文莱多次遣使来贡,明太祖也派出使者前往文莱。洪武三年八月,明太祖"遣使持诏往谕三佛齐、浡泥、真腊等国……张敬之等使浡泥。"④宋濂的《浡泥入贡记》和严从简的《殊域周咨录》浡泥条均记载了这个事件。"洪武三年八月命御史张敬之、福建行省都事沈秩往使。自泉州航海,阅半年抵阇婆,又逾月至其国。王马合谟沙傲慢不为礼,秩责之,始下座拜受诏。时其国为苏禄所侵,颇衰耗,王辞以贫,请三年后入贡。秩晓以大义,王既许诺,其国素属阇婆,阇婆人间之,王意中沮。秩折之曰:"阇婆久称臣奉贡,尔畏阇婆,反不畏天朝邪?"乃遣使奉表笺,贡鹤顶、生玳瑁、孔雀、梅花大片龙脑、米龙脑、西洋布、降真诸香。八月从敬之等入朝。表用金,笺用银,字近回鹘,皆镂之以进。帝喜,宴赍甚厚。八年命其国山川附祀福建山川之次。"⑤由此文莱国同明王朝建立了较为正式的"藩属"关系。

洪武后期至建文年间,文莱和明朝的朝贡关系发生了细微的变化,但是也是由于"外

---

① 马可·波罗. 马可·波罗游记.梁生智,译. 北京： 中国文史出版社, 1998： 232-234.

② 《明史·太祖本纪》卷二。

③ 《明史·婆罗列传》卷三二三。

④ 《明太祖实录》卷五五"洪武三年八月戊戌寅"。

⑤ 《明史·孛泥列传》卷三二五。

因"的影响,两国本身并不存在矛盾。"三十年,礼官以诸蕃久缺贡,奏闻。帝曰:'洪武初,诸蕃贡使不绝。迩者安南、占城、真腊、暹罗、爪哇、大琉球、三佛齐、浡泥、彭亨、百花、苏门答剌、西洋等三十国,以胡惟庸作乱,三佛齐乃生间谍,绐我使臣至彼。爪哇王闻知,遣人戒饬,礼送还朝。由是商旅阻遏,诸国之意不通。'"①在此时,由于胡惟庸作乱和三佛齐的挑拨,使文莱国与明朝"意不通",继而朝贡中断,商旅断绝。明惠宗在位时间短,且政局不安,因此在这段时间里文莱同明王朝的朝贡往来也基本处于停顿状态。

　　到了明永乐年间,文莱同明朝的朝贡关系达到了顶峰。相对于洪武时期"内敛"型的朝贡体系,永乐时期的朝贡体系则是扩张型的。明成祖胸怀大略,在外交上积极主动,他派遣郑和出使西洋,希望"所以宣德化而柔远人也"②。从而建立一个符合正统礼制的盛大朝贡体系。永乐初年文莱国势较弱,北受苏禄欺凌,南受阇婆压榨,同时长期被爪哇统属、勒索。但是由于自身实力有限,想通过一己之力谋求自主独立,基本是不可能的。而此时的明朝已经成为亚洲第一强国,加之明成祖奉行开放和平的外交政策,对外国使者"厚往薄来",并且对海外诸国没有领土要求,仅仅是要求称臣纳贡。文莱为了寻求一个强大的依靠,欲与中国重新建立朝贡关系,以得到强大明王朝的庇佑。"浡泥国麻那惹加那乃遣使臣生阿烈伯成等奉表贡方物。命礼部宴劳之,并赐文绮袭衣。"③明成祖厚待来使,作为礼仪之邦,他又速派使者回访,"遣使赍诏封浡泥国王麻那惹加那为王,给印诰敕符勘合,并赐之锦衣彩币。"④国王的敕封是确立"宗主"和"藩属国"关系的重大举措,也是双方政治关系进一步加强的重要表现。

　　文莱国处在东西洋的分界点,郑和船队曾多次抵达。永乐五年郑和船队奉旨前往东南亚诸国,这个历史事件在《明史》中有确切记载:"和经事三朝,先后七奉使,所历占城、爪哇、真腊、旧港、暹罗、古里、满剌加、渤泥、苏门答剌、阿鲁、柯枝、大葛兰、小葛兰、西洋

---

① 《明史·三佛齐列传》卷三二四。

② 长乐《天妃之神灵应记》。载于:萨士武.考证郑和下西洋年岁之又一史料.大公报·史地周刊,1936-04-10.

③ 《明太祖实录》卷四八"永乐三年十一月丙午"。

④ 《明太祖实录》卷四九"永乐三年十二月癸亥朔"。

琐里、琐里、加异勒、阿拨把丹、南巫里、甘把里、锡兰山、喃渤利、彭亨、急兰丹、忽鲁谟斯、比剌、溜山、孙剌、木骨都束、麻林、剌撒、祖法儿、沙里湾泥、竹步、榜葛剌、天方、黎伐、那孤儿，凡三十余国。所取无名宝物，不可胜计，而中国耗费亦不赀。自宣德以还，远方时有至者，要不如永乐时，而和亦老且死。自和后，凡将命海表者，莫不盛称和以夸外番，故俗传三保太监下西洋，为明初盛事云。"①

郑和船队出访文莱之后，永乐六年文莱国王率团访华，"浡泥国王，诚敬之至，知所尊崇，慕尚声教，益谨益虔，率其眷属、陪臣，不远数万里，浮海来朝，达其志，通其欲。"②当时明成祖专程派人前往福建迎接，文莱国王给明王朝带来了大量礼物，明成祖也"优待礼隆，赐予甚厚"。文莱国王使团向明王陈词曰："远方臣妾，丕冒天子之恩，以养以息，既庶且安。思见日月之光，故不惮险远，辄敢造廷。"③此时文莱与中国关系的亲密程度远胜于东南亚其他国家。"稽之载籍，自古遐远之国，奉若天道，仰服声教，身致帝廷者有之。至于举妻子、兄弟、亲戚、陪臣顿首称臣妾于阶陛之下者，惟浡泥国王一人。西南诸番国长，未有如王贤者。"④遐远之国，能做到举家前往朝贡的仅文莱一国，足见两国关系之友好融洽。

过了不久，文莱国王不幸染疾，经明政府全力医治无效，病逝于南京会同馆。当时仅有二十八岁，明成祖深为悲痛，辍朝三天，同时满足了文莱国王"体魄托葬中华"的遗嘱。明成祖按王侯的规格礼仪将其葬于安德门外之石子岗。并立碑撰文："永乐六年秋八月乙未，浡泥国王麻那惹加那乃来朝，率其妻、子、弟、妹、亲戚、陪臣，凡百五十余人至阙下，上表，贡方物。上御奉天殿，受其献……"，完整内容可考于《四部丛刊·皇明文衡》卷八十二《浡泥国恭顺墓碑》。除了按王侯规格下葬外，每年春秋两季，永乐帝还专门派使臣前往祭拜。永乐六年十二月，派中官张谦、行人周航等护送文莱国王幼子遐旺等一百多人返回文莱。在文莱国王逝世后的第四年，幼主遐旺和家人再次来到中国访问。同样受

---

① 《明史·郑和列传》卷三〇四。

② 《明史·李泥列传》卷三二五。

③ 《明史·李泥列传》卷三二五。

④ 《明史·李泥列传》卷三二五。

到明成祖的盛情招待。

根据《明实录》《明史》及其他文献的记载,从永乐三年到宣德八年的二十八年内,文莱向中国朝贡了十余次,这在中文关系史上具有划时代的意义。明代两国间的朝贡关系发展到了顶峰。

二、 贡舶停靠海南岛

朝贡贸易时期,南海区域"沿海管摄既远,又无舶司讥察",①因此,海南作为东南亚国家入贡的中转站,常负起辅护番舶的责任,各国往来商船也常常在海南岛停靠。

海南岛是海上交通要道,南海诸国的朝贡及互市船舶多数由此经过,如《儋县志》载:"番贡多经琼州。"②海口、崖州、铺前、毕谭等都是当时朝贡贸易的港口,万州连塘港门有"番神庙"。至今崖州(三亚)还居住着一些越南、阿拉伯人的后裔,其祖辈大多是因贸易、海难而久留不归的商人。宋代,南海蕃舶来广州贸易,途经海南岛时必须停泊休息。

古代的商船从泉州等地一路循岸航行,在驶向更广阔的大海之前,海南岛是国内最后一个可以提供补给和寄泊的地方,许多商船停泊于此,补充淡水、粮食和货物,海南岛逐渐成为海上丝绸之路重要的交通驿站。宋人楼钥曾这样形容:"势须至此少休息,乘风往集番禺东。不然舶政不可为,两地虽远休戚同。"③生动地描写了当时的盛况。

一时间,海南岛四周港口商船林立,成为来往南洋各商船的寄泊港。南宋乾道年间,广州市舶司专门在琼州设市舶机构,负责从南洋返回船舶的检查,防止商船偷漏税。明代甚至规定,南海各地来的贡船要进入广州必须迂回海南岛。日本学者小叶田淳记载,当时崖州的望楼港标有"番国贡船泊此",毕潭港有"占城贡船泊此",陵水的桐栖港(今新村港)有"蕃舶泊于此",都是南海朝贡船曾在此寄泊的意思。"凡番贡多经琼州。"宣德四年(1429年),前所百户项贵领军随内官经海南"伴护通夷"。番国贡船回程也经海南港口

---

① 《世宗宪皇帝硃批谕旨》卷七之一。

② 《正德琼台志》卷七《风俗》。

③ 楼钥《攻媿集》之《送万耕道帅琼管诗》。

出航放洋。海口府城就有暹罗使臣黄帅普伦建立的柔远亭。海南岛的琼山、崖州等地至今仍有番国贡泊遗址。特别是古崖州（今三亚崖城），古代不管是南下西洋、西亚、欧洲，还是北上前往广州、泉州等地的船只，都会在这里的大蛋港或保平港停留，补给物质，交易一些日常用品。

在宋代以前，海南始终缺乏大型船泊停靠的天然良港，为尽快适应海外贸易的开展，宋淳熙十五年（1188年），知琼州王光祖在海南岛政治经济及交通中心的琼州（今海口）开辟了白沙津港①，极大地方便了往来于海上丝绸之路的中外船舶停靠并进行贸易活动。

元代建国之初，忽必烈告谕海外诸国："诸蕃国列居东南岛屿者，皆有慕义之心，可因蕃舶诸人宣布朕意。诚能来朝，朕将宠礼之。其往来互市，各从所欲。"②在对外交流中，忽必烈采取主动外交方针，向邻近的一些国家派遣使者。同时以武力作为坚强后盾，迫使邻国纳贡称臣。忽必烈还提出"仰惟覆焘，一视同仁，不遐迩小大之间"的原则，也就是说国家不分大小近远，外交一律平等的原则。这就促使了东南亚各国同元代发展以朝贡关系为纽带的外交关系。但是如果南海诸国拒绝来元朝贡，那么元政府则会以武力惩罚。元初年就曾攻打过缅甸国及爪哇国，战争虽然带来了杀戮，但在客观上却打通了中国和东南亚各国的商路，促进了双方政治、经济、文化各方面的交流。

明朝以前，中国历代统治者多把"九州殷富，四夷自服"作为理想目标，明朝的开国皇帝朱元璋亦有这种观念。对历代发展起来的海外贸易实行官方朝贡制度，极力想把东南亚的民间中外贸易收归政府管理，防止人民"离农业而贾"，以求建立起稳定的、自给自足的小农经济社会。明初海上潜伏的倭寇势力对中国沿海的安全构成威胁。因此明政府想通过朝贡贸易达到"通夷情，抑奸商"的目的。成祖即位诏书云："缘海军民人等，近年以来往往私自下番，交通外国，今后不许，所思一遵洪武例禁治。"当时私商违反明政府禁令，流居东南亚的人非常多。"使臣有还自东南夷者，言诸番夷多遁居海岛，中国军民无赖者潜与相结为寇，上遣使赍敕谕之，敕曰：'好善恶不善，人之同情。有不得已而为不善

---

① 王象之《舆地纪胜》卷一百二十四"神应港"。 祝穆《方舆纪胜》卷四十三"琼州"。
② 《元史·世祖纪七》卷十。

者,亦非本心。往者尔等或避罪遣,或苦饥困,流落诸番,与之杂处,遂同为劫掠,苟图全活。巡海官军既不能矜情招抚,更加侵害。尔等虽有悔悟之心,无由自遂,朕深悯焉。今特遣人赍敕往谕,凡番国之人,即各还本土,欲来朝者,当加赐赍遣还,中国之人遁匿在彼者,咸赦前过。俾复本业,永为良民。若仍恃险远执迷不悟,则命将发兵,悉行剿戮,悔将无及。'"[1]明成祖对东南亚地区的贸易政策可谓双管齐下,在不允许私商出海的情况下,设立驿馆招徕南洋地区的商人,组织官方舰队,远出经营。这种"内松外紧"的对外贸易政策,使明朝和东南亚地区的贸易往来牢牢掌握在明朝政府手中。郑和下西洋就是这些政策的典型体现。随着郑和七下西洋频繁宣谕,东南亚各国来朝称臣纳贡。满剌加国、浡泥、苏禄、古麻剌朗等国国王纷纷亲诣京师。

明朝招徕贡使来朝贸易声势最浩大的事件就是郑和下西洋,从永乐三年到宣德八年,郑和船队连续七次出访西洋,东南亚国家是郑和船队前三次出访的主要目的地,同时也是后四次出访的必经之地。郑和船队到达了包括文莱在内的东南亚十国。郑和船队每到一个国家就宣天子诏,并将锦绮、纱罗、绫绢赐给诸国国王。邀请他们入明进行朝贡贸易。郑和下西洋除了担负着招徕贡使的使命,还有一个任务就是肃清中国通往东南亚诸国的海道。

海南岛四面皆港,外运港口分布在该岛东西南北各处。[2]宋代由于停靠海岛的船只增多,海南岛沿海出现了近十个著名的码头和港口。如《宋会要辑稿·方域》记载:绍兴三十二年(1162年),"欲琼州招置二百人,就于本州驻扎,经略司置将领兼海南水陆都巡检一员,于白沙港岸置寨,统辖水军,弹压盗贼。"其他港还有:郡(指琼州)东水路半日至文昌铺前港,半日至清澜港,日至会同调懒港,半日至乐会博敖港,半日至万州莲塘港,日至南山李村港,日半至崖之临川港,俱无隐泊处。西水路半日至澄迈东水港,半日至临高博浦港,日至儋州洋浦港,日至昌化乌泥港,日至感恩抱罗港,日至崖之保平港,俱有湾汊可泊舟。[3] 明清以来,特别是十六到十七世纪,是海南岛帆船运输事业发展的鼎盛时期,

---

① 《明太祖实录》卷十上"洪武三十五年七月'戊子'条"。

② 姜樾. 海上丝绸之路与海南岛港口. 广东民族学院学报(社会科学版), 1991(3): 55-56.

③ 《正德琼台志·海道·海境》。

海南人因此被称为"船老大"。但当西方殖民者的轮船进入南海以后，海南岛的帆船运输业即遭到致命打击。

历史上，各国商船经常停靠的海南岛沿海著名港口如下：

博鳌港，在新潭港以北三十里，距离乐会县治所一十五里，可停泊大船数十只。港内巨石林立，大者如门户，称为神石，入港船只若不小心碰撞，船只将立刻沉入水中，商船进港必须雇佣本港小渔艇为向导。博敖港属万州营管辖，万州营拨百总一名，带三十六名兵防守该港。[①] 博鳌港是琼海最重要的进出口岸，咽喉之地，汇聚万泉河诸流之地，东有圣石捍海，西有三江合注，南与万县接壤，北面是博敖墟。凡乐会、会同两县其出入口之船舶，都停泊该港，每年夏秋之际，有临高、海口等渔船捕鱼，相互交易。更为重要的是，博鳌港是海南岛贸易中心甚至是南洋、港澳等地货物进出海南岛的重要口岸，从南洋、香港、澳门进口水油，从儋州、崖州输入生盐，从江门输入纸料、爆竹、布匹等，且珍稀货物都为大宗交易。还从潮州输入瓷器，从崖州、陵水、万宁、会同、文昌输入灰石，从崖州、陵水输入咸鱼等。博鳌港出口的货物有槟榔、椰子、红藤、黄藤、蜂糖、枋板、生猪等大宗货物，其余的货物有黄蜡、牛油、牛筋、牛皮、牛、藿香、艾粉、冬叶、芝麻、益智、草仁、咸蛋、骨砖等物。[②]

桐栖港，在陵水县城以南三十里处，外通大洋，港内为商船停泊之处。广州、潮州商人常来此运载槟榔、糖、藤等货物。每年七月以后，船只因出港逆风而不出港。港内有渔船二十多艘，一般早出晚归，港口两岸设立兵营、炮台守备以防备倭寇。该港是陵水县一战略要地，实陵邑一要区也。

北黎港，在感恩县城以北九十里处，北黎河入海口，该港水深，可停泊大小船只，商贩皆贸易于此。

墩头港，位于四更沙以南二十里处，道光三十年后新开的港口，水深较深，港面宽阔，

---

① 康熙乐会县志（康熙八年本）；康熙乐会县志（康熙二十六年本）；宣统乐会县志. 海口：海南出版社，2006：423.

② 康熙乐会县志（康熙八年本）；康熙乐会县志（康熙二十六年本）；宣统乐会县志. 海口：海南出版社，2006：441,442.

可停靠大船,该港还可建造渔船,每年二月至七月常有远路商船入港做买卖。

三、 西人东来对南海区域贸易的冲击

15世纪海道大通以后,西方殖民者开始入侵南海区域。伴随着侵略者一起到来的还有欧洲的商人,他们在火枪火炮的协助下,抢夺了南海区域贸易市场的份额,冲垮了原有的贸易体系,带来了不平等的贸易分化。

在欧洲殖民势力中,葡萄牙和西班牙是最早侵入的。葡萄牙和西班牙是近代西方最早形成的两个殖民帝国,中国古籍中称它们为佛郎机。在它们殖民时代的鼎盛时期,分别从东西两个方向侵入南海区域:西班牙殖民者向西经过美洲和太平洋进入菲律宾,葡萄牙则绕过好望角向东,在穿过印度洋后直指南海区域的马六甲、印度尼西亚的香料群岛以及中国的澳门。

欧洲殖民者对东南亚的侵略与征服是从位于区域西南部的马六甲王国开始的。马六甲(我国史书称"满刺加")位于马来半岛西南部,原本只是一个"偏僻的渔村和海盗的巢穴,它的农业资源贫乏,人口也很少",①但是它却位于马来半岛和苏门答腊岛之间海峡的最狭窄之处,地理位置特别重要。马六甲当时受暹罗控制,麻若巴歇也一直觊觎并试图控制该地,"暹罗和满者伯夷(即麻若巴歇,引者注)都以马来半岛的宗主国自居。"②1400年,旧港王子拜里米苏剌因国内政治斗争率众逃到该岛,势力不断壮大,1403年在此建立马六甲王国,此后,马六甲不断发展壮大。15世纪中叶,马六甲王国进入鼎盛时期,称雄于马来半岛和马六甲海峡,实际上已经成为东南亚地区一个强大的王国。马六甲不仅是当时南海区域内最大的港口城市和物资集散地,港口内"停泊着随季候风到来的各国商船,还有来自印度、阿拉伯和中国的许多商人定居在城内"③,而且是伊斯兰教在南海区域传播的中心,经济价值巨大,战略地位显要,"谁是马六甲的主人,谁就扼住威尼

---

① 约翰·F·卡迪. 东南亚历史发展. 上海: 上海译文出版社, 1988: 192.

② D·G·E·霍尔. 东南亚史. 北京: 商务印书馆, 1982: 262.

③ 梁英明, 等. 近现代东南亚 1511-1922. 北京: 北京大学出版社, 1994: 21.

斯的咽喉。"①

十五世纪末期,马六甲王国内忧外患严重。1511年,葡萄牙发动了对马六甲的进攻,马六甲沦为葡萄牙的殖民地,人口锐减。在1511年葡萄牙人占领之前,马六甲是马来世界以贸易为基础的大城市,人口在10万左右。葡萄牙人占领马六甲和穆斯林商人迁走之后,它的人口下降到2.5万人,再后来,"葡萄牙人统治下的马六甲的人口再也没有突破3万人"。② 马六甲的经济遭到严重破坏,往日的繁荣景象不复存在。葡萄牙的到来是国际商业和贸易达到高潮的结果,而不是原因。③

以马六甲为殖民据点,葡萄牙先后在印度支那、暹罗和缅甸等地进行了殖民侵略活动。1557年,又占领了中国澳门。欧洲殖民者对南海区域的入侵致使该区域人口锐减,在一个以农业为主导的社会里,人口的减少意味着劳动力的缺乏,劳动力是农业社会最宝贵的资源,因此,社会经济必然会受到影响。

在葡萄牙殖民者到来之前,南海区域的香料贸易就已经十分繁荣。盛产香料的马鲁古群岛聚集多国商人,往来于南海海域的商船主要从事丝绸、瓷器和香料贸易。葡萄牙人占领马六甲以后,急于寻找香料,多次派遣船队前往马鲁古群岛,最终,他们利用群岛上邦国之间的矛盾,垄断了香料贸易。葡萄牙人在图谋占领马鲁古群岛的过程中,先后击败了阿拉伯商人和爪哇商人。之后,西班牙人又与葡萄牙人在这一地区展开了激烈的争夺。1564年,西班牙占领了菲律宾。"西班牙占领菲律宾的目的是分享香料贸易和传播基督教,并以菲律宾为基地开展同中国和日本的贸易。"④在这一点上,西班牙人是和葡萄牙人一样的。葡萄牙人在1557年占领了中国澳门后,曾于1568年和1570年试图将西班牙人赶出菲律宾群岛,但都以失败而告终。1619年荷兰人把巴达维亚变成侵占印度尼西亚的基地。

马鲁古群岛早已同中国有贸易往来,在繁忙的海上丝绸之路上,香料是运送的大宗

---

① Brian Harrison. South-East Asia: A History. St. Martin Press, 1972: 64.

② 尼古拉斯·塔林. 剑桥东南亚史:Ⅰ. 贺圣达,等译. 昆明:云南人民出版社,1998:389.

③ 尼古拉斯·塔林. 剑桥东南亚史:Ⅰ. 贺圣达,等译. 昆明:云南人民出版社,1998:460.

④ 梁英明,等. 东南亚近现代史:上册. 北京:昆仑出版社,2005:82.

商品之一,"直到 18 世纪中期,中国的贸易始终保持着重要的地位。"①西班牙人企图切断马鲁古群岛和中国的贸易线,以攫取更多的香料。自麦哲伦及其船队成功进行环球航行并运回一船香料回到西班牙后,西班牙殖民者就大规模地派遣船队到马鲁古群岛,疯狂地掠夺香料,虽然最终遭到当地人的强烈反抗而未能得逞,但是,他们却开辟了另外一条贸易航线,即大帆船航线。大帆船航线是当时的南海区域与美洲、欧洲进行交往的国际大通道。

佛郎机采取了军事入侵和贸易战争两种方式来搅乱东南亚诸国同中国的贸易体系。明政府放松海禁政策之后,佛郎机在南海地区更加肆无忌惮,筑室建城,雄踞海畔,通过贿赂广州市舶司官员等不正当竞争手段,混入中国和东南亚国家的贸易中。不仅如此,佛郎机还假称满剌加国前来中国入贡,渐渐地中国和东南亚地区的正常贸易往来被佛郎机所垄断。

继葡萄牙和西班牙之后,欧洲殖民势力中的荷兰、法国、英国侵入了进来。荷兰殖民者于 16 世纪末开始入侵该区域,1602 年组建了荷兰联合东印度公司,该公司拥有武装力量,有权在亚洲各地发动战争,修建城堡和订立条约。荷兰东印度公司"拥有大量的资金和丰富的原料,通过它认为合理的无情的政策,试图垄断这一地区的贸易"②,在向印度尼西亚群岛进行殖民侵略的同时,也极力向马来半岛扩张势力,与葡萄牙人争夺马六甲海峡的贸易垄断权,掠夺马来半岛的锡矿等自然资源。荷兰殖民者通过政治、经济、军事等手段逐渐在马来半岛站稳了脚跟。但是,它的扩张又损害了英国在该地区的利益,双方进行了长期的激烈争夺。最终,双方达成协议,以马六甲海峡为界,海峡以北归英国,海峡以南归荷兰管辖。荷兰殖民者还曾盘踞中国台湾岛 38 年,对台湾地区实行殖民统治,破坏了当地的经济发展。

法国殖民者对南海区域的入侵是从中南半岛开始的。1680 年和 1682 年,法国商船先后两次抵达越南,他们设商行,建据点,宣传天主教。随后建立了印度支那联邦。在法

---

① Craig A Lockard. Southeast Asia in Word History. Oxford University Press,2009: 81.

② Craig A Lockard. Southeast Asia in Word History. Oxford University Press,2009: 88.

国对印度支那殖民侵略的过程中,传教士扮演着重要的角色。法国对南海区域的侵占主要是大陆地区的越南、老挝和柬埔寨以及中国的广州湾等。英国殖民者对南海区域的控制是从缅甸开始的,英国殖民者通过发动三次对缅甸的战争把其变成了殖民地。而后占领了槟榔屿、新加坡,"很快便参与到了马来世界,占据了从印度到中国的贸易中心点,获得了大量的商业利润。"①19世纪中期,英国通过发动侵略中国的鸦片战争,割占了中国香港岛。英国还和法国以泰国为缓冲地带瓜分了整个马来半岛。

我们仍以文莱为例,看看西人东来后对南海区域经济贸易冲击的具体情况。16世纪初,马六甲地区被葡萄牙人占领,之后葡萄牙人又入侵文莱,西班牙列强也接踵而至。16世纪后期,西班牙取得该地区同中国贸易的垄断权。适逢当时文莱同中国交往密切,且在加里曼丹地区实力强大、影响广泛。因此西班牙就将文莱视为其扩张势力的一大障碍。

葡萄牙人和西班牙人扬帆东来之后,通过各种方式介入到中国与文莱的贸易体系中,谋取暴利。根据最早东来的葡萄牙殖民者记载,勃泥国人是一个善于经商的民族。"他们每年直接跟马六甲做贸易。它是一个有充足肉、鱼、米和西米的国家。"②这些文莱商人带着低纯度的黄金、樟脑、诃黎勒果、黄蜡、蜂蜜、大米、西米等供应老百姓生活的产品前往马六甲,而从马六甲交换来的商品有印度的棉布、中国的铜臂剑以及坎贝的彩色玻璃珠等。"他们每年在两次季风时前去马六甲,另两次则返回。他们花一个月的时间从马六甲到勃泥,还要用一个月时间回航。"③我们可以看出马六甲是当时文莱与中国贸易交往乃至与整个东南亚及南亚各国贸易交流的要塞,葡萄牙殖民商人深知这一点,便极力鼓动政府出兵占领马六甲以切断中国与文莱贸易的咽喉。在16世纪初期,葡萄牙人控制了马六甲并在该地实行殖民统治。

荷兰商人垂涎于葡萄牙人、西班牙人取得的巨额利润,渴望前往东南亚,尤其是前往盛产香料的加里曼丹岛,以获取丁香、肉桂、胡椒等欧洲贵族极为喜爱的香料。葡萄牙、

① Craig A Lockard. Southeast Asia in Word History. Oxford University Press,2009: 98.

② 多默·皮列士. 东方志——从红海到中国. 何高济,译. 南京:江苏教育出版社,2005:103.

③ 多默·皮列士. 东方志——从红海到中国. 何高济,译. 南京:江苏教育出版社,2005:103.

西班牙、荷兰商人看到明朝政府和文莱的贸易交往规模宏大、产品丰富,因此迫切希望垄断中国与文莱贸易,进而垄断整个东南亚与中国的贸易。但是它们并不是要进行和平贸易,而是要以武力占领文莱,并垄断其对中国的贸易往来。荷印总督昆(Jan Pietersz Coen)就曾宣称:"武力是亚洲贸易的保障,贸易的利润支撑着武力,没有战争就没有贸易。"[①]。这些欧洲殖民者凭借着强大的海军实力,强行占领东南亚海上贸易要塞。由于文莱在南海中地理位置重要,这些殖民者便将其列为主要的进攻目标之一。

在明正德年间就有佛郎机商人流入文莱,企图插手中国与文莱贸易,由于明朝政府的警觉,他们并没有得逞。但是自朱纨死后,"海禁复弛,佛郎机遂纵横海上无所忌。而其市香山澳、壕镜者,至筑室建城,雄踞海畔,若一国然,将吏不肖者反视为外府矣。壕镜在香山县南虎跳门外。先是,暹罗、占城、爪哇、琉球、浡泥诸国互市,俱在广州,设市舶司领之。正德时,移于高州之电白县。嘉靖十四年,指挥黄庆纳贿,请于上官,移之壕镜,岁输课二万金,佛郎机遂得混入。高栋飞甍,栉比相望,闽、粤商人趋之若鹜。"从这里我们可以看出,佛郎机商人在此时不仅混入了中国与文莱两国贸易,更是肆无忌惮地横行于南海,筑室建城,雄踞海畔。

早在元代,南海区域就出现了大批的华侨商人。由于元政府的开放政策及海外交通的发达,出国经商成为一种社会风气。留居海外不归的人也越来越多。当时在占城、真腊、三佛齐、单马令、爪哇、浡泥都有大量中国人居住。这些华侨从事所在国与中国之间的海上贸易。海外的中国商人为了增强竞争力慢慢走向联合,形成华侨商人集团。

西人东来后,华商在文莱进行贸易的方式主要有三种:一、与当地商民直接贸易。明朝商人将国内货物运往文莱,向当地殖民者或统治者缴纳税款后依据相关规定与当地人民进行直接贸易。二、与欧洲殖民者直接贸易。17 世纪荷兰东印度公司在婆罗洲大部分地区建立了霸权,基本垄断了该地区的贸易,因此前往文莱的华商避免不了要同这些殖民者进行贸易往来。三、与第三国商人进行中转贸易。这种贸易方式主要是华商同日本

---

① C.R.Boxer. War and Trade in the Indian Ocean and the South China Sea: 1600-1650//Portuguese Conquest and Commerce in Southern Asia: 1500-1750. London: Variorum Reprints, 1985: Ⅵ.

海商的贸易，由于明朝政府始终视"倭寇"为国之大患，因此严厉禁止日本与中国的贸易，日本商人就前往文莱等东南亚国家进行中转贸易，以获取中国商品。因此，中转贸易主要是华商同日本海商之间的贸易。倭寇一直以来都被明政府视为边境大患，通常情况下我们都认为倭寇就是指日本的海盗团伙，其实不然，它的成分极为复杂，不仅包括专业海盗，还有"日本国内的名主（江户时代镇村的绅士担任该地区行政的代表—译者）庄官、地头（庄园的庄头—译者）、武装商人的团伙、沿海地方及岛屿的农民、渔民。有时还不光是日本人，甚至还包括中、朝、葡的海盗"。① 这些势力交错在一起，为了商业利益插手中文贸易。

西人到来之前，中国商人在南海贸易体系中是最活跃的，占据着绝对主动权，中国商人是文莱的主要贸易伙伴。在文莱商港经常停泊着很多中国帆船，这些帆船大都是中国商人在文莱就地制造的。据克劳福特（John Crawford）记载：在 18 世纪末以前，每年有六艘来自宁波、厦门和广州的中国帆船以及两艘来自中国澳门的西洋横帆船驶抵文莱贸易⋯⋯这些往返于中国东南沿海与文莱之间的中国帆船，大多是在文莱河口用当地的木料（主要是龙脑树）由中国人自己建造的，其拥有者亦大多是当地的华人。② 但自从欧洲及东洋殖民商人介入后，中国商人的地位逐步下降，甚至该地区贸易一度被欧洲殖民商人垄断。文莱地处盛产香料的加里曼丹岛且地理位置优越，欧洲殖民商人更是将其作为东南亚地区的必争之地。这些势力的介入严重影响了中国和文莱的正常贸易交往及两国关系的深入发展。

文莱盛产香料，但是华商在同文莱进行香料贸易时没有任何发言权，完全要看殖民者的脸色行事。中国海商的贸易航道也屡次受到欧洲殖民者的骚扰，带着武器的欧洲商人为了获取巨额利润可谓无所不用其极，17 世纪初，这些殖民商人在南海的活动很多都属于海盗行为，他们攻击、掳掠中国商船。使中国海商在东南亚地区的贸易举步维艰。

尽管文莱反击西班牙侵略者曾经获得过胜利，因而没有被直接纳入西班牙垄断贸易

---

① 山根幸夫. 明代倭寇问题研究. 邱明，译. 黄淮学刊，1992(1): 78.

② John Crawford. A Descritive Dictionary of the Indian Islands & Adjacent Countries. Oxford Univ. Press, 1971: 68-70.

的链条中,但其市场却受到了很大冲击。特别是与中国的商贸往来。这些情况在《明史》中都有记载。"嘉靖九年,给事中王希文言:'暹罗、占城、琉球、爪哇、浡泥五国来贡,并道东莞。后因私携贾客,多绝其贡。正德间,佛郎机阑入流毒,概行屏绝。曾未几年,遽尔议复,损威已甚。章下都察院,请悉遵旧制,毋许混冒。"①佛郎机的入侵可以说打乱了整个东南亚朝贡贸易网络,严重扰乱了中国和东南亚诸国的正常贸易往来。

第四节　海南与古代海上民间贸易

海南岛的开发比较晚,总体经济落后,但是对外贸易开展比较早。三国时,吴国的疆域主要在长江中下游南岸及东南沿海。吴主孙权利用通达外海的地理条件,发展海外贸易,既开辟了财源,又巩固了后方。公元226年,吴国分交州为交、广二州,以南海、苍梧、郁林、合浦四郡为广州,州治番禺,广州之名自此始。海南岛及南海诸岛属广州管辖,海上贸易得到发展。唐宋时期已有不少商品输出国内外,主要是当地的土特产品,比如藤、蔗糖、高良姜、槟榔、椰子、玳瑁、珍珠、吉贝、黄腊和香料等,输入商品主要是大米、面粉、牛、丝绢、瓷器、漆器等。海南岛与广州、泉州、扬州、杭州、宁波等各大港口都有贸易往来。岛内的琼山、澄迈、临高、文昌、乐会等港口设立市舶务,与越南、暹罗等东南亚国家都有贸易关系,并通过海上丝绸之路与阿拉伯国家开展贸易活动。

一、 海南的丰富物产

虽然海南岛面积仅有3万多平方千米,但作为热带岛屿,海南岛有着丰富的物产,这为古代对外贸易的发展奠定了基础。如南宋周去非在《岭外代答·宝货门》记载:"海南有大贝,圆背而紫斑,平面深缝,缝之两旁,有横细缕,陷生缝中,'本草'谓之紫贝。亦有小者,大如指面,其背微青,大理国以为甲胄之饰。且古以贝子为通货,又以为宝器,陈之庙朝,今南方视之,与蚌蛤等,古今所尚,固不同耶?"(注:宋代时的"海南"已专指海南

---

①　《明史·李泥列传》卷三二五。

岛）。《岭外代答·香门》又记："海南黎母山峒中，亦名土沉香，少大块，有如茧栗角，如附子，如芝菌，如茅竹叶者，皆佳。至轻薄如纸者，入水亦沉。万安军在岛正东，钟朝阳之气，香尤酝藉清远。如莲花、梅英之类，焚一铢许，氛翳弥室，翻之四面悉香，至煤烬，气不焦，此海南香之辨也。海南自难得，省民以一牛于黎峒博香一担，归自差择，得沉水十不一二。顷时香价与白金等，故客不贩，而宦游者亦不能多买。中州但用广州舶上蕃香耳。唯登流眉者，可相颉颃。山谷'香方'率用海南沉香，盖识之耳。若夫千百年之枯株中，如石如杵，如拳如肘，如奇禽龟蛇，如云气人物，焚之一铢，香满半里，不在此类矣。""土产名香、槟榔、椰子、小马、翠羽、黄蜡、苏木、吉贝之属，四州军征商，以为岁计，商贾多贩牛以易香。"这些记载反映了宋时海南产的紫贝、沉香等特产的对外贸易盛况。

西沙、南沙、中沙群岛及其海域是一个天然的海洋宝库，是我国最大的海洋水产资源基地和天然渔场。这里的水产资源种类繁多，仅鱼类就达 2000 多种，其中经济价值较高的达 200 多种。海参种类有 90 多种，经济价值较高的有 10 多种，较珍贵的有斑参、黑乳参、梅花参等。贝类有 95 种，经济价值较高的宝贝、马蹄螺、珍珠贝和砗磲等。海藻中，经济价值较高的有海人藻、麒麟菜、马尾藻等。古籍中关于西南沙群岛的物产和资源的记载也很多，这里选择几种主要的物产来说明。

（一）珊瑚

西南沙群岛都是由无数珊瑚岛礁形成的。这些珊瑚岛、珊瑚礁都是由成千上万的、十分美丽的、形体细小的珊瑚虫营造的。由于不同种类的珊瑚虫能分泌出各种成分不同的骨骼，因此，珊瑚的形状多种多样，千奇百怪。西南沙群岛是我国有名的珊瑚产地，所产珊瑚品种多，质量好，成为非常珍贵的装饰品。西南沙群岛的珊瑚在古代早就成为贵重的观赏品了。据记载，远在西汉初年，我国广东人民曾将珊瑚送到当时国都长安陈列。同时它也是一种良好的中药，唐代苏敬在其所著《新修本草》卷四"珊瑚"条指出了珊瑚的医疗作用，并且提到珊瑚"生南海"。西南沙群岛和中沙、东沙群岛的自然地理结构是由珊瑚礁形成的，这在我国古籍中就有关于"珊瑚"和"珊瑚洲"等方面的记载。如公元 3 世纪的三国时代，到过南海一带的康泰在他的《扶南传》一书中说："涨海中，倒珊瑚洲，洲底有盘石,珊瑚生其上也。"书中所指的珊瑚洲,就是指由珊瑚虫营造露出的珊瑚岛和沙洲。"洲底有盘石",是指珊瑚岛屿和沙洲下面的底盘。也就是说,书中不仅指出了珊瑚的造礁作用,而且相当科学地阐述了珊瑚岛礁的形态和成因。晋张勃的《吴录》一书,不但记载了南海有珊瑚,而且指出了获取珊瑚的方法,说"交州涨海有珊瑚,以铁网取之"。晋左思的《吴都赋》也谈到了珊瑚的美观,说"珊瑚幽茂而玲珑"。所有这些记载,表明了我国古代人民在二千年前就认识、利用和开发了西南沙群岛的珊瑚,以及珊瑚对文化的影响。

（二）观赏贝

观赏贝类是一种通称,包括几百种壳面美丽或形状奇特的贝类。其中数量较多、颜色鲜艳、有观赏价值的有虎斑宝贝、货贝、唐冠螺、蜘蛛螺、眼球贝等,这些贝类不仅可供观赏,还可制成各种工艺品。早在汉代,西南沙群岛的贝类已经和祖国大陆发生了密切的关系。汉代许慎的《说文》指出贝在古时已当作货币使用了。他说:"贝,海介虫也。象形,古者货币而宝龟。"汉代朱仲的《相贝经》也记载说:"南海贝如珠砾。"南宋周去非《岭外代答》一书对南海的贝类则作了极其详细的记载。可见,我国古代人民对南海的贝类早就熟悉,而且一直在生活中广泛应用。尤其是货贝,中国大陆沿海地区,即使是南方的闽粤两省的大陆海岸,都没有出产货贝,只有在西南沙群岛才出产货贝,今天,西南沙群岛更以出产色泽美丽、晶莹瓷亮、光彩夺目的货贝闻名于世。

（三）砗磲

砗磲为热带海洋生活中常见的一种贝类。一般都在珊瑚礁盘或珊瑚礁外的泻湖中生活。大的砗磲直径可达一百厘米,重量一二百斤,小的十几厘米乃至数厘米不等。壳厚绚丽,肉可食,外壳可烧成石灰作肥料用。我国古籍记载有关西南沙群岛出产的砗磲材料很多。《梦溪笔谈》的"车渠"、《岭外代答》的"砗磲"和《海语》一书中的"砗磲"都是砗磲。北宋沈括在他的《梦溪笔谈》一书中记载了南海一带所产砗磲的形态和用途:"海物有车渠,蛤属也。大者如箕,背有渠垄,如蚶壳,故(攻)以为器,致如白玉,生南海。"《岭外代答》记载:"南海有蚌属曰砗磲,形如大蚶,盈三尺许,亦有盈一尺以下者,惟其大者为贵。切磋其厚，可以为杯。甚大，虽以为瓶可也。其小者，犹可以为环佩花朵之属。其不盈尺者，如其形而琢磨之以为杯，名曰激滟，则无足尚矣。"16世纪成书的《海语》也记述万里石塘（即西沙群岛）"其产多砗磲"。清乾隆时期出版的《漳州府志》和《龙溪县志》记载福建龙溪余士前从印度尼西亚的望加锡乘船回国，在万里长沙（今南沙群岛）看见"水浅处多巨蚶，可数人舁"，这里所说的巨蚶，其实就是砗磲。

（四）马蹄螺

马蹄螺也是西南沙群岛的主要海产。海南岛渔民称马蹄螺为公螺。中建岛盛产马蹄螺，被称为"螺岛"。马蹄螺形状似一只马蹄，常生活在珊瑚礁质的海底。西南沙群岛出产的马蹄螺或其他螺类，古代人民用来做各种酒杯器皿，在人民生活中已广泛应用，并且在古书中也有记载。晋代郭璞在《尔雅注》一书说："螺大者如斗……可以为酒杯。按今所谓鹦鹉杯者，出南海。"到了宋代，《岭外代答》说："南海出大螺，南人以为酒杯。螺之类不一，有多口而圆长者，曰螺杯；有阔而浅，形而荷叶者，则曰激滟杯；有剖半螺色而红润者，曰红螺杯；有形似鹦鹉之睡，朱喙绿首者，曰鹦鹉杯。"近年来考古工作者在西沙群岛的甘泉岛发掘一个唐宋时代居民遗址，发现有人们食肉后抛弃的鸟骨和螺壳。其中的海蟹壳，经过中国科学院南海海洋研究所的鉴定，也有马蹄螺。直到20世纪60年代，有人曾经看到一张同治乙丑（1865年）海南岛琼海县潭门港地区的邓有吉、曾圣祖等四十多人出海去西沙群岛捕捞公螺，而在新加坡过冬的公凭。进入20世纪以后，飞机工业突飞猛进，机体的喷漆需要马蹄螺壳珍珠层作为主要原料。从此以后，西南沙群岛尤其是南沙群岛的马蹄螺得到了大量生产，并在国际市场的贸易中也占有一定地位。据调查，海南岛文昌县船主黄学校，是20世纪一二十年代经营开发南沙群岛马蹄螺的主要人物，他有渔船三条，雇有渔工，专门驻岛经营马蹄螺生产，运到新加坡去出售，每年可盈三万元，有人估计他的资产全盛时期达三十多万元。到了30年代，长子黄德宗继承父业，继续经营南沙群岛马蹄螺的捕捞和贸易。

（五）海龟和玳瑁

海龟是一种生活在热带和亚热带海洋中的爬行动物。每当西南风盛行时，海龟随着西南海流从印度洋中的印度、斯里兰卡、马来西亚一带海域进入西南沙群岛礁盘上交配，然后爬上沙滩产卵，蛋靠沙滩的温度自然孵化，经过五十天左右，小海龟就孵出来。当东北风盛吹时，海龟又南返至印度洋一带海域。海龟的用处很大，肉鲜美可吃，营养丰富。其背腹的龟板可作药品，而且也是一种很好的工艺原料，可做各种装饰品。玳瑁，类似海龟，渔民称为"十三麟"，因其背上的背甲鳞由十三块组成，故名。它比海龟更为珍贵，渔民用背甲鳞制成眼镜框、手表带等。海龟和玳瑁都是南海诸岛的爬行动物，都属于海龟一类。因此，我国古籍对此不但早有记载，而且有时连在一起叙述。东汉杨孚的《异物志》是这样记载的："[玳瑁]如龟，生南海，大者如蘧篨，背上有鳞，鳞大如扇，有文章。将作器，则煮其麟，如柔皮。"晋张勃所著《吴录》说："涨海中，玳瑁如龟而大。"《岭外代答》对玳瑁的形态和用途都作了记载："玳瑁背甲也十三片，自然生斑纹。世言鞭血成斑，斯言妄矣。"到了清代，有关海龟的记载则更多了。清末广东水师提督李准巡视西沙群岛后，在其《巡海记》一文中，对西沙群岛所属的晋卿岛捕捉海龟有一段详细而生动的描述："月下见大龟鱼贯而上，为数不可胜计，群以灯照之，龟即缩颈不动，水手以木棍插入龟腹之下，力掀之，即仰卧沙上，约二十只……水手持竹箩，在树下拨开积沙，有龟蛋无数……其仰卧之大龟，其全数重量盖四五百斤也。"在另一岛上，《巡海记》记载说："见有渔船一艘于此，取玳瑁大龟，蓄养于海边浅水处，以小树枝插水内围之，而不能去。余询其渔人为何处人，据言为文昌、陵水之人，年年均到此处……取玳瑁、海参、海带以归。"

（六）鱼类

西南沙群岛周围的海域是我国海洋渔产种类最多的地方，有一千多种，其中经济价值较高的有几十种。这样丰富的鱼类资源与这里优越的自然条件有着密切的关系。因为南海水温比较高，冬夏水温的变化不大，所以这里的鱼类在任何时候都可获得繁殖和生长，加上浮游生物丰富，礁滩较多，海洋鱼类容易觅食和栖息。特别是礁间鱼类，具有同珊瑚礁色彩一致的保护色，而且身体扁平，适合在珊瑚礁的隙缝中来往串游。西南沙群岛的鱼类主要有金枪鱼、马鲛鱼、红鱼、鲣鱼等，特别是金枪鱼、马鲛鱼产量很高，是渔民的主要捕捞对象。此外，还有随波滑翔的飞鱼，花纹美丽的石斑鱼，游水速度每小时达九十千米的旗鱼,行动缓慢的鳐鱼以及性情凶恶的虎鲨鱼等,真是五彩缤纷,无奇不有,极为丰富。我国古籍对飞鱼和巴浪鱼的记载较多。公元 8 世纪上半叶,宋陈藏器著《本草拾遗》一书记载了飞鱼的形态和习性:"文鳐鱼……出南海,大者长尺许,有翅与尾齐,一名飞鱼。"16 世纪成书的《顺风相送》记载说:交趾洋(即越南广东群岛一带)"贪东有飞鱼"。到了 17 世纪末,屈大均的《广东新语》也谈到:"南海多飞鱼……有两翅,飞急如鸟……烹之,味甚美。"这里对飞鱼的习性和经济价值等都作了补充说明。18 世纪初,《指南正法》一书记载在海南岛大洲头(今万宁县海上)"贪东飞鱼"。拜浪鱼,即今闽南、广东东部一带在海上用灯光围网作业进行捕捉的巴浪鱼。明朝末年的书籍也记载了西南沙群岛一带的海域产巴浪鱼的事。如《东西洋考》谈到在七洲洋(今西沙群岛一带海域)一带航行时,"多见拜浪鱼"。

(七)鸟类

西南沙群岛岛屿树木繁茂,是鸟类栖息和繁殖的理想场所,在广阔而温暖的西南沙群岛岛屿和沙洲,都有成千上万的海鸟来这里栖宿,成为热闹非常的鸟世界。栖息在西南沙群岛的海鸟比较常见的有白腹鲣鸟、海鸥、金珩鸟等,其中以白腹鲣鸟为最多。白腹鲣鸟是生长在西南沙群岛最常见的一种鸟,无论飞翔起落,都是成群结队。早上飞往海上觅食鱼虾(海上的飞鱼常是它们觅食的对象),成为渔民追捕鱼群的"侦察兵",傍晚时分又飞回岛上过夜,则又成为渔民的"导航鸟"。有经验的舵公以鲣鸟的出没而定方向。西南沙群岛的鲣鸟以东岛最多。我国古籍关于西南沙群岛的海鸟记载也不少。公元 12 世纪初年(南宋)成书的《琼管志》有过这样的记载,"千里长沙、万里石塘,上下渺茫,千里一色,舟舶往来,飞鸟附其颠颈而不惊。"文中的千里长沙、万里石塘,就是今天的西南沙群岛。明末清初专门讲述海上交通的专书对西南沙群岛的海鸟也都有较详细的记载。《顺风相送》记载说:"船若回唐,贪东,海水白色,赤见百样禽岛,乃是万里长沙"。在明代,万里长沙指南沙群岛,"回唐"是指海船从国外(如东南亚、南亚等地)回国而言,也就是说船回国经南沙群岛时看见许多鸟类。该书又记载:"船到七洲洋及外罗等处……船身若贪东,则海水黑青,并鸭头鸟多……船行正路,见鸟尾带箭是正路。"《东西洋考》也说:"船到七洲洋及外罗……贪东则水色黑……及鸭鸟声见,如白鸟尾带箭,比系正针。"《指南正法》的记载则与上述两书大体相同。陈伦炯的《海国闻见录》更生动地概括了箭鸟的形态和作用:"七洲洋中,有种神鸟,状似海雁而小,啄尖而红,脚短而绿;尾带一箭,长二尺许;名曰箭鸟。船到洋中,飞来而示,与人为准。"该书还进一步记载:"沙有海鸟,大小不同,少见人,巡舟飞宿,人捉不识惧,搏其背吐鱼虾以为羹。"由此可见,古人很早就熟悉了西南沙群岛的鸟类,并且利用它作为在西南沙群岛一带海域航行中识别航向的一种标志。

(八)植物

西南沙群岛地处热带,气温高、雨量充沛,有利于植物的繁殖和生长,因而这里四季苍翠,终年花开。群岛上的树木丛生,植物繁茂,但品种单调,主要以麻枫桐树、草海桐和羊角树为多。尤其是麻枫桐树,它粗犷高大,叶茂根壮,每株可高至十余米,直径四十至一百多厘米不等。它任凭台风的袭击,甚至截枝之后,仍能从根部再发芽、长枝,恢复原来的面貌,可见它生命力的顽强,人们称之为"常绿林"或"抗风桐"。它对于岛上的固沙、成土和调节气候以及鲣鸟的繁殖有不可磨灭之功。麻枫桐树叶可以喂猪。但其木质疏松,易折断,不宜当用材,一般数十株丛生,很快成林。

据调查,西南沙群岛的植物共二百多种,其中绝大部分与广东大陆沿海和海南岛南部三亚和榆林地区一带的相同。不同的只有十几种。这些植物有许多是古人引种的,这说明我国劳动人民引种植物开发西南沙群岛的卓越成就。最能说明引种之功的就是椰树的移植了。在西南沙群岛,尤其是西沙群岛东岛的中部和西部、永兴岛的中部和南部,都有成片的椰树,现在的椰林,树高达二三十米不等,巍然挺拔,增添了热带的海岛风光,也是岛屿的良好标志。有关椰子的记载早在南宋时代就有了。周去非的《岭外代答》一书曾作过记载并指出其习性和用途,该书说:"椰木,身叶则类棕榈桃柳之属。子生叶间,一穗数枚。枚大如五升器,果之大者,唯此与波罗密耳。初采,皮甚青嫩,已而变黄。久则枯干。皮中子壳可为器。子中瓤白如玉,味美如牛乳。"

二、 海南古代对外民间贸易的繁荣

南海海域由于其海上交通的便利,自古就是海上贸易的重要区域,秦汉时期就已形成海上丝绸之路。海南岛属于外向型经济,很早就加入了南海区域海上贸易的行列,其中以槟榔、椰子、沉香等土特产为主的贸易甚至成为海南岛的经济支柱。宋代就有"琼人以槟榔为命,岁过闽广者,不知其几千万也……非槟榔之利,不能为此一州也"的记载。①可见槟榔贸易对当地经济的重要意义。南宋时期,海南岛已经与越南、柬埔寨、泰国通航贸易,当时沿海的一些港口,比如海口神应港、文昌铺前、崖州港门、振州万安、昌华(昌江)等,已经开辟为对外贸易港口。② 宋朝政府推行市舶司制度,专门管理对外贸易事务,在海南琼山、文昌、琼海、澄迈、临高等地设立市舶务,说明海南岛的对外贸易占据十分重要的地位。

明代以后,海南人对外贸易活动明显增加,曾到达越南、日本、印度、新加坡等。③ 海南人将海南的土特名贵稀有产品源源不断地运往海外,又将国外的珍珠、香料、宝石、琉璃、象牙、犀角、金银器等运来海南岛,然后再销往大陆或作为海南向朝廷的贡品。例如,海南岛黎族发明的"广幅布"已宽达五尺,而大陆中原纺织的布宽才二尺二,所以广幅布深得海内外的喜爱,作为海南岛的特产远销东南亚。还有,海南生产的"广幅布"和"五色斑布"都是以木棉树为纺织原料的,称为"吉贝"。晋人张勃在其《吴录·地理志》中记载:"交趾定安县有木棉,树高大,实如酒杯,口有棉,如蚕之绵也。"《梁书·林邑传》也记载:"吉贝者,树名也。其华成时,如鹅毛,抽其绪纺之以作布,洁白与纻布不殊,亦染成五色,织为斑布也。"

海南岛的大规模开发自明朝开始,促进了对外贸易进一步发展,槟榔和牛是这时期海南岛最重要的出口商品。清朝时期,海南岛商品经济十分活跃,全岛墟市达 591 处。④

---

① 王象之《舆地纪胜》卷一二四"琼州"。

② 祝穆《方舆胜览》。

③ 王翔. 海南人移民东南亚的历史过程. 海南师范学院学报, 2001(6): 90-101.

④ 王兴瑞. 海南岛的墟市及其商业//王兴瑞学术论文选. 北京: 长征出版社, 2007: 87.

内外贸易进一步发展,人口比明朝增加了两倍。① 由于在地理上海南岛与南洋连成一体,具有地域优势,彼此交往历史悠久。在南洋一带,海南华侨大多从事海上帆船运输,被喻为"船老大",也体现了海南岛在南海交通中的重要作用。明代,海南"诸州县亦皆以槟榔为业,出售于东西两粤者十之三,于交趾、扶南者十之七"。槟榔之利实为海洋商业之利。假道这些港口舶卖的"琼货",除槟榔以外,尚有香料、椰子、花藤、牛等。

清代广州对外贸易中有著名的十三行,据屈大均《广东新语·货语》说这一名称是源于琼货买卖的地方,因清代海南设有 13 个州县之故。《广东新语》云:"东粤之货,其出于九郡者,曰广货。出于琼州者,曰琼货,亦曰十三行货。出于西南诸番者,曰洋货。"②可见当时琼货即十三行货。说明广州的十三行与海南商行有着密切关系。据《粤海关》载:"国朝(即清朝)设关之初,番舶入市仅二十余柁。至则劳以牛酒,令牙行主之,沿明之习,命曰'十三行'。舶长曰'大班',次曰'二班',得居停'十三行',余悉守舶,仍明代怀远驿旁建屋居番人制也。乾隆初年,洋行有二十家,而会城有海南行。"③清代广东十三行是一个垄断性质的对外贸易专营机构,海南的商家加入这一贸易活动,从侧面说明了海南商业的繁荣。

1858 年海南岛开辟为通商口岸之前,海南对外贸易权归属广东管辖。按规定,其出口货物先运往广州再贩运出口,广州商行中的"琼货行"大多是海南岛土特产品,其中一部分销售国内,一部分转销海外。清代广东海上贸易属南洋地区最为活跃,"商人往东洋者十之一,往南洋者十之九。"④

海南岛开辟为通商口岸之后,设立琼海关,海南岛从广东脱离,成为独立关区。之后,相继开通了从海口经香港或澳门到南洋或美洲、从三亚榆林到南洋的贸易航线,在海口或三亚口岸报关即可直达南洋各国。海南岛的对外贸易在清末最后十年突飞猛进,琼

---

① 小叶田淳. 海南岛史. 中国科学院广东民族研究所,1964: 125.

② 屈大均《广东新语》卷十五《货语·黎货》。

③ 梁廷枏总纂《粤海关志》卷二十五《商行》。

④ 《皇清通考·四裔门》。

海关进出口收入总额达 2 316 568 两。[1] 海南岛独特的地理优势得到一定程度的发挥，对外贸易空前增长，其重要贸易驿站的地位更加突出。

下面从古代海南与越南之间的贸易往来情况，说明海南对外海上贸易的繁荣和发展。

海南与越南的相互往来历史悠久，深厚的历史渊源和文化传统是双方发展贸易的前提。西汉元封元年（前 110 年），海南正式划入中国版图，设珠崖、儋耳二郡。元封五年（前 106 年），珠崖、儋耳分别督于交趾刺史，海南与越南之间的交往从此密切而频繁。

宋代，越南独立后，与中国的关系依然密切。越南是世界上汉化程度最高的国家，政治、经济、文化等方面受中国的影响很深。这些为双方的交往提供了坚实的人文基础，即使到了洋货充斥东南亚的近代，越南人依然喜欢中国货。除了物美价廉的原因之外，情感方面的因素也是存在的。

海南与越南的贸易关系始于何时？实难于证明。但越南是海南人侨居海外最早的地方，已为众所共识。因此，海南与越南之间的贸易关系应该不比其他地方迟。自古以来，越南就是海南最重要的贸易伙伴。双方贸易在宋元时期初步发展，虽然当时海南岛没有大规模对外贸易的能力，"但作为与安南、占城方面的小规模物资交流，海南岛实为一重要地点。"[2]基本生活所需是双方贸易的主要商品，比如占城稻、小粒花生自越南传入海南等沿海地区。明末清初双方贸易进一步发展，海南是越南朝贡的必经之地，崖州毕潭港就有"占城贡船泊于此"[3]字样。海南出口的最大宗物品——槟榔，"岁售于东西两粤者十之三，于交趾、扶南者十之七。"[4]当时，番薯、玉米是从越南传入海南的最重要的粮食作物，从此大大缓解了海南粮食紧张的局面。即使在海禁时期，双方的贸易往来也未曾中断。1684 年开海之后至鸦片战争前，是双方贸易蓬勃发展的时期，在越南主要对外贸易港口上行使的帆船大多来自海南。19 世纪初叶，每年由海南去越南的帆船最多，"交趾

---

① 小叶田淳. 海南岛史. 中国科学院广东民族研究所,1964: 181.

② 小叶田淳. 海南岛史. 中国科学院广东民族研究所,1964: 60.

③ 《万历琼州府志》卷三《地理志·崖州》。

④ 屈大均《广东新语》卷二十五《木语·槟榔》。

支那南部的(帆船)有二十五只,来往西贡及交趾支那北部的有五十只,船的载重量是一百吨至一百五十九吨,这种船作为从事国外贸易的帆船(戎克),虽然是最小型的,但只数是属于最多的一类。"①

海南与越南隔海相望,都有众多的沿海港口,两地之间很早就开通了航线。《汉书·地理志》是最早记载中国与南洋之间海上交通的文献,其中就经过"日南"、"都元国"(即越南地区)、"珠崖"等地。这条航线的开辟,对于促进海南和越南两地之间的交往提供了便利。由于地理位置的缘故,海南和越南之间的船只借助风力就能十分便捷地到达彼此口岸。海南是中国通往东南亚海上航路的必经之地,越南则是抵达东南亚的第一站。在帆船时代,从海南西部或南部出洋,帆船仅一两天就可以抵达越南境内,"自儋州出海,西行至交趾万宁县二日,至断山云屯县三日。自崖州出海,南行至占城二日。"②而"占城国……中国商舟泛海往来外藩者,皆聚于此,以积新水,为南方第一(码)头"③。加上越南沿海港口多为浅水湾,有利于较小的船只航行,海南帆船因此盛行。

海南虽"孤悬海外",却是一个外向型的经济区域,对外贸易交往对其生存发展具有极其重要的意义。宋人苏过论及海南与外界交往的重要性时提到:"若绝黎人之欢,商人不来,我自困矣。关市之征,出入不足,一困也;兵吏廪赐无所从出,二困也;衣食不足,饥寒从之,三困也。"④

越南的情况与海南相似,对外贸易对其生存发展十分重要,因此,他们千方百计寻求贸易的门路,甚至不惜采取暴力方式进行,比如强行要求通商、海上抢劫等。⑤

从历史上看,海南与越南的社会经济发展状况相当,同属比较低的水平;所产物品相似,均为热带亚热带土特产,海南主要有槟榔、香料、椰子、砂糖、藤丝、牛皮、玳瑁,越南主

---

① 小叶田淳. 海南岛史. 中国科学院广东民族研究所,1964: 175-176.

② 《康熙琼州府志》卷一《疆域志·地理》。

③ 黎崱. 安南志略:卷一. 北京:中华书局,2000:43.

④ 苏过《论海南黎事书》,《斜川集》卷五。

⑤ 乾道八年(1172年)占城人到海南买马劫人,皇帝下诏琼管司,令其归还,占人要求与本番通商为条件同意归回被劫部分人口。见:正德琼台志:下册. 海口:海南出版社,2006:473.

要有大米、槟榔、胡椒、砂糖、竹木、香料、布料、玳瑁；出口产品主要是土特产，工业品主要依赖外来供应。清代海南的商品经济有一定的发展，但并不发达，其出岛商品主要供应国内市场，如在广州牙行的"琼货"与"广货""洋货"并列为当时三大类商品。① 作为最重要的海外贸易伙伴，海南与越南之间的贸易往来十分频繁，但是贸易额不大，货物价值也不高（贩卖到越南的中国货中价格最高的来自厦门，价格最低的来自海南②）。对于同处于经济发展水平比较低的两个地方而言，贸易往来不仅仅是为了追求最大的经济利益，在很大程度上是为了彼此生存与发展的需要。

海南与越南之间的贸易关系正是如此，作为最基本的民生所需，大米自然成为双方贸易货物的首选和必选。大米贸易对海南而言，主要是解决历来米谷不足、米价腾贵的需要；对越南而言，则是增加出口，以换取所需之中国商品，包括奢侈品、日常用品以及流通货币（铜）。

宋代以来，海南岛因为北土迁民日众，受到土地开发和地力的限制，粮食短缺现象几乎涉及整个海南。"海南所产粳稌不足于食，乃以薯芋为粮，杂菜作粥。"③是时谪居儋州的苏东坡在其文稿中多有表述："海南多荒田，俗以贸香为业，所产余粳不足于食，乃以薯芋杂米糜以取饱。""海南以薯米为粮，几米之十六。今岁米皆不熟，民未至艰食者，以客舶方至而有米也。"④"高化商人不至，海南遂乏牛、米。"⑤由此可以看出，此时海南对北方粮食的依赖程度。

同时，清代雍乾期间大米也是东南亚输入中国的最大宗商品⑥。当时由于人口增长、自然灾害和经济作物的大量种植等原因，导致沿海地区粮食缺乏、米价腾贵现象加剧。

---

① 屈大均《广东新语》卷十五《货语·鞣货》。

② John Crawfurd. Journal of An Embassy to the Courts of Siam and Cochin China. Kuala Lumpur：Oxford University Press，1967：511-512.

③ 王象之《舆地纪胜》卷一百二十四《琼州·风俗形胜》。

④ 《民国儋县志》卷十《艺文志五》。

⑤ 唐胄《琼台志》卷十一《商税》。

⑥ 李龙潜. 明清经济史. 广州：广东高等教育出版社，1988：448.

国内对大米的强烈需求迫使清政府不得不打破禁令,允许并鼓励从东南亚进口大米。大米也是清朝前期海南与越南的贸易中最重要的商品。海南历来是粮食短缺的重灾区,一般需要外来援助,内地主要来自雷州、廉州、高州,海外主要来自暹罗、越南。

从越南方面大米贸易的情况来看,当时海南商人在越南主要的粮食贸易地区十分活跃。会安是越南中南部最繁华的贸易港口,据 18 世纪旅居越南的法国人 Pierre Poivre 记叙:"城内居住着中国商人的众多代理商和在此交易的交趾支那王国的商人们。在贸易季节里,当地人所喜用的各种各样的中国商品都可以见到,甚至是那些当地罕见的货物也可以买到。"①这里的粮食交易十分繁忙,粮船在涠水时常常发生拥堵抛锚事件,要依靠当地政府调动部队帮忙推船疏通。②

据越南铺宪地区的中文碑刻记载,17～18 世纪在此经商的华人主要来自福建、广东和海南。18 世纪初期,这里的华商已经组建了 20 个行业商会,涉及食品、渔业、木材、陶器、藤器、米业、草药、皮革等,其中米业、藤器、木材、草药与海南人有密切关系,可以看出海南人在此经营的情况。

越南的会安、堤岸、河仙等地是海南人早期出洋最集中的地方,18 世纪时,海南人就占本地华侨总数的 35%③。1768 年,会安的华侨就有 6000 人,到了 1921 年,越南的 3000 艘商船几乎都掌握在华侨手中④。据 19 世纪初期出使暹罗和越南的英国官员 John Crawfurd 的日记记载,每年有 116 艘来自中国海南、广东、厦门和苏州的商船到越南各港口贸易,其中,海南来的 46 艘,约占百分之四十。⑤ 会安、河仙、铺宪也是越南重要的大米交易地区,完全可以相信,在从事粮食贸易的商人中,肯定不少是海南人。

---

① 钱江. 十七世纪至十九世纪越南沿海的中国帆船贸易//中国海洋发展史论文集: 九. 中山大学人文社会科学研究所, 2005: 313.

② 大汕. 海外纪事. 卷四. 北京: 中华书局, 2000: 80-83.

③ 张文和. 越南华侨史话. 台北: 黎明文化事业股份有限公司, 1975: 54.

④ 布赛尔. 东南亚的中国人. 南洋问题资料译丛, 1958(2,3).

⑤ John Crawfurd.Journal of An Embassy to the Courts of Siam and Cochin China. Kuala Lumpur: Oxford University Press, 1967: 512-513.另据小叶田淳《海南岛史》统计为 75 艘。

当时清政府对东南亚大米进口实行奖赏政策,推动了广东地区大米进口骤然增加。据两广总督杨应琚、广东巡抚鹤年奏折,乾隆二十一年(1756年),广东南海县商人自安南、暹罗等地运米共计21 180余石,运米2000石以内的11名、2000石以上的4名商民分别按照规定得到奖赏。①

海南历来米谷缺乏,需要外来援助,据《澄海县志》记载,清朝前期,琼州、高州、雷州、台湾成为潮州粮食主要供给地,"海南诸郡转输米石者尤为全潮所仰给。"②自康熙末年,潮州等地开始从暹罗、越南输入大米,潮州船只从东南亚行走的线路必经过海南。③ 由于并无详细资料进一步说明情况,估计这些大米来自越南或暹罗,或者是挂着海南船名义到越南或暹罗贸易的广东米船,否则不会有"海南诸郡转输米石"之提法。17世纪中期至18世纪中期,从东南亚到日本的华商船只运输的货物中,并未发现大米一项④。基本可以判断,东南亚的大米主要出口地是包括海南岛在内的中国沿海地区。

对越南方面而言,大米贸易不仅为其产量高、价格低的大米找到了销售市场,也为其实现了换取中国商品,包括奢侈品、日常用品以及流通货币(铜)的愿望。越南是东南亚三大"米仓"之一,红河三角洲和湄公河三角洲是其主要水稻种植地区。境内河道纵横交错,东部、南部濒海,内外航运发达,粮食运输十分方便。与海南相似,越南地处热带亚热带,高温、多雨、潮湿,不利粮食储备,歉收之年不用说,丰收之年也不敢多存。因此,加强流通尤为重要,大米成为越南最重要的出口商品⑤。中国商船是越南大米贸易的常客:"归仁、广义、嘉定三府,谷粟不知其数,北客贩买惯熟,称之啧啧。"⑥清朝时期越南大米是否过剩不能轻易下结论,但是可以肯定比国内绝大多数地方便宜。如18世纪70年代,

---

① 杨应琚. 奏为海洋运米商民请照例议叙以励急公折//明清史料: 庚编(八). 北京: 中华书局, 1987: 737-738.

② 《嘉庆澄海县志》卷八。

③ 王元林,刘强. 明清时期潮州粮食供给地区及线路考. 中国历史地理论丛, 2005, 20(1): 25.

④ 永积洋子. 唐船输出入品数量一览: 1637—1833年. 东京: 创文社, 1987: 35-255.

⑤ 姚文栋辑译《安南小志》,《小方壶斋舆地丛钞》第十帙。

⑥ 黎贵惇. 抚边杂录: 下册. 西贡: 特责文化国务卿府, 1972: 231a.

嘉定在正常情况下大米每斛为 0.4 贯,最贵的地方富顺为 3.6 贯,估计华商每年从嘉定地区出口的大米约 12 000 吨。[①] 中国朝廷不惜以减免税收、强制、奖赏等办法鼓励商人从越南进口大米,不仅因为那里的大米产量高,而且价格低廉。

明清时越南战争频繁,极大地破坏了社会生产,使越南社会的经济发展长期处于比较低的水平。举两个例子,可以看出当时越南人的生活状况。一是番薯引进的故事。1582 年,广东商人陈益到越南经商,受到当地酋长设宴款待,席中就有番薯。他吃了觉得十分味美,就私下贿赂酋长的部下获得薯种带出,酋长发现后派兵追捕不及。"嗣是种播天南,佐粒食,人无阻饥。"[②]从这段故事中可以知道,当时的越南人生活并不富裕,大米不是其唯一的粮食。上层尚且如此,何况黎民百姓。另外,从清代越南对中国朝贡的物品来看,当时越南的社会经济水平并不高。现将乾隆五十六年(1791 年)越南贡品和中国回赠礼品列出以对比。越南方面主要是土特产,包括:象牙一对、犀角一对、土椒二百斤、砂仁三百斤、土绢一百匹、白布一百匹、罗纨一百匹;中国方面主要是精美手工艺品和高级服装面料,包括:玉如意一柄、玉器两件、瓷器四件、玻璃器四件、锦四匹、大彩缎四匹、闪缎四匹、蟒缎四匹、织金锦八匹、织金缎八匹、织金纱八匹、织金罗十四匹、纱十二匹、缎六十四匹、罗五十八匹、绢六十匹、裹二匹、布八十二匹、缎袍两件。[③]

清代海南大米紧缺是与越南发展大米贸易的直接原因。海南岛滩涂之地较多,加上开发较晚,历来米谷不足,地瘠民贫。宋朝以来人口增加,粮食十分紧张。即使引进了占城稻,餐桌上也是"煮得占禾半是薯",若遇灾难不顺时,就陷入"北船不到米如珠,醉饱萧条半月无"[④]的境地。因此不得不依赖外来援助,内地主要来自雷州、廉州、高州,海外主要来自暹罗、越南。民国时期依然如此,"全琼所产谷米不足自给,每年有安南、暹罗、安铺各地进口米价,其数达 200 万两以上。"[⑤]明朝时期内地人口大量迁移海南,经过大力开

①　蒋国学. 越南南河阮氏政权海外贸易研究（1600—1774）. 厦门: 厦门大学南洋研究院, 2009: 69.

②　闵宗殿. 中国农史系年要录. 北京: 农业出版社, 1989: 178.

③　据《军机处录副奏折》《军机处上谕档》卷七二〇统计。

④　苏轼《过黎君郊居》《纵笔三首》。

⑤　陈铭枢. 海南岛志. 海口: 海南出版社, 2004: 329.

垦,精耕细作,并从东南亚地区引进了一些粮食品种,如番薯、玉米,曾暂时缓解了粮食紧张状况。到了清代,海南大米紧张的问题又十分突出,原因主要有以下四点:

第一,人口增长过快,地狭人稠现象加剧。据嘉庆年间(1796—1820 年)统计,海南人口为 1 500 000 人①,田地 41 400 多顷②,与明代相比较,人均土地面积减少了五分之一③。尽管乾隆时期,海南的经济达到前所未有的振兴程度,但是,由于人口增加,经济状况反而比明代更加困难,"一旦发生天灾和匪乱勃发,就会马上呈现出一片悲惨的景况。"④

第二,苛捐杂税繁重,贪官污吏层层盘剥。据记载,乾隆二年(1736 年),海南遭遇风灾,米价飞涨,从每石七钱涨到每石一两一钱以上。琼州知府袁安煜没有按规定用赈灾钱款按时买米,导致钱米俱贵,民怨沸腾,甚至在发放米票时发生拥挤踩踏事故,当场踩死老少妇女 12 人。他还与私商勾结将卖米之钱至北海、安南发卖图利,后经调查,袁安煜被革职处理。事情发生后,兵部尚书甘汝来上疏请停征各关米谷税银船料,经部议,乾隆皇帝同意在发生灾害时免征海南的米谷税。⑤

清代海南苛捐杂税繁重,贪官污吏层层盘剥,积弊丛生,早为当朝有识之士所诟病,如于需指出:"杂税内有牛税、薪税、渔课、船税、门摊商税等项,按其原额,各州县有三四百两、一二百两至十数两之不同。究其实征之货而无货可征,问其输纳之人而无名可指……数十年来,各州县因其缺额无征,遂尔摊派抵补,有均入地丁米石者,有派人排门烟户者,有在槟课税内加征者,有按养牛之家照牛只征收者,有在车户、酒店、歇店、铺户排门零星抽派者,种种派累不一,亦不知始自何年。期间地方官办理不善,则绅衿有借优免

---

① 见《嘉庆大清一统志》。 另据小叶田淳估算,若包括逃民已超过 1 600 000 人或 1 700 000 人,见: 小叶田淳. 海南岛史. 中国科学院广东民族研究所,1964: 135 页.

② 《道光琼州府志》卷十三《经政志·土地》。

③ 万历四十五年,人口 255 240 多,土田 38 347 多顷。 见: 万历琼州府志. 海口: 海南出版社,2006: 231,237.

④ 小叶田淳. 海南岛史. 中国科学院广东民族研究所,1964: 125.

⑤ 海南地方志编纂委员会. 明清《实录》中的海南: 卷三十五 高宗乾隆实录. 海口: 海南出版社,2006: 125-128.

包占之弊,胥役有借催输需索之弊,保甲有得钱欺隐之弊,以少报多,将无作有。"①许多人不堪重负,纷纷逃离故土,移居海外谋生,导致"逃者既众,抛荒愈多,逃荒相因,日甚一日"②的现象恶性循环。

第三,商品经济发展,弃田逐利者众。清朝时期海南商品经济发展迅速,据统计,道光年间全岛墟市达334处③,比明朝万历年间的179处多出155处,而且分布较广,从东部到西部、沿海到内地均有。随着商品经济的发展,更多人转而从事贸易或者经济作物种植,导致大米种植减少,米价腾贵。如屈大均所言:"农者以拙业力苦利微,辄弃耒耜而从之(贸易)……琼人亦皆从事贸易,不胜力耕,禾虽三熟,而秔稌往往不给。"④乾隆时期有人上奏说广东"因开矿而米价即贵也。"⑤

清朝时期,广东、福建等沿海地区商品经济发达,弃田别种、弃农务商风气十分浓重。长期为广东省供应粮食的广西省大为不满,广西巡抚韩良辅曾上奏抱怨:广东地广人稠,专仰给予广西之米,广东本地人贪财重利,将土地多种龙眼、甘蔗、烟叶、青靛等,以致民富而米少,广西地瘠人稀,岂能以所产供邻省多人之贩运。为此,雍正皇帝不得不出面"调解",以公忠之谊、国家大治为重加以疏导,一方面指出不应舍本逐末,另一方面指出有无相通为古今之义,不应计较。⑥

第四,自然灾害频繁,气候潮湿,不利储备。清朝前期海南发生风灾、旱灾、水灾、地震等自然灾害近百起,⑦加上处于高温多雨潮湿地带,物品容易霉变,不利储备。这对本来粮食不足的海南无异于雪上加霜。雍正皇帝谕旨中也提到"岭南潮湿之地,仓谷不便多贮,惟惠、潮、琼三府僻处海隅,产米甚少,请酌增谷石分贮各属县";道光三年,琼山县

---

① 《乾隆琼山县志》卷十《艺文志·申文》郡伯于霈"为厘陈海南派累积弊事"。

② 《道光琼州府志》卷四十《艺文志》罗启相"指陈利弊书"。

③ 《道光琼州府志》卷九《建置志·都市》。

④ 屈大均.广东新语:卷十四.北京:中华书局,2006:372-375.

⑤ 海南地方志编纂委员会.明清《实录》中的海南:卷三十五 高宗乾隆实录.海口:海南出版社,2006:143.

⑥ 《世宗宪皇帝圣训》卷二十五。

⑦ 《清史稿》卷四〇至卷四十四《灾异志》。

霉变常平仓谷共三万九千三百八十五石零。① 一些书上说海南人不善积蓄的原因时，往往只提容易耕种，不讲难以储备，有人不加考证，以讹传讹，遂成定案。

总之，清朝前期，海南天灾人祸频繁，米价腾贵，许多地方常闹饥荒。据记载，顺治八年，崖州"斗米一金，民多饿死"。② 顺治九年，琼山"斗米三两，凶灾并作，村落民居十存一二"。③ 顺治十一年，"万州大饥，斗米银二两，饿莩相属于路。"顺治十三年，"琼山、澄迈、陵水洊饥，连年米贵，饥民辗转沟壑。"康熙二十年，"琼山、澄迈、文昌、儋州、临高、感恩各州县旱、饥，斗米银二两。"乾隆六年、七年，海南、雷州、广州、肇庆、惠州遭遇风灾，粮食歉收，各地大米告急，海南的米价日日上涨，下米每石也要银一两八钱二分，连乾隆皇帝都不敢相信。④ 道光三年九月至四年八月，"郡属久遭旱灾，蝗灾漫山遍野，所过禾麦一空，饿莩载道，鬻男女渡海者以万计。"⑤

为了解决海南米价腾贵的问题，清朝政府想尽了种种办法：开仓平粜、外调、减免米税等等。乾隆十九年（1754 年），两广总督杨应琚奏请："嗣后琼州各属仓谷，凡遇风阻无船，米谷昂贵，即开仓平粜，风定船来即停。"⑥随着商品经济的快速发展，闽广地区弃田别种、弃农务商现象严重，大米供应日益紧张，米价腾贵，连本地也要仰赖外地，更别说支持他人。因此，海南大米更加依赖海外市场，而传统的贸易伙伴——越南自然成为最佳选择。乾隆二十一年（1756 年），杨应琚上奏提出："粤东附近之安南等国均系产米之乡……请嗣后商民有自备资本，领照赴安南等国运米回粤，粜济民食者，照闽省之例酌量奖赏议叙。"⑦

清朝时期，中越两国政府对双方之间大米贸易所给予的特殊优惠政策是其他国家无

① 海南地方志编纂委员会. 明清《实录》中的海南. 海口：海南出版社，2006：118，203.

② 《光绪崖州志》卷二十二《杂志》。

③ 《乾隆琼山县志》卷九《杂志》。

④ 海南地方志编纂委员会. 明清《实录》中的海南. 海口：海南出版社，2006：137-138.

⑤ 《道光琼州府志》卷四十二《杂志》。

⑥ 海南地方志编纂委员会. 明清《实录》中的海南. 海口：海南出版社，2006：153.

⑦ 杨应琚《奏为海洋运米商民请照例议叙以励急公折》（乾隆二十一年十月十三日）。见：明清史料. 庚编. 北京：中华书局，1987：736-738.

法比拟的,例如:

清朝政府减免税收。清朝前期,为解决国内大米缺乏、米价腾贵问题,清政府出台了一系列措施以鼓励从东南亚等地区进口大米,从康熙时期就开始对从东南亚地区进口大米实行减免税收,康熙六十年(1722 年),对从暹罗进口的三十万石大米给予免税放行。雍正二年(1724 年),准许免去暹罗米船的压仓货税。乾隆八年(1743 年),规定:凡遇外洋货船来闽粤等省贸易,带米万石以上者,免其船货税银十分之五;带米五千石者,免其十分之三。① 最初这项政策对国内商人只是变通照顾,后来也"一体分别减免船货之税"。②

清朝政府对大米贸易的奖赏。乾隆十九年(1754 年),为解决福建地区粮食缺乏,鼓励自备资本之商民进口大米。乾隆二十一年(1756 年),根据两广总督杨应琚等奏折,经部议同意广东等地也依照闽省之例,规定:商民自备资金领照至安南等地贩米回国,数量在两千石以内者,督抚酌量分别奖励;两千石至四千石者,赏予生监吏目职衔、民人九品顶戴;四千至六千石者,赏予生监主簿职衔、民人八品顶戴;六千至一万石者,赏予生监县丞职衔、民人七品顶戴;一万石以上者自行酌量奖赏。③

清朝政府对越南的特许贸易。康熙五十六年(1717 年),颁布南洋禁海令,第二年,批准两广总督杨琳的奏请,宣布"澳门夷船往南洋及内地商船往安南不在禁例"。④

越南对华税收优惠政策。越南历来对与中国的贸易基本采取积极开放的政策。清朝前期,越南向入港的商船征收税例钱,主要依据是按照货运量和货物价值征收,但是不同国家和地区税率又有所不同,按税收从高到低依次排列为欧洲船、日本船、中国船、东南亚船。中国船中广东船、上海船最多,福建船次之,海南船最少。具体为:欧洲船到税

① 《钦定大清会典事例》卷五一○《礼部·朝贡》。

② 阿里衮《奏请准本港洋船带米回粤者减免船货税折》,见:宫中档乾隆朝奏折:第一辑.台北:台北故宫博物院,1982:815。

③ 《宫中档乾隆朝奏折》(十五)户部等部题本。 见:明清史料:庚编.北京:中华书局,1987:736-738。

④ 《清朝文献通考》卷三十三《市考籴·市舶互市》。

8000 贯,回税 800 贯;日本船到税 4000 贯,回税 400 贯;上海船、广东船到税 3000 贯,回税 300 贯;福建船到税 2000 贯,回税 200 贯;海南船到税 500 贯,回税 50 贯。①

　　显然,这项政策对海南来的商船最为有利,当时甚至被一些不法分子钻了空子。1817 年,越南的地方艚务官员上奏:"海南商税稍轻,常搭载别省人货,以规厚利。请嗣后清船来商,(海南船)有广东、福建人货者,照二省船税征之,如所载人货间杂,据其省人货多者定其税。帝然之。"②可见,海南船凭借减税优惠政策的优势,常常搭载闽粤商人,从中谋取厚利。越南政府不得不对此项政策进行调整,调整后,从一定程度上限制了海南船搭载闽粤客货,但对于海南船本身的优惠依然有效。到了 19 世纪 20 年代初,越南和海南的贸易又有所回升,每年赴安南的 63 艘中国商船中,海南船就占了 43 艘。③

　　中越两国政府推出的这些优惠政策,不仅加强了两国之间的贸易,而且对海南及南海区域对外贸易的繁荣发展具有不可替代的作用。

三、 海南古代对外民间贸易的地位

　　清初政府继承了明末的贸易制度,允许商人出海贸易。顺治三年(1646 年),清王朝颁布了准许商人出海贸易的谕旨:"凡商贾有挟重赀愿航海市铜者,官给符为信,听其出洋,住市于东南,日本诸夷。舟回,司关者按时值收之,以供官用。"④平定浙东、福建后,顺治四年(1647 年),又颁布谕旨:"通番干禁者,概从赦宥,听其归里安业。"⑤

　　清代海外贸易政策前后大不一样,1684 年前基本上实行禁海令,开海之后至鸦片战争前,实行有限制的贸易政策;鸦片战争后,被迫开放通商口岸,海外贸易逐渐放开。

　　随着国内外形势的日益复杂化,为了打击海寇、倭寇、番寇以及"三藩"的势力,巩固清朝的统治政权。清政府先后于顺治十二年(1655 年)、十三年(1656 年)、十八年(1661

---

① 《大南寔录正编》,第一纪,卷四。

② 《大南寔录正编》,第一纪,卷五十五。

③ 姚贤镐. 中国近代对外贸易史资料（1840—1895）：第一册. 北京： 中华书局，1962：59.

④ 《皇朝掌故汇编》内编卷十九,钱法一。

⑤ 《清世祖实录》卷三十,顺治四年二月癸未。

年)、康熙四年(1665 年)、九年(1670 年)、十一年(1672 年)、十二年(1673 年)、十四年
(1675 年)颁布了一系列禁海令。又先后于顺治十七年(1660 年)、康熙十二年(1673 年)、
十七年(1678 年)三次下达了"迁海令"。① 清朝收复台湾之后,康熙帝于二十三年(1684
年)颁布了开海贸易命令。康熙五十六年(1717 年),随着出洋人数不断增多,清王朝又以
"噶罗巴及吕宋,皆红毛西洋泊船之所,彼处藏匿盗贼甚多,内地之民希图获利,往往于船
上载米带去并买船而回,甚至有留在彼处之人,不可不预为措置"②为由,下令禁止同南洋
贸易。旋于康熙五十七年(1718 年)批准了两广总督杨琳的奏请,"澳门夷船往南洋及内
地商船往安南不在禁例。"③雍正帝继位后,由于朝廷内外舆论纷纷反对,加上自然灾害和
经济利益的驱使等原因,沿海地区大米缺乏,饥荒严重,不得不于雍正五年(1727 年)、雍
正七年(1729 年)先后解除了福建、浙江同南洋贸易的禁令。开海之后的第二年,即 1685
年,清朝政府宣布江苏松江、浙江宁波、福建泉州、广东广州四口通商,设立江、浙、闽、粤
四海关管理对外贸易事务。乾隆二十二年(1757 年)清朝政府颁布一口通商令,规定只许
粤海关为全国唯一通商口岸。直至鸦片战争后的若干年(1884 年)才正式宣布取消,至此
延续多年的闭关政策彻底打破。

　　总的来看,清朝政府的海外贸易政策的根本目的在于维护朝贡贸易。面对航海大发
现之后世界形势的快速变化,中国对外贸易制度已经显得过于保守。两年一贡(甚至更
长时间)、四年一朝的朝贡贸易对于解决国内民生急需毕竟是杯水车薪,更无法满足海外
各国对中国商品的需求。对此情形,早就有人提出质疑:"倭国服饰器用,多资于中国,有
不容一日之缺者,安能待十年一贡之期,而限于三船所载之数哉? 若禁其贸易,则入寇劫
夺,一定之势也……利重之处,人自趋之,岂能禁民之交通乎?"④在这种情况下,开放私商
贸易已经是大势所趋。实际上,除了朝贡之外,私商贸易占有相当的分量。康熙皇帝也

---

① 《钦定大清会典事例》卷六二九、卷七七六。

② 《圣祖仁皇帝圣训》卷八。

③ 《清朝文献通考》卷三十三《市考籴·市舶互市》。

④ 胡宗宪《筹海图编》卷十二"开互市"。

清楚这一点,他说:"向虽严海禁,其私自贸易者,何尝断绝?"①又说:"朕南巡过苏州时见船厂问及,咸云,每年造船出海贸易者多至千余,回来者不过十之五六,其余悉卖在海外。"②

　　清朝前期,南海区域多边贸易关系日臻成熟,以沿海各主要港口为中心的四大贸易圈已经形成。各个贸易圈之间发挥各自的优势,取长补短,相互合作,通过中国商船有机地联系起来,从而使亚洲海上贸易体系得以在明中叶后逐渐成型,并逐渐与世界经济贸易网连成一片。③ 清政府的禁海令和日本锁国以及限制对华贸易政策的实施,人为地打破了南海区域多边贸易关系的正常秩序,必将使这个区域乃至整个亚洲和世界范围内的贸易往来受到严重破坏。海南和越南的贸易得益于双方的地利人和而继续得到发展,并为维护南海区域贸易圈的正常发展作出了特殊的贡献。填补了清朝海禁和日本锁国以及限制华商贸易期间南海区域多边贸易的空白,维护了该地区多边贸易的正常发展。

　　当时,日本德川幕府为阻止天主教在日本传播,于1639年宣布禁止所有日本商船出海,除了华人和荷兰人可以在长崎贸易之外,封锁所有港口,即历史上所谓的日本锁国政策。此举导致日本人在海外市场骤然减少,甚至一度"绝迹于东南亚"④。华人迅速取而代之,几乎垄断了东南亚—日本的贸易市场。1684年清朝政府开放海禁之前,是以郑成功家族势力为首的民间商人为主;开海之后,以东南沿海地区商民居多。其中,来自越南和海南的商船占有一定的分量。据统计,1647—1680年,从东南亚到日本的华商船共411艘,其中来自越南的就有174艘,占了百分之四十二。⑤ 1640—1707年间,共有25只

　　① 《清圣祖实录》卷一一六,康熙二十三年七月乙亥。

　　② 《圣祖仁皇帝圣训》卷八。

　　③ 四大贸易圈分别是:以日本长琦为中心的东北亚岛屿贸易圈,以厦门、台湾和马尼拉为中心的东海贸易圈,以巴达维亚为中心的群岛贸易圈,以马六甲、新加坡为中心的马来半岛南部贸易圈。见:钱江.十七世纪至十九世纪越南沿海的中国帆船贸易.中国海洋发展史论文集:九.中山大学人文社会科学研究所,2005:325.

　　④ 钱江.十七世纪至十九世纪越南沿海的中国帆船贸易.中国海洋发展史论文集:九.中山大学人文社会科学研究所,2005:299.

　　⑤ 蒋国学.越南南河阮氏政权海外贸易研究(1600—1774).厦门:厦门大学南洋研究院,2009:45.

海南商船到日本贸易,他们是从海南出海,经东南亚后转道日本的,输入商品主要有沉香、攀枝、黑糖、药种、玳瑁等。①

由于华商越来越多,日本于1715年颁布"正德新令",规定每年对日贸易的华人船只最多不超过30艘。为弥补来日货物之不足,日本政府对东南亚来日商船发放信牌。不久,清朝政府于1717年颁布禁止南洋贸易令,又于1718年宣布对越南的特许贸易,1729年解除南洋禁海令。这样,中国与日本之间的直接贸易大大减少,主要转移到了华人聚集的东南亚各地港口,即中国—日本贸易变成中国—东南亚—日本贸易。

在这种背景下,海南与越南的贸易往来显得十分重要。清朝时期,越南对劳动力和商品的需求日益增长。受到国力局限,他们除了从中国大量引进人力资源外,也大量输入中国商品。因此,扩大出口,增加货币(中国铜币)收入,成为他们获取中国商品的重要途径。当时越南进口商品主要有锌、铜、锡、纸张、绸缎、铅、中国瓷器,出口商品主要有黄金、生丝、沉香、象牙、白糖、冰糖、槟榔子、木料。由于中国社会经济发达,又实行严格的外贸管制,对外贸易长时间处于顺差状态,想单纯通过对等贸易的方式来改变这种状态,对于当时国力有限的越南而言,是相当困难的事情(连在东南亚殖民多年的欧洲人都无法改变这种状态)。由于中国禁止铜出口,因此,越南方面千方百计从其他渠道获得铜。清朝初期,日本铜出口的主要目的地之一就是越南。② 后来,越南阮氏政权接受了华人的建议,决定用中国人认为不值钱的锌(白铜)作为国内流通货币,以解决国内铜币不足,自此白铜成了中国输入广南最大宗的商品,每年近一万担白铜从中国流入会安,越南方面则以利润最高(30%～40%)的白糖和冰糖来交易,因此,18世纪中叶后,中越贸易基本上可以说是白铜交易蔗糖贸易。③

① 小叶田淳. 海南岛史. 中国科学院广东民族研究所,1964: 172-175.

② 据统计,日本铜出口约70%输至台湾、东京(越南)、暹罗等地再转贩第三国。 引自: 朱德兰. 清初迁界令时中国船海上贸易之研究//中国海洋发展史论文集(二). 台北: 中央研究院三民主义研究所, 1986: 150-151.

③ 钱江. 十七世纪至十九世纪越南沿海的中国帆船贸易. 中国海洋发展史论文集: 九. 中山大学人文社会科学研究所, 2005: 311-318.

另外,中国对越南的特许贸易和越南对海南船只的税收优惠,使越南和海南在南海区域多边贸易中共同承担起重要的角色。由于越南方面对海南船只收税较低,常有广东、福建或浙江船只挂靠海南船名义进行贸易。那些常年穿梭在南海区域贸易的商人往往以到越南为由,领照出洋。返航时搭载大批南洋货物,声称是越南所产或被风漂至南洋其他岛屿。这种现象在粤、闽、浙的商船中普遍存在,雍正皇帝也是睁一只眼闭一只眼,说:"商船贸易非朝伊夕,自应照旧为是。"①可见,这条难得的贸易管道,不仅为中国商人在南洋海禁期间能够保持同越南之间正常的贸易往来,也为他们继续到其他地方贸易提供了机会,即可以自越南私越禁洋,前往东南亚其他地方和东亚等地贸易。实际上,那些川走在海南和越南之间的海商进行的是三角或多角贸易,即从海南到了越南之后,将部分货物销售后补充新货,继续到东南亚其他地方进行交易。返棹时停留越南,卸下部分货物,补充新货物,前往东亚地区(主要是日本)销售。有些商船甚至在返回故地时,已经在东亚、东南亚两个来回,以赚取高额利润。②

据统计,1674—1718 年,从东南亚各港口赴日本长崎贸易的 267 艘船中,来自越南的船只约占三分之一,共 89 艘(其中东京 22 艘,广南 64 艘,安南 1 艘,占城 2 艘)。③1722—1735 年,从东南亚到日本的华商船共 75 艘,其中来自越南的华商船就占了一半,达 38 艘。④可见,在清朝政府对越南的特许贸易令颁布之后,越南的对日贸易份额急剧增长,这对以海外贸易维系国计民生的沿海地区和国家而言,无疑是一件十分利好的事情。在这段特殊时期,海南和越南在共同承担起维护南海区域多边贸易正常发展中起着不可替代的作用。这不仅有利于两地民生,有利于中国和越南两国的社会经济发展,也有利于整个南海区域经济秩序的稳定。

特别是海南与越南之间的大米贸易,一方面缓解了海南长期以来米缺价高的问题,

---

① 《清世宗实录》卷五十八"浙江巡抚李卫奏折"。

② 钱江. 十七世纪至十九世纪越南沿海的中国帆船贸易. 中国海洋发展史论文集: 九. 中山大学人文社会科学研究所, 2005: 325.

③ 任鸿章. 近世日本之日中贸易. 东京: 六兴出版社, 1988: 248.

④ 蒋国学. 越南南河阮氏政权海外贸易研究(1600—1774). 厦门: 厦门大学南洋研究院, 2009: 65.

带动了海南造船业和海上运输业的发展。进口大米对解决海南粮食紧缺的作用是明显的。此外,海南商人利用对越南贸易的优惠政策,常常替其他地方搭载货物。海南人还利用越南造船成本低廉的优势①,"在越南购买木材,到暹罗购买附属品造船,约两个月就可以造成一只船,然后转载准备在广州或海南出卖的货物回国,有些帆船是装大米和骨类肥料往海南的,然后连同船、货一起卖出。"②清代广东帆船制造业发达,琼州府船厂是广东五大官营造船厂之一,私营船厂几乎遍布各港口。其私船制作精良快捷,官船反而落后了。乾隆五十九年(1794年)、嘉庆四年(1799年)、嘉庆二十年(1815年),琼州府先后奏请改良官船并得到批准,原因是"营船追捕不如民船米艇便捷""渔民出海采捕之船,无论外洋、浅水、沿海港口,均能驾驶"。③可见,海南民船业带动了官船的进步,促使海南海上运输业迅速发展,成为洋船进岛之前东南亚帆船运输的主力军。

另一方面,大米贸易也为越南扩大了商品出口,增加了外汇收入,满足了越南对中国商品的需求。大米贸易带动了其他贸易,从数量上看,海南商船在对越南贸易华商船只中最多。按越南对海南船每船征收500贯的进口税计算,仅收取海南船只进口关税一项,越南方面至多一年有37 500贯收入(75×500),至少一年也有23 000贯收入(46×500)。

大米为民生必需品,历朝政府均给予高度重视。清朝时期大米出口受到政府的严格管制,清代律法有明确规定:"偷运米谷潜出外洋接济奸匪者,拟绞立决。若只将米谷偷运出口图利,并无接济奸匪情弊者,米过一百石发近边充军,一百石以下杖一百徒三年,不及十石者枷号一月杖一百。"④

清朝前期大米贸易影响甚广,国内对大米的强劲需求迫使清朝政府不得不作出让步,海禁之下的特许贸易、减免税收优惠、奖赏政策由此而生。一方面,大米问题成为清

---

① 19世纪初,每吨船位造价在福建三十元五角八分,在广东二十元八角三分,在越南十六元六角六分,在暹罗十五元。见:田汝康.17—19世纪中国帆船在东南亚.上海:上海人民出版社,1957:24。

② 小叶田淳.海南岛史.中国科学院广东民族研究所,1964: 176.

③ 《道光琼州府志》卷十七《政经志十五·船政》。

④ 《大清律例》卷二十。

朝政府施禁和开禁的直接原因：一是为防止大米外流（用于资助海寇）促使清政府多次颁布禁海令；一是国内对大米需求的压力（民食不足和米价腾贵）迫使清政府放开海禁。自康熙二十三年（1684年）开海之后，中国与东南亚的海上贸易飞速发展，大米走私十分严重。据估计，1717年前每年运往吕宋和巴达维亚的大米高达300~400船①，康熙帝大感惊讶，遂下令禁止南洋贸易。但是，与施禁以防止大米外流资助海寇相比，开禁以解决民食更为迫切，更为重要。在施行南洋禁海令期间，朝廷曾经围绕南洋大米进口问题进行激烈的争论，有人认为开放南洋贸易会导致国内大米透漏。对此，蓝鼎元一针见血地指出："闽、广产米无多，福建不敷尤甚，每岁民食半藉台湾或佐之于江浙。南洋未禁之先，吕宋米时常至厦。番地出米最饶，原不仰食中国。洋商皆有身家，谁自甘法纲尝试？而洋船所载货物一担之位，收船租银四五两，一担位之米所值几何？舍其利而犯法，虽至愚者不为也。"②

雍正年间，广东闹粮荒，人们蜂拥迁移到四川。因为四川乃天府之国，物产丰饶，地广人稀，米粮价廉，当时四川大米便宜到"米三钱可买一石，肉价则一钱可买七斤"。③雍正七年（1729年）宣布解除南洋贸易的禁令，正是因为国内大米紧张而促成的。另一方面，大米贸易带动了民间贸易的兴盛。清朝政府鼓励东南亚大米进口的同时，不得不放松其他的贸易。从贸易内容上看，不限于大米，逐渐放开其他商品；从贸易形式上看，不限于官方贸易，逐渐惠及民间贸易。对中国方面而言，朝贡贸易本非图利之举，更何况是以接济灾民、平抑粮价为目的的大米进口。若非政府采取减免税、奖励等措施，许多商人是不愿意从事大米进出口买卖的，"民间有船，其装载粮食者十之一，其不装载粮食者十之九。"④

最初，清朝政府对国内商人到东南亚各地贸易者采取强制规定，回国时必须载粮至

---

① 《福建通志》卷二七〇。

② 蓝鼎元《论南洋事宜书》，《鹿洲初集》卷三。

③ 《皇朝通志》卷八一，《广东通志》卷一，"雍正六年谕湖广广东江西等省百姓毋轻徙四川"。

④ 梁廷枏《粤海关志》卷八《税则一》。

少 100 石，"如不足数及有偷漏情弊，照接济奸匪例治罪。"①连享有税收优惠政策的外商也不愿意做大米买卖，如一位东南亚米商所说："……止带米来，利息有限，必搭载货物，方有余利。"②由于海上船只需要"压仓物"，因此，米船往往装载一些当地的特产或者畅销商品进行销售以牟利。后来，清政府为了使大米贸易能够顺利进行，对米船载运的其他货物（除了违禁物品之外）也一样给予优惠放行。可见，清朝政府的海外贸易政策的变化与大米息息相关。海南与越南的大米贸易对于解决海南与越南的商品供求矛盾，促进双方贸易发展，维护南海区域多边贸易正常化和推动清政府对外贸易政策的改善等方面起到了重要的作用。

四、 明清海禁对海南民间贸易的影响

明代海禁自朱元璋始，"明祖定制，片板不许下海。"不许私人出海贸易，甚至渔民出海捕鱼也在禁止之内，对官方的贡舶贸易也实行严格的限制。洪武年间又大力整饬海防，打击海上贸易。明成祖时期，官方进行了大规模的"下西洋"行动，这样大规模的对外行动史无前例，但在当时的背景下，政治意味浓厚，且完全是官方性质，这对海上经济贸易并无太大的意义，私人海上贸易仍然受到很大的限制。嘉靖年间，海禁加严，私人海上贸易受到更加严格的限制，许多商人、渔民铤而走险，下海成为海盗。隆庆之后，海禁有所松弛，私人海上贸易得到发展，形成较大规模的海商集团，这些海商集团称霸海上，进行海外贸易，这对明代的社会经济有重要的影响。总的来看，明代海禁由政治需要开始，又由于经济因素而不断变化，其影响跨越国界，贯穿整个明代。

明中叶，倭寇猖獗，15 世纪以后，倭寇大批窜入我国东南沿海，这些地区不断发生大规模的海盗抢劫事件。同时日本的商人同中国沿海海盗相互合作，也对明王朝的海防构成了极大威胁。为了巨大的商业利益，商和盗的界限逐步被模糊。合法的商人因为各种原因转为非法的盗，站在了政府的对立面。这些势力的增强也进一步加剧了明中叶的海

---

① 《钦定大清会典则例》卷一一四"海禁"。

② 《雍正朝外交案——孔毓珣摺五》。

防压力。除了这些力量,给明朝海防构成压力的还有张士诚、陈友谅的残余势力及西方列强的入侵。"吕宋、佛郎机之夷,见我海禁,亦持货私至鸡笼、淡水之间地,与奸民阑出者货其地,一日可至台湾。官府即知之而不能禁,禁之而不能绝,徒使沿海将领奸民坐享洋利。有禁洋之名,未能尽禁洋之实,此皆臣乡之大可忧者。"①正是因为这些原因,明政府不得不加强了东南沿海地区的海防,对东南亚地区的政策也没有明初时那么宽松,但是明朝对东南亚的海禁只限于私人贸易,政府间的使者往来和官方朝贡贸易并未中断。

为了达到海防的目的,在明朝后期,政府采取了更加严厉的海禁政策,对东南沿海的渔民、沿海居民采取强制措施:禁止渔民下海捕鱼;限制渔船货船的吨位;把航行及捕鱼活动限制在一定时间和范围内。明末统治者认为,影响政府海防业绩的并不是外国侵略者,而是本国渔民和商人转化成的敌对力量。因此他们在沿海地区建立"海上保甲制度",除此之外还动用军队强加盘查,正是由于明后期这种限制中国渔民、商人出海的政策,使中国和东南亚地区的民间贸易往来受到很大影响。

从《大清律例》中可以看出,清朝"悉仍明律"的倾向非常明显,"怀柔远人"的东南亚朝贡贸易理想模式也被清政府继承下来。而且对来朝官员也是备加礼遇,较明朝而言有过之而无不及,同时也更重视朝贡仪式。

清政府在早期还允许海外贸易的存在,尤其是对东南沿海地区的民间贸易,清初统治者采取了较为宽容放任的态度,允许商民的海上贸易,同时设立专门的管理机构。也设关征税,但其出发点并不是为了充实国库。由于形势的变化,清初海外贸易政策也时常出现逆转。从康熙五十六年至雍正五年,清政府在这十年里对南洋实行"海禁"政策,当时统治者认为,商船一出洋,茫茫大海,任其所之,朝廷既不能跟随踪迹,也不能保证商船无透越禁洋之实事。因此,实际上康雍时期对南洋地区实行的是"海禁宁严毋宽"的闭关政策。乾隆帝继位后局部开放对南洋地区的"海禁",同时颁布了允许海外商人在外造船的敕令,乾隆十二年之后,东南亚地区中国海商的造船活动如火如荼,主要地区有安南、暹罗、婆罗洲、苏禄、苏门答腊、爪哇、马来半岛等。"只要有中国人定居下来,不论人

---

① 顾炎武《天下郡国利病书》卷九五。

数多少,总可以看到这种船。"①从乾隆帝后期开始,清政府又盲目沉溺于天朝上国的梦幻中,认为"天朝抚有四海,唯励精图治,办理政务⋯⋯天朝德威远被,万国来王,种种贵重之物,梯航毕集,无所不有。"②拒绝和南洋诸国互通有无,力行闭关锁国政策。1840年西方殖民者用坚船利炮打开中国国门后,对外贸易的主动权便从清政府的手中丧失,与南洋诸国的贸易交流也被西方殖民者控制。

明代是中国商品经济蓬勃发展的时期,沿海地区海外贸易尤为发达,海禁政策并不能完全阻止海上贸易。据统计,从明朝输出的商品多达230余种。③ 其中主要包括:丝织品类,如绸缎、生丝;手工业品,如梳子、镜子及遮太阳的唐伞等;糖;金属类制品;文化用品,如书籍等。其中交易规模最大、最重要的商品是丝织品,其次是瓷器。中国海商从东南亚贩回的商品主要是当地的特产,如香料、真珠、琥珀、玳瑁、玛瑙、片脑、黄蜡等。贩回的这些商品中又以片脑最为有名。所谓片脑,"是为梅花片脑之简称,以其成片状似梅花故也,乃龙脑香之上品。"④我国传统中医称龙脑香为冰片,有清热止痛、开窍明神的作用。"主内外障眼三虫,疗五痔,明目镇心秘精。"⑤明朝医药界普遍认为:片脑以渤泥国出者为佳,"有大如指,厚如二青钱者,香味清烈,莹洁可爱,谓之梅花片,鬻至中国,擅翔价焉。"⑥除了片脑外,东南亚的热带丛林动植物产品和热带海产品都受到明朝医药界的普遍认可。

在海禁期间,海南虽远在海外,也不免受到了一定程度的影响,但因其独特的地理条件等因素,对外贸易仍可进行。例如,许多外番商船因为海禁的原因无法在内地登岸贸易,便选择在海南岛登陆。如洪武七年,有番舶入贡,谎称"遭风坏舟,漂至海南。"而实质上乃是番商借口在海南进行商品贸易。明胡广等著《明太祖实录》卷十一载:"海南卫巡

①　姚贤镐. 中国近代对外贸易史资料（1840—1895）：第一册. 北京：中华书局，1962：60.

②　梁廷枏《粤海关志》卷二三。

③　夏秀瑞，孙玉琴. 中国对外贸易史：第一册. 北京：对外经济贸易大学出版社，2001：332.

④　杨博文. 诸蕃志校释. 北京：中华书局，1996：161.

⑤　李珣. 海药本草. 辑校本. 尚志钧，辑校. 北京：人民卫生出版社，1997：55-57.

⑥　黄衷《海语》卷二。

捕海上,获阇婆等国人吴源等十四人,送至京师,诏释而遣之。"这些番商没有在内地登陆贸易,而漂于海南附近海域,实际上是欲伺机在海南登陆,进行海上贸易。

海南岛在海禁时期仍为番舶漂至的主要地点,这在客观上给了海南进行海上贸易的机会。据近代日本学者小叶田淳的调查,明代的贡舶是"迂回海南岛的东南而进入广州城的。"可以想知,在海禁之前,一些番舶、私商船队可以不用在海南停留而直接到达内地,而海禁之后,海上贸易受到限制,许多番舶、商团则无法直接与内地进行贸易,而只能泊于海禁比较弱的海南岛,相对开放的优势在客观上使得海南岛仍能获得进行海上贸易的机会。

由于海禁,海南不设市舶机构,这就难免会有冒充番舶的商队在海南登陆,且舟船漂于海上其"米粮船只俱取资于内地,而渔船往来难保无私卖米石之弊。"①也难免会有沿海商民与番人进行私下贸易的情况出现。海南作为东南亚国家入贡的中转站,常负起辅护番舶的责任,在这个过程中,"沿海管摄既远,又无舶司讥察。"由于海禁,海南不设市舶机构,这就难免会有冒充番舶的商队在海南登陆,且舟船漂于海上其"米粮船只俱取资于内地,而渔船往来难保无私卖米石之弊。"也难免会有沿海商民与番人进行私下贸易的情况出现。由上可知,一方面明代海禁打击了海上贸易,另一方面又由于海南独特的地理条件,海禁不能果行,有着相对开放的优势,所以海南的海上贸易无法完全禁止,随之也就出现了走私贸易等问题。

清朝前期(鸦片战争前)中国实行有限制的对外贸易政策,其中在顺治、康熙、雍正时期断断续续实施了 40 年的海禁政策。但由于中国和越南的贸易往来历史悠久,在南洋贸易施禁期间,越南作为唯一允许贸易的国家被保留下来,成为海禁期间中国对外贸易的唯一通道。又由于越南方面对海南商船收取比内地其他地方更低的税收,使海南和越南在清朝实行海禁和日本锁国以及限制华商贸易期间得到迅速发展,并共同承担起了维护南海区域多边贸易正常化的重任。这在海南和越南贸易史,乃至中国对外贸易史上留下了弥足珍贵的一页。

---

① 万历《琼州府志》卷八。

另一个明显的影响是海盗的猖獗。"海禁越严,走私获利越丰,"海禁使得海上贸易的利润不断增加,而在高额的利润下,许多番人、商人以及被海禁所迫无以生计的渔民便下海成了海盗,海南也存在这样的情况,海禁时期海南的海盗更加猖獗,问题更加严重。

海禁后的海南岛实际上已经成为"海盗通向东南亚尤其距中南半岛最近的桥头堡,甚至成为了必须争夺的军事要地。"海南的海盗古已有之,如在宋咸淳年间,海南巨豪陈明浦、陈公发等,"窃据临川,自驾双龙大舟,……沿海居民无宁岁。"而为了抵御海盗、倭寇,元代在海南设立水军,"设官管领,给粮巡防海上。"可见明之前的海盗也很猖獗,但是明代海禁之后更是出现了高潮。据史料记载,明代海盗明显多于前代。洪武五年"海贼罗已终寇雷琼,署都指挥佥事杨璟督军追捕,……获桂黄三舍、苏称高等五百八十七人";永乐九年,"倭攻陷昌化";正德十二年,"倭掠澄迈、临高,指挥徐爵督军追至白浦洋,大战,贼败,溺死无算";嘉靖四十三年,"佛郎机驾船二只,泊铺前港,海贼施和率众攻之,番船桅拆,促入内避,……指挥高卓召番众及土舍王绍麟统黎兵与战";隆庆年间至万历末年,海南大海盗曾一本、何乔、林容、李茂等人,在海南沿海肆虐,其中海南籍大海盗李茂勾结各地海盗寇琼,非常猖獗。据万历《琼州府志》卷八《海黎志》载:"真正倭夷之出没第之有道,御之有方,亦可戢其鲸鲵之势。"而真正难防的是海南沿海之民"窥探廉池,出洋通番,藉名为商,乘间为盗,环海窃发,不时报警。盖因逋逃亡命,甘心附寇,指引要津,以鼓其锋,而流恶豪商又为假引登岸,餔食以养其锐。"且又有"遣兵追捕,间有与寇同乡,督哨之官不肯进敌,以纵其党"者,可知明代海禁时期海南海盗之猖獗,规模与持续时间都前所未有。海盗的猖獗严重影响了海南的社会发展,解决海盗问题是促进海南发展的关键所在。

第五节　古代海南对外人文交流

历史上海南岛开发较晚,地处偏远,经济落后,曾被作为贬谪官员的流放之地,但是,海南岛居民的开放意识是比较强的。这一方面表现在海南人敢于"走出去",敢于面对世界。最迟从汉代起,海南人就参与南海诸岛经济开发,从事远洋捕捞。自唐代始,海南人就移居国外,主要到南洋各国,今天仍居住在东南亚国家的琼侨有 300 多万人。另一方面表现在海南文化的包容性。从汉代起,大陆移民不断增加,中原文化传入海南。此后南洋文化、佛教文化、道教文化、阿拉伯文化、西方文化等都有渗入,海南人能够接受外来文化,形成了今天海南文化的多样性。①

一、 海南人下南洋

海南自宋代以来形成的移民潮中,移民主要来自福建漳州、泉州两地。漳泉人因生活所迫产生的冒险精神,使其先人从福建来到海南。但是海南部分地区土地贫瘠,在生产力低下的情况下,大量人口的涌入造成新的生存压力,促使部分海南人秉承先辈冒险闯海精神,利用海南海上交通便利的条件,下南洋谋生。这种现象在海南的东北部尤为突出,因此"海南共分 16 县,但移居南洋的海南人乃以文昌、琼山、乐会、琼东四县为多"。②

对外贸易带动了海外移民,使海南成为全国著名的侨乡之一。史书记载,海南最早的海外移民始于宋代。明《琼台志》记载,宋乾道八年(1172 年),占城人来海南买马,掠走一批海南人。这是最早的琼侨。明清时期,海外移民明显增多,大多是向东南亚各国移民,最早移民的地方是越南,后来扩展到东南亚,伸延到世界各国,又以东南亚居多。当今东南亚各国讲海南话也较流行。明洪武二十三年(1391 年)文昌人口只有 24 203 人,而这一年就有 2000 余人乘船到泰国,当今泰国初贝岛等地的华裔还讲以文昌口音为标准的海南话,并建有多处"水尾圣娘庙"。民国时期海南对外移民形成高潮,到海南解放前,海外琼侨约有近百万人之多。华侨经常回国,给海南带来了海外文化的影响。

海南人出洋的时间,由于年代久远,无史可考,因此说法不一。据《琼海县志》记载:"邑人出洋始于唐代。其时,从福建漳州、泉州、莆田和广东等地移居于邑境的一部分商

① 牛志平,等. 海南文化史. 海口: 海南出版社,2008.

② 吴华. 星洲琼籍人士之今与昔//新加坡琼州会馆庆祝成立一百三十五周年纪念特刊. 新加坡: 琼州会馆,1989: 265-270.

人和渔民,因受不起天灾兵祸之苦,再乘舟楫,远渡重洋,移居于南洋群岛,为本县最早的出国华侨之一。"①研究者对文昌人向海外移民的时间有不同的看法,根据 1999 年出版的《海南百科全书》称:"文昌人移民海外始于明朝。"②《文昌县志》认为:文昌人出洋时间为宋末元初。③

无论哪种说法,明代之前海南人口向外流动就已经出现,主要是海南岛的渔民在南海区域进行渔业劳动,或者由于商人进行海上贸易等各种原因,久而定居海外,而被海盗掳往海外者亦有之。宋时占城国来海南买马,被拒,怒而劫掠而去,许多海南人被掳往占城国,成为海南最早的华侨之一。又有记载占城国"地广人少,多买奴婢舶舟,以人为货"。可知在古代的番国之中就有买卖人口的贸易存在。④ 据史书记载,南海区域的海盗"远则漳潮恩广,近而钦廉雷化,海岸居民,岁掠数百人入外番交易。"⑤可见在明代之前,已有海南人被掳至海外,并且被卖与海外番人充当劳力,而这样的人口贸易古已有之。明代海禁之后,海盗的增多使这种情况更加严重。如嘉靖四十五年,海盗苏大潜寇海上,"劫掳米商黄颐等数十人,晚等深圳港,杀生员云某,掳其子材,及抱虎等处子女数十人,去之番。"十二月,海盗何乔、林容等侵陵水、崖州等地,"杀伤甚重,掳数十人去。"隆庆元年,何乔等人陷文昌,"掳百余人去。"万历二年,闽广地区的大海盗林凤驾大舟至文昌,"军民商置被掳杀者二千二百人。"[27]等等。这些海盗不但在海上抢夺财物,也在各地掳掠人口,在海外进行人口贸易。有载,在三佛奇宣慰使司,"琼人被掳,多自其地逃回者。"渤泥国"琼人被掳,常鬻于此,多有盗船逃回者。"可见明代海南人口不断有被海盗掳往海外者,在明代海禁时期,这种情况愈演愈烈,而这些流往海外的人口也就成为了古代海南华侨的组成部分。

古代海南人由于经常在海外经商,也有侨居他乡的。海上贸易的兴盛促使一部分从

---

① 王桢华. 琼海市华侨志. 北京: 中国文联出版社,2007: 3.

② 海南百科全书编纂委员会. 海南百科全书. 北京: 中国大百科全书出版社,1999: 708.

③ 文昌市地方志编纂委员会. 文昌县志. 北京: 方志出版社,2000: 490.

④ 周去非《岭外代答》卷二。

⑤ 正德《琼台志》卷二十一。

事这一活动的海南人"住番",久之不归便成为华侨。中国古代沿海地区从事海上贸易的商人到东南亚经商时,由于当时航海技术的关系,去时贸易帆船要乘阴历 10 月到来年 2 月左右的东北风前往,返程时要等待 6 月到 8 月的西南季风兴起时才能回返。期间,船上商人要在当地等待一段时日,这一行为称为"住番"。只有久逾不归者方称为华侨。

据潘干在《琼山最早出洋帆船的兴衰史》一文所说:"从 1695 年冬开始,两艘 200 担的帆船队,从琼山演海乡开往泰国,到 1735 年,这支船队发展到 73 艘,常年川走于东南亚各国之间。"此文中还指出:早在 1641 年此乡的渔民曾驾小船经雷州,西行到达越南到芽庄,并侨居在彼处。此乡的帆船队又一直持续到 19 世纪初,才因清廷的禁令以及机船的兴起而衰落①。据《琼海县志》载:"境内草塘一带渔民,常运载西沙、南沙群岛捕捞的海鲜品和贝壳到南洋销售,有少数人随船散居于东南亚各地谋生。"②

对于海南人下南洋的原因,学界也有各种分析。有人说:"今且谈及海南人出洋之历史,海南人何时出洋,何故出洋,此行颇值考察审度,而加以论著者,一般皆以为海南人之到南洋,远在三百年前(明末清初之际),其出洋动机,不外为谋衣食。"认为:海南物产丰富,衣食无忧,"况在三百年前,海南人口尚少,正属地旷人稀,处处可以开垦,何须冒险远适。因此,我敢断言,不用谈三百年前,即二百年前,海南人也少有远渡重洋,求谋衣食者,有之,不过少数赋性好奇者,而富有冒险精神者,附搭海舶偷渡,藉以一开眼界,而图侥幸耳。况在从前,海禁极严,人民有偷出外洋者,以私通外国论,归来必遭官府严办,置诸重刑。海南居民,素称淳朴,守己安份,爱恋家乡,孰肯乘风破浪,远适不可知之域,而自取罪戾乎?迨乾嘉而后(距今二百年之际),西方船舶,到者渐多,中外贸易,习以为常,我国东南沿海一带,贸易商船,出海谋利者,已非罕见,海禁渐弛,出外洋以谋生活者,也逐渐增多。琼山、文昌、乐会、琼东一带出洋作客之居民,当然不少,一到道光年间(距今一百十年)中英鸦片战争结束,开五口为商埠,海禁大开,中外接触日繁,人民出洋,肩摩

---

① 潘干. 琼山县最早出洋帆船的兴衰史//琼山文史资料: 第五期. 琼山: 琼山市政协文史资料委员会, 1989.

② 王桢华. 琼海市华侨志. 北京: 中国文联出版社, 2007: 4.

踵接,海南出洋风气,已弥漫于琼文乐东各属矣。"①实际上,明清时期海南岛人多地少,"田不足耕"是汉族向外大量移民的重要原因。除此之外,频繁的战乱和政局动荡也是部分民众移民出洋的原因之一。无论如何,至清代,海上对外经济文化交流已十分频繁,海南在其中的贡献亦极为重要。

如在泰国,大量的海南人也是充当"小贩和渔夫"的角色,他们"开设碾米厂、小型锯木厂或经营橡胶种植业,少数人经营各种有限公司的商,大多数还是由几个人、几家合资经营小本生意,如餐馆、咖啡馆、小商贩、瓜菜、凉水、杂货等等。"②因此,"曼谷中区以北之繁盛商业地带,则甚少琼侨人迹,故知其来曼谷的时间比潮、客两属为晚,势力也弱,无法在此占一席之地。"但琼侨在某一行业独占鳌头的情况也并不鲜见,如在泰国中北部山区沿昭披耶河流之各小城镇,从事木材运输与火锯业的琼侨占当地华侨人数的 25%～30%。此一行业也非他属所能竞争。③

在马来亚,海南人绝大多数是打工仔,以洋工、胶工、杂工为主,极少数开咖啡店、小食店、小杂货店。在马六甲、槟城等地,大多数人受雇于热作园与锡矿做劳工或上山伐木;在缅甸、越南、柬埔寨等地,海南人从事农业或小本商业;在印尼的海南人多从事甘蔗、咖啡、椰子、水稻的种植等。南洋其他地区的情况大致相当。

海南人大量下南洋,可能与海南人熟悉到东南亚的航线有关。近代有人记载,海南人最为熟悉的航线有两条。其一是"由海口及文昌之铺前港,取道海峡往西,再南下走西贡、曼谷与星洲等处"。其二是"由清澜、博鳌、藤桥、三亚、海头等港直接南下赴上述目的。每年一次,于阴历冬至前后乘东北季风南下,至翌年夏间南风时返航。每年出南洋大型帆船总数约百余艘。其中,赴暹罗者 40 艘,赴交趾北部者 50 艘,南部者 25 艘。至赴星洲者,早期仅十余艘,盛时四十余艘。每船载重千余至一万担(合一百至六百吨),除货

---

①　《泰国海南会馆史略——由海南史地文化及乡侨出洋经过述起》"(三)海南人出洋及抵暹之经过"第 34 页,载《泰国海南会馆卅四年周年纪念特刊》,1980 年。

②　《琼侨在泰国》,《中国广东琼剧团访泰演出纪念特刊》,第 B14 页,转引自:冯子平. 走向世界的海南人. 北京:中国华侨出版社,1992:109。

③　苏云峰. 海南历史论文集. 海口:海南人民出版社,1992:212.

物外,每船附载乘客廿余人至百人。顺风时,数日可抵西贡,12 日可抵星洲,半月可抵曼谷。"①

据史料记载,清乾隆年间,已有不少海南人到暹罗、安南和马六甲谋生。又据《新加坡琼州会馆/天后宫史略》载:"考我琼同乡南来侨居,当在新加坡开埠前的 1819 年(注:根据地契文件记载)。其时当地乃一未僻之渔村,人烟稀少,同乡居此者亦不多,且散居乡村隅角,而无组织。"②据南洋著名考古学家韩槐准先生考证,在道光元年(1821 年),就有帆船自海南运载陶瓷器、铺地之砖、雨伞、鞋、纸、神香、干果及药材等到新加坡销售。③ 1830 年,琼州帆船也已经到达槟城。在 19 世纪中叶以降出现的大规模移民潮中,随着海南移民的增加,在南洋各地,逐渐形成了"琼州帮"群体④。在越南,阮氏王朝对华侨"1807 年嘉隆王准允按籍贯、语言分帮管理。七府(漳、泉、潮、广、惠、琼、徽)五帮(福建、广肇、潮州、客家、海南)由此产生。1843 年又准允每帮设正副帮长",管理华侨事务。⑤ 张荫桓也说,越南"西贡华人分为五帮,曰广肇,曰潮,曰漳泉,曰客家,曰海南。五原之中各有正副帮长"。⑥ 可见,在华侨群体中,海南华侨占有一席之地。除越南外,暹罗也是海南人出洋的主要目的地之一。张荫桓说:"寓暹华民,潮为最,闽次之,广肇次之,海南次之,惠州、嘉应又其次也。"⑦日本学者小叶田淳在其所著之《海南岛史》中引用欧洲人的话,说 1830 年左右,"广东省海南岛人使用的语言与福建话只是有转讹的差别,我在暹罗和海南

---

① 苏云峰. 东南亚琼侨移民史//海南历史论文集. 海口：海南出版社,2002：196.

② 新加坡琼州会馆秘书处. 新加坡琼州会馆/天后宫史略//新加坡琼州会馆庆祝成立一百三十五周年纪念特刊. 新加坡：琼州会馆,1989：101。

③ 韩槐准《琼州南洋交通考》,载《琼州会馆联合会报》第一卷第一期。

④ 华侨社会以地域、方言、族源分帮结社,一般而言分为福建(闽南)帮、潮州帮、广府(广肇)帮、客家帮和海南帮。

⑤ 徐善福. 十七—十九世纪的越南南方华侨//华侨史论文集：第 1 集. 广州：暨南大学华侨研究所,1981：95.

⑥ 张荫桓《三洲日记》。

⑦ 张荫桓《三洲日记》。

岛人有多次的交谈机会,大体上用福建话可以了解彼此之间的意思。"①可见当时海南人在暹罗已有不小规模。海南人在泰国相对集中在曼谷北部之三清、中部之哒叻仔、南部之馋叻三地区。

这一时期海南人大量出洋,也和交通状况的改善有较大关系。此前,海南人出洋之交通工具为木帆船,一般为乘船从海南启程向西,沿北部湾南下,到越南后,或沿海岸南下到暹罗,或转程到马来半岛的新加坡、槟城、马六甲及印尼廖内、苏门答腊等地,或续程直航到婆罗洲加里曼丹、印尼东爪哇诸岛。木帆船一般利用东北季风,行程约两个星期泊港,若遇上天气恶劣,则需要半个多月。不但行程时间长,而且在海上随风漂泊,生死难料,船沉人亡之事时有发生。因此每艘船都安置"天后圣母"(天后圣母是文昌人崇拜之海神,出洋者中以文昌人居多,因此每船均有安置),以求保佑平安抵岸。1890 年,乐会县华侨何达启在海口开设森堡船务公司,破天荒第一次驾驶轮船载客出洋,开辟海口至东南亚的新航线,大大缩短了海南与东南亚各地的航程。随着交通状况的改善,出洋的海南人数量大增。据相关资料统计,从 1876 年至 1898 年的 23 年间,通过客运出洋的琼侨人数达 24.47 万人次左右,平均每年 1 万余人次出洋。②

海南的穆斯林也有移居到马来西亚、泰国等国的情况。清朝乾隆年间发生了"海富润事件"。海富润是海南岛崖州三亚村人,虔信伊斯兰教。曾在广西、湖南、湖北、安徽、陕西等省回民地区游学 8 年,并在陕西大荔、渭南等地长期居留。1781 年海富润在回海南途经桂林时,知府贵中孚搜查出他携带了阿拉伯文经籍 21 本,当即将其逮捕,并上报广西巡抚朱椿。朱椿以"各书内大义,通系揄扬西域回教国王穆罕默德之语"为由,罗织 3 条罪状,幸亏乾隆皇帝明辨是非,指出"旧教回民,各省多有","其平日所诵经典多系相沿旧本,并非实有谤毁,显为悖逆之语",下旨释放被捕人士,发还书籍。但即便如此,海富润全家老小(除海富润本人外)全部移居海外。据传述,当时有 500 多人因此事发生而移居马来西亚、印度尼西亚、泰国等国家和香港、澳门地区。马来西亚槟城目前有 1000 多

---

① 小叶田淳. 海南岛史. 中国科学院广东民族研究所,1964: 303,304.

② 王桢华. 琼海市华侨志. 北京: 中国文联出版社, 2007: 7.

名海南三亚回族侨民。另据美国人类学者彭景丰博士的研究,马来西亚的海南穆斯林后裔大约在公元 1800 年从海南岛移民到马来西亚的邦咯岛,定居在马来人的村落内,娶马来妇女,生活习俗与马来人大同小异,他们被称为"三亚番"或"海南番"。他们的后裔最终同化在马来社会中,成为土著。彭博士认识一个曾经在邦咯岛生活了 10 年,直到 1931 年才返回海南岛的穆斯林,也成功地在海南岛穆斯林族家族找到他们在马来西亚的亲人。①

晚清以后,由于西人侵入,导致海南对外贸易衰落,不少手工业者纷纷出国谋生。《海南岛志》记载,海南的工业大部集中于海口,且大部分产品都是对外出口,如糖业、制皮业、织造业等。《光绪十五年琼州口华洋贸易情形论略》记载:"查光绪十五年琼州商务,据华洋各商所报一年贸易情形同称不顺,有异寻常。一则年岁失收,再则人畜病毙,银元价值减色,行店拖累倒盘。香港银号非独不允借揭,且将已借出者亦要收回,以致有此情景……查贸易虽属减色,所可异者,船只往来多于畴昔。计常川往还由香港绕琼州而达北海之轮船有五,丹德两国船各居其二,英国船居其一。由厦门、汕头道经琼州搭客前赴新加坡、暹罗等处者较昔年为更多。故十五年分本口轮船共有六百七十八号统计三十二万三千一百七十二吨,其载脚一项虽有互相减价揽载者,多仍未见骤有长落,然亦常觉其脚价近于低矣。写船公司大为亏本。倘嗣后贸易或无起色,则常川来琼轮船难容五号之多,势须分走别埠,否则恐致仍前亏本也。华工之往来新暹两埠虽多于昔,而往来货物几致绝无。"②虽然琼海关报告并未说明对外贸易衰落与华工大量出国的关系,不过可以推测:受贸易影响最大的轮船公司转货运为客运,并导致运费的下降。间接受到贸易衰落影响的海口的港口搬卸行业、初级加工业等行业的失业人员,也在运费下降的情况下选择出国谋生。

琼海关设立之后,海南航运业有了极大发展,对华工出国的影响也很大。《光绪二十八年琼州口华洋贸易情形论略》记载:"旅客查今年轮船装载华工出口计有二万六千五百

① 王振春. 海南回民情系邦国. 南洋商报,1997-3-16.

② 光绪十五年琼州口华洋贸易情形论略//中国旧海关史料(1859—1948):第 15 册. 北京:京华出版社,2001:209.

六十名,去年不过一万六千九百八十六名,是今年较去年所增颇巨,其故盖因赴新加坡者今年实盛于去年耳。至现时华人之出洋佣工者,则较易于从前,皆缘德国公司轮船由中国往来暹罗新加坡者华工附载一切均称适意,船面固极空阔,上有遮蓬舱位,亦极宽舒,四方通气,若彼贫贱者得乘此船,比之家居尤为安适。故招工轮船之到海口搭客必多。诚所谓以好处给人未有不愿领受者也。"①航运条件的改善让海南的出国人数增加了。由于轮船必须经过海口港搭客,海口也因此逐渐取代南部的清澜港,发展为近代华工出国的口岸之一。"海口海关和新兴街等处也有外国投机商及招工贩子设立的收买华工、经办华人华工出国事务的机构和'猪仔'馆多处。每当船期一到,被掠之华工就被绑架上船,运往南洋或北美洲。"②

二、 宗教文化交流

　　古代商船远航,经常搭载宗教文化人士,宗教的传播借助于海路十分常见。汉以后到印度访问的中国僧侣经海道往还的很多。东晋隆安三年(399 年),著名僧人法显从后秦京城长安出发,由陆路前往天竺西行取经。归程循海路,经师子国(斯里兰卡),到耶婆提国(苏门答腊),然后搭开往中国的商船回国,所乘巨舶可容二百余人。③ 归国后著有《佛国记》一书(初名《佛游天竺记》,后又有《历游天竺记传》《法显行传》及《法显传》等名称),为研究中西交通及西域、南亚各国历史地理的重要著作。又刘宋末,扶南王阇耶跋摩曾"遣商货至广州"。④ 其他如林邑、师子国、天竺等也与南朝有着通商关系。阿拉伯著名历史学家马斯欧底的名著《金草原》中有公元六世纪时我国和阿拉伯通商的记载。当时中国商船从波斯湾进入幼发拉底河的希拉城(阿拉伯古国希拉王国的首都)进行贸

---

①　光绪二十八年琼州口华洋贸易情形论略//中国旧海关史料（1859—1948）：第36册. 北京：京华出版社，2001：297.

②　林日举，李琼兴. 外国资本主义侵琼及岛内人民的抗争. 琼州大学学报，1998（4）：98.

③　《后汉书》卷一一六《西南夷传》。

④　《后汉书》卷一一六《西南夷传》。

易。① 南朝与海南诸国通商的口岸——广州南海郡的番禺(今广州市),交州的龙编(今越南河内东天德江北岸),西捲(今越南广治省广治河与甘露河合流处)——已呈现出"舟舶继路,商使交属"②的繁荣景象。早期对"南海"的交通,航海技术还不很发达,不得不依靠"蛮夷贾船,转送致之"③。由于尚未掌握季风规律,只能沿海岸航行。在远海及越洋航行时,每"苦逢风波溺死,不者数年来还"④。又由于单纯依赖天文导航,"唯望日月星辰而进,若阴雨时,为逐风去,亦无准。"⑤外海远航还不很安全可靠。当时南海起航也只限于广、交二州,东南沿海尚未有对外贸易海港的开辟。唐代佛教大师义净于咸亨二年(671年)从广州出发,浮海赴天竺求经,往返均取海道。回程时在南洋滞留十年,曾周游三十余国。归国后撰写了《南海寄归内法传》和《大唐西域求法高僧传》二书,记录了南海各国的社会、文化和宗教等情况,成为研究 7 世纪时印度、巴基斯坦和南洋各国历史地理的珍贵资料。宗教文化人士途经海南岛或南海区域,给海南的对外人文交流提供了许多便利。

从几大宗教在海南的流传情况看,佛教、基督教、伊斯兰教和道教在与海南黎人社会的接触中因文化差异产生了不同结果。佛教早在唐宋之前就已传到海南,虽然佛教在广大汉人中间有较多的信徒,但黎族人民对其玄之又玄的思想较难理解,故受佛教影响较小。鉴真和尚的亲临传教无疑是其高潮。天宝元年(742 年)十月,鉴真五十五岁时,日本留学僧荣叡、普照两人从长安来扬州拜谒鉴真,邀请鉴真到日本去传道弘法,并担任授戒大师。获得鉴真的同意,弟子中也有二十一人准备随行。他们准备了四次的航行均告失败。第五次是天宝七年(748 年)六月二十七日从扬州崇福寺出发,到舟山群岛停了些日子,三个月后再度驶航过海时又遇到飓风,在海中漂流十四天,向西南方向到了海南南端的崖县。这样,第五次航海又失败了。在海南岛,一行人受到了当地佛教徒及地方官冯

---

① 伯希和. 交广印度两道考. 冯承钧, 译. 北京: 中华书局, 2003: 88-89.

② 《后汉书》卷一一八《西域传·天竺传》。

③ 《汉书》卷二八下《地理志》。

④ 《汉书》卷二八下《地理志》。

⑤ 法显《佛国记》。

崇债的招待供养，并在他护送下，从海南回到大陆，取道广西、广东、江西、江苏而回扬州。这次航行中，最大的损失是，鉴真不但失去了敦促他东渡的日本僧荣叡和所爱的弟子详彦，而且他本人的双目也因医治无效而失明了。[①]

基督教早在明代就传到海南岛，但因其不杀牲等教义与黎人生活现实抵触，对上帝的信仰也难以达到虔诚的地步。而道教因多涉及鬼神，故与黎族"万物有灵"的原始宗教观念有共同之处，便于理解和接受，所以道教在海南便得到广泛的传播。但不管是哪种宗教形式，在海南都会或多或少受到黎族原始宗教的影响，所以说仍是多种文化整合的一种折射。

佛教早在西汉已传入中国。从海路来到广州的佛教僧人，最早见于记载的当推西晋惠帝光熙元年（306 年）天竺名僧耆域。其后中外许多著名僧人通过海上丝路相互传经布教。如宋时天竺高僧、禅宗东土初祖菩提达摩来到广州西来庵（今华林寺）传教，后又北上经建康（今南京）到达河南嵩山少林寺。僧人在传教的同时，还传入印度的哲学、文学、医药、绘画、雕塑和建筑艺术。唐代除佛教僧人来广州外，还有伊斯兰教徒、犹太教徒、基督教徒等，其中尤以伊斯兰教徒为多。由于唐朝与阿拉伯世界海上交往频繁，伊斯兰教刚刚创立，便于隋唐之际传入广州。不仅广州有光塔怀圣寺、清真先贤斡葛思墓，成为著名的伊斯兰教圣地和海外交通的重要史迹，而且在海南岛三亚市的送路、酸梅角和陵水县的千教坡发现的五十多处阿拉伯人墓葬群，也是这个时期南海区域宗教文化交往的重要见证。

在元代，西方基督教士纷纷从海上来到中国。如元大都最初的总主教意大利人约翰孟德高维奴就是由海道而来，在中国布教 13 年。人们熟知的威尼斯人马可·波罗虽由陆道来我国，但回国时则取道"海上丝路"，他写了《马可·波罗游记》把我国情况介绍给西方。明代海外各国经海南贸易者仍然相继不绝。为了祈保平安和满足宗教信仰的需要，在万州（今万宁市）东北三十五里莲塘港门建立了番神庙，其神曰"舶主"。

出洋海南人奉祀的神祇既与海南的历史传统相关，也与他们闯海谋生的经历相关。

---

① 张岳崧《琼州府志》卷二《舆地志》。

他们奉祀的神祇主要有天后圣母、水尾圣娘及昭烈一零八兄弟诸神。妈祖崇拜属于道教的分支。道教是中国的本土宗教,在民间具有极强的生命力。清代海南道教虽然没有重大历史事件表明其发展,但其在海南民间的影响力还是不可低估的。具体而言,清代以来,海南道教的分化比较剧烈,换言之,传统的、正统的道教在持续地减少影响力,而借用道教的形式与内容,一些与道教相关的教派在广泛发展。承袭着明代以来的局面。对妈祖的崇拜就是其典型。当代学者在分析明清时期海南妈祖信仰兴盛的原因时指出:"妈祖信仰在海南岛落户并于明清时期迅速发展,这与海南的地理位置、妈祖属性以及当时海南社会的进一步发展密切联系。"并指出:清代海南对妈祖的崇拜进一步发展,表现在修建、重建妈祖庙宇的次数、规模上都超过明代。[①] 日本学者小叶田淳也说:"在海南岛,天后可以说是最普遍(崇拜)的神,由此可以窥见海南岛不断演进而来的历史侧面。"[②]上述两篇论文中都注意到了一个问题,即妈祖的崇拜与海南商业发展的关系。他们的研究成果反映了清代海南社会经济发展中的重要问题——海洋渔业的发展与海南对外贸易的演进问题。对这个问题的进一步揭示,将全面澄清海南文化中作为其海洋文化特质存在的问题。

在泰国,海南人的神庙,主要供奉水尾圣娘、正顺圣娘、泰华圣娘、玄天上帝、天后圣母、木头公爷、关圣帝君、昭烈百有八灵圣、观音菩萨等。其中,以水尾圣娘为最盛。海南人最早建造的庙宇是清道光二十一年(1841年)筹资创建的三清水尾圣娘庙,后经数次修葺扩建,使之更加宏伟、完善,至今香火仍旺盛。之后几十年间,又相继建起十多个圣娘庙和昭应祠。而今泰国72府,凡是有琼侨的县、市必有水尾圣娘庙。在泰国,历史悠久的海南人庙宇有呵叻府水尾圣娘庙(1857年)、蒙叻昭应庙(1871年)、北榄坡水尾圣娘庙(1870年)、南邦水尾圣娘庙(同治年间)、披猜水尾圣娘庙(1874年)、他罗水尾圣娘庙(1878年)、色梗港水尾圣娘庙(光绪年间)、罗勇府水尾圣娘庙(光绪年间)、泰可泰府奇玛水尾圣娘庙(光绪年间)、北大年府昭应祠、昭祖善堂(光绪年间)、宋加洛三圣古庙(光绪

---

① 王元林,邓敏锐. 明清时期海南岛的妈祖信仰. 海南大学学报(人文社会科学版), 2004, 22(4): 381-386.

② 小叶田淳. 海南岛的天后庙:天后的祭祀与商业. 南方文化(日文版),1974, 创刊号。

年间）。①

在马来西亚，几乎每一间琼州会馆内都设神坛，供奉天后圣母。有的会馆创立之前，是先有天后庙，后建会馆，如槟城的海南人在 1870 年前创立天后宫，奉祀天后圣母，而后 1925 年才将天后宫正名为琼州会馆。每间琼州会馆都设有天后宫，所膜拜的神祇，除主神天后圣母外，还有南天水尾圣娘，昭烈一零八兄弟诸神。据 1993 年海南联会进行的一项调查：全马 68 间海南会馆中，有 51 间供奉神明。其中 35 间设有天后宫，供奉天后圣母最多，有 46 间，水尾圣娘 42 间，一百零八兄弟公 28 间。各会馆内供奉的神明尚有冼太夫人、华光大帝、关帝、观音、三圣娘娘、李英娘娘、李府五爷、福德正神、财神、天神、土地公、拿督公、天公、洪仙大帝等，可说是多种神祇。但是，海南人最普遍膜拜的神明是天后圣母、水尾圣娘和一百零八兄弟公诸神。②

在新加坡，海南人信仰的神祇有天后圣母、南天水尾圣娘和昭烈一百零八兄弟公。1854 年（一说 1875 年）海南先贤创建的琼州会馆供奉天后圣母、水尾圣娘和昭烈一百零八兄弟公。琼州会馆与琼州天后宫本来是一而二、二而一的组织，但自 1932 年起，当地政府下令规定，除神庙和宗教团体外，会馆须申请注册。此后，两个组织便行分立。③ 每逢神诞之期，人们就会在密驼律民众联络广场处搭戏台公演酬神戏。

海南人供奉的不管是天后圣母，还是南天水尾圣娘、一百零八兄弟诸神，或其他神祇，虽然名称各有不同，但其反映的精神内涵是一致的，即保佑平安，发财致富，人生诸事顺利。在远离故土的异国他乡，供奉的神祇是琼侨们重要的精神寄托，同时也推动着与居住国的文化交流。

东南亚华人华侨中有许多是海南人，他们对居住国的宗教文化交流也做出了重要贡献。东南亚流行伊斯兰教的国家很多，郑和下西洋促进了中外穆斯林文化的交流。郑和出身于穆斯林世家，但是他也包容和尊重中国的儒、佛、道文化。他的船队中有很多信仰伊斯兰教的穆斯林，其船队抵达伊斯兰国家时，热情地与当地穆斯林进行宗教文化的相

---

① 冯子平. 走向世界的海南人. 北京：中国华侨出版社，1992：130.

② 王桢华. 琼海市华侨志. 北京：中国文联出版社，2007：33-34.

③ 吴华. 世界海南组织资料汇编. 马来西亚海南会馆联合会，2009：3.

互交流,对于华人迅速融入当地社会起到非常积极的作用。

例如,在文莱市场流行的中国铜钱很多都是当地穆斯林自己铸造的。① 文莱是马来语国家,但是大量华人居住在文莱,汉语逐渐在文莱也有了较高的使用度。文化的交融使两国百姓更加了解,文化认同度也逐步提高。这为中文两国关系的深入发展奠定了坚实的精神基础。

18 世纪之后,已经有不少中国人在文莱定居,主要从事造船业和胡椒种植业。据估计,当时有三万余华人在文莱从事胡椒种植业,几乎垄断了整个文莱的胡椒贸易。② 据载:"在 1769—1790 年间,文莱的华人在年成好的年份里,一年能产出 2 万担(约 1200 吨)左右的胡椒,而这些胡椒几乎全部被中国帆船运回了中国。"③胡椒贸易成为中文两国民间商贸交往的大宗商品。大量胡椒运回中国,为胡椒进入寻常百姓家提供了可能。

到了 19 世纪初,加里曼丹岛的华侨人数已经达到 15 万人。这个庞大的群体为中文经济交流做出了重要贡献。文莱华商以中国商品、中国市场为依托,同时参与到文莱的胡椒种植、造船等行业。在加里曼丹的北部渤泥,大批华人经营胡椒种植园,从沿海向内陆延伸数十里。停泊在港口的五六百吨的大船都忙于接待中国帆船运胡椒。华人在文莱直接经营胡椒种植园,保证了中文胡椒贸易的充足货源。

华侨商人在文莱最主要的还是从事商业,他们初到文莱的时候都是小本经营,后来也慢慢出现了较为富有的侨商。这些华商不辞劳苦地奔波于中国和文莱之间,他们带去的不仅仅是商品,还有中国先进的生产技术,大大提高了当地农业、手工业的生产效率。他们对文莱的经济发展做出了重大贡献。首先,他们的贸易活动促进了文莱和中国的经济交流,丰富了文莱与中国人民的日常生活。中国的丝绸、布帛、瓷器、漆器、药材颇受文莱百姓喜爱。文莱燕窝、胡椒也被大批量地运回中国。其次,华商在文莱从事商贸活动,

---

① Anthony Reid. Southeast Asia in the Age of Commence 1450-1680: Vol Ⅱ. Yale University Press, 1993: 97.

② 李荣陵. 沙捞越人口及其聚落. 星洲日报, 1986-7-19.

③ David Bulbeck, Anthony Reid, Lay Cheng Tan, et al. Southeast Asian Exports since the 14th Century: Cloves, Coffee and Sugar. Leiden: KTLV Press, 1998: 81.

沟通了当地的城乡经济,促进了当地工商业的发展。华商在文莱的商贸活动不仅仅局限于城市,还深入文莱的农村。他们收购当地土特产并出售日用品及农具。他们诚信经营,博得文莱各阶层百姓的好评。还有的华商承包种植园,大量种植胡椒。由于自然环境的原因,东南亚的很多国家都存在"少耕种"的情况。华人到了之后和当地人民共同垦殖,丰富和发展了当地的粮食生产和品种,并且提高了农作物的产量。

华人在经商谋生的同时,也把中国文化传播到了东南亚国家。例如中国的中医药学历史悠久,属于中国传统文化的一部分。中国传统的中医药学进入东南亚主要通过两个途径:一个是由中国的移民带去,在日常生活中,华人采用中医的技法治病疗伤,当地人民耳濡目染,逐步认可并接受中国的传统中医疗法;另一个是政府间互派使者相互学习的结果。东南亚又盛产丁香、玳瑁、片脑等名贵中药材,因此当中医理论和治疗方法传入文莱后,非常方便老百姓就地取材,制药疗伤。中医的传入为改善当地人民的生活水平起到重要作用。

中国酿酒历史悠久,最初的时候人们主要饮黄酒,到了明清时期出现了白酒的酿制。东南亚人民也有饮酒的习俗,并拥有高超的酿酒技术。渤泥国就有"秫酒"[1],文莱的酿酒技术在东南亚位于前列,但是这种"秫酒"是发酵酒,基本没有采用蒸馏技术,酒精的浓度也不高。中国的白酒在明代大量输入文莱,除了满足华人的需求外,当地居民也非常喜爱。

中国陶瓷的传入大大改善了东南亚人民的食用器皿。在明以前,渤泥国"无器皿,以竹编贝多叶为器,食毕则弃"。[2] 瓷器比其他任何材质的器皿都具有优越性,它胎质细密,表面釉料光滑透明,即使是断面也不吸收水分,和食物接触也不起化学反应,并且容易清洗,可以有效地防止细菌繁殖。中国陶瓷的传入大大改善了文莱人民的饮食卫生状况。中国宣德炉的制瓷原料中也有渤泥国的"胭脂石头"。[3]

---

①　黄省曾. 西洋朝贡点录·渤泥. 北京: 中华书局, 2000: 44.

②　赵汝适. 诸蕃志. 北京: 中华书局, 2000: 221.

③　郑一钧. 论郑和下西洋. 北京: 海洋出版社, 1985: 424-431.

在中国自古就有祭祀山川的风俗,在明朝"福建附祭日本、琉球、渤泥"①的山川,文莱山川除了与中国山川一同祭祀外,明朝皇帝还对其山岳进行了赐封:"兹特锡封王国中之山为长宁镇国之山,赐文刻石,以著王休,于昭万年,其永无斁。系之诗曰:'炎海之墟,浡泥所处。煦仁渐义,有顺无违。恮恮贤王,惟化之慕。导以象胥,遹来奔赴。同其妇子、兄弟、陪臣,稽颡阙下,有言以陈。谓君犹天,遗以休乐,一视同仁,匪偏厚薄。顾兹鲜德,弗称所云。浪舶风樯,实劳恳勤。稽古远臣,顺来怒赴。以躬或难,矧曰家室。王心宣诚,金石其坚。西南蕃长,畴与王贤。蠡蠡高山,以镇王国。镵文于石,懋昭王德。王德克昭,王国攸宁。于万斯年,仰我大明。'"②祭祀山岳的习俗慢慢地也被东南亚人民认可,他们也会自主发起一些祭祀活动。

三、 异域人在海南

通过海上丝绸之路,海南人走出了国门,漂洋过海,异域人也有来到海南的,他们带来的域外文化被融合为海南文化一部分。宋代以降,先后有回民从占城等地漂流至今三亚、儋州、琼山、万宁等地,他们被称为"番民"。宋赵汝适《诸蕃志》海南条记万安军城东有舶主都纲庙,往来船舶必祭后才离去,后道光《琼州府志》和《万州志》均记万安州东北三十五里莲塘港门有昭应庙,上立番神,祭时忌用猪肉,当系阿拉伯回民所建。自此,伊斯兰文化融入海南文化。

在缥缈无际的南海航行中,一些古波斯人"因浮海遇风,惮于反复,乃请其主原留南方,以通往来,货主许焉"。③ 由于当时海洋气候恶劣,变化无常,"诸番舶虽东洋琉球等国,被风飘多至琼。"④也就是说,当这些"番舶"航行中突遇狂风袭击,船舶迷失方向飘至海南岛沿岸,幸存的船员将死难者埋葬在海南岛海岸线荒凉的海滩沙丘后,自己也只能暂时栖寓海边,整日遥望着大海,等待航行过来的船只搭救以重返故里。而希望之光一

---

① 《明史》卷四十九《志第二十五·礼三》"岳镇海渎山川之祀"。

② 《明史·李泥列传》卷三二五。

③ 《雍正广东通志》卷五十七。

④ 顾炎武《天下郡国利病书》卷一二。

天天逐渐熄灭后,他们只好定居下来,开始与当地土著居民往来并在此繁衍生息,并世世代代生活居住在海南岛。

古时海上漂至海南的外来船员也有留居不归的,形成了早期的外来移民。宋朝大批回族人迁来海南就是如此。《宋史·占城传》载:雍熙"三年(986年),其王刘继宗遣使李朝仙来贡。儋州上言,占城人蒲罗遏为交州所逼,率其族百口来附。"他们在与海南人的贸易和交往中,率众浮舶到海南岛停泊或留居,多数住在崖州,"杂居在保平、望楼、番坊、所三亚(里)四地"。①《古今图书集成》记载:"番俗本占城人,宋元间,因乱,挈家驾舟而来,散泊海岸,谓之番村番浦。今编户八所三亚里,皆其种类也。"

史料记载,早在隋唐时期,中东一带的穆斯林商人就开始驾船跨越印度洋,经我国南海到达泉州、广州一带经商贸易,海南的东部海岸在当时正是这条航线上重要的补给站,来往的穆斯林商人经常在此休息甚至定居,有些在航海中去世的穆斯林商人被安葬在海湾附近,藤桥墓群就是他们留下的遗迹。据考证,藤桥墓群是迄今在我国南方地区发现的年代最早、规模最大、延续时间较长的阿拉伯伊斯兰教徒墓地。

20世纪七八十年代,在海南岛东南海岸线的三亚市与陵水县交界处,连续发现了梅山塘、干教坡、番岭坡和土福湾四处唐宋时期古代波斯人和阿拉伯人伊斯兰教徒古墓群。② 这些穆斯林古墓群不仅数量多,而且非常集中,墓碑雕刻精良,说明是历史上定居在这里的穆斯林公共墓地。就在2011年春,海南考古人员还在土福湾一工地清理出多处伊斯兰教徒古墓。由此可见,海南岛的东南沿海是海上丝绸之路的主要经过地,也是当时外地穆斯林的主要聚居区,而且三亚、陵水等地历史上也曾是内联大陆、外通海域的重要门户。

特别是位于三亚市藤桥镇(今海棠湾镇)东溪村一千米的番岭坡海滩的唐宋伊斯兰教徒古墓群,则是迄今在华南发现年代最早、规模最大、延续时间较长的阿拉伯伊斯兰教徒墓地。2006年5月,该墓群被国务院正式批准为第六批全国重点文物保护单位。该墓

① 小叶田淳《海南岛史》。

② 海南省文物保护管理委员会. 海南省的考古发现与文物保护//文物考古工作十年. 北京: 文物出版社, 1990.

群地处沙丘地带,地势平坦开阔,古墓群绵延数里,珊瑚石古墓葬在绿荫下隐约可见。这一带前后共发现古墓葬45座。当时考古人员对该墓群中的 7 座墓葬进行了试掘,初步确定了这些墓葬的形制和年代。已发掘的墓葬形制皆为土坑竖穴墓,大多长 1.8~3 米,宽 0.8~1 米,深 1.7 米,无葬具和随葬品。每座墓葬前后两端各竖珊瑚石墓碑一块。墓碑雕刻碑文和花鸟图案的一面朝外。墓碑冠有玉圭形、双峰形、山字形等,碑高 36~37厘米,宽 38~54 厘米,厚 10~13 厘米。花纹图案有圆月形、卷云纹,或是花朵、树枝、双鸟朝阳、锯齿纹带等形态各异的图案。墓碑碑文以阿拉伯文雕刻,虽然大部分碑刻铭文风化难以辨认,但通过翻译,不难窥见其内容。其中有一块墓碑上的译文是:"除安拉以外,没有可崇拜的,穆罕默德是安拉的使者。""凡在大地上的,都要毁灭。唯有你的主的本体具有的尊严与大德将永远在。"还有的译文是:"……伊斯兰(是)我们的宗教……穆罕默德是安拉的使者……天堂……马达甲。"有的是:"这是……著名的哈桑……的坟墓……斋月日"等等。更有一块墓碑特别引人注目,碑文的译文是:"殉教者伊本·赛爱德·宛葛斯巴巴,归真于 12 月。"有专家考证,该墓主是第一个到海南岛传教的穆斯林,即第一位到中国广州传教的阿拉伯传教士葛斯巴巴之子。[①]

对上述古墓群的葬式考证,其葬式与大陆其他地方发现的伊斯兰墓葬的葬式有着明显区别。如在广州、泉州、杭州、扬州等地发现的伊斯兰墓群,墓室一般均用石板或砖砌筑,并用石板压顶。另外,墓前不用前后两块墓碑,而采用一碑双面雕刻,这种形制只是在伊斯兰教的发祥地阿拉伯半岛、阿曼南部海岸的佐德尔古城遗址中有出土。而在三亚、陵水伊斯兰教徒古墓群中采用的珊瑚石做墓碑,这种葬式迄今仅在东非一带的沿海港口遗址中有所发现。如今,在海南省博物馆二楼展厅内就陈列有一件唐代穆斯林珊瑚石墓碑,这块墓碑就是 1984 年在陵水县英州镇土福湾出土的,它是研究海南回族历史、来源及分布的重要实物。墓碑高 66 厘米,宽 47 厘米,厚 10 厘米,由珊瑚石雕刻而成。碑额为尖顶,尖顶下雕有五座山峰形状,山峰下刻有"生命树"图案,"生命树"上端托起一轮

---

① 海南省文物保护管理委员会. 海南省的考古发现与文物保护//文物考古工作十年. 北京: 文物出版社, 1990.

圆月,圈内雕有阿拉伯《古兰经》文,"生命树"下有一长方形,内雕刻锯齿形图案。这也表明三亚伊斯兰教徒古墓群的形制和使用珊瑚石作墓碑的习俗明显来源于东非和阿拉伯半岛。与其他各地伊斯兰教流传地区的穆斯林墓葬相比,带有明显的早期性。[1]

另外,在海南省博物馆展厅中展出的一件唐代珊瑚石俑,为陵水唐代石椁墓随葬品。1995 年陵水县博物馆在抢救发掘一座军屯坡唐代珊瑚石椁墓时,从盗窃者手中追回了这件珍贵文物。俑系珊瑚石雕刻,通高 80 厘米,肩宽 30 厘米,臀宽 131.5 厘米,头高 23 厘米,腰宽 21 厘米,厚 14 厘米,头顶突出发髻,刻有五官,双手合十跪立,状似家奴,它是研究唐代海南伊斯兰葬俗的重要实物。

位于三亚市羊栏镇回新村西南的羊栏伊斯兰教徒古墓群也属于唐—元时期的墓群。墓群地处大海边的沙丘地带,面积约 1600 余平方米。目前已发现有 30 余座墓,皆为竖穴土坑,长 1.8～2 米,宽 0.8～1 米,深 1.2 米,没有葬具和随葬品。死者侧身屈肢,头在西北,面朝西,墓穴两端各竖一珊瑚石碑,碑略呈方形,高 47～55 厘米,宽 43～51 厘米,碑首呈圭形、双峰形、山字形。墓碑用阿拉伯文刻《古兰经》、墓主姓名、死亡日期等。

据史书记载,自宋至明占婆国(今越南南部)前后数批移民迁到海南。史书对此记载为:"太宗雍熙三年(986 年),占城人蒲罗遏率族百人,避国难,移往海南岛之儋州。"[2]另据清道光《崖州志》记载:"宋元间因乱,挈家泛舟而来,散泊海岸(大蛋港、酸梅铺海岸),谓之番邦、番浦,后聚所三亚里番村。"[3]从地形上看,这一带是河流入海口,海产丰富,土地肥沃,是理想的居住地。可以推测,古代穆斯林由于历史、地理原因,不断在这条海岸线上迁徙,这些墓葬就是他们留下的遗迹。

时至今日的三亚市凤凰镇,仍保留有回辉、回新两个回族村。村里有清真寺 6 座、清真女寺 3 座,平均不到 1000 人就有一座清真寺。这里的回族与国内其他地区的回族在语言上有着明显的不同。他们不以汉语为本民族语言,而是拥有自己特殊的语言——回辉话。这种语言不同于国内任何一种民族语言、方言和土语,这种独特现象已引起海内

---

① 王克荣. 海南岛的主要考古发现及其重要价值. 海南黎族苗族自治州博物馆馆刊, 1987, 创刊号.

② 《宋史》卷四百八十九。

③ 道光《崖州志》。

外语言学者的浓厚兴趣。

唐代的岭南,在阿拉伯商人聚居之处都设有"番坊",番坊内建有清真寺。番坊(海南史书上又称"番浦""番民所")是唐宋时大食、波斯等国侨商在中国的聚居地,其中不少番坊以穆斯林为主。在海南岛北部的海口,元时就有"番营"的记载,直到清代,海口的"礼拜寺在土城北街巷内,宣德初,军海兰答建,废"。[①] 至今在海南岛各地仍保留有许多与穆斯林有关的名称,如"番坊园""番园村""番塘""番人田""番坊里""番坊""番村"等,尽管今天海南岛的不少地方已无穆斯林居住,但人们仍习惯这样称呼,足见历史上穆斯林对海南岛文化的影响。

---

① 《正德琼台志》。

第四章 │ 海南岛古代港口和沿海城镇

海南省简称"琼",行政区域包括海南岛、西沙群岛、南沙群岛和中沙群岛等岛礁及其海域,全省陆地面积约 3.54 万平方千米,其中陆地面积最大的是海南岛,面积 3.39 万平方千米,仅次于台湾岛,是我国的第二大岛。岛屿轮廓形似一个椭圆形,长轴约 290 千米,短轴约 180 千米。

海南岛历史悠久,拥有丰富的历史资源和历史文化积淀。早在 1 万年前海南岛就已出现人类活动。夏商时代,中国南方百越族中"骆越人"的一支进入海南岛。西汉元封元年(前 110 年),汉武帝在海南岛上设珠崖、儋耳两个郡,下辖 16 个县,海南岛正式纳入中国版图。隋唐年代,海南岛生产力有显著提高。唐贞观元年(627 年),海南岛设立崖州都督府,下辖崖州、儋州、振州 3 州 12 县,是海南最早的统一的行政领导机构。唐贞元五年(789 年),海南设 5 州 23 县。五代十国时期,海南设 5 州 14 县,隶属南汉。宋元时期,中原汉族为逃避战乱和异族统治而不断南迁,有不少人移居海南岛,使海南岛的人口迅速增长。元明宗天历二年(1329 年),海南在册人口有 92 244 户,166 257 人。历经唐宋两朝经营,到了明代,中原移民已经给海南带来了先进的文化和先进的生产方式,促进了海南农业的全面开发。据明太祖洪武二十四年(1392 年)统计,海南有 68 522 户,291 030 人,海南的经济文化有了很大的发展。清初,海南的行政建置沿袭明朝。乾隆十八年(1753 年),清政府发布《敕开垦琼州荒地》,之后大陆移民大批进入海南岛,海南人口成倍增长,耕地面积大幅增加。农业、手工业、渔业、盐业等进一步发展,制糖业遍及全岛,采矿业开始出现,商业和对外贸易日趋活跃。①

随着海南岛行政建制建设的完善,海南岛沿海城镇开始逐步发展成型,特别是隋唐时代海南岛统一行政机构建立,各州治、县治地点开始固定下来,州治、县治城池的大规

---

① 海南省概况. 海南史志网, http://www.hnszw.org.cn/data/news/2008/06/36404/.

模建设开始进行,大部分由原来较为简单的用土块筑城转变为用石块、砖块筑城,抗风防雨能力不断加强,城池建设逐步坚固,形成较为固定的城镇,尤其是沿海城镇得到了快速发展,如琼山、文昌、琼海、万宁、陵水、三亚、东方、儋州、临高、澄迈等。而随着海南岛经济的发展,尤其是农业、手工业、商业的繁荣,不但加速了沿海城镇的发展,更促进了沿海除城镇之外的墟市的出现和发展,使沿海各州县除了州治、县治城镇进一步发展之外,大量的墟市也涌现出来,各州县墟市数量激增,少则数个,多则数十个,促进了海南岛手工业、商业的繁荣。

海南岛沿海港口的发展,一方面是海南经济发展促进的结果,另一方面也与海南岛所处地理位置密切相关。海南岛位于中国南部,太平洋西南,交通四通八达。向北不但与我国沿海地区紧密联系,还可以与朝鲜、日本甚至俄罗斯远东的海域相通;东部有巴士海峡、巴林塘海峡和巴布延海峡沟通;南海与太平洋沟通;东南方有民都洛海峡和巴拉巴克海峡通往菲律宾群岛与加里曼丹岛之间的苏禄海和苏拉威西海,可达大洋洲,通过卡里马塔海峡、加斯帕海峡,又可进入爪哇海,直抵印度尼西亚;西南面有马六甲海峡与印度洋相通。总之,海南岛在沟通欧洲、亚洲、非洲与大洋洲及与各大洲在经济、文化交流上都具有"十字路口"的重要战略地位。[①]　目前,海南岛共有大小港湾数十处,现有的主要港湾有海口港湾、洋浦港湾、三亚港湾、八所港湾、铺前港湾、清澜港湾、新村港湾、白马井港湾、新盈港湾、海口新港湾、马村港湾、乌场港湾、琊琅港湾、红牌港湾和博鳌港湾。众多的港湾是发展港口、沿海城市和海洋经济的优越自然条件,全省拥有自然条件优越的港湾锚地达 24 个,现在已开辟建设港口码头的有 16 处,拥有码头泊位 51 个。[②]

在古代,由于地理原因,海南岛距离东南亚国家较近,海运便利。据记载,上古时期海南岛与东南亚地区多国已有人员、贸易往来,这些国家主要有越南北部的安南国、越南南部的占城国、柬埔寨境内的真腊国、位于印尼的爪哇国、三佛齐国、苏门答剌国、位于泰国的暹罗国、文莱境内的渤泥国、马六甲海峡的满剌加国,还有位于印度洋沿岸的国家和

---

①　海洋志——概述. 海南史志网, http://www.hnszw.org.cn/data/news/2009/07/44780/.

②　海洋志——港湾. 海南史志网, http://www.hnszw.org.cn/data/news/2009/07/44790/.

岛屿,如位于斯里兰卡的锡兰山国、位于印度的柯枝国、古里国、位于马尔代夫的溜山洋国、索马里境内的木骨都束国、小剌哇国、剌撒国、伊朗境内的忽鲁谟斯国等。[①] 海外交往的便利进一步促进了海南岛沿海港口和城镇的发展。

第一节　总　　论

一、 海南岛沿海地区的自然环境

海南岛陆地面积约 3.4 万平方千米,地形为四周低平,中间高耸,呈穹隆山地,以五指山、鹦哥岭为隆起核心,向外围逐级下降,由山地、丘陵、台地、平原构成环形层状地貌,梯级结构明显。山地和丘陵是海南岛地貌的核心,占全岛面积的 38.7%。山地主要分布在岛中部偏南地区,山地中散布着丘陵性的盆地。丘陵主要分布在岛内陆和西北、西南部等地区。在山地丘陵周围,广泛分布着宽窄不一的台地和阶地,占全岛总面积的49.5%。环岛多为滨海平原,占全岛总面积的 11.2%。海岸主要为火山玄武岩台地的海蚀堆积海岸、由溺谷演变而成的小港湾或堆积地貌海岸、沙堤围绕的海积阶地海岸。海岸生态以热带红树林海岸和珊瑚礁海岸为特点。

海南岛的山地海拔多在500～800 米之间,海拔超过 1000 米的山峰有 81 座。五指山是海南岛的最高峰,海拔 1867.1 米。位于海南岛中部偏东琼中县境内,整个山体均由花岗岩构成。长期的强烈自然侵蚀,使得山体起伏呈锯齿状,形成五座山峰依次排列,如同五指,故此得名。海拔超过 1500 米的山峰还有鹦哥岭(1811.6 米)、鹅鬆岭(1588 米)、狝猴岭(1655 米)、雅加大岭(1519.1 米)和吊罗山(1519 米)等。海南岛的山地大体上分为三条山脉:五指山山脉、鹦哥岭山脉和雅加大山脉。这三条山脉总体上呈东北—西南向展布,五指山山脉与鹦哥岭山脉之间为红毛—番阳断裂谷地,成为琼北通往琼南的天然通道。

---

① 朱为潮,徐淦,等. 民国琼山县志:第二册. 海口:海南出版社,2004:553,554.

海南岛属典型的热带季风气候区域,因地处热带和亚热带,是中国最具热带特色的地方。其气候特征是:全年暖热,雨量充沛,干湿季节明显,常风较大,热带风暴、台风频繁,气候资源多样。海南岛年太阳总辐射量约 110～140 千卡/平方厘米,年日照时数为 1750～2650 小时,光照率为 50%～60%。日照时数按地区分,西部沿海最多,中部山区最少;按季节分,依夏、春、秋、冬顺序,从多到少。各地年平均气温在 23～25 摄氏度之间,中部山区较低,西南部较高。全年没有冬季,1 至 2 月为最冷,平均温度 16～24 摄氏度,平均极端低温大部分在 5 摄氏度以上。夏季从 3 月中旬至 11 月上旬,7 至 8 月为平均温度最高月份,在 25～29 摄氏度。西沙、南沙、中沙群岛属于热带海洋气候,长夏无冬,全年平均气温 26.5 摄氏度。海南岛大部分地区降雨充沛,全岛年平均降雨量在 1600 毫米以上。东湿西干明显。多雨中心在中部偏东的山区,年降雨量约 2000～2400 毫米,西部少雨区年降雨量约 1000～1200 毫米。降雨季节分配不均匀。冬春干旱,旱季自 11 月至翌年 4、5 月,长达 6 至 7 个月。夏秋雨量多,5 至 10 月是雨季,雨季总降雨量 1500 毫米左右,占全年降雨量的 70%～90%,雨源有锋面雨、热雷雨和台风雨等。海南岛全年湿度大,年平均水汽压约 23 百帕(琼中)至 26 百帕(三亚)。中部和东部沿海为湿润区,西南部沿海为半干燥区,其他地区为半湿润区。

海南岛河流众多,河系受穹隆构造影响,自中央向四周辐射奔流入海。岛上河流共有 214 条,其中流域面积 100 平方千米以上独流入海的河流 40 条,流域面积在 3000 平方千米以上的河流,北有南渡江,西有昌化江,东有万泉河,素称海南岛三大河流。

海南岛沿海地区的自然环境与南海海域密不可分。南海共有约 350 万平方千米辽阔海域,地理位置重要,地质结构独特,岛、洲、沙、礁星罗棋布,海洋资源富饶多样。南海连接太平洋、印度洋,成为亚洲东部、中南半岛、南洋群岛、印度次大陆、阿拉伯半岛、东非及欧洲等地沿岸国家海上通商往来和进行交流的必经之地,海上航线纵横交错如蛛网,被誉为"世界第三黄金水道"。这些自然条件对海南岛沿海港口、城镇的兴起和发展都产生了深远的影响。

二、 海南岛古代港口综述

（一）古代港口的空间分布

海南岛环岛海岸线 1528 千米，沿岸随处都有天然良港，自古以来海运业就很发达。但大多数港口缺乏停泊设施，主要作为天然形态的港口供小型船只使用，大型船只和远洋船只往往不能进港，不得不在海上抛锚，冒着风浪进行装卸，再用小船转运上岸。

唐代随着来往商船的增多，海南岛沿海形成了许多港口，经营岛外贸易的港口数量逐增多，出现了一些较为重要的港口。如海南岛北部的海口港就是当时海南和大陆联系的主要港口。丘浚《学士庄记》中有云：“海口是为港门，帆樯之聚，森如立竹”。而海南岛南部的三亚诸港则在海上对外贸易中发挥了重要作用。有人考证：“唐宋以来，在粤、闽、浙地区与波斯、东南亚国家的贸易往来中，许多外籍商人和移民，就是取道包括三亚诸港登岸进入大陆⋯⋯番舶入三亚的港口水道有榆林港、番坊港、番人塘、大蛋港、崖州环水道、那乐港以及崖州海之南的千里石塘等。”①。

明代是海南经济社会发展较快的时期，港口数量增加较多，仅见于《正德琼台志》所记载的就有 64 所。如海口港、白沙古渡、烈楼私渡、澄迈石礜港、临高马袅港、文昌清澜港和铺前港、乐会博鳌港、儋州大村港和新昌港、陵水水口港、感恩北黎港、崖州临川港、万州乌场港等，都是岛内外交通贸易的重要港口。据记载，当时岛南还开辟了一些新港，如望楼港（今乐东境内）、毕潭港（今三亚市境内）、桐栖港（陵水县境内）等。其中海口港、白沙渡、烈楼港等港口，每日都有船至徐闻；许多港口常有番船停泊。

清代海南岛的港口已显得十分密集，仅见于《道光琼州府志》的就有 89 所。如神应港（白沙津）、秀英港、八所港、海头港、新村港、博鳌港、清澜港、铺前港、新盈港、岭头港、海头港、新英港、昌化港、马袅港、调楼港、海尾港、三亚港、黎安港、港北港、青葛港、潭门港、抱陵港、海尾港、石礜港、东莺港、东寨港、洋浦港、马林港、鸟均港、后海港、白马井港、

---

① 黄怀兴. 三亚史迹叙考. 海口：南方出版社，2006：22.

花场港、马村港、坡头港、铁炉港、墩头港、连塘港、李林港、临川港、东水港、博浦港、乌泥港、抱罗港、望楼港、毕潭港等。《道光琼州府志》称，"大海汪洋，渺无涯际，琼郡孤悬海中，府属州县滨海港口，处处可以进舟湾泊，在在可以登岸取水。"①鸦片战争以后，海上贸易骤减，有些港口后已废弃。

至清代，海南岛沿海港口空间分布的总体特征是呈环状密集分布，即在海南岛周边海域以各州县为中心形成一系列港口群，共同组成海南岛环海水道。清人曾罗列如下：海口往西二里到盐灶港、小英港、红纱角、北脑湾；澄迈县东水港、花场港等；临高县马袅港、石牌港、临高角、安全港、后水港、将军印、兵马角、鹅门港、南恒港等；儋州、新英港、田头涌、纱帽头、海头港等；昌化县的海尾、棋子湾、棋子石等；昌化有昌化港、三洲门、四更沙、北黎港、鱼鳞洲、感恩沙、岭头湾、白沙港、莺歌湾、望楼港、酸梅角，一直到三亚的保平港，再往东有红塘湾、三亚港、榆林港、琊琅湾、铁炉港、合口港、藤桥港；陵水县有赤岭港、桐栖港、黎庵港；万宁有双蓬石、分界洲、甘蔗洲、大洲湾、那乐港；琼海有博敖港、谭门港、临同湾、长岐港等；文昌有冯家湾、清澜港、抱凌港、加定角、抱虎湾、乌石仔、急水门、铜鼓沙、木兰港、铺前港、白沙港、牛矢港，再往西二里即回到海口。②

（二）古代港口的多种功能

港口是海南岛与外界联系的主要交通节点，因为港口往往连接着海外航线。据南洋著名考古学家韩槐准先生考证，海南众多港口开通至南洋的帆船航线。"由本岛铺前、清澜、博鳌、藤桥、三亚、海头等港往来于安南、暹罗及南洋群岛之帆船。顺风十余日可至，逆风或一二月。容量由千余担至一万担，每年出入口船平均约百余艘。冬季北风期时由海南出发，翌年夏季南风期时驶回原港。此等帆船除载各种货物外，并附搭人客，取费数元，乘客亦夥。"铺前港"东岸水较深，西岸水较浅。深处约二三十尺，浅处约五六尺。二三千担之帆船可驶入，然货物起落仍须驳载。昔时航业颇盛，近则渐趋于清澜，现仅有二

---

① 《道光琼州府志》卷十九。

② 钟元棣，张嶲，等. 光绪崖州志. 海口：海南出版社，2003：305-310.

三艘约 1000 余担之帆船往来于暹罗、安南、江门、澳门及陵水各处。"而清澜港则"港向东南,前临大海……有大帆船数十艘往来于本岛各埠,以及香港、澳门、江门、北海、安南、新加坡、暹罗等处……且本港当东亚与欧洲及南洋航线之旁,经过轮船不必渡木兰头急水门之事。顺途寄泊,其势甚便,往往有停泊港外运取淡水之事。"因此"清澜一口为琼北两属最优之口,文昌等属来往南洋帆船每年不下 300 余艘,每艘约税百元有奇,合计每年税银总在四五万元以上。"①

港口在对外贸易中处于关键地位,能够反映出经济贸易的兴衰。如康熙二十三年(1684 年),清政府解除海禁,允许沿海人民出外贸易。在这种形势下,海南的外贸活动活跃起来。许多港口成为南洋各国通商的基地和来中国贸易的外国商船的停泊场所。根据粤海关的统计,1758—1838 年,来广州贸易的外国商船共 5107 艘(走私商船数不计入其中)。与此同时,经广州、樟林、海口等港口到海外贸易的中国商船也呈逐年直线上升的趋势。当时广东商船多到南洋贸易,"商人往东洋者十之一,往南洋者十之九。"②大约每年从广州开往南洋各国的商船有 30 余艘。这些往来于南洋与广州之间的商船都在海南沿海港口停泊补给,带动了海南岛转口贸易的兴旺。道光十年(1830 年)以前,海南岛有许多帆船开往日本、安南、柬埔寨、暹罗及新加坡贸易,其中每年开往暹罗者约 50 艘,往安南者约 43 艘;每艘载重量估计为 150 吨,总吨位约 10 000 吨。③往返海南各港口的商船帆樯相伴,橹舵互接,呈现一派繁忙的景象,海南的对外贸易达到自古以来的兴旺时期。

古代海南岛的港口往往和城镇连接在一起,城镇之间的交通主要依靠海运,港口承担着城镇间运输的基本功能。清末以前,从海口到三亚或岛内其他地方多走海路,而不走陆路。主要原因是海南岛中部有五指山、黎母山、母瑞山等海拔 1500 米以上的大山,到处是丘陵、河流,加上有原始森林,修路建桥都特别困难。所以,古代从海口到三亚等

---

① 陈铭枢. 海南岛志. 海口:海南出版社,2004:79-80,277,468.

② 《皇清通考·四裔门》。

③ 聂宝璋,朱荫贵. 中国近代航运史资料:第 1 辑,上册. 北京:中国社会科学出版社,2002:50-51.

地,要么骑马,要么坐船,而坐船是比较经济且速度较快的选择。明代唐胄《正德琼台志·海道·海境》记载:郡(指琼州)东水路半日至文昌铺前港,半日至清澜港,日至会同调懒港,半日至乐会博敖港,半日至万州莲塘港,日至南山李村港,日半至崖之临川港,俱无隐泊处;西水路半日至澄迈东水港,半日至临高博浦港,日至儋州洋浦港,日至昌化乌泥港,日至感恩抱罗港,日至崖之保平港,俱有湾汊可泊舟。[①] 这也是海南古代的城镇多建在离海边不远处的原因,从而说明海南船运的发达。

(三)古代港口与对外交流

自古以来,海南岛沿海港口就和海上贸易有着十分密切的关系。史书记载,海上丝绸之路以东南沿海的泉州、宁波、广州等港口城市为起点,航行东南沿海、琼州海峡,经海口港中转,抵达东南亚、南亚诸国进入印度洋、波斯湾直到非洲东海岸。海南是这条航线上从东南沿海到东南亚重要的"商贸枢纽"。海南岛沿海主要港口成为海上丝绸之路在海南重要的历史见证,不管是南下西洋、西亚、欧洲等地,还是北上前往广州、泉州等地,船只都会在这里的大蛋港或保平港停留,补给物质,交易一些日常用品。

海南岛四周港口林立,自然成为来往南洋各商船的寄泊港,外运港口分布在本岛东西南北各处。[②] 宋代由于停靠海岛的船只增多,海南岛沿海出现了近十个著名的码头和港口。有些港口因为经济繁荣,人口密集,朝廷甚至要在港口驻军以维持治安和严防海盗。如《宋会要辑稿·方域》记载:绍兴三十二年(1162年),"欲琼州招置二百人,就于本州驻扎,经略司置将领兼海南水陆都巡检一员,于白沙港岸置寨,统辖水军,弹压盗贼。"

自宋代开始,海口神应港就已成为南海航运的必经口岸,海南名贤丘濬有过"帆樯之聚,森如立竹"的描述。宋熙宁元年到熙宁十年,琼州商税增长了近4倍。南宋乾道年间,广州市舶司专门在琼州设市舶机构,负责从南洋返回船舶的检查,防止商船偷漏税。当时的琼山、临高、文昌、乐会等各贸易港都设立市舶司,征收科钱。而白沙津已成为商

---

① 唐胄《正德琼台志·海道·海境》。

② 姜樾. 海上丝绸之路与海南岛港口. 广东民族学院学报(社会科学版),1991(3):55-56.

船进出的重要港口之一,外国船舶常停泊于此,"琼州白沙津,蕃舶所聚之地,其港自海岸屈曲,不通大舟,而大舟泊海岸。"①

在广东的帆船贸易中,以南洋地区最为活跃,"商人往东洋者十之一,往南洋者十之九。"②海南岛属于外向型经济,很早就加入了南洋地区海上贸易的行列,其中以槟榔、椰子、沉香等土特产为主的贸易甚至成为海南岛的经济支柱。宋代就有"琼人以槟榔为命,岁过闽广者,不知其几千万也……非槟榔之利,不能为此一州也"的记载。③ 可见槟榔贸易对当地经济的重要意义。南宋时期,海南岛已经与越南、柬埔寨、泰国通航贸易,当时沿海的一些港口,比如海口神应港、文昌铺前、崖州港门、振州万安、昌华(昌江)等,已经开辟为对外贸易主要港口。④

元代以后,海南岛与南洋诸岛建立埠头,流通百货已十分密切。据记载,明初"暹罗斛国使臣沙里拔来朝贡方物,自言本国令其同奈思里俦剌悉识替入贡,去年八月舟,次乌诸洋,遭风坏舟漂至海南,达本处官司,收获漂余苏木、降香儿、罗绵等物来献,省臣以奏,上怪其无表状,诡言舟覆,而方物乃有存者,疑必番商也。"⑤番商从海路到中国来,经常为了偷税漏税,不直接往广州市舶司停舶,而是在海南各州县港口寄泊,走私细货,偷漏税银,于是海南与沿海各省一样,私人海上贸易十分活跃。海南岛上物资之运出,南洋各地运来的货物,互相进行贸易往来,因此,明代海南的海港也比以前增加较多。

许多港口这时成为对外贸易的中转地,经常有商泊往来。如万州港门港"上有小庙,一石船三番神,商舟往来,祷之灵应。"陵水县的桐栖港"县南十五里,外有南山,商船番舶泊于此。"崖州的新地港"通舶船。"大蜑港"客商泊船处。"望楼港"番国贡船泊此。"毕潭港"占城贡船泊此。"等等。这些港口,番船经常停泊于此。又如万州的独州岭,海舟多泊,

---

① 《舆地纪胜》卷一二四"神应港"。

② 《皇清通考·四裔门》。

③ 王象之《舆地纪胜》卷一二四"琼州"。

④ 祝穆《方舆胜览·海外四州》。

⑤ 顾山介《海槎余录》。

南国诸番修贡道,视此为准,州治向之。[①] 这些港口,船泊往来甚密。正如丘濬在《学士庄记》中所说的:"学士庄四周,距半舍许,舟沿沂其中,往来樯帆,其末越林表而出,可数也。吾郡以海为疆界,自此北至海,道仅十里,所谓神应。海口是为港门,帆樯之聚,森如立竹。汪洋浩渺之间,山微微如一线,舟杳杳如寸苇。"[②]丘濬以"帆樯之聚,森如立竹"来形象地描述当时商船林立的情况,从这一侧面就可知明代海南港口商业活动的繁忙了。

明政府派遣公差使臣往交趾、暹罗、占城等国,或这些国家来朝贡,均必经海南岛港口而到广州登陆。永乐年间(1403—1424 年),郑和下西洋,就途经独猪山(即独州山,今海南省万宁县东南之大明岛),然后经七洲洋到达占城、爪哇、苏门答腊、锡兰山、古里、旧港等国家。明代甚至规定南海各地来的贡船要进入广州必须迂回海南岛。日本学者小叶田淳也曾记载,当时崖州的望楼港标有"番国贡船泊此",毕潭港有"占城贡船泊此",陵水的桐栖港(今新村港)有"蕃舶泊于此",都是南海朝贡船曾在此寄泊的意思。

康熙二十四年(1685 年),清朝在海南设置"粤海关",办理关税与出入境的相关手续,各地商人纷至沓来,商贸交易盛况空前。16—17 世纪是海南岛帆船运输事业发展的鼎盛时期,海南人因此被称为"船老大"。到嘉庆、道光年间(1796—1849 年)以后,逐渐衰落。特别是当西方殖民者的轮船进入南海以后,海南岛的帆船运输业即遭到致命打击。即使如此,光绪二十三年(1897 年),往来海口港的外轮多达 428 艘,几乎囊括了当年中国香港、新加坡等地之间的航运。

古代港口不仅在对外经济贸易上发挥重要作用,而且在对外文化交流上也非常重要。例如,大蛋港作为古时海南岛南部最大的港口,不仅成为我国大陆与东南亚、阿拉伯等地区海上贸易中转的重要通商口岸,而且许多中外文人名士、朝廷命官、贬谪官员也通过大蛋港进出海南岛,在这里留下了许多历史故事,其中我国高僧鉴真第五次东渡时漂流到海南岛的故事就发生在大蛋港。

对于鉴真东渡日本传教的历史,国内史书记载比较少,人们主要是通过日本史书的

---

① 司徒尚纪. 海南岛历史上土地开发研究. 海口:海南出版社, 1987.

② 司徒尚纪. 海南岛历史上土地开发研究. 海口:海南出版社, 1987.

记载获知。在日本的淡海真人所著的《唐太和上东征传》中记载,唐玄宗天宝七年戊子(748年)7月,高僧鉴真率中日僧人及船工35人第五次东渡日本时,因海途遭遇险恶风浪,航船漂流到了海南岛的振洲(今三亚市)海面。后来在四位汉族商人的引导下,改航停泊在大蛋港。当时,鉴真所携带的经书佛本被海水打湿,大家便将其搬到了大蛋港旁的海坡上晾晒,从此这片晾晒经书佛本的海坡被人们称作"晒经坡"。

当年的振洲别驾冯崇债听说高僧鉴真来到大蛋港,便亲自率领四百兵卒到港口迎接其进城,足以说明当时人们对于鉴真到来的重视和欢迎。鉴真在振州停留一年多时间,不仅帮助修整大云寺,为官员们传律受戒,还留下了不少从中原带来的科学文化书籍,可谓是传播文化,开启民智。鉴真被视为开发崖州的先驱者之一。

另外,还有一位著名的历史传奇人物,即我国伟大的棉纺织科学家黄道婆,当年就是从大蛋港起航,将自己在海南学习的高超纺织技术带到中原加以传授,从而推动了中国棉纺织业的发展。纵观历史,又有多少像赵鼎、胡铨一样的古代名相重臣通过大蛋港开始了自己在崖州的贬谪流放的生活,书写着古崖州的历史。大蛋港,这个崖州同大陆和世界互通交流的窗口,承载着千百年来崖州发展的历史传奇。

(四) 古代港口与海关

对外贸易的港口往往与海关的设立有密切关系。为了加强对外贸易的管理及征收关税,康熙二十四年(1685年),清政府废除了市舶司制度,设立了江、浙、闽、粤四海关。广东省粤海关在海口设分关(总口),下设九个分口:文昌县的铺前口和清澜口,会同县的沙笼口,乐会县的乐会口,万州的万州口,儋州的儋州口,感恩县的北黎口,陵水县的陵水口,崖州的崖州口。分口之下设有十二个分卡。海关的主要职责是检查货物、征收关税船税、规礼等。

海口总口设立之后,海运贸易日益发达起来。海南岛的外贸以海口为重要的吞吐港。早在康熙年间,几乎每年都有闽浙商人从此北上,经中国台湾、厦门,前往日本。来往南洋的商船也大多经过海口,海口逐渐成为一个固定的商业城市和转口商贸的集散中心。据小叶田淳《海南岛史》的有关资料统计:道光年间(1821—1850年),全岛各税口每年征收关税银共 23 800 两,其中海口总收入 12 700 两,占全岛关税总收入的 53％。可见海口在清代已相当热闹,来往经商的船只停泊很多,贸易十分兴盛。

鸦片战争前,英国政府就把强迫清政府增辟通商口岸作为侵略中国的手段。1840 年 6 月,英国政府为了保护其鸦片贸易,对中国发动了侵略战争,即第一次鸦片战争。战败的清政府被迫于 1842 年 8 月签订了丧权辱国的《中英南京条约》。条约规定中国须割地赔款外,还要开放广州、厦门、福州、宁波、上海五个港口城市为通商口岸,在这些通商口岸,准许外国人携带眷属自由居住,派驻领事等官,并可自由进行贸易。从此,这些通商口岸大多成了外国资本—帝国主义列强在中国进行经济侵略的基地。

海南岛由于地理位置上的特殊性,使其具有军事上和经济上的重要性,所以从 19 世纪中叶起,就成为外国资本—帝国主义列强觊觎的目标。为了进一步打开中国市场,加速中国的半殖民地化,1856 年,英、法侵略者联合发动了第二次鸦片战争。在第二次鸦片战争期间,英、法侵略者强迫腐败无能的清朝政府于 1858 年(咸丰八年)签订了丧权辱国的《天津条约》。在《天津条约》中,英、法除了扩大领事裁判权和协定关税权外,又要求扩展通商口岸,其中之一就是规定开放琼州(即今海口市)为通商口岸。如《中英天津条约》的第 11 款规定:"广州、福建、厦门、宁波、上海五处已有江宁条约旧准通商处,即在牛庄、登州、台湾、潮州、琼州等府城口,嗣后皆准英商亦可任意与无论何人买卖,船货随时往来。至于听便居住,赁房、买屋、租地、起造礼拜堂、医院、坟茔等事,并另有取益防损诸节,悉照五口通商无异。"《中法天津条约》第 6 款规定:"中国多添数港,准令通商,屡试屡验,实为近时切要,因此议定将广东之琼州、潮州,福建之台湾、淡水,山东之登州,江南之江宁六口,与通商之广州、福建、厦门、宁波、上海五口准令通商无异,其江宁俟官兵将匪徒剿灭后,大法国官员方准本国人领执照前往通商。"1860 年 12 月,中英、中法《天津条约》正式换文生效。是年英国在海口设立领事馆。这样,英、法两国凭借不平等条约首先把侵略的魔爪直接伸入海南岛,海南岛的大门被打开了。但这时海南的进出口贸易仍由海口总口管理。

在第二次鸦片战争中趁火打劫的俄帝国主义也强迫清政府签订《中俄天津条约》,把琼州作为通商口岸。接着在 1861—1869 年间,西方列强又接踵而至,强迫清朝政府签订各种不平等条约。诸如 1861 年(咸丰十一年)签订的《中德条约》,1863 年(同治二年)签订的《中丹天津条约》《中比商约》,1864 年(同治三年)签订的《中西条约》,1866 年(同治五年)签订的《中意北京条约》,1869 年(同治八年)签订的《中奥商约》等,都将琼州列为通商口岸之一,并陆续在海口设立领事馆。以后,美国则打着"门户开放,利益均沾"的旗号,也迅速将其魔爪插进海南岛来,同其他侵略者一道对海南岛进行侵略和掠夺。光绪二十三年(1897 年),法帝国主义进一步强迫清廷总理衙门作出了不割让海南岛与他国的声明,企图永久霸占海南岛作为它的势力范围。于是,海南岛成为各帝国主义列强宰割的对象。

1876 年,在西方列强的威逼下,琼州海关成立,高级职务由洋人担任,俗称"洋关"。第一任琼海关税务司由英国人博朗(H. O. Brown)担任。此后原海口总口及所属分口、卡改称"常关",直到 1931 年撤销。琼海关全面推行洋关制度,听命于洋人税务司,完全为西方列强在中国倾销商品、掠夺资源服务,不仅办理海关业务,还控制了港口港务。琼海关内设港务课,港务长由海关总监察长兼任,下设海务、江务、灯塔、巡视等,控制了船舶进出港、助航设备、沿海测绘等。直到 1945 年抗日战争胜利后,民国政府才接收了琼海关。

(五) 古代港口的历史变迁

海南岛古代沿海地区由于天然良港较多,形成了一些著名的港口,在古代海上丝绸之路上起到重要的作用。但由于受经济、技术等条件的限制,许多港口多年得不到维修、养护、疏浚,最后航道淤积,吃水过浅,不得不废弃,在附近另辟新港。所以在同一个地方,历史上可能先后出现多个港口,有些港口被废弃后,经多年演变,可能成为渔村、荒滩、水田等等。历史的沧桑巨变,有些反映在史籍中,有些早已无从考证。

这里以古代三亚港(崖州港)的历史演变为例,来看一下海南岛古代港口的兴盛与衰落。

古代三亚港(崖州港)由几个相距很近的港口组成,如保平港、大蛋港、新地港、毕潭港、临川港、望楼港等,它们并不是同时修建的,而是从唐宋至明清间先后出现,更替使用的。在不同历史时期，它们在对外海上贸易中都具有特殊重要的地位，但清末以后，最终都衰落了。

保平港位于三亚市崖城镇西南，因靠近保平村而得名。保平村的前身毕兰村因唐朝宰相李德裕谪居于此而扬名。史书记载，保平港"明代后期至清末四百多年间，是崖州重要的港口。'明万历四十五年设水寨前司，守崖州、三亚、保平、感恩诸港。'（《崖州志·崖州司·海防》）清代，为州治海门户，最要关隘，皆有炮台防守。潮满，水深丈余或五六尺，可容大船十余"。[①]

历史上，三亚诸港中，大蛋港影响最大。大蛋港位于崖州区宁远河流入南海的出口，它东北距崖州古城八里，南距鳌山四里，西距保平港四里。据相关资料记载，它港面宏阔，港势如箕，水深五丈，能同时停泊数百艘大小船舶，港口左右两边还有五个与它流水相通的附属小港可供泊船。在港口附近还有十几条河涌纵横交叉，从大蛋港口进入可以直接抵达当时的崖州古城附近，并可顺着宁远河深入到腹地中去，独特的海河水利网络是当时重要的交通运输要道。

据考证，大蛋港"唐时樯帆乘汛出入，商贾浮海往来。鉴真和尚第五次东渡于此登岸。宋元间，大陆及东南亚商贾番客频繁往来海南或寄泊，官府设河泊所、驿站。明代'大蛋店滨渡舟集货卖'（《正德琼台志》），外地商船'入抵大蛋港。利用客坊泊船在此'"。[②]

但随着自然因素的作用，大蛋港逐渐丧失了其港口的地理优势，船舶也多停放至附近的保平港。清末纂成的《崖州志》上记载："大疍港，城西南八里。港浅，不能泊船。昔为要隘，今废。"也就是说，过去大蛋港是重要的港口，但到清代时，由于港口变浅，已经不能停靠船只了。

大蛋港原称大疍港，据说主要是因疍家人曾生活在此，所以取"疍"字为港口名。在《崖州志》上也有着详细的记载，"疍民，世居大疍港、保平港、望楼港濒海诸处。男女罕事

---

① 黄怀兴.三亚史迹叙考·保平港.海口：南方出版社，2006：128.

② 黄怀兴.三亚史迹叙考·大蛋港.海口：南方出版社，2006：127.

农桑,惟缉麻为网罟,以渔为生。子孙世守其业,税办渔课。间亦有置产耕种者。妇女则兼织纺为业。"主要以渔业为生的疍民们靠海而居,作为河流入海口的大疍港在过去有着丰富的渔业资源,大批的疍民也在此定居,港口也便有了这个名字。在大疍港的附近也分别有大、小疍村。

但为何"大疍港"改称"大蛋港",用鸡蛋的"蛋"字取代疍民的"疍"字？这个地名的变化有四个方面的原因,一是"疍"与"蛋"字形相似,普通话和地方方言的字音相同,极易弄混;二是"疍"字较生僻,使用较少,而"蛋"字为人们所熟悉,使用较多;三是人们对疍民世代居住于此的历史知之甚少;四是港口旁的"大疍村"因为上述原因而首先被写成"大蛋村","大疍港"也跟着变成了"大蛋港"了。由此以讹传讹,连后来多次重印的《崖州志》中见到的也是"蛋"而非"疍"了。更有甚者,有一段时间人们图方便,还将其写成了"大旦村""大旦港"。虽然名字的写法有所不同,特别令人遗憾的是承载着疍民这一特殊族群历史的地名因"疍"字消失而被抹去,但是其音一直是相同的,指的也是这一港口。即使今天大蛋港与过去所发挥的功能不太相同,但是其名字就像活化石一般将其过去的故事与地位记载下来。

大蛋港的居民在历史上几经变迁。据了解,最早大蛋港周围主要居住着黎族人,随着其港口优势日益凸显,靠着渔业为生的疍家人搬来此处定居。随着港口的废弃,以捕鱼为生的疍家人逐渐离开了此处,搬迁到适合的港口一带居住。在宋元年间,原本居住在占城(今越南)的回族人(也称番人)因战乱泛舟来到崖州一带,散居在大蛋港、酸梅铺海岸,他们也多是以捕鱼、经商为生,而后他们又逐渐离开此处,迁居所三亚里番村(今天涯区羊栏)。此期间汉族人也在这里居住。随着黎、番、疍人的陆续离去,汉族人成为大蛋港的主人,一直在此繁衍生息至今。

由于自然条件优势,大蛋港及崖州湾海域曾经是十分优良的渔场,盛产马鲛鱼、鱿鱼、红鱼、螺贝等丰富的海产,捕捞业相当发达繁荣。但随着时间的迁移、地貌的自然变化及人为的作用,在河流不断侵蚀、水土流失和泥沙淤积的长期作用下,大蛋港的海水逐渐变浅,已经无法满足船舶停靠的要求,大约在清代的道光年间,大蛋港已完全不能停泊,逐渐变成利于农耕生产的万顷良田。

此外的其他一些港口,如头铺灶港(在崖州城以西十六里处)、龙栖港(在崖州城以西五十里处)、石牛港(在崖州城以西六十二里处)、抱龙港(在崖州城以西六十里处)、罗马港(在崖州城以西七十五里处)、望楼港(在崖州城以西九十里处),均为明代以后出现。

(六)古代海盗对港口的袭扰

唐宋以后,航行于南海的船只迅速增加,南海的"海盗""海贼"也频见于史籍。如《宋史·陈尧叟传》记载:"陈尧叟加恩黎桓,为京州国信使……又桓界先有亡命来奔者,多匿不遣,因是海贼频年入寇,尧叟悉捕亡命,归桓,桓感恩,拼捕海盗为谢。"《正德琼台志·海防》又记:"旧《志》,绍兴间,置水寨军一屯三百,弹压本路沿海盗贼,而无琼者,恐《志》略也。"

到了明清两代,海上匪患依然猖獗,外国海盗也常袭击海南岛港口。据《康熙文昌县志》记载,"明宣德八年,倭据清澜。""弘靖十八年,琉球贼蔡伯乌等出没东路。""嘉靖十八年,贼掠白延诸村。八月,贼掠铺前。""四十一年,贼入清澜港。四十三年,贼入铺前港。佛郎机番船二只泊港口,海贼攻之。番船桅折,内避。和(遂)深入,旁掠(符离)等村。四十五年,贼苏大犯深泥港。杀生员,掳其子材,大掠抱虎等处,掳数十人往外番。"

海盗不仅抢劫钱财,也劫掠人口,使港口经济社会遭受严重损失。据《康熙文昌县志》记载,"隆庆元年,贼曾一本、何乔等掠罗顿、云楼等村,掳百余人。二年冬十月,贼犯木栏诸村。三年九月,贼林凤入清澜。时贼船十八艘。五年正月,贼掠木栏,掳百余人。二月,贼大至,掠铺前,掳百余人。三月,倭窃下场船遁去。""顺治十七年春,贼掠海傍,龙门海邓耀余党入铺前港,顺风入清澜,劫去六舟。转掠坡琉、三家、舍(木庶)、沙港、迈陈、磨瓮、白崎等村,掳生员符建、符光东并王应鼎等家。""康熙元年,贼掠铺前港,海寇杨三数十艘至,掠五百余人。二年,贼入清澜港,二月,杨三复驾五巨舶入港劫米船。十二年,贼入铺前港。海寇杨二掠地蔡村,掳生员韩亨时全家及居民百余人。十九年,贼杨二、谢昌巢据铺前港。贼连艘百余,势甚猖獗,焚劫数百里,旁掠琼、澄、文三县。"[①]

---

① 康熙文昌县志. 海口:海南出版社,2004:187-190.

有些港口甚至多次遭到海盗劫掠。据《民国文昌县志》记载"嘉庆二年夏,贼张保仔寇铺前、清澜两港,抢劫村庄、商船,掳人勒赎。七年,海寇乌石二犯清澜。十年、十二年、十四年,乌石二犯铜鼓、抱陵港、铺前港等地。""道光二十八年四月初六,海寇张十五驾船三十余只,肆掠清澜东岸。二十九年闰四月初四,海寇张十五、杨天等入铺前,劫炮台大炮十二位。初十,寇海口。五月十一,贼船九十余只复犯铺前,毁巡检司署,杀村民一、市民一,商船皆被劫……惟近海一带,北至新埠,南至后港,被害极惨。六月,贼复寇清澜东岸,掠港头等村,焚民房数所。""同治十年,海匪两艘入清澜,劫东郊墟联昌。同治二年,贼入清澜,劫新造在坞之船。""光绪二十六年,海寇入抱陵港。光绪三十三年夏,贼艘数只泊冯家港,焚掠墟村,势甚猖獗。光绪二十四年三月,贼舰入抱陵港,劫文教市。"①

明清时海盗势力甚巨,毫不畏惧官府。据《崖州志》载:明嘉靖四十五年(1566年)十二月,"贼何乔、林容等复犯崖州,突出大疍港,远近骚动。复攻抢驾村,杀伤甚众,掳数十人去。"又据《琼山县志》载:隆庆元年(1567年)十二月,"海贼曾一本驾巨舰突入白沙,劫推官郑廷璋家及颜卢、颜浓等村,掳千余人,五十里内,焚掠无遗。"隆庆三年(1569年)闰六月,"贼林容、曾一本等在劫东岸涌潭村……遂掠教官谢忠、生员林成、谢有坦等涌潭、陈村男妇二百余人去。"

三、 海南岛古代沿海城镇综述

(一) 唐宋时期城镇的兴起

唐朝以前,海南岛已出现城镇。早期的城镇数量较少,其功能主要是政治、军事中心。唐代以后,随着商品生产、经济贸易的发展,作为商业中心的城镇、墟市开始兴起。这主要是由于汉族商人大量进入海南做生意,这些商人出入黎族聚居地,采用以物易物的交换方式,换取黎族的土特产,然后运出岛外出售。有些商人成为入岛的移民。当时商业贸易的场所主要在各州县城,北部的琼州、南部的崖州、东部的文昌和西部的儋州

---

① 民国文昌县志.海口:海南出版社,2004:289-293.

等,是海南岛主要的贸易集散地。在唐代宗大历年间之前,这些州县已经使用了钱币交换,也有以金、银、丹砂和象牙作为媒介的。在两税法施行后,与内地同样统一使用唐钱币。① 海南岛与大陆经济贸易联系的加强以及商业流通的发展带动了城镇的兴起。

古代海南岛上出产的珍珠、玳瑁、香料、槟榔、荔枝、龙眼、五色藤、高良姜、益智子等珍贵物产,吸引着中原统治者和商人,海南岛受到越来越多的关注。统治者通过强征赋税或"土贡",把这些土特产品运往京都或大陆转销,再从大陆运回手工业品、生产农具和生活必需品到海南出售。一些豪强商人也做这种贸易从中营利,如豪强韦公干造两艘大船来往于海南与广州之间,主要就是为了贸易交往。韦公干是当时海南出现的大商人之一。②

宋代海南与大陆的商业贸易继续扩大。当时大陆市场对海南岛所生产的土特产有大量需求,既刺激了海南岛各种经济作物的生产,同时也使得海南与大陆的商业活动空前活跃起来。当时海南输往大陆的主要是土特产。赵汝适在《诸蕃志》的"海南"条目里列举有沉香、蓬莱香、鹧鸪斑香、笺香、生香、丁香、槟榔、椰子、吉贝、苎麻、楮皮、赤白藤、花缦、黎帜、青桂木、花黎木、海梅脂、琼枝菜、海漆、荜拨、高良姜、鱼鳔、黄腊、石蟹等。两宋时期,特别是南宋时期,海南输往大陆的最大宗商品是槟榔和吉贝。《诸蕃志·货物》载有"惟槟榔、吉贝独盛,泉商兴贩大率仰此。"当时海南的棉纺织品享誉中原,在内地市场供不应求,是海南输往大陆的主要商品之一。槟榔的交易量更是惊人,每年输往福建、广东的"不知其几千百万",由此也给海南带来极大的经济利益,"非槟榔之利,不能为此一州也",而且"海商贩之,琼管以其征,岁计居十之伍"。由此可见,槟榔不仅是海南输出岛外的大宗商品,而且成为岛上主要的经济支柱。另外,香料也是海南输往大陆的主要商品。宋代史籍笔记对海南特产的记载每每将香类列为首要,可见海南香自朝廷贡品演化为商品、药品之后,名声远播,刺激了大陆市场对海南香的需求。当时,海南沉香原始价仅每两一百三十文,运到大陆可获得十倍的厚利。宋代周去非《岭外代答》中说,海南

---

① 《太平广记》卷五十五。

② 《太平广记》卷二六九"韦公干"条。

香价本不贵,本省人用一头牛就可以向黎人换一担香,但因为统治者升抬,一度致使香价与白金(银)等,故客不贩,而宦游者亦不能多买。在厚利的驱使下,就连不少本地官吏也不惜铤而走险,抗旨加入到贩香的行列中。

大陆销往海南的商品,在北宋时期有"自泉、福、两浙、湖广来者"所载来的金银匹帛药物,有"自高、化来者"所载来的米包瓦器牛畜之类,到南宋时期,泉州运来海南的商品主要有酒、米、面粉、绢、纱、漆器、瓷器等。由于海南缺粮问题突出,海南从内地输入的大宗商品是米粮。海南对贸易的征税,最初是根据商船船身的长度分等级征税,这样使得主要贩牛米至海南的高、化商人无利可图,高、化商船因此不到海南来,海南有粮食匮乏之忧,是以苏东坡有"北船不到米如珠,醉饱萧条半月无"的吟叹。后来宋王朝根据朱初平的奏请,改为"用物贵贱多寡计税",以吸引运米粮商船的到来。另外南宋在神应港设有渡船与对岸的徐闻沓磊驿直通,又从琼山烈楼港与徐闻那黄渡对开,以满足运粮船往返。

宋代随着政治和经济中心的南移,加之北方战乱使陆上丝绸之路受阻,政府积极支持和鼓励海外贸易,使海上丝绸之路很快繁荣起来。为了有效地加强对贸易的管理,同时对贸易活动进行课税,1164 年,朝廷批准在琼州设置专门负责管理对外贸易的市舶分司,隶属于广南东路(广州)市舶司,进一步带动了岛上沿海城镇的发展。

当时南海贸易日益繁荣,中外海舶互相往来,中国输出的商品是丝绸、茶叶及手工艺品等,外国运来的是金、银、琉璃、珠玑、象牙、各种香料。贸易往来的国家有数十个,如占婆(今柬埔寨)、占城(今越南)、天竺(今印度)、狮子国(今斯里兰卡)等。当海上丝绸之路的船舶频频来往于广州、扬州、泉州等港口的时候,扼守南海航道咽喉的海南岛是商船往来的必经之地,海南转口贸易兴盛起来。海南岛四周港口城镇就成为给这些来往商船提供寄泊、避风或是补给的地方。所以宋人楼钥在他的《送万耕道帅琼管》诗中描述:"势须至此少休息,乘风往集番禺东。不然舶政不可为,两地虽远休戚同。"南宋赵汝适在《诸蕃志》中也说,琼州有神应港,琼州所属琼山、澄迈、临高、文昌、乐会等都有市舶抽税的地方,万安军、吉阳军等地也是海商集散之处。

海南岛与南海诸国地理相近,贸易便利。《宋会要》刑法二之一三五载:"海南四州黎峒地与南蕃相望。"《岭外代答》卷一载："琼州、万安军、吉阳军……若夫浮海而南,近则占诚诸蕃,远则接于六合之外矣。"宋代来海南贸易的外国商人显著增加。宋人楼钥在《攻媿集》卷一九《代谢知琼州表》中说："今琼管邈在万里之外,颙居一海之中……而贾胡遥集,实为舶政之源。"南宋乾道年间,广州市舶奏请在琼州设市舶机构,负责从南洋返回船舶的检查,防止商船偷漏税,就是为了适应海南对外贸易日益发展的需要。

对于沿海城镇商业贸易的重要作用,苏过在《论海南黎事书》中曾说："濒海郡县所以鸠民置吏养兵聚财者,恃商人耳……若绝黎人之欢,商人不来,我自困矣。关市之征,岁入不足,一困也;兵吏廪赐无所出,二困也;衣食不足,饥寒从之,三困也。"①苏过虽然是从封建统治者的立场来分析商业贸易对海南政治、经济以及财政收入的影响,但也说明海南岛的商业贸易在宋代取得了令人瞩目的发展。这从当时海南商税征收额的增长上也可以得到证明。在宋熙宁(1068 年)以前,海南四军州商税总收入为 4428 贯,而熙宁十年(1077)年,商税收入为 38 992 贯有余,十年之间增长了近八倍,可见海南商业贸易增长之快。

元代海南的商业贸易中,棉纺织品还是非常重要的商品。王桢《农书》卷二十一《木棉序》载："夫木棉产自海南……江淮川蜀,既获其利,至南北混一之后,商贩于北,服被渐广,名曰吉布,又曰棉布。"海南的棉纺织品由于质量上乘,获利可观,在大陆极为畅销,是海南销往大陆的重要商品。另外,从海南《云氏族谱》中可以看出元代海南贸易的一些端倪。云从龙是南宋景定三年(1262 年)进士,入元后曾任海北海南宣慰使。至元三十一年(1294 年)八月下旬,云从龙从广州写信给时任万安知军的次子云铉,内中提到:"今欲遣小舟过海南,可办藤席一万片,听候船来装发前往,要在十月初间,不可过期失误。船到崖山,汝可一应付之。可将剑笄竹杖、花梨木寄来。"云从龙要求其家人在一个月左右的时间想办法及时"办藤席一万片",同时还要见船来时再托运一批竹杖、花梨木货品,可见当时这些货物在广东销路颇畅。这是元初海南商业贸易承接宋代发展的表现。元时海南与占城、安南等东南亚地区物资交流密切,在交流中,一些海外的特产被引入海南,如

---

①　苏过《斜川集》卷五。

菠萝蜜在元朝中叶传入海南。①《正德琼台志》中也提到：琼山"古通蕃舶,元初,闽浙商舟皆入至城下"。② 这也从一个侧面说明了元初海南商业贸易的繁荣。正是因为元初海南的商业贸易有所发展,所以至元三十年(1293 年),元政府在海南岛设立海北海南博易提举司,专门管理海南的贸易事宜。贸易的发展促进了这一时期城镇的兴起。

(二) 明清时期城镇的繁荣

明朝海南岛作为商品交换的商品种类和数量都有较大的增长。岛上的土特产如槟榔、椰子、牛只、花藤、香料、木材等作为当时对外贸易的主要货物,每年都大量输入大陆。《正德琼台志》在"槟榔"条目下特别选录了一组"槟榔诗",其中有云："海国居奇货,何当最上珍。丘园逃禄爵,商贾忽金银。白泽通寰宇,红潮到八闽……"从诗文可知,当时海南槟榔交易居诸货之首,炙手可热,众商竞争激烈。丘浚《送琼郡叶知府》云："琼郡自昔号为乐土……奇香异木,文甲皱毛之产,商贾贸迁,北入江淮闽浙之间,岁以千万计,其物产饶也。"可见,奇香异木等商货通过航运已远达东南沿海港口,呈现繁忙的景象。

商业贸易的兴盛,手工业、渔业等的发展为封建政府提供了重要的税收来源。税收是城镇管理和社会运行的重要保障。海南的税额来源主要是商税、盐税和渔税。商税是海南税收的大项。明代海南商税的设定和分立五花八门,各州县征收项目亦见增减各异。税种归类有牛税、槟榔税、契约税、酒税、车税、门摊税、盐税、鱼课等。除少数采取实物征收外,多以现钞或银两折算。其中"户口食盐税"税额最高,计"钞连润四万六千八百三十二锭二贯五百文"。正德年间(1506—1521 年)全岛商税钞额七千四百零九贯六百五十一文,嘉靖年间(1522—1566 年)大增至四万七千二百九十七贯六百五十一文,后又增至五万六千五百一十九贯一百九十三文。万历年间(1573—1619 年)的统计以牛税和槟榔税收入最多。牛税又以定安、琼山、澄迈、儋州、万州、临高、文昌等地为多。万历末年全岛牛税银共二千五百九十两,薪税银一千五百一十七两,以这两项税填补饷银不足。

---

① 唐胄等《正德琼台志》卷十七《土产上·菠萝蜜》。
② 唐胄等《正德琼台志》卷五《山川》。

所征收的商税"俱解府支给官员俸钞"。

禁海令解除后,海南同大陆的贸易往来也日益频繁。从大陆运至海南的商品仍以米谷为主。琼州向来缺粮,清代虽有好转,但还要依靠高、雷二府补给,有时也从五邑(南海、番禺、东莞、顺德、新会)、广州、潮汕运入。康熙二年(1663 年),澄迈县"斗米二钱有奇,赖得海北米应救"。① 乾隆十年(1745 年),琼州米贵,运雷、廉二州仓谷前往粜济,同时召集商贩载运,使琼州不致有缺粮之虞。② 乾隆四十三年(1778 年),琼州又遭岁歉,有商人吴位和者急忙遣人驰告潮商,劝潮商由海道运米接济。同时指使其子吴玢囊携带千金到雷州买谷。"一时米船云集,市价以平。"③另外,闽、广、潮的商船商贾还把这些地区的丝绸、杂货等也大量输入海南。海南运销大陆的商品主要是槟榔、椰子、食盐、咸鱼、红白藤、木材等。特别是槟榔,一直以来是海南运销大陆的大宗商品。粤人嗜好吃槟榔的习惯,延至清代演变成一种时尚的高消费。屈大均在《广东新语》中提到:"粤人最重槟榔""日食槟榔口不空"。乾隆年间,雷州港内有专营海南槟榔批发的商行成行成街。江门港内,从海南来的贸易商船络绎不绝,货物以槟榔、椰子、藤丝、板枋为主。吴川梅菉镇自清初以来为"雷琼通衢,商旅极盛",一度成为五邑地区槟榔、椰子批发的集散地。

明朝是海南岛经济社会繁荣发展的时期,农业、手工业、商业都获得了明显的发展,促进了城镇和墟市大量涌现。墟市多设在水陆交通便利的地方,岛北部的琼山、澄迈各县墟市数量最多,文昌、儋州、临高和万州等沿海地带墟市很兴旺;岛南岛西墟市数量较少,多分布在城郊;唯有感恩、陵水的墟市仅设在城中。据记载,至明正德年间,全岛共有墟市 122 个,其中琼山 40 个,澄迈 20 个,临高 14 个,定安 8 个,文昌 9 个,会同 6 个,乐会 3 个,昌化 2 个,万州 6 个,崖州 2 个,儋州 10 个,感恩、陵水各 1 个。④ 此外,在黎汉交界地带也出现了一些大小不等的墟市。这些墟市多是朝集午散,有些是隔日或数日一集,交换货物多是农副产品。城镇和墟市数量的增多以及规模的扩大反映了当时贸易的发

---

① 康熙《澄迈县志》卷二《纪实》。

② 朱批《乾隆十年二月初二日广东提督林君陞奏》。

③ 明谊《琼州府志》卷三十五《人物》"孝友"。

④ 《正德琼台志》卷十二。

达和经济的繁荣。

清雍正年间,各州县为商品集散和商业贸易提供便利的墟市也比明代增多。据统计,全琼共有墟市达 314 个,其中,琼山 49 个,定安 36 个,澄迈 59 个,文昌 43 个,会同 14 个,乐会 16 个,临高 16 个,儋州 36 个,昌化 1 个,万州 27 个,崖州 10 个,陵水 4 个,感恩 3 个,比明代正德年间的 122 个墟市多了 192 个①。沿海城镇主要承担海南岛与大陆、东南亚及其他国家的贸易往来,内地城镇主要承担汉族和黎族间的贸易往来。

例如,清代海口"商贾络绎,烟火稠密"②,已发展成为中等规模的沿海商业城市,海南岛与大陆间的贸易商船多停泊于此。岛内许多新的墟市出现在黎汉毗邻的交通要道和汉黎杂居地,如儋州的海头市,"外通居海港,入接黎峒诸峒……与昌化县黎交界,为儋、崖、昌、感诸黎及客民贸易之区。"③还有调南市、新洋市,临高县的南通市、兰洋市、南丰市,定安县的岭门市、南闾市,崖州的东关市、藤桥市、九所市等等,大多设置在水陆交通便利,各村寨居民经常出入的地方。山区黎族人民的土特产通过这些分布各地的墟市流入市场。黎族人民的生活生产必需品,如铁制生产工具和盐、绒线、针、布等都可以从墟市交换或购买。这些墟市对于沟通汉黎之间的经济往来,加强各族人民的联系起了重要的作用。在墟市商业的发展中,有些墟市发展为重要的商业城镇。

(三) 古代城镇的分布与演变

西汉元封元年(前 110 年),中央政权分别在海南岛设置了珠崖(治今海口东南)、儋耳(治今儋州西北)二郡,这两座城池都靠近海边,说明汉代中央政权在海南岛的政治中心主要在琼北和琼西北的沿海地带。

隋唐时期,中央政府对海南岛逐渐重视,多次对海南岛的行政建置进行调整和加强,从而建立起了对海南进行有效控制的行政管理体系。到唐武宗时,已形成了 5 州(崖州、琼州、振州、儋州、万安州)22 县的行政建置。同时将南海诸岛及其海域划归万安州管辖,

---

① 唐胄等《正德琼台志》。

② 雍正《广东通志》卷七。

③ 民国《儋县志》卷八《海黎志·关隘》。

正式对其行使主权。据史书记载,隋唐时期在海南岛兴筑的13座城池,如琼山唐旧州城、儋州古城、琼海唐乐会故城、万宁唐万安故城、临高临机故城、澄迈故城、三亚崖州古城等治所多靠近海边,表明中央政权的势力范围这时已扩展到东、南、西沿海地区,但其统治范围多限于环岛四周,其触角并未真正深入到黎族腹地。形成了"汉在外围,黎在腹地"的格局。

从宋代起,中央王朝对黎区的控制开始逐步加强,主要表现为在黎区增置州县。如北宋大观元年(1107年)设置的镇州城。经调查,镇州故城位于今东方市东河镇中方村,其平面呈正方形,边长200米,面积约4万平方米。城墙为夯土墙,辟东、南、北三门。城墙最大残高3.5米,顶宽1米。城墙外有6~8米的护城壕,西北角最深处尚达3米。遗址上散布有板瓦、砖、铁质犁、铲、勾镰、四齿耙等残片。镇州城是北宋王朝直接在"黎僚盘踞其中"[①]的黎母山设立的行政机构,其下辖通华、四达两县,扼守着古代琼西通往五指山腹地的交通要道。表明这时中央王朝势力已开始向黎区的纵深地带渗透。宋朝对海南岛腹地的黎区主要采取"抚黎"方针,实行"轻赋薄徭"的政策,在一定程度上缓和了较为尖锐的民族矛盾。

明初,倭寇与海盗相互勾结,在中国沿海抢劫商旅。中央王朝为适应军事需要,对外防止倭寇,对内便于控制汉黎地区,开始大规模在海南各地筑城。而明代的筑城往往与建立城堡、立屯联为一体。即在各州、县、卫、所及重要军事据点兴筑城堡,如明洪武二十七年(1395年)在琼州府城的外港兴筑"海口所"城。所城"周围五百五十五丈,高一丈七尺,广一丈五尺,雉堞六百五十二,窝铺十九,门四,各建敌楼,东北临海筑砌石岸九十丈,复自东南延西北浚濠长四百六十五丈,广一丈五尺,深五尺"。另外,还在文昌古城外建造"清澜守御所",在昌化古城外建造"昌化守御所",在万州城外建造"万州守御所",等等。明代海南城市布局的特点是,多以城为中心,拱之于卫所,在卫所附近屯田,这样既可便于攻防,又利于军粮的供应。

由上可知,海南岛历史上城镇的分布演变是沿着两个方向,一是从海南岛北部开始

---

① 赵汝适《诸蕃志》卷下"海南"条。

筑城,逐渐向南部拓展;二是从沿海地区首先筑城,逐渐向中部地区发展。至明代开始大规模地修筑城镇、卫所和重要军事据点,并遍及海南岛的各个区域,实现了中央王朝统治势力对海南岛各处的实际控制。

(四) 古代城镇的选址和建造

城镇建设面临的第一个问题就是选址。中国古代流行"天人合一"的文化观念,尊崇"天时、地利、人和"的自然哲学思想,强调人与自然和谐的理念。因此古城的选址十分重视地形、地貌、方位、朝向、气候、水源等因素。特别是在古代中国的"风水"理论中,水是最重要的因素。历代风水理论都认为"吉地不可无水""地理之道,山水而已"。水在城市中的主要作用是,有利于保持空气清新和一定湿度,有利于人的健康和植物的生长代谢,更重要的是水运在古代比陆运具有方便、廉价和运量大的优点,而且水运是选择了一条人类对自然环境破坏最小,对作为停泊点的城镇生态破坏最小的一种运输方式。这种观念在海南岛的大多数古城选址时得到了充分体现。

古代海南行政建置级别最高的琼州府城由于其"土壤平衍山无险峻,清流拱其前,洋海绕其后,马鞍居于右,七星拥于左,文笔三峰耸翠挺拔,诚海邦一名区而州县之望也",这些都是琼州府城选址在此的重要因素。另如位于海口市琼山区旧州镇的琼山旧州城址、琼海市烟塘镇泗村北的唐乐会故城址、乐东县抱由镇抱由村南的乐安故城等古城址,大多建于临水的高地上。古代海南陆路交通不便,建城于水边,除了生活取水便利外,很大程度上是考虑到方便岛内外商贸往来,控制水路交通。如琼州府城东门之外就是渡口,直到新中国成立以前,当地水路仍十分繁忙。

崖州古城的选址也符合同样的理念。该城址始建时间尚无考证,根据史料记载,崖州城在宋朝以前城墙为土筑,南宋庆元四年(1198 年)始砌砖墙,绍定六年(1233 年)扩大城址,开东、西、南三个城门。后经元、明、清三代扩建,成为南疆一座规模较大的坚固城池。从宋代至今的千余年来,崖州古城一直是海南岛南部的政治、经济和文化中心。

从地势地貌上看,崖州古城是在一椭圆形的山岗上削峰填壑而建成的,由于这里地势较高,故有"突兀孤城峙碧空"之说。古城地势有利于统治者占据制高点,平息内乱和抵御经常入侵的海贼、倭寇。同时崖城三面环山,南面是远近闻名的南山,山体既挡住了北面冬季冷风的侵袭,又可作为城市的依托,构成城市空间的起伏变化,整个古城形成了坐北朝南的空间格局。崖州城西临崖州湾,著名的宁远河水从古城前缓缓流过,自东北往西南流入大海。而位于崖州湾的大蛋港则是海南岛南部重要的通商口岸,自唐朝起,往返于广州、扬州、泉州和波斯等国的中外商船,为了避风和取水经常停泊于大蛋港。大蛋港由此成为古代海上丝绸之路的重要中转站,交通十分便利,在海南古代海上交通史上曾起到过举足轻重的作用。由此可见,古崖州城的选址是十分科学的。

中国古代城镇的建造理论强调阴阳协调和对称平衡学说。《周礼·考工记·匠人》指出:"匠人营国,方九里,旁三门。国中九经九纬,经涂九轨,左祖右社,前朝后市,市朝一夫。"这都体现了皇权至上、正中布局的城市规划思想和操作原则。按此指导思想建设的城市平面轮廓为矩形,街道呈棋盘状格局。这在深层文化意义上符合中国古人天圆地方的观念,表征权力、正义、和顺;在科学上利于顺应地磁,也利于日照和通风。故它作为城市布局基本模式沿用到明清。这也大大影响了海南大部分古城池的形制。

"礼,天之经,地之义,民之行也。"[①]礼治的制度既有关于个人行为规范方面的,又有属于国家典章制度方面的。礼是无所不在,无所不用的,而且礼是从"天人合一"的理念演化来的治国之本。因此,在中国古代,城市的等级与规模大小均有国家典章制度的"礼制"标准,不能逾越。最高等级的城市为国都,其下大到州郡府城,小至县城,都有严格的规制。而海南古城大多是依据汉族传统"礼制"规划建设起来的。各个古城池的形制,多数严格恪守以"礼"为本的历史特征。从汉到元代,海南的行政设置多为郡和县两级,最高级别的只有坐落在海南岛北部的琼州府城,自宋元以来就是海南驻军重镇和水军设防要津,琼州府城(海口)也由此成为古代海上丝绸之路进出货物的重要集散地和商贾、船民的落籍地。明王朝为了加强中央集权统治,对海南行政区划进行了调整。在洪武三年(1370年)升琼州为府,统辖儋、崖、万三州十三县,但海南各类城池在规制上仍与中原地区大致相同。

---

① 《左传·昭公二十年》。

明代以前,海南岛的城镇除了万州城是以砖瓦包砌外,琼州、儋州、崖州皆是土城,澄迈、临高、定安、感恩、昌化皆无城池。随着经济的发展,各州县治及海口、清澜、南山等千户所在明前期或中期分别造砖运石筑起城池,同时各州县城加强城镇建设,城镇面貌为之一新。作为海南政治、经济、文化中心的琼州府城经过几次扩建修葺后,周围长达1300丈。城内外建起钟楼、园趣亭、林宸堂、老农亭、稽古轩、花练庄、筠庄、学士庄、绣隐庄、观云庄、璞墩等建筑;城内店铺、作坊鳞次栉比,实与大陆城镇无异。

（五）古代城镇功能和规模

纵观中国古代城市的发展,城市最初的主要功能多属政治功能,即统治者居住或行使权力的地方。其二属军事功能,城市是大规模的永久性防御设施,尽管其规模、格局与性能不断发生变化,但军事防御始终为其主要功能之一,根据不同的情况,有时还可转化为首要功能。其三是经济功能,北宋以后,随着商品经济的逐步发展,商品贸易量不断扩大,就出现了在古代商业交通的基础上发展起来的城市。如明代的扬州就是中国典型的商业交通重镇,无锡则成为明清时期中国的四大米市之一。海南岛地处边陲,沿海城镇的军事防御功能必不可少,同时,海南岛城镇大多兴起于明朝以后,其商业贸易集散地的功能也十分明显。

实际上,城镇的功能往往不是单一的,一座城市往往要考虑多功能的需求。就海南古城来说,有的是以政治功能为主兼顾军事功能的。如西汉时期汉武帝建造的珠崖郡、儋耳郡、琼州府城、文昌文城故城等,都是历代中央政权在海南岛各地建立的政治行政中心,但也兼顾了其军事防御功能和经济可持续发展的需求;有的是以军事功能为主,兼顾了政治的双重功能,如海口市琼山区龙塘镇博抚村发现的珠崖岭古城、琼中水会所城、定安岭口镇的南建州故城等;也有的先以政治功能为主,随着商品经济的发展,逐渐转化为一个区域的政治和经济中心,如琼州府城、定安古城等。另外,海南孤悬海外,蜿蜒绵长的海岸线,使海南古城有一特殊功能——抵御海寇。同时坚实牢固的城池还起着抗洪护民的作用,如崖州古城、昌化古城等。

城镇设置并非亘古不变,而是根据各种历史因素的变化不断迁移。汉武帝时所建的儋耳郡治所最早设在儋州西部的三都镇,因屡遭海盗侵扰,隋代迁至中和镇,后又迁移到距中和镇40余千米外的那大镇。崖州古城自南北朝起,经宋延续到清朝,历代的州、郡、县均设在此地,一直是中国最南端的政治经济重镇,1954年其行政中心迁移到相距40余千米外的三亚,而三亚市如今已发展成为闻名中外的旅游名城。最能说明问题的当属琼州府城。琼州府城自宋代成为琼州州治后,作为海南的政治、文化、军事中心,前后延续了近千年,而海口所城明清时期只是琼州城的外滩和港口,而今海口市则发展为海南省的省会,成为海南政治、经济和文化中心,原先显赫一时的府城现已沦落为海口市琼山区的府城镇。诸如此类的城池变迁,古今中外不胜枚举。

中国早期的城镇规模都较小,春秋中叶的城池,方圆不过10千米,以后规模逐步扩大。如春秋战国时期,燕下都(今河北易县南)周长已达24千米;到了唐代,长安城(今陕西西安市区)的周长扩展到36.7千米;明初都城应天府(今江苏南京)外郭达103.7千米。大的城池也不断增多,如唐代10万户以上的城池只有10多座,到了宋代已增至40多座,以后继续有所增加。由于海南岛在地理位置上四面环水,长期孤悬海外,远离中国政治、经济、文化中心,属边缘地区,在历史上海南开发得也较晚。因而海南各城镇规模与大陆同时期同规格的城池相比要小得多。

琼州府城是海南行政级别最高的城市,也是海南古城中规模最大的城池。该城始建于北宋开宝五年(972年),大规模的修筑及扩城是在明洪武年间,其周围一千二百五十三丈,高二丈七尺,广一丈八尺,雉堞一千八百三十(一说一千八百四十三)个,库铺五十七间,开东、南、西三个城门和四座角楼,有子城、月城、护城河,①与相邻的广东潮州府城同属一行政级别。潮州府城宋代已成规模,明洪武十二年(1379年)进行扩建,扩建后的府城城墙周围一千七百六十三丈,高二丈五尺,基阔二丈二尺,城面一丈五尺,并于城上造敌楼四十四座,窝铺六十七座,雉堞二千九百三十二个。环城开上水、竹木、广济、下水、安定、南、北七门。于城门外构筑月城作为屏障,十分雄伟壮观。通过对比可以清楚地看出,同是府城的琼州府城较之潮州府城在规模上要逊色不少。

---

① 咸丰《琼州府志》卷四《建置志一》"城池"。

（六）考古发现的古城址

近年来,海南考古工作者发掘了不少古代城址,为我们了解古代城址提供了更为直观的材料。这里根据考古发掘报告将古城址整理列举如下,以供参考。

珠崖岭城址。位于海口市琼山区龙塘镇博抚村东南的珠崖岭。城址平面呈正方形,边长 155～160 米,周长约 750 米。现存城墙残高 1.5～2 米。南城墙中部开一城门,今为一豁口。现存墙基宽 5.1～5.7 米,墙基顶部宽 2 米,墙高 1.8 米。仅发现该城有向南开的一座城门。城内文化堆积很薄,文化性质单纯,皆为中晚唐至五代时期的遗物,发现有建筑构件、青釉瓷器、泥质方格纹陶片、印纹陶片等,器型包括砖、瓦、碗、罐、钵等。经考证确认,珠崖岭上的土筑城圈为古代夯土城墙。从城墙及城内文化堆积中出土的遗物来看,多是平底和饼足的青瓷器。根据史书记载,珠崖岭城址始建于汉代,延续使用至唐代,至宋代就已经废弃,初步推测为古代一座军事城堡。珠崖岭城址是海南最早的城址,从汉代始建一直延续至唐代,是海南沿用时间最长、最有代表性的城址,为研究汉、唐封建王朝对海南的统治具有重要历史价值。

旧州城址。位于海口市琼山区旧州镇旧州村。据明正德、清道光和民国地方史志记载,唐武德年间,欲设崖州于此,到宋开宝年间城废,旧州故而得名。城墙为夯土筑成,其平面呈长方形,东西长约 400 米,南北约 299 米,残墙最高达 7 米,西墙外尚存一段长约 50 米的城壕,壕宽约 2 米,深约 0.5 米,城周边散布有布纹陶片和青砖等遗物。

儋耳郡城址。位于儋州市三都镇旧州坡新村。儋耳郡城是古代海南岛重要的城址之一。据民国《儋县志》记载:"汉儋耳郡城……楼船将军杨仆所筑,仅二百六十步,高一丈四尺。"唐武德二年(622 年)设置儋州,治所迁至其东南高坡(今儋州中和镇)后,该城渐废。如今尚存有故城城墙残基、古井、庙宇旧址等残迹。

吉安故城址。位于屯昌县屯郊乡吉安村南。据清道光《琼州府志》记载,隋大业三年(607 年)置吉安县,属珠崖郡,始建城;唐武德五年(622 年)属儋州,乾元三年(758 年)废。城址平面长方形,南高北低,东西长约 400 米,南北宽约 300 米。城墙夯土筑成,残存部分南城墙基,宽 1～5 米,残高 0.5～1.5 米。城内东南部有夯土台基,东西长约 75 米,宽约 12 米,高出地面约 0.4 米。台基上散存青灰砖瓦、檐头滴水等。

万安州城址。位于万宁市大茂镇旧州村(旧称通化都)。该遗址为唐万安州州治所在地。据清康熙十八年《万州志》记载,万安城始建于唐龙朔二年(662 年),此城久废。现仅存东、西、北三墙残基,城墙系夯土筑成,宽约 8 米。城墙附近采集有双耳陶罐、青灰砖、板瓦、开元通宝铜钱等,多系唐代遗物。

乐会故城址。位于琼海市烟塘镇泗村北。据史籍记载,该城始建于唐贞观十三年(639 年),其县治设于琼山南,唐显庆五年(660 年)将县治移至此地。经考证,该城址地处现福石岭下,东西长约 1.8 千米,南北宽约 1.2 千米,面积约 2 平方千米。在今南管村北,尚留有夯土台基,东西长 50 米,南北宽 25 米,内有 12 根周长 1 米、高 2 米的圆形石柱,出土鼓形石础、石雕头像,地面散布青灰砖、板瓦、筒瓦等。推测为乐会县衙遗址所在地。

镇州故城址。位于东方市东河镇中方村东北。据《宋会要辑稿》和清道光《琼州府志》记载,宋大观元年(1107 年),提刑王祖道看到这里土地广袤,都县稀疏,遂奏请于黎母山峒置镇州以加强统治。其下辖通华、四达两县,扼守着古代琼西通往五指山腹地的交通要道。是宋朝为镇压黎族起义,加大防卫力量,而在此专门设置的军事城堡。北宋政和元年(1111 年),因这一带黎族人民起义频繁,加之镇州"出产货物不多,中间并无人旅往返"而遂废止。镇州故城平面呈正方形,边长 200 米,面积约 4 万平方米。城墙为夯土墙,辟东、南、北三门。城墙最大残高 3.5 米,顶宽 1 米。城墙外有 6～8 米的护城壕,西北角最深处尚达 3 米。东门外紧挨护城壕是墓地,城外东南还有砖瓦窑址。现遗址上散布有板瓦、砖、铁质犁、铲、勾镰、四齿耙等残片。有的瓦片上有戳印痕或文字。另外,还出土了宋代陶瓷等。

曾口故城址。位于海口市琼山区永发镇卜罗村。明正德《琼台志》记载,唐天宝十五年(756 年),拆琼山县地置曾口县,南汉时(917—971 年)将曾口地归澄迈,县治设在曾家东隅都(即今卜罗村)。城址平面呈长方形,东西长约 400 米,南北宽约 250 米。东面有石砌护城河,宽 30 米,深 2～3 米。地面散存石制门楣、门框、圆柱、础石等建筑构件。

延德故城址。位于乐东县尖峰镇白沙村南。据清光绪《崖州志》记载,延德县,隋置,元废。该城南靠白沙河,西临大海,东西长 200 米,南北宽 100 米,文化堆积厚 0.2～0.6 米。采集有隋代酱釉陶罐、黄釉陶罐,宋代影青瓷碗、青灰砖瓦残片等。

临机故城址。位于临高县马袅乡抱西村西南的临机坡。据清光绪《临高县志》记载,唐武德五年(622 年)置临机县,隶属崖州;唐开元元年(713 年)改临机为临高。城址平面呈长方形,南北长约 300 米,东西宽约 200 米,高出地面 1.5 米,文化堆积不详。地表散存大量青灰碎砖瓦。采集有高足釉陶碗、褐釉硬陶罐残片等。

大雅县治遗址。位于东方市感城镇生旺村大雅坡。明万历十年(1582 年),为更好地控制黎地和防御海盗,感恩县治从中和乡(今感城村)东迁大雅坡(今生旺村),故感恩县当时也称大雅县。该遗址依山傍水,呈方形,每边长约 300 米,城墙高约 3 米,顶宽 3 米,内土外石,城辟东、南、西三个城门和北部一个小门,城门由三合土砖砌。城外有护城壕,宽 5～7 米,东部最深处尚达 3 米。遗址保存一段 20 米长的石砌城墙,出土衙署宫殿的墙基、明代的砖和瓦当以及陶瓷器。

九龙县治遗址。位于东方市感城镇入学村西侧的海滨,因县城建在九龙山而得名。据清道光《琼州府志》记载:"九龙县自汉元封元年(前 110 年)建府于九龙山。"隋炀帝大业三年(607 年)立感恩县,但县治仍在九龙县旧址。明正统年间(1436—1449 年)将县址迁往中和乡(今感城镇)。九龙县城遗址至今已有二千多年历史,今尚存有城池的部分断墙残壁。

琼州府城址。位于海口市琼山区府城镇南部城区。据清道光《琼州府志》记载:该城始建于北宋开宝五年(972 年),明清时期曾多次重修。原城址平面呈不规则长方形,东西长约 1400 米,南北宽约 700 米,城墙周长 4100 余米,高约 9 米,宽约 6 米。开东、南、西三个城门,城门上各建有城门楼,城墙上设雉堞 1800 余个,北墙建望海楼,四周城墙下的护城河即仿照北京紫禁城的玉带河构筑,护城河水系引南渡江支流而来,河宽约 30 米,深 2 米。1983 年大部分城墙被拆除,现仅存西城门及长约 110 米的城墙,城墙用砖石砌成,宽 5～6 米,残高 1～2 米。

儋州古城。位于儋州市中和镇。儋州是海南四大古州之一,儋州古城是海南年代较早、保存较为完整的古城址,为唐、宋、元、明、清及民国各代儋州(军、县)治所所在地。据民国《儋县志》记载：唐武德二年（622年）设置儋州，治所迁至高坡（今儋州中和镇）。古城为夯筑城墙，宋、元沿用，至明洪武二年（1369年）城墙外壁改用砖石包砌，"周四百七十二丈，广一丈八尺，高二丈五尺"，为加强防范，在四墙各辟一门，城门上建有城楼，各门筑有瓮城，并在城墙外挖有护城濠，"阔五丈，深八尺。"明清时期屡有修葺和加筑。据实测：古城址平面呈不规则方形，周长约1600米。古城现存西（镇海门）、北（武定门）两城门及其瓮城（月城）和两城门相连的城墙，东（德化门）、南（柔远门）两城门及部分城墙已毁，城基尚存。儋州古城除现存的古城门及城墙外，现存的还有宁济庙、魁星塔、关岳庙、西门古道、太婆井、分司井和具有南方建筑特色的民居等建筑及州署遗址。州署遗址保存较好，现存有不同形制、各具不同艺术特色的柱础共4礅。该城布局严谨，防御设施齐全，是海南迄今保存面积最大的一座古城址。

崖州古城。位于三亚市崖州镇。史料记载，古崖州城在宋朝以前为土城，南宋庆元四年（1198年）始砌砖墙，绍定六年（1233年）扩大城址，开东、西、南三个城门。古城后经元、明、清三代扩建，成为南疆规模较大的坚固城池。三亚一带地区古称崖州由宋朝开始。据清《崖州志》载，宋开宝五年（972年），振州（今三亚一带）改为崖州，隶琼州。宋熙宁六年（1073年），改崖州为珠崖军。宋政和七年（1117年），改珠崖军为吉阳军。明清两代则一直沿用崖州。清道光年间，古城建筑基本定形，城墙四周长约2270米，高约8米。古城东、西、南、北门分别是阳春门、镇海门、文明门和凝秀门。城外开护城河，设吊桥，城内设御敌楼、谯楼、月城等。历经建置沿革变迁，崖城古镇千余年来一直是历代州、军治和民国政府所在地，是海南南部的政治、经济、文化中心。1950年崖县解放，崖县人民政府在崖城成立。1954年，崖县人民政府才迁往今天的三亚市区。

陵水故城址。位于陵水县陵城镇。据清道光《琼州府志》记载，该城始建于明正统元年（1436年），清代多次重修。城址平面近似方形，边长230～240米，周长约1000米。城墙外砌砖块，内筑黄土和碎砖瓦石混合土，残高约5.5米，宽约4米。城壕宽约8米，深3米。城砖有青灰色、黄褐色两种，砖长27厘米，宽11厘米，厚7厘米，刻"同治拾年造陵水城砖"。

澄迈故城址。位于澄迈县老城镇区。据明正德《琼台志》、清道光《琼州府志》、宣统

《澄迈县志》记载,该城始建于隋大业三年(607年),清光绪十八年(1892年)县治移往金江镇,城废。城址平面呈长方形,东西长约300米,南北宽约150米。原有砖砌城墙,高约6米,宽约5米。护城河宽、深各约5米。四面开门,城门上建城楼。城内原有归县堂、城隍庙、吴公祠、文庙、澄江书院等。现存文庙、南门桥、塔脚桥等。

会同故城址。位于琼海市塔洋镇。据清嘉庆《会同县志》、清道光《琼州府志》记载,会同县城始建于明嘉靖元年(1522年),设东门、南门、北门三座城楼,城墙夯土修筑;隆庆六年(1572年)城墙改为砖石砌筑,增设西门城楼。清代多次重修。城址平面呈长方形,东西长330米,南北宽220米。北城墙基址保存较好,残长约100米,宽0.5米,高1～3米,青条石垒砌。城南有街道、水井等。

文城故城址。位于文昌市文城镇北。据清咸丰《文昌县志》记载,文城始建于明隆庆六年(1572年),明万历、崇祯年间和清顺治、康熙、乾隆年间曾多次重修和增建。1923年拆毁城墙。城址平面呈椭圆形,南北长约350米,东西宽约175米。东、南、北三面各开一门,门宽约4.5米,城外有护城壕。现存部分城墙基和街道。墙基长50米,宽5米,高0.4米,用花岗岩条石砌成。街道长约600米,宽4.5米,用花岗岩条石铺设。石块长方形,长30厘米,宽、厚各20厘米。

南建州故城址。位于定安县岭口镇九锡山村南。据清光绪《定安县志》记载,元天历二年(1329年)升定安县为南建州,始筑城,明洪武元年(1368年)废。故城平面呈椭圆形,东西长约250米,南北宽约180米,夯土城墙。城外挖护城壕,宽3～5米,深1～2.5米。城内东南部有衙署、水井、民宅、寺庙等建筑遗址,城外西北部为墓葬区。城内堆积大量青灰砖瓦残片、莲花纹圆形石柱础、莲花纹长方形房屋石构件等。

乐会故城址。位于琼海市朝阳乡乐城岛上,即万泉河与流马河交汇处。据清《乐会县志》记载:元大德四年(1300年)乐会县城由调懒村迁至此地,起初未有城池,明隆庆六年(1572年)开始用砖石兴建,万历七年(1579年)竣工,清代几次增建。明清两代县治均设此地。建国初期间将城池拆毁。现仅存南城墙部分墙基,墙基砖石砌筑,残长200余米,宽1～2米,高约1米;护城濠沟宽2～4米,深1～3米。城内仍遗留有青灰砖、瓦、石鼓和石狮等。

感恩县治遗址。位于东方市感城镇感城村。隋大业三年（607年），朝廷在汉代九龙县旧址（今感城镇入学村西，西临北部湾）置感恩县，县治设在九龙山。明正统年间（1436—1449年），为适应经济发展和军事防御的需要，县治南迁中和乡（今感城村），筑土城。据《琼州府志》载："筑城周三百九十四丈，广一丈，高丈二尺，雉七百五十，窝铺二，辟门三。"后因年久失修，倾圮。清康熙四十三年（1704年）复修。感恩县治是东方市历史上时间最久的县城，历经500余年。感恩当时在城中建有学宫（孔庙）、城隍庙、关岳庙以及政府各衙门。今城墙仅剩墙基，护城河仅城外西南部都尚存浅浅的宽6～8米的痕迹，城内亦仅存学宫（文庙）和关岳庙，其余建筑无存。

水会所城址。位于琼中县黎母山镇大保村东。据清道光《琼州府志》记载，明万历二十八年（1600年）设水会守御千户所，于水蕉村筑城。城址平面呈长方形，东西长600米，南北宽300米。城墙为砖石结构，夯土墙基。现存东城墙长约300米，宽3米、残高2.5米。地面散布青灰砖，有长38厘米、宽18厘米、厚9厘米以及长28厘米、宽14厘米、厚5厘米两种规格。出土"水会平黎善后碑记"碑，高87厘米，宽55厘米，厚9厘米，碑文记述建城经过。采集有筒瓦、瓦当、青花碗残片等。

昌化城遗址。位于昌江县昌城乡。清光绪《昌化县志》载，明洪武二十五年（1392年）开始建城，正统十年（1445年）城池修固完毕后将县治由二水州迁此。清康熙年间（1661—1722年）两次重修，同治年间（1862—1874年）废。建国初期，尚留有城墙东、西门，现仅存城墙部分残墙。该城呈正方形，四墙总长约1500米。墙体为黄土夯筑而成，外壁包砖，城墙残高约2米，宽约5米。曾有雉堞555个，更铺18座，岗楼4座，四墙各设城门一座，东曰启晨，西曰镇海，南曰宁和，北曰宁武。现残存街道为东西走向，长200余米，宽约8米，街道两侧有莲花井、下水道等设施。该城是海南岛建筑最早的3座城池之一。

乐安故城址。位于乐东县抱由镇抱由村南。据清光绪《崖州志》记载，乐安城始建于明万历四十四年（1616年），清乾隆、光绪时期两次重修。故城北依山岗建造，平面呈长方形，东西长约400米，南北宽约340米。东、南、西三面有城墙，各墙分设三门。城外有护城壕。城墙外砌砖块，内筑黄土，宽7米。护城壕宽30米，深3米。西、南城墙基及护城壕保存较好。城内堆积大量长方形、方形、梯形、弧形青灰砖,砖刻"乐安、东、西、南、北、中、右、左"等字。

万城遗址。位于万宁市万城镇。据清康熙《万州志》记载:"万州城池,汉无从考。"宋大观年间,在此兴筑土城墙,此后一直作为万州县治所在地。南宋绍兴年间,外墙开始施以包砖,并在南墙辟一门。元至正三年(1343年)增大城墙规模并改砌石墙。明洪武七年(1374年)重修并开四门,成化七年(1471年)增筑瓮城门楼,嘉靖六年(1527年)在城墙外围开护城河,城门处以桥通行。万历十五年(1587年)增砌月城及三面敌楼。万州城在20世纪50年代末"大跃进"时被拆。现残存有部分南城墙及护城河,南城墙残长150米,宽约15米,高1~7米,护城河宽3~8米,深1.5~3米。

定安故城。位于定安县定城镇西北部城区。清光绪《定安县志》记载,该城筹建于明成化二年(1466年),成化八年(1472年)开工,正德年间(1506—1521年)建成。城周围593丈,高1丈4尺,垛堞1192个,开东、西、南三门,上建城楼,东南西挖城壕360余丈;明嘉靖二十四年(1545年)增开北门,清康熙二十九年(1690年)建北城楼。现存西门、北门。西门高2.4米,宽2.75米,进深8.7米,嵌"西门"石匾;北门高3米,宽2.3米,进深25.3米,嵌"北门"石匾;残存西南、西北两段城墙,长约1000米,高2~3米。城门、城墙均为条石叠砌而成。

第二节 分 论

一、海口市古代港口和沿海城镇

(一) 海口古代建置沿革

海口市位于海南岛北部,古称"白沙津""海口浦",别称"椰城"。因地处南渡江入海口得名。今海口市包含原琼山市,北濒琼州海峡,东邻文昌市,南邻定安县,西连澄迈县,陆地面积1127平方千米。海口市地理位置优越,"北枕海安,南近交趾,东连七洲,西通合浦",自古以来就是我国南疆边陲的海陆交通要冲,重要的港口商埠,也是当代改革开放造就的现代都市、新兴滨海旅游城市,海南省政治、经济、文化、交通中心。

据《民国琼山县志》记载,海南岛在我国古代尧舜禹时代属于南方越族荒凉边陲之地,秦朝统一中国之际,海南岛仍处于越郡外境,秦朝平定岭南地区之后,设置桂林郡、南海郡、象郡,其中象郡地域涵盖雷州半岛,而海南岛附属于雷州,因此,海南岛在秦朝时候就已是中国的一部分。

海口起源于汉代,"海口"一词最早出现于宋代,历史上隶属琼山县,其后名称屡有变更,包括海口浦、海口港、海口都、海口所、海口所城、琼州口等。

汉元鼎六年,中央王朝再次平定南越之地,在海南岛设置珠崖、儋耳两个郡,属交州管辖,下辖五个县,分别称玳瑁、紫贝、苟中、至来、九龙。其中,珠崖郡旧址位于现今海口市琼山区,也即是汉代的玳瑁县所在地。西汉元帝时,废除珠崖郡,设置朱卢县,隶属于合浦郡。东汉光武帝年间,设立珠崖县,仍隶属合浦郡,归交州管辖。[1] 三国吴赤乌五年,又设立珠崖郡,下辖徐闻、朱卢、珠官县。晋朝平定东吴后,将珠崖郡并入合浦郡。南北朝时期的宋朝元嘉八年重新设立珠崖郡。隋文帝期间设置崖州,隋大业三年(607年)改为珠崖郡,下辖十个县,分别为义伦、感恩、颜卢、毗善、昌化、吉安、延德、宁远、澄迈、武德,其中颜卢县位于玳瑁县东部。唐武德年间,中央政府在海南岛设立崖州、儋州、振州,其中崖州也就是颜卢所在地,下辖四个县,分别是颜城、澄迈、临机、平昌。唐太宗贞观元年,改颜卢为舍城,平昌为文昌,析舍城置琼山,至此,琼山县名开始沿用。贞观五年,析文昌县,置万安、富云、博辽3县,同年析出崖州的琼山设置琼州,琼州郡名也由此开始使用,下辖五个县,分别为琼山、临机、万安、富云、博辽。唐天宝元年(742年)改琼州为琼山郡,唐乾元元年(758年)又改回琼州。[2] 五代时期海南属南汉王朝,分为琼、崖、儋、万安、振五州,宋开宝五年,将崖州并入琼州,下辖六个县,分别是琼山、临高、乐会、舍城、澄迈、文昌。元朝至元十五年,改为琼州路安抚司,隶湖广等处行中书省。明洪武三年(1370年)后,设琼州府,领崖州、儋州、万州3州13县,琼山县为府治,清朝沿袭。[3]

① 民国琼山县志：第一册.海口：海南出版社,2004：30.

② 民国琼山县志：第一册.海口：海南出版社,2004：31.

③ 民国琼山县志：第一册.海口：海南出版社,2004：33.

（二）海口市古代港口

海南岛四面环海,货物流通、人员往来须经海上运输,港口成为全岛对外交往唯一途径。海口地区所属港口又是全岛对外交通的重要通道,形成了以海口港为中心的港口群,重要性毋庸置疑,是历代以来各王朝重点保护、防御地区。自宋朝起,封建政府开始在海口沿岸港口设立水师,建设水寨、兵舰,统一海防,明代设立巡视海道副使并都指挥,清初设海口水师左右营,乾隆年间改为海口营,参将专驻海口城,水师人数达四百余名,定时巡防海上,①足见封建王朝对海口地区港口防卫的重视。

以海口港为中心的港口群主要包括如下港口:

白沙港,亦称白沙津,位于琼山郡郡城北十里,是琼山郡治咽喉要道。宋代已在白沙港设立水师,明朝隆庆初设立白沙寨,派驻兵船防守,商船多往来停泊。②白沙港再往东二十余里有沙上港、大林港、北洋港,俱狭小,大船无法停泊。

神应港,在琼山县北十里,原白沙津拓展而成。因白沙港大船无法停泊,宋代元帅王光祖曾在此进一步开拓港口,由于泥沙淤积未获成功。后来宋淳祐八年,飓风大作,海水自然将该地冲成港口,时人以为是神助,故取名神应港。③

铺前港,琼山郡往东六十里是铺前港,与白沙港呈犄角之势,港面宽,水深,可容商船,对琼山郡的重要性几与白沙港等同。同时,该港也是海盗常出没为患之地,危害极大。④现属文昌市辖。

牛矢港,海口港以东二里是牛矢港,由于常年泥沙淤积,港面狭窄,水深较浅,不能泊船。

网门港,在大沙栏北,是海水入口之处,因渔人网杠在此,故名网门。⑤

---

① 民国琼山县志:第二册. 海口:海南出版社,2004:513.

② 民国琼山县志:第二册. 海口:海南出版社,2004:514.

③ 民国琼山县志:第二册. 海口:海南出版社,2004:516.

④ 民国琼山县志:第二册. 海口:海南出版社,2004:514.

⑤ 民国琼山县志:第二册. 海口:海南出版社,2004:515.

沙洲门，在海口港东北，宽约三里，西部与网门港相接。

河港，在演丰图北三里左右，港外海沙较多，水深较浅，不能行船。

追丁洋，与河港相邻，有外内二层，中间为盐场。

北港，在沙上港以东十里左右，实际上是一个小岛，岛上有一村庄，名叫北港村，村前可停泊大船二十余只，北港往东十里就到文昌地界。

盐灶港，位于海口港西面两里左右。

沙上港，位于盐灶港以西五里，也叫小港，港外有沙洲，不能泊船。

小英湾，位于沙上港往西五里，可停泊大船十余只，再往西是白庙港、红沙港、丰盈港，港口都较小，不能停靠大船。

东营港，在琼山郡城东二十里，右有沙豆港、博茂港、芒寮港、沙上港至海口港，左有新溪港达文昌铺前港。

北洋港，位于琼山县东三十里兴仁都，港东建有墩台，派兵驻守。

新溪港，在琼山县东五十里的演顺都，与文昌交界。明万历年间此地发生地震，七十余村沉没，与铺前港相通，海船可以出入。

白沙河，在海口东三里，乾隆六年，监生陈国安，生员钟世圣、杨翔凤呈请当道，由白沙村尾疏通海口，内可容小船往来。

博茂港，位于琼山县博茂图，但有人考据认为博茂港就是沙豆港。

烈楼港，在琼山县以西四十里左右，此港是海南岛港口中距离雷州半岛徐闻最近的港口，"舟一朝可返。"[1]

麻锡港，在琼山县城东北四十里，再往东十里为芒寮港。[2]

海口港，位于琼山县治以北约八到十里的海口所城（已消失）北，与广东海安港相距十余里遥遥相对，是最重要的港口。明丘濬在《学士庄记》中曾描述说："吾郡以海为疆界，自北至海，道仅十里，所谓神应，海口是为港门，帆樯之聚，森如立竹。"海口港门内接

①　唐胄等《正德琼台志》卷五。

②　民国琼山县志：第二册. 海口：海南出版社，2004：517.

五指长江,外达汪洋大海,中接南渡河流,商旅云集,海舶辐辏,前此东西炮台,支流小港,但筑堤岸,令水归牛矢一港,是以水道深通,①因而海口港港宽水深,可停泊大船数十艘。然而,清朝乾隆年间,由北冲河而来的泥沙逐渐堆积港口,加以海潮频频,冲塌堤岸,港口日窄,水位渐浅,淤塞日益严重,船只难以进入港口,只能停泊在港外,一遇大风大浪,船只易于倾覆,安全不能保障,商旅多有不便。② 为此,商民主动集资呈请政府疏浚,进行了详细的规划,由于牛矢旧港淤泥堵塞严重且港口面宽阔,开挖淤泥工程浩大,且边疏通边淤积,徒劳无功。因此经过实地勘察,干脆将牛矢旧港和盐灶旁支小港堵塞,使水集中流向盐灶大港,而盐灶大港港面相对较为狭窄,疏浚工程较小,最终顺利完工。③

(三) 海口市古代沿海城镇

古代海口沿海城镇众多,由于地理原因,距离东南亚国家较近,海运便利,商业较为发达。据记载,古代海南岛与东南亚及海上丝绸之路沿线多国已有人员、贸易往来,这些国家主要有:

安南国,现越南北部一带,位于海南岛西面,与儋州、昌江隔海相望。

占城国,越南南部一带,在海南岛西南方向,国土西至爪哇,南接真腊,北连安南,东西五百里,南北一千里。

真腊国,位于今柬埔寨境内,在占城西南方向,东临大海,西接蒲绀,南连罗希,北抵占城,从海南岛顺风三昼夜可到达。

爪哇国,即今印度尼西亚爪哇岛一带。

三佛齐国,位于今大巽他群岛,在占城国南方,距海南岛五日行程,位于真腊、爪哇之间。海南人经常被掠至此。

暹罗国,今泰国。

渤泥国,位于加里曼丹岛北部,国土大致与今文莱国同,古代为爪哇属国,古代海南

---

① 民国琼山县志:第二册. 海口:海南出版社,2004:426.

② 民国琼山县志:第二册. 海口:海南出版社,2004:515.

③ 民国琼山县志:第二册. 海口:海南出版社,2004:426.

人被掳,常在此买卖。

满刺加国,位于马六甲,在占城南,自三佛齐顺风八昼夜可达。

苏门答刺国,位于今印度尼西亚苏门答腊岛。

锡兰山国,今斯里兰卡。

柯枝国,在今印度西南柯钦一带。

溜山洋国,即马尔代夫。①

木骨都束国,今非洲索马里的首都摩加迪沙。

古里国,位于今印度境内。

小刺哇国,位于今索马里境内。

忽鲁谟斯国,今伊朗境内。

刺撒国,今索马里境内。

阿丹国,今亚丁湾西沿岸。

天方国,今阿拉伯地区。②

史书记载,宋仁宗时期,番船在海上遭遇风浪,漂流至海南岛,告知当地官府钱财食物尽失,无法返回,时任光南节度使胡则在遭到部分官员反对的情况下坚持借钱三百万给番船,后来番船如期偿还所借钱物。此一事件反映了宋代海南岛与海外贸易、人员来往密切,互信度很高,若非如此,此种借贷关系断难发生。

南宋乾道八年,占城国派多人到海南岛买马,被琼州官府拒绝,占城国大怒,派人到海南岛大肆劫掠,后来在宋朝的压力下,占城国送还所掠人口,仅存83人。③元朝初年,元政府派兵征讨占城,将妇孺老幼掠至海南岛安置,称为南番兵,现已消失。此外,元朝初年占城国人为逃避战乱乘船到海南岛,散居崖州、万州沿海一带,称为番方番浦。明宣德四年,朝廷派海南地方官员前往暹罗等国出差公干。此外,东南亚诸国向中国封建王

---

① 民国琼山县志：第二册. 海口：海南出版社, 2004：553.

② 民国琼山县志：第二册. 海口：海南出版社, 2004：554.

③ 民国琼山县志：第二册. 海口：海南出版社, 2004：554.

朝进贡诸如大象及其他奇珍异兽，一般经海南进入中国大陆。①

对外交往的频繁，自然也催生了海口地区沿海城镇、墟市的发展、繁荣。其中最著名的城镇是琼山县城。汉代在东潭都设置珠崖郡治，在颜村建立颜卢县城，唐代在琼山县境设置崖州，下设颜城县，唐贞观年间改称舍城，并开始使用琼山名称。宋朝将郡治迁到府城，筑城凡三里，宋绍兴年间又再次扩建。此后历朝一直对城池进行扩建、修缮，尤其是明清两代，或因台风巨浪冲毁，或因年久失修，或因防务需要，数次对城池加以扩建、修缮，规模越来越大。明代主要以扩建为主，如明洪武己酉年扩建，府城城墙周围六百丈，高二丈五尺，辟东、西、南三门，城北无门，建楼曰望海，南筑长堤引溪为濠。洪武戊午年，再次扩建，城墙周围达一千二百五十三丈，高二丈七尺，宽一丈八尺，雉堞一千八百三十个，窝铺三十七个，城墙濠堑周长一千二百八十七丈，深三丈二尺，宽四丈八尺。明朝洪武甲子年又在西城外增筑土城三百八丈。成化癸巳年，增建栏马墙。崇祯辛巳年，东门在外建月城。清朝时以扩建为辅，主要是修复年久失修或风浪毁坏的部分。如顺治乙未年，增高雉堞一尺，厚五寸，康熙六年丁未重修，庚戌年被风雨损坏，辛亥年又重修。此后多次因遭风雨损害而重修。②

海口所城虽然没有府城规模大，但仍是海口地区规模较大的城镇。海口所城在琼山郡北十里左右，明代洪武年间为防止倭寇入侵而建，明洪武乙亥年，海口所城建成，城墙周长五百五十五丈，高一丈七尺，宽一丈五尺，雉堞六百五十有三个，窝铺十九个，建四个城门，东北临海，石砌海岸九十丈，又从东南到西北开挖城池四百六十五丈，城池宽一丈五尺，深五尺，后来明代又几次扩建。到了清代，由于年久失修及台风巨浪毁损等原因，政府对海口所城的建设主要是修复或重修。如康熙十一年、廿四年、四十七年、雍正七年、乾隆四年、六年等，海口所城数次遭台风巨浪破坏，也多次修复，尤其是康熙四十七年海口所城被台风破坏十分严重，几乎重修。③

除琼山县城、海口所城外，海口地区经济的发展，对外贸易往来、人员交流的频繁，也

---

① 民国琼山县志：第二册. 海口：海南出版社，2004：555.

② 民国琼山县志：第一册. 海口：海南出版社，2004：197-199.

③ 民国琼山县志：第一册. 海口：海南出版社，2004：200.

催生了墟市的繁荣,海口墟市数量众多,分布广泛,主要有那抽市、石桥市、旧州市、烈楼市、东山市、塘葭市、东头市、大林市、迈敖市、博庵市、道畔市、干桥市(道光二十七年改为龙桥市)、岭脚市、群荡市、龙塘市、新那邕市、新市、塔市、灵山市、坡茅市、五原市、雷虎市、谭文市、苍释市、博堂市、迈党市、石山市、崩溪市、那邕旧市、那邕市、茄柄市(在苏寻三调塘一都)、崩沟市、大井市、迈犊市、桥兰市、大埇市、屯昌市、三江市、甲子市、下水市、迈盛市、山头市、文盛市、培龙市、北门官市、十字路市、咸谅市、龙窝墟、塔市墟、道崇市、龙山市、黄岭市、新兴市、山马市、坡寮市、大昌市、大坡市、钟税市、会文新市、调龙市、安仁市、美党市、水上市、文岭市、金墩市、咸来市、云龙市、三元市、龙荫市、岭脚新市、坡寮新市、益来市、美本市、天长市、仙山市、仙沟市、灵山新市、永都市、雷虎市、峰江市、大山市、龙发市、道堂市、长发市、施茶市、福安市、琼界市、亚岭市、藤寨新市、岭肚市、洗马市、艾钞市、水会所市等。①

二、 文昌市古代港口和沿海城镇

（一）文昌市古代建置沿革

文昌位于海南岛的东北部,四至角:最北角为铺前镇的海南角(木兰头),是突出于琼州海峡的著名海角;最东角为七洲列岛,是翁田镇东面海域中的群岛;最南角为重兴镇群先村;最西角为蓬莱镇东头村。东、东南两面濒临南海,北面是琼州海峡,西部和西南部依次与海口、定安和琼海三市(县)接壤。全境平面轮廓略呈半月形,东西宽 65 千米,南北长 95 千米,环疆总长 285.1 千米,海岸线长 206.7 千米(包括海湾部分的 23.34 千米),陆地总面积 2488 平方千米,占全岛陆地面积 7.3%,海域面积 4600 平方千米。

文昌历史悠久,大清《一统志》记载,文昌为汉代珠崖郡紫贝县地所在地。汉武帝平定南越,设置珠崖、儋耳两郡,隶属于交州,下辖五个县,其中的紫贝县,即是文昌古地名。西汉始元元年,废儋耳郡,其地并入珠崖。西汉初元三年废珠崖郡,设置朱卢县,隶属合

---

① 民国琼山县志：第一册. 海口：海南出版社，2004：304-308.

浦郡,文昌亦属合浦郡。东汉建武十九年,马援平定交趾叛乱,重新设置珠崖县,属合浦郡。三国吴赤乌五年讨平珠崖,在徐闻设置珠崖郡,在文昌古地设置珠官县。晋朝将珠崖并入合浦,珠官县仍隶合浦,不久废珠官县。西晋太康元年,珠崖郡并入合浦,改朱卢为玳瑁县。南北朝时,南朝宋元嘉八年,重新设立珠崖郡。梁大同年间,在儋耳旧地设置崖州,文昌古地也归属崖州。隋大业三年,崖州改为珠崖郡,又在珠崖郡西南地设置临振郡,下辖五个县,其中武德县即是紫贝县之故地。唐高祖武德五年,武德县改平昌,属崖州。唐贞观元年,平昌改为文昌。五代十国时期,南汉中宗乾和十五年,文昌属崖州。宋开宝四年平定南汉,开宝五年,废崖州,文昌始属琼州。元至元十五年,文昌隶属琼州路安抚司,元天历二年,改琼州为乾宁军民安抚司,明洪武三年,文昌隶属琼州府,隶属广东,清顺治九年,琼郡内附,文昌邑制依旧。

文昌县治位于府城以东一百六十里,东北临海,西南方向与琼山、定安、会同交界。东西距离达一百三十里,南北达一百九十里。东北到西南一百九十里,东南到西北一百八十里,周长五百七十里。文昌县城东至铜鼓岭七十里,东南至陈村乐会场三十里,南至长岐铺会同县界五十里,西南至定安、会同边界七十里,西至那丹桥琼山县界六十里,西北至铺前、北港琼山界一百五十里。[①]

(二)文昌市古代港口

文昌位于海口东面,海南岛东北部,对外贸易、人员往来也全部依赖于港口,经过历代以来的发展,文昌所属港口数量众多,规模较大,形成了一系列港口,现分述如下:

长岐港,位于文昌县城以南五十里,海岸为当地百姓煮盐之地,白延都所属水流由此流入大海,现已废弃。[②]

陈村港,位于文昌县城东南四十里地方,东距长岐港十五里,该港为泊船与晒盐两用,潮涨可停泊船只,潮退则可堆沙煮盐。

---

① 民国文昌县志:上册. 海口:海南出版社,2003:37-38.
② 民国文昌县志:上册. 海口:海南出版社,2003:268.

清澜港,位于文昌县东南二十五里的地方,与马头埠相邻。清澜港修建于明初,是文昌最重要的港口,也是海南岛主要港口、商埠之一。当地地势平坦宽广,港口水面宽阔且水深较深,港门口两旁有砂礁潜隐难窥,大船出入需要熟悉水道才能安全,港内可泊大船百余只,[①]可同时容纳多艘大船到港。清澜港优越的条件使之比海口各港口更有优势,商旅外出若在海口各港搭乘船只,船只只能停泊于海中,遇有较大风浪,商旅上下船只安全问题突出;而在清澜港,船只可停靠码头,不担心风浪,商旅上下方便,不但方便文昌本地商旅,也方便海口、琼海、陵水、万宁等周边县市商民进出海南岛,是岛民进出海南岛的主要出入港口,[②]有"琼州之肘腋""文昌之咽喉"之称。该港防卫也最为严密,明代在清澜港设置千户,由巡检司驻扎防守,由海口营派千把总一名和外委一名带兵屯十名专司防卫。武器方面,在清澜港南岸设有大炮台一座,周长十七丈,高一丈五尺,营房八间,官署三间,大门楼一间,火药局一间,烟墩三座等。[③]

口衙港,位于清澜港以东六里的海岸。

豹山港,位于口衙港以东四里。

曲辄港,在豹山湾以东四里,此三个港口都只能停泊小船。

大八(人)沟,在曲辄港以东五里,由明朝人邢柞昌开通,潮涨时小船可出入港口。[④]

南沙港,位于大八(人)沟东七里之地。该港原来港面宽阔,水深较深,泊船条件较好,后来由于往港口填沙垦田,致使水深变浅,船只在港口内无法停靠,港口外尚能停靠。

涩渚港,位于南沙港东四里,港口内可停靠船只六七艘。清代道光戊申年间,海盗进港抢劫商船,为害极大,乡人惊悚惧怕,时人搬运六十余船石头填塞港口以阻挡海盗。距离港口半里有一个名为三公坭的地方,高数十丈,可对海面进行瞭望,设有望海楼,每当海盗船至,望海楼便击鼓聚众防御。

淇水湾,在涩渚港以东二里地,该港在一高地上,名为淇水高地,高达数十丈,周围皆

---

① 民国文昌县志:上册.海口:海南出版社,2003:268.

② 民国文昌县志:上册.海口:海南出版社,2003:49.

③ 民国文昌县志:上册.海口:海南出版社,2003:269.

④ 民国文昌县志:上册.海口:海南出版社,2003:49.

可看见。

内村潭，在淇水湾以东五里。

打石井，在内村潭东二里，多大石。

塘洪港，在打石井以东四里地，可停靠较多船只。

小澳塘，在塘洪港以北四里地，铜鼓岭以东。可停泊较多船只。

大澳，小澳塘以北二里地，能够停靠船只十余艘，海盗船只经常光顾该港口，伺机劫掠商船。

抱陵港，在大澳以北五里，吉水溪北。牛溪、虾塘、铜鼓山诸水由此入海，可泊船十余艘。

淡水港，在抱陵港以北十余里。

赤水港，在淡水港以东十余里。由于该港口岸土壤都为红色，涨潮时水也变为红色，所以取名为赤水港。

新洋港，在赤水港以北二十余里。[①]

东坡港，在新洋港以北十里。

白平港，在东坡港以北十里，港中设有一座报警台，该台是清澜、铺前埠的分界线。

田头河港，在白平港以北十里。

秃港田，在头河港北十五里，又叫葫芦港。

大昆港，在秃港以北七里。

郭婆港，在大昆港以北十余里。

鸡羽湾，在郭婆港以北二十里。抱虎山诸水由此入海。

五龙港，在抱虎港以西三十里。

乌石仔港，在五龙港西北方向三十里，可泊船四五只。

澳隈，在乌石仔港以西五里，螭虎山下，东南风可泊船数十只。

木栏港，在澳隈以西十里，遇东南风，可泊船百余只。

---

①　民国文昌县志：上册. 海口：海南出版社，2003：50.

白峙港,在木栏港以西十余里,与新埠港相连,山高水深,可停靠船只,也叫"北峙"。

新埠港,即新埠澳,在七星岭下。

铺前港,在新埠港以南十余里,县北诸水俱由此入海,是海南岛较大的港口,港口可泊大船数百艘,是商旅、渔户的聚集之所。明朝时已在此设水军重寨,负责防御海盗、倭寇,保卫海疆。清政府重视该港防守,派驻巡检司,设立一座大炮台,炮台规格与清澜港炮台一样,另外海口水师营派千把总一员专防,外委一员协防,带兵三十名防守。法国人认为,铺前港是明清时期海南岛最大的两个港口之一。海南人下南洋也多由此港出发。

东寨港,在铺前港内十余里。

边港,在铺前港东南方向三十里。

后港,在清澜港内。

官霄港,后港以东五里。

抱土港,在东区,距离县城二十五里,文昌县署碑记载,该港实际上是清澜港内西南方向一处沙土,又叫"下东沙"。①

迈犊东、西两港,在文昌县以北约一百二十里,距铺前港东南三里,往来铺前、罗豆、锦山等市商船都要经过这两个港口。东港旁边有卤沟,东港后有盐灶,今废,西港南经迈犊桥,流入深溪尾,到莺鸣村,两个港口旁均有农田。

云庄岗,在文昌江西面。

霞丹岗,在南区霞丹村,距离文昌县城三十五里,是文昌重要港口,林木水草茂盛,船舶往来非常便利。②

(三)文昌市古代沿海城镇

文昌古城,汉代位于紫贝山阳,后来移到安知乡何恭都潭布村,元代至顺二年,迁到北山都,即现在文城镇所在地,外城建设初具雏形。明朝开始扩建,隆庆六年,文昌知县

---

① 民国文昌县志:上册.海口:海南出版社,2003:51.

② 民国文昌县志:上册.海口:海南出版社,2003:267.

顾乃猷用石块垒建,县城墙周长达三百五十丈,宽一丈,高一丈五尺,城墙外侧垛墙达七百个,建有南北两座城门,南门叫南熏门,北门叫拱北门,①东面曾开有小门,不久又予以堵塞。西南城墙挖溪为护城河,东北城墙护城河则由稻田挖成。明朝万历二十年,县丞蒋梯又将城墙垛墙增高,拓宽马路至三丈,增加窝铺十八个,后来由于地震倒塌重修。到崇祯五年,知县魏懋绩将南门堵塞,后又打开南门,改名图南门,崇祯十二年,知县周廷凤增筑月城。到了清代,由于年代久远,再加上大水侵蚀、冲毁,城墙坍塌严重,清朝顺治年间城墙修葺多次,雍正、嘉庆年间亦多次修复,道光年间清政府还进行了扩建,道光二十八年,在籍郎中云茂琦专门呈文请求修葺、扩建文昌县城,呈文详细叙述了文昌县城的建设历史,认为前代修葺县城因为经费紧张,都是小修小补,不堪大用,不久就又倒毁,有碍观瞻,而且县城三面环水,船只可以直抵城门,更不利于防卫,建议商民先行集资捐修,待建成后由政府归还钱款。云茂琦的呈文得到清政府的支持,文昌县城由此也得到了重修扩建,建成后城墙周长达四百二十丈,高二丈二尺,宽七尺五寸,垛口八百一十个,城墙除了宽度有所减少外,长、高及垛口数量都增加了。②除城墙外,文昌县署自汉代至明清也随城墙一样迁移、建设、修葺、扩建。③

除文昌县城外,清澜所城是文昌另一座重要的城镇,其建设历史比文昌县城短多了。清澜所城旧治在文昌县的青蓝都,由千户陈良在明代洪武年间建造。万历年间,海盗林凤率众洗劫、毁坏了清澜所城,不得已进行迁移,千户朱弦、知县罗鹗将清澜所城新址选在南碇都陈家村,城墙由石块建成,周长三百五十丈,宽一丈,高一丈八尺,垛墙九百个。清朝康熙元年秋,由于大水,城墙倒塌百余丈,康熙七年,清澜所城千总倪灏修补。④

铺前城也是古代文昌县一座较为重要的沿海城镇,与清澜所城一样,也是在明代期间修建,但晚于清澜所城,而且建设铺前城的动因与文昌县城、清澜所城不同,初始原因是为防备海盗、倭寇侵犯,故而铺前城所在地为海南岛易受攻击之所,地理位置重要,自

---

① 民国文昌县志:上册. 海口:海南出版社,2003:101.

② 民国文昌县志:上册. 海口:海南出版社,2003:102.

③ 民国文昌县志:上册. 海口:海南出版社,2003:103.

④ 民国文昌县志:上册. 海口:海南出版社,2003:94.

铺前东北十余里至白峙澳,三十里到木栏澳,三十里至急水门,八十里至抱虎湾,一百里至抱陵港,又数里至铜鼓角,这一带海岸经常有海盗船湾泊登岸取水,并且乘机劫掠。①明朝嘉靖甲寅年,鉴于倭寇、海盗猖獗,肆行劫掠,郡守张子弘在铺前城所在地设防,即在南帕岭建成一座土城,作为防卫之用。然而,明代隆庆年间,该土城居然被海盗攻占,平定海盗后,明朝政府增加土城守卫,新增参将率兵据守。隆庆辛卯年间,明政府为加强对海盗的防守打击,在原土城的基础上用石块重新建筑城墙,周长大约一百八十五丈,高一丈有余,但不久又倒塌了,新任参将黎国耀将城池迁往他处——李茂旧穴,但由于明政府废除了守官,该处城池也被毁。②

除了上述主要城池外,基于对外贸易、人员交流的发展,为便利交易,文昌县沿海各地建立和发展起了大量的墟市,这些墟市包括便民市(坊二图,即南门市)、陈家市(南矼)、迈号市(前山)、白延市(多寻)、冠南市(陈一、二图,即凤土市)、大冲市(那廓图,即大昌市)③、蛟塘市(何一图)、潭牛市(水一图)、土湾市(水一崎岭,今名头苑市)、抱芳市(青一图)、文教市(青五图)、昌洒市(水一图)、翁田市(水六图,即田尾市)、抱罗市(水八图)、溪梅市(接五图,锦山市南一、二图)、东坡市(犊一图)、林梧市(犊一图)、铺前市(犊四图)、烟墩市(白延图)、重兴市(白延图)、石壁市(多寻图)、土来市(北山图)、新桥市(北山图)、公坡市(水一图)、龙马市(水一图)、东郊新市(青二、三图)、凤尾新市(犊一图)、冯家坡市(南三图)、龙坡市(犊一图迈犊保,道光十一年创立)、宜民市(道光十年创立,在北门外)、东阁坡市(水一图,即东瓜坡)、沙牛坡市、龙楼市(在县东六十里青四图)、罗豆市(南五图)、高龙市(在县西十五里)、关马市(在县西五十里)、大路市(在县西四十里)、中心市(在县西三十里),此外,还有长歧、宾宰、迈柳、东坑、李村、下崀等市,但都较早地废弃了。④

---

① 民国文昌县志:上册. 海口:海南出版社,2003:267.
② 民国文昌县志:上册. 海口:海南出版社,2003:94.
③ 民国文昌县志:上册. 海口:海南出版社,2003:134.
④ 民国文昌县志:上册. 海口:海南出版社,2003:135.

三、 琼海市古代港口和沿海城镇

（一）琼海市古代建置沿革

琼海市位于海南岛的东部，东临南海，东北依文昌市，南与万宁市接壤，西南与琼中黎族苗族自治县、屯昌县毗邻，西北与定安县交界。土地总面积 1693 平方千米。

今琼海市由古乐会县、会同县演变而来。汉元鼎六年，平定南越之后在海南设置珠崖、儋耳两郡，隶属于交州，东汉以来，更置不常。唐贞观五年，设置琼州，下属五个县，其中今琼海市所属之地即属琼州，贞观十三年，唐政府在琼山南境设置容琼县，唐显庆五年，改容琼县为乐会县，治所建于黎黑村。唐乾封以后，乐会县被黎峒统治者占领一百二十四年。唐贞元五年，岭南节度使李复平定黎峒叛乱，贞元七年，唐政府恢复乐会县建置。宋大观三年，乐会县改属万安军，宋政和元年，乐会县又改属琼州。元至元二十四年，将县治迁至太平都的调懒村，后以调懒村不适合居住为由，又将县治迁到万泉河之地。元大德四年，王文何、符熙为寇作乱，县治又迁到万泉河以南地域阴阳山，即现在治所所在地。元天历年间，乐会县改属乾宁安抚司。明洪武三年，升琼州为府，下辖十个县，乐会县即其中之一。

古会同县本是乐会县的一部分，元至元年间，在乐会县西北部的乌石埇设置会同县，隶属琼管安抚司，元皇庆元年，土酋王高烧毁县治，元政府原来打算将县治建在太平都斗牛乡，但到元至正年间将县治迁至现在所在地，即端山牛角墩（今塔洋镇）。①

（二）琼海市古代港口

琼海基本由古乐会县、会同县组成，两县港口分述如下。

乐会县有以下主要港口：

新潭港，为乐会县县属港口，可停泊大船数十只。

---

① 乾隆会同县志；嘉庆会同县志. 海口：海南出版社，2006：265.

　　博鳌港，在新潭港以北三十里，距离乐会县治所一十五里，可停泊大船数十只。港内巨石林立，大者如门户，称为神石，入港船只若不小心碰撞巨石，船只将立刻沉入水中，商船进港必须雇佣本港小渔艇为向导。博鳌港属万州营管辖，万州营拨百总一名，带三十六名兵防守该港。① 由于博鳌港与万宁东澳港相邻，自明朝到清朝，乐会渔民与万宁渔民为争渔利械斗不休，诉讼累积数十个，清朝乾隆年间，清政府裁定以乌石为界，其后咸丰、同治、光绪年间，又屡屡发生越界捕鱼争议。② 博鳌港是琼海最重要的进出口岸，咽喉之地，汇聚万泉河诸流之地，东有圣石捍海，西有三江合注，南与万县接壤，北面是博鳌墟。凡乐会、会同两县出入的船舶都停泊该港，每年夏秋之际，有临高、海口等渔船捕鱼，相互交易。更为重要的是，博鳌港是南洋、港澳等地货物进出海南岛的重要口岸，从南洋、香港、澳门进口水油，从儋州、崖州输入生盐，从江门输入纸料、爆竹、布匹等，且珍稀货物都为大宗交易，还从潮州输入瓷器，从崖州、陵水、万宁、会同、文昌输入灰石，从崖州、陵水输入咸鱼等。博鳌港出口的货物有槟榔、椰子、红藤、黄藤、蜂糖、枋板、生猪等大宗货物，其余的货物有黄蜡、牛油、牛筋、牛皮、牛、藿香、艾粉、冬叶、芝麻、益智、草仁、咸蛋、骨砖等物。③

　　潭门港，该港是乐会县和会同县分界之地，位于博鳌港以北三十里处，上流溪水流至入海口分为两条，一条由会同县下来，另一条由乐会县流下，至入海口合并为一条入海，两县以溪港中流分界，两县船只均在此港停泊。但两县民众为争利，诉讼不休，后光绪三十年，会同县主林振光断批，以潭门港中流以南为乐会海界，海门以南的海利归乐会县民众。④

---

① 康熙乐会县志（康熙八年本）；康熙乐会县志（康熙二十六年本）；宣统乐会县志. 海口：海南出版社，2006：423.

② 康熙乐会县志（康熙八年本）；康熙乐会县志（康熙二十六年本）；宣统乐会县志. 海口：海南出版社，2006：424.

③ 康熙乐会县志（康熙八年本）；康熙乐会县志（康熙二十六年本）；宣统乐会县志. 海口：海南出版社，2006：441,442.

④ 康熙乐会县志（康熙八年本）；康熙乐会县志（康熙二十六年本）；宣统乐会县志. 海口：海南出版社，2006：424.

会同县有以下主要港口：

调懒港，在会同县治东南三十里的太平都，该港涨潮时可停泊船只，退潮时可晒沙煮盐。

鬼颠港，在会同县治以东三十里的太平都，多异岭小涧入海与潮水会合成港口。

欧村港，在会同县治以东四十里的太平都。文昌日檀岭水流至欧村与潮水会合形成港口。

望白港，在会同县治以东四十里太平都。

冯家埠，在会同县治东北六十里太平都。村多冯姓，故名，但海中多石，船只难以停靠，居民多捕鱼为生。①

（三）琼海市古代沿海城镇

乐会县沿海城镇主要为乐会县治。元大德四年，因为王文何、符熙为寇作乱，乐会县治迁到万泉河之南的阴阳山，最初并未建城镇，明隆庆六年，副使陈复升、知县张纲开始用石块建筑城池，城墙周长三百七十二丈，开辟南北两门。明万历五年，知县彭大化挖掘护城河，万历七年，典史袁光英疏通，崇祯二十三年，知县王怀仁、陈蕃、李时兴相继修葺、扩建城池。清康熙五十五年，知县谢铦增建子城及门楼，雍正元年，知县赵光绪重修城墙，用红色厚砖取代了石料，总长约 372 丈，东南西北各辟一门。②

除乐会县治外，经济发展还催生了诸多墟市，主要有：

南门市，距县治四十步，久废。

北门市，之前在天妃庙前，后移海棠坡市，久废。

朝阳市，在县治东南廓外，明万历三十四年由知县沈允孚设立，墟市中心建有十字街，便于商旅往来贸易，但久之由于兵荒马乱，墟市破败，康熙三年，清政府重新设置墟市交易。

---

① 乾隆会同县志；嘉庆会同县志. 海口：海南出版社，2006：272.

② 康熙乐会县志（康熙八年本）；康熙乐会县志（康熙二十六年本）；宣统乐会县志. 海口：海南出版社，2006：337.

西门市,在县治西门外,人烟稀少,久废。

新寨市,在上大踢乡新寨村西一里,明末移到县治以西八里处,改名黄麖坡市。

中原市,在上大、下大乡交界处。

坡襘市,在上大、下大乡交界,为黎峒出没处,曾废弃,康熙五年,清政府恢复。

椰子寨市,在县治以西四十里白石乡愈村河滨。

边滩市,在县治以西八十余里白石乡河滨,与定安石壁市隔河相望。

新市,在下北乡官路上,距会同分界一里。[①]

会同县治沿革如下。元至正年间,元朝政府将县治迁到端山,但一直到明孝宗弘治年间都没有建城池,弘治末年,县治府库甚至被贼寇劫掠。到明嘉靖元年时,督抚欧阳必进才安排用土块建筑东、南、北门城楼三座,西门空缺,周围建筑土墙。明隆庆五年,土城又被贼寇毁坏,明政府才开始用砖石筑城,城墙周长三百八十丈,高一丈五尺,宽一丈,并增筑西门楼。明万历乙酉年,大雨毁坏城墙,知县徐应麟重修,增砌窝铺八间。崇祯十三年,知县骆用发奉旨建筑东门、西门及瓮城,将南门城楼命名"萃和门",北门城楼命名"拱极门",东门城楼命名"宾炀门",后改称"永安门",西门城楼命名为"长乐门"。到清代后,由于城墙年久失修,康熙三年,知县黄信让加固城墙以利于防卫,康熙七年十月,又遇大风,城垣崩坏,知县曹之秀再次修葺。[②]

会同县有以下主要墟市:

东关市,位于县治之东,康熙八年,知县曹之秀设立,康熙二十三年,知县胥锡柞将该墟市迁到城内西门街,后知县李宗培又移到南门,康熙三十八年,知县曹允中又迁到该墟市设立之时的旧地,康熙五十三年,知县张汝奉将该墟市一分为二,分别为东关一市、县前一市。

嘉积市,在积善都,县治以西二十里,为琼属巨镇。

黄藤市,在永安都,县治以北三十里,俗名大路市。

① 康熙乐会县志(康熙八年本);康熙乐会县志(康熙二十六年本);宣统乐会县志. 海口:海南出版社,2006:53,54.

② 乾隆会同县志;嘉庆会同县志. 海口:海南出版社,2006:281,282.

福田市，在太平都，县治以东南三十里，俗名调懒市。

镇安市，在太平都，县治以东三十里，俗名长坡市。

海丰市，在太平都，县治以东五十里。

烟塘市，在嘉会都，县治以北三十余里。

南白市，在嘉会都，县自以北三十五里。

黎溢坡市，在永安都，县治以北八里。

山竹树市，在永安都，县治以西北二十里。[①]

四、 万宁市古代港口和沿海城镇

（一）万宁市古代建置沿革

万宁市位于海南岛东南部沿海，东濒南海，西毗琼中黎族苗族自治，南邻陵水黎族自治，北与琼海市接壤。南距三亚市 112 千米，北离海口市 139 千米，万宁市域总面积为 4443.6 平方千米，其中陆地面积 1883.5 平方千米，海域面积 2560.1 平方千米。

万宁市，汉代属珠崖郡紫贝县地。秦始皇平定百粤后，设置桂林、南海、象郡三郡，海南属南越外境，秦内乱，赵佗担任南海尉，管辖岭南之地，包括海南。汉元鼎六年平定南粤，在海南设置珠崖郡、儋耳郡，万宁属珠崖郡地界。东汉建武十九年重新设置珠崖郡，隋文帝开皇初年，废珠崖郡，划归扬州管辖。唐武德年间在海南设置崖州、儋州、振州，其中珠崖郡改为崖州，万宁属于崖州的平昌县。唐贞观五年（631 年），在崖州之地增置琼州，割平昌县地置万安县、富云县、博辽县，隶于琼州，万宁建县从此开始。贞观十三年，万安县改属崖州。唐龙朔二年（662 年），万安县改为万安州，州治在万安县通化都（今大茂镇旧州村），领万安、陵水、富云、博辽四县。唐开元九年，将万安州迁至陵水。唐天宝元年（742 年），改万安州为万安郡。唐至德初（756 年），改万安郡为万全郡，唐乾元元年（786 年），又改回万安郡，属岭南道。五代十国时期，万安郡属南朝南汉政权，管治万安县

---

① 乾隆会同县志；嘉庆会同县志. 海口：海南出版社，2006：281,289.

和陵水县。北宋熙宁六年、七年间(1074—1075年),改万安州为万安军,移军治于博辽,下辖万宁、陵水等四个县。宋大观年间(1107—1110年),军治移到后朗村水口(今万城镇),后废万安军,恢复万安州。南宋绍兴七年(1137年),改万安州为万宁县,历史上第一次出现万宁县名称,绍兴十三年(1143年),又改为万安军。元代时,至元十五年万安军隶海北海南道宣慰司,下辖万宁和陵水。明朝时,明洪武元年(1370年)将万安军改为万州,仍领万宁县,隶属于琼州府。明正统五年(1440年),废万宁县,万宁县地域直属万州。清代沿袭明制,仍名万州,并把州县管辖范围扩展到黎族聚居的僻远地区,光绪三十一年(1905年),改万州为万县,隶属崖州直隶州。

据记载,古时万州西北距离琼州府四百七十里,东面距离大海二十五里,西至鹧鸪山一百八十里,南面至海二十五里,北至乐会县界九十五里,东南至海三十里,西南至陵水县界一百里,东北至莲岐岭七十里,西北至乐会县纵横峒黎界一百六十里。[①]

(二)万宁市古代港口

万宁由于地理位置原因,所属港口并不多,尤其是与海口、文昌比起来更是如此,主要港口如下:

港门港,又叫莲塘港,也叫小海港,在万宁城以东三十里地,该港口地理位置险峻,港口两边各耸立一座高山,犹如两条大门一南一北守护着港口,船只进出港口较为惊险。船只进出港口的水路上原有一条石船,来由已不可知,来往商旅船只都向石船祷告,祈求往返顺利,据说非常灵验,不过该石船忌猪肉,后来在明朝嘉靖三年,石船神灵忽然不知失踪。[②]

周村港,在万宁城以东十里,盛产鱼虾蟹,又名叫小海。其源出黎山,流经万宁城北的金仙河,最后从周村港入海,据《大清一统志》记载,金仙河畔有石盘,上有马蹄、人迹、

---

① 道光琼州府志:第一册.海口:海南出版社,2006:88-89;一统志琼州府(四种).海口:海南出版社,2006:175.

② 康熙万州志;道光万州志.海口:海南出版社,2004:307;道光广东通志琼州府:上册.海口:海南出版社,2003:364,365.

葫芦痕，相传交趾道士曾在金仙河畔炼丹。

南港，在万宁城东北一百五十里，陂都溪从此入海，溪水与涨潮海水会合形成港口。

陂都港，在万宁城西北九十里，也是由陂都溪水流到龙滚渡与涨潮海水会合形成。

前后澳，位于万宁城以东二十里临涛都，是水上居民的捕鱼之所，该港口此前并不征税，但明朝成化八年，居民因利起争执，要求划定陆上居民和水上居民的生产生活分界线，于是以樟树岭为界，樟树岭以北为后澳，属水上居民，樟树岭以南为前澳，属陆上居民，且明政府也开始征税。其中，前澳即大塘，可停泊船只，渔产也较为丰富。

东澳，在万宁城以南二十里的新安都，与陵水港相通，来往万宁的商民都经过该港。[①]

（三）万宁市古代沿海城镇

万宁古城池历史悠久，唐朝初年在通化都选址建筑土城，定为万州城治所，称为旧州，后来又迁到陵水。宋朝初年，又将万州治所迁到博辽，宋大观年间，在今万城所在地建筑土城，南宋绍定年间，开始用砖瓦建筑城墙，但规模较小，长宽都不到一百丈，只开一条南门。元代至正年间，摄州事土官郑宽为防备海盗骚扰劫掠，用石块筑城，并增加城墙的长度和宽度，城墙周长达到三百三十丈，高一丈八尺，开东西南三门。明洪武七年，千户刘才重修城墙，长宽高都得到了拓展，城墙周长四百二十六丈，高二丈，宽一丈五尺，城墙垛口六百六十个，开辟东西南北四条门，东门叫"朝阳"，南门叫"镇南"，西门叫"德化"，北门叫"拱北"。明成化七年，指挥李泰又加以扩建，在东西南三门外增筑月城门楼。明嘉靖六年，指挥徐爵疏通护城河，设置吊桥，护城河周长四百九十七丈，宽二丈五尺，深七尺，石桥通行，池水环流。此后又多次修葺，一直延续到清朝。[②]

万州州署的建设也是历经波折，不断修葺甚至重修。自从宋大观年间州治迁到万城后，州署多次修建与重修，堂宇、廨舍、仓库、禁狱等都初具规模。元代泰定元年，知军杨

---

① 康熙万州志；道光万州志. 海口：海南出版社，2004：307；道光广东通志琼州府：上册. 海口：海南出版社，2003：364，365.

② 康熙万州志；道光万州志. 海口：海南出版社，2004：324.

汉杰拓址增修,后被贼寇毁坏,知军杨观再建,又被贼寇毁坏。明太祖洪武二年,又重建州署,明成化十年,知州梁桓重修,其后知州余忠、赵允宗、韦邦相继修葺。其后又多次重修和扩建,明万历二年,知州李中孚增置东西廊屋、仓廒,崇祯十年,知州张璀修,十五年曾光祖修。清朝从康熙到嘉庆年间又多次修建,学正署、训导署、龙滚司巡检署、吏目署、万州游击署、万州营守备署、万州营军装火药司等机构相继修建起来。①

此外,万州城建设街道纵横,初具城市规模,主要街道、民巷有武澄街、永福街、朝阳街、迎恩街、镇南街、演胜街、德化街、仙河街、骒后巷、曾家巷、麦家巷、王家巷、濠边巷、马家巷、天宁寺、社稷坛巷等。②

随着贸易的发展,万州墟市也发展起来,主要有东门市、南门市、周村墟、番浦墟、南山墟、万陵墟、林村墟、龙滚墟、黄竹墟、保定墟、合岭墟、和乐市、南福市、第三水市。③

到了近代,万宁市镇的发展主要集中在几处,分别是分界、龙滚、和乐、后安、县城、兴隆等,其中发展较为繁盛的是万宁县城、和乐、分界三个市镇,分述如下:

万宁县城,地处琼海、乐会与陵水陆路交通之地,货物集散场所,每逢四、八之日开市。主要输出以生猪、生牛、藿香、槟榔、椰子、木料、益智、草仁、红藤、虾米、虫丝等,输入则有布匹、烟叶、缸瓦、干菜、药材、纸料、爆竹以及各种杂货,且交通便利,商业发展很快。

和乐市,在县城东北三十里,东面紧靠北港,人烟稠密,输出品以米、鱼等为主,运销嘉积、分界等市。户铺营业以布匹、杂货、药材、烟丝等为主,输入亦多此项货物,是万宁第二市场。

分界市,在万宁、乐会交界处,接近龙滚溪,万宁第四区及乐会县南一带的产物及日用品均在分界市交易,铺户约二百间。④

①　道光琼州府志：第一册.海口：海南出版社,2006：303,304.

②　康熙万州志；道光万州志.海口：海南出版社,2004：278,279.

③　康熙万州志；道光万州志.海口：海南出版社,2004：280.

④　陈铭枢.海南岛志.海口：海南出版社,2004：99,100.

五、 陵水黎族自治县古代港口和沿海城镇

（一） 陵水黎族自治县古代建置沿革

陵水黎族自治县位于海南岛的东南部，东北连万宁市，北部与琼中黎族苗族自治县交界，西北与保亭黎族苗族自治县接壤，西南与三亚市毗邻，东南濒临南海。海岸线长 57.5 千米，东西宽 32 千米，南北长 40 千米，总面积 1128 平方千米。

陵水在汉代为珠崖郡地，西汉元封元年设置山南县，西汉始元五年废。三国吴赤乌五年设置儋耳太守，并设置珠崖郡，西晋太康年间珠崖郡并入合浦郡。南北朝时期南朝宋元嘉八年，再次设立珠崖郡，不久又并入合浦郡，隶属于越州。南朝梁大同年间，在原儋耳郡地设置崖州。隋炀帝大业三年，改崖州为珠崖郡，并从珠崖郡地分设临振郡，陵水地即属于临振郡。大业六年（610 年）置陵水县，隶属临振郡。陵水县名即从此开始。唐武德五年，陵水县，隶属振州。唐龙朔二年，设置万安州，陵水县改属万安州，五代时期沿袭。北宋熙宁六年，改万安州为万安军，仍管辖陵水，南宋绍兴六年，废除万安军，陵水县改属琼州，绍兴十三年，恢复万安军，陵水县还属万安军。元朝沿袭宋制。明洪武九年，废除万安军，陵水改属万州。清代光绪三十一年（1905 年）后，陵水县隶属崖州直隶州。古陵水县宽九十里，长一百五十里，陵水县治以东三十里是大海，以西六十里是黎峒，以南六十里与崖州接界，以北九十里与万州接界，东南至海三十里，西南至崖州界六十里，东北至万州界九十里，西北至黎峒一百三十里。[①]

（二） 陵水黎族自治县古代港口

双女屿，在陵水县城以东五十里外大洋中，两块巨石对立，其上有淡水井，来往商船多在此淡水井中取水。[②]

大河水，在陵水县城以北一里处，发源于五指山，经岭黎、马李等村，绕县城东流，经

---

① 康熙陵水县志；乾隆陵水县志. 海口：海南出版社，2004：112，113.

② 康熙陵水县志；乾隆陵水县志. 海口：海南出版社，2004：113.

博吉山下,至木棉墩,由水口港入海。

水口港,在陵水县城以东十里处,相传曾建有神庙,祈祷求雨灵验。

港坡港,在陵水县城以东十五里处,再往东十五里是黎庵港,该港水浅且水中多石,船只不能行走。

桐栖港,在陵水县城以南三十里处,外通大洋,港内为商船停泊之处。史载:"商舶番舶泊于此。"[1]广州、潮州商人常来此运载槟榔、糖、藤等货物。每年七月以后船只因出港逆风而不出港。港内有渔船二十多艘,一般早出晚归,港口两岸设立兵营、炮台守备以防备倭寇。该港是陵水县战略要地。

乌石涧,在陵水县城东北五十里处,又名都笼水,发源于黎山,在此入海。

旧陵水港,在陵水县城东北九十里处,与万州接界。

赤岭港,又名土掘墩,在陵水县以南七十里处,因港口狭小,船只出入不便,但设有水兵防守。

黎庵港,在陵水县以东三十里处,该港港口狭窄,商船出入不便,只有渔船约三十艘,早出晚归。但此港多盗贼出没,也设置水兵防守。[2]

(三)陵水黎族自治县古代沿海城镇

自唐隋大业六年设置陵水县以来,即建有城池,但无可考证。明洪武甲戌年,明政府将治所置于南山港,曲堑用木栅。明永乐戊戌年,指挥张恕将陵水县治迁往岭黎乡马鞍山之北,即今治所,用砖石筑城,城墙周长三百四十四丈,建有城墙垛口三百九十九个,开城门四条,城门都建有城楼,护城河周长四百九十七丈。明成化戊子年,指挥舒翼、千户王玉进行扩建,将城墙增高一尺多,并堵塞西门。但年代久远,城墙坍塌毁坏现象严重,到清朝康熙癸丑年,知县高首标进行修葺,城墙又归完整坚固。[3]

---

① 万历琼州府志:卷三. 海口:海南出版社,2003:85.

② 康熙陵水县志;乾隆陵水县志. 海口:海南出版社,2004:116,117.

③ 康熙陵水县志;乾隆陵水县志. 海口:海南出版社,2004:143,144.

陵水县墟市不多,主要有十字市、宝停市、北门市、南城市等。①

六、三亚市古代港口和沿海城镇

（一）三亚市古代建置沿革

"三亚"因三亚东西二河在此会合形成"丫"字形,故名。秦始皇统一中国后,在岭南地区设置桂林、南海、象郡三个郡,三亚即属于象郡外檄。汉元鼎六年,中央王朝再次平定南越之地,在海南岛设置珠崖、儋耳两个郡。西汉元帝时候,废除珠崖郡,其地隶属于合浦郡。东汉光武帝年间,设立珠崖县,仍隶属合浦郡,归交州管辖。② 三国吴赤乌五年,又设立珠崖郡,属交州。此后一直到隋代之前,现三亚所在地或叫珠崖郡或叫珠崖县,行政隶属上虽然在名称上迭有变化,诸如隶属越州、扬州,但其行政历史发展沿革与整个海南岛的发展沿革基本上是一体的。③

隋朝时代,隋文帝期间设置临振郡,隋大业三年又改崖州为珠崖郡,隶属扬州,大业六年,在珠崖郡西南设置临振郡,下辖延德、宁远二县,即现今三亚地。唐武德五年,改临振郡为振州,下辖宁远、临川二县。唐贞观二年,增置吉阳县,唐天宝元年,改振州为延德郡,又增置落屯县。唐至德元年,又改为宁远郡。唐乾元元年,又改回振州,下辖五个县:宁远、延德、临川、吉阳、落屯,属岭南东道,唐咸通三年,又改属岭南西道。五代南汉时期沿袭唐代称呼,仍称振州,宋朝开宝五年,开始改振州为崖州,隶属于琼州。宋至道三年,属广南西道。至此,据史家考证,宋朝所称的振州、崖州所在地即现今三亚的古称崖州,此崖州既不是古代的珠崖郡,也不是南北朝时期的陈朝、梁朝及后来隋唐和南汉所称的崖州。宋熙宁六年,改崖州为珠崖军,改吉阳县为藤桥镇,改宁远县为临川镇。宋崇宁五年,设置延德县,后改为延德军,宋政和元年,将延德军并入感恩县,政和七年,将珠崖军改为吉阳军,宋绍兴六年,又将吉阳军改为宁远县,藤桥镇仍恢复为吉阳县,绍兴十三年,

---

① 康熙陵水县志;乾隆陵水县志. 海口:海南出版社,2004:117.

② 民国琼山县志:第一册. 海口:海南出版社,2004:30.

③ 光绪崖州志:上册. 海口:海南出版社,2003:19-21.

又恢复吉阳军,宁远县、吉阳县隶属吉阳军。元代至元十五年吉阳军归琼州路,隶属于湖广中书省。明洪武元年十月,改吉阳军为崖州,下辖宁远县,属琼州府。明正统五年,划感恩县归属崖州。清朝光绪三十一年,升崖州为直隶州,下辖万县、陵水、昌化、感恩四个县。[①]民国元年(1912年)废直隶州,设崖县。1958年,崖县县治从崖城迁至三亚。1984年5月,撤销崖县,以崖县行政区设立三亚市(县级)。1987年11月,三亚市升格为地级市。

三亚人杰地灵,自隋、唐以来,与中原地区在政治、经济、文化等各个方面的联系从未中断,曾是隋朝谯国冼太夫人的"汤沐邑",鉴真传道讲经之地;唐、宋两代曾有7位名相、名臣被贬到三亚。宋代以来,三亚的经济初步发展,棉纺业在全国居于领先地位,黄道婆早年向黎族妇女学纺织技术的故事就是历史的见证,还涌现出了"琼州三星"之一的岭南巨儒钟芳。

(二)三亚市古代港口

三亚位于海南岛南端,背靠海南岛和大陆,南临南海,是海南岛距离东南亚最近的地区。三亚有诸多优良港口,是海南岛周边地区港口群中不可或缺的环节,现分述如下:

保平港,在崖州城西南方向,宁远河道入海口,是崖州州治的关口、门户。

大蛋港,在崖州城西南八里地处,港口较浅,不能停靠船只,古时是崖州要隘。保平港与大蛋港相距四里,两港东西相对,都是防守崖州城的要地,都建有炮台。

禁港,在崖州城以东八十里处,是烧旗沟的入海口,由于该港经常堵塞,港口沙土淤积,即便涨潮,船只也不能轻易驶入。

三亚港,在崖州城以东一百二十里处,是三亚河、大陂河、临川水的入海口,是商船云集之处。三亚港东接万州,西达昌化,常有南洋番船沿海登岸抢掠,是防守要地。

榆林港,在三亚港以东,两港相距五里,中间隔着鹿回头岭,是三亚乃至海南岛的主要港口,是印度洋经南海到海南岛的必经之路。在崖州城以东一百三十里处,西南与越

---

① 光绪崖州志:上册.海口:海南出版社,2003:21-23.

南陀林湾隔海三百里遥遥相对。榆林港周围群山环抱,山势陡峭,港口分内外两处,内港口处左有乐道岭,右有独田岭,两山相对耸峙,距离从三百丈至三百六十丈不等,其间暗礁密布,水深处宽五十余丈,水深约三丈,涨潮落潮水深落差达五尺,[①]船只航向若稍有偏差,就不能进入,而且入口处长一百五十余丈。内港口到外港口入口处距离十余里,在外港口,右岸有陆地呈斜状突兀伸入水中,该陆地高三四十丈,犹如一把巨锁,港口处较窄,宽度只有三十丈余,但港口内宽度激增,东西宽一千三百丈有余,南北约宽四百丈,水深达两丈以上,能容纳大轮船十多艘,中小轮船三四十艘。港口东岸土质坚硬,可建造船坞。而且港口两岸均有改造空间,只需要稍加扩建,就可以多容纳轮船十多艘。而且,榆林港入海口水质较好,往来轮船基本都在该港取水。夏季从东南亚返航的商船都必入榆林港报验。榆林港周围地域地势平坦,分布村落三十多处,渔船常常停泊港内,冬春季节渔业繁荣,可供十万人的生活,且附近有数十处晒盐田,可谓天然良港。

铁炉港,在崖州城以东一百七十里,邻近林旺村,港口水深宽阔,可停泊大船。

合水港,在崖州城以东二百里处,是藤桥东、西水的入海口,建有藤桥炮台。

头铺灶港,在崖州城以西十六里处,经常堵塞。

龙栖港,在崖州城以西五十里处,经常堵塞。

石牛港,在崖州城以西六十二里处,是抱陀水入海口。[②]

抱龙港,在崖州城以西六十里处,亦是抱陀水入海口。

罗马港,在崖州城以西七十五里处,潮涨潮落,港口时浅时深,只能容纳小船,且涨潮时才可进入,是九所沟水的入海口。

望楼港,中崖州城以西九十里处,涨潮时水深较深,达八九尺,可停泊大船,是望楼水的入海口。史载"番国贡船泊此"。[③]

新村港,在崖州城以西一百二十五里处,是抱峒岭水、赤龙溪水的入海口,可停靠小船。

---

① 光绪崖州志:上册. 海口:海南出版社,2003:66,304.

② 光绪崖州志:上册. 海口:海南出版社,2003:67,305.

③ 唐胄. 正德琼台志:卷六. 海口:海南出版社,2006:122.

红塘湾，在南山岭以东。

天涯湾，在马岭以西。

乐盘湾，在乐盘峒以南，海边有巨石，石上有泉水，泉水水质甘甜，终年不竭。过往船只常在此取水。

琊琅湾，在榆林港以东五十里，湾内礁石甚多，风浪较大。

海棠湾，在铁炉港以东，风浪较小，可停泊船只。

角头湾，在梅西村的西南。

龙栖湾，在角头湾以西。

湳帽湾，在抱陀溪以东。

莺歌海湾，在崖州城西一百四十里处，在其上游海边有块巨石，名为酒杯石，长二十丈，宽一丈有余，巨石上有水流，形成水井，深达二尺，水质甘甜。[①]

（三）三亚市古代沿海城镇

三亚最重要的城镇是崖州城。崖州城在宋朝以前只是一座土城，宋庆元四年，开始用砖砌城墙，并在城墙之上修筑女墙。南宋理宗绍定六年，对城墙进行扩建，城墙周长达二百四十二丈，高一丈六尺，开东、西、南三门。[②] 元元统元年，判官李泌在城楼上建瞭望台。明洪武九年，知州刘斌用石块重新筑城。洪武十七年，儋州千户李迁再次扩建城墙，从海南道起到西门止，周长共五百一十三丈五尺，高二丈，宽九尺。洪武十八年，千户李兴又用砖石扩建，仍然设置东、西、南三门，并且各门都建有敌楼，建有城墙垛口一千零一十七个，城墙外挖通护城河，护城河周长五百五十七丈，深一丈五尺，后来千户周宗礼增筑月城。明正统元年，千户陈政、洪瑜建成吊桥。崇祯十四年，知州瞿罕重修城墙，增高三尺。清朝顺治十八年，知州梅钦重建东城楼。康熙十一年，知州张擢士、游击张德远重修西城楼和南城楼。道光十二年，知府王玉璋、知州秦镛再次修葺。

① 光绪崖州志：上册. 海口：海南出版社，2003：68.

② 光绪崖州志：上册. 海口：海南出版社，2003：139.

乐安新城是三亚古城镇中另外一座较为重要的城镇,该城镇位于崖州城以北一百五十里处。明万历四十四年,明政府开始在此筑城以屯兵戍守,监纪推官傅作霖、署理琼崖副总兵杨应春、知州张宿看中此处地理位置重要,在一个叫红烂沟的地方建砖城,城墙周长二百八十丈,高一丈二尺,开三条门,分别是南顺昌门、东绥定门、西镇安门,参将何斌臣又增建南门靖远楼,北门真武楼等。清朝乾隆十七年又重修。到光绪二十三年,由于黎族起义,城墙被毁。光绪二十九年,知州王亘重修城墙并进行了扩建,扩建后周长达三百四十丈。[①]

除了上述两座城镇外,三亚古代也发展出了较多的墟市,主要如下:

东关市,在崖州城东门外。

西关市,崖州城西门外。

三亚市,崖州以东一百里处。

三亚港市,崖州以东一百二十里处。

榆林港市,崖州以东一百二十五里处。

藤桥市,崖州以东二百里处。

临高市,近保平五都。

港门市,与临高市相邻。

九所市,崖州以西七十五里处,有新旧二街。

乐罗市,崖州以西八十里处。有新旧二街。

望楼市,崖州以西八十五里处。

抱旺市,崖州以西八十里处。

油柑市,崖州以西北九十里处。

抱岁市,崖州以西九十里处。

黄流市,崖州以西一百二十里处。

---

① 光绪崖州志：上册. 海口：海南出版社,2003：140.

佛罗市,崖州以西一百五十里处。感恩县分界。[①]

七、 东方市古代港口和沿海城镇

（一）东方市古代建置沿革

东方市位于海南岛西南部,面积 2256 平方千米。

东方市主要由古感恩县演变而来。秦朝平定南方后,设置桂林、南海、象郡,海南属象郡外檄。西汉元封元年,海南设珠崖、儋耳二郡,其中儋耳郡下设九龙县,县治设在九龙山(今感城镇入学村西侧海滨),九龙县即后来的感恩县。西汉始元九年,儋耳郡并入珠崖郡,九龙县改隶珠崖郡。西汉初元三年(前 46 年)废珠崖郡,置朱卢县,废九龙县,九龙旧地属朱卢县,隶属合浦郡。东汉建武十九年(43 年)废朱卢县,置珠崖县,九龙旧地隶属珠崖县,属合浦郡。三国吴赤乌三年(239 年)复置珠崖郡,九龙旧地隶属珠崖郡。西晋太康元年(280 年)珠崖郡并入合浦郡,九龙旧地隶属合浦郡。南北朝宋元嘉八年(431年)复置珠崖郡,九龙旧地隶属珠崖郡。梁大同年间(535—541 年)置崖州在儋耳之地,九龙旧地隶属崖州。隋大业三年(607 年)改崖州为珠崖郡,下辖五个县,其中之一即是在汉朝九龙县旧址设置的感恩县(县治在原九龙县治旧址上)。唐武德五年(622 年)海南设置崖州、振州、儋州,感恩县隶属儋州。北宋开宝五年(972 年),感恩县隶属儋州。北宋熙宁六年(1073 年),废儋州,置昌化军,降感恩县为镇,入宜伦县,隶属昌化军。北宋元丰四年,复置感恩县。宋崇宁五年,在珠崖军下置延德县,宋大观元年,改延德县为延德军,宋政和元年,延德军并入感恩县,隶属昌化军。南宋绍兴元年(1131 年),感恩县隶属琼州。绍兴六年,废昌化军,感恩县隶琼州。绍兴十四年(1144 年)复置昌化军,感恩县隶属昌化军。南宋端平二年(1235 年)废昌化军,置南宁军,感恩县隶属南宁军。元朝(1271—1368年)感恩县仍隶属南宁军。明洪武二年(1369 年)改南宁军为儋州,感恩县隶属儋州。明洪武十九年(1386 年)感恩县改属崖州,感恩县隶属崖州。明正统五年(1440 年),感恩县

---

① 光绪崖州志: 上册. 海口: 海南出版社, 2003: 158,159.

治从九龙县治旧址迁到中和乡(今感城),隶属琼州府。清顺治十三年(1656 年)感恩县隶属琼州府至清末。清光绪三十一年(1905 年)后,感恩县隶属崖州直隶州。①

(二)东方市古代港口

县门港,在感恩县城以西三里处,雨龙江水从此入海,是商船聚集之处,该港两岸有巨石。

板桥港,又称石排港,在感恩县城以南十五里处,滩汉沟入海口,水中有巨石横列,港口狭小,经常淤积堵塞,只能停泊小船。

南港,在感恩县城以南三十里处,南湘江水的入海口,港口水深时可停泊商船。

白沙港,在感恩县城以南七十五里处,流沙易淤积,港口有沙礁,小船可容,大船难进,疏通时商船亦常在此运货。

响地港,即丹村港,在感恩县城以南九十里处,玉耀塘沟入海口。

盐汀港,又叫小南港,在感恩县城以北三十里处,通天河入海口,常有商船停泊。

八所港,又叫大南港,在感恩县城以北七十里处,居龙河入海口,常常遭淤塞,港侧有"八所滩",小贩聚集之始,也叫通海滩,春夏之间,渔船都聚此滩捕鱼。

延澄港,在八所港以南四十里处,涨潮时船只才能进港。

北沟港,在延澄港以南二十里处,经常淤积堵塞。

北黎港,在感恩县城以北九十里处,北黎河入海口,该港水深,可停泊大小船只,商贩皆贸易于此。

岭头湾,在感恩县城以南六十里处,该湾比较长,达十余里,刮北风时可以停泊船只,渔船常到此捕鱼。

双沟湾,在感恩县城以南四十里处,渔船来此较多。

青草湾,在感恩县城西南五里处,刮北风时可停泊船只,湾西部有浮沙一直延伸

---

① 民国感恩县志. 海口:海南出版社,2004:19-21;东方县志:第一编. 海南史志网. http://www.
hnszw.org.cn/data/news/2011/11/50924/.

入海。

逆塘湾，在感恩县城以南八十里处。

高排湾，在感恩县城以北五十里处，该处刮北风时可停泊船只。①

（三）东方市古代沿海城镇

感恩故城，西汉元封年间，设置的九龙县将县治建在九龙山（今感城镇入学村西侧海滨），此后一直到明代，治所城池的建设记载不多。直到明正统五年（1440年），感恩县治所从九龙山迁到中和乡（今感城），县治才开始筑土城。明万历十年，因该处距离大海较近，浮沙较多，知县秦中权将治所迁到大雅坡，并建成城池、官署、庙宇。万历二十五年，知县朱景和因大雅坡所在地岚瘴严重，百姓不服水土，易生疾病，仍旧将治所迁到中和乡原址，建筑城墙周长三百九十四丈，宽一丈，高一丈二尺多，城墙垛口七百五十个，开辟东西南三门，南门叫"平政"，东门叫"宾曦"，西门叫"延照"，城墙周围开挖护城河，因年久失修，城墙倒塌。清康熙四十三年，知县姜悼重修。感恩县县署在隋朝就已经建立，历唐、宋数百年，元代沿袭。明洪武二年，知县黄忠信建置廨宇，县丞杨干协助建设。明弘治年间，县署、廨宇皆被盗贼所破坏。明正德十二年，知县庞麟重修县署。到清康熙三十七年，知县姜悼捐造堂宇，并将屋顶换成瓦盖。由于年久失修，城墙倒塌，乾隆三十一年，清政府批示重新修建。光绪十五年，知县邱仁询重修仪门。光绪二十八年，知县聂宗诗修造西书房。民国七年，县长黄长豫召集县城绅士，劝捐建修，到民国十七年，县长周文海修大堂，改为礼堂一座，又修改东书房为监狱，至此，感恩县城略具规模。此外，教谕署、训导署、典史署、城守署等，虽然有的塌毁，但都曾经修建。②

九龙县治，在感恩县城城东北四里近海旁，即现在的九龙山，西汉平南越后，西汉元鼎年间，在九龙山设置县治，汉元帝三年废。

古镇州，宋代设置，在感恩县城东北九十里处，有石城遗址。宋大观三年，宋朝政府

---

① 民国感恩县志. 海口：海南出版社，2004：55-57,257.

② 民国感恩县志. 海口：海南出版社，2004：107,108,135.

在黎母山中设置治所,称龙门县,大观四年,该治所被废。元代南宁军在此设镇州,下辖三个县,分别是龙门、四达、感恩。

水会所故城,距离感恩县城三百里,明万历二十八年,按察副使林如楚建设该城,城墙周长达三百七十五丈,跨度七十二丈,开辟三条城门,即东安门、南平门、西安门,城门上均建有城楼,已废。①

此外,感恩县还有以下墟市:

县门市,在感恩县城西门外。

佛罗市,在感恩县城以南九十里处。

北黎市,在感恩县城以北九十里处。

板桥市,在感恩县城以南十五里处。②

八、昌江黎族自治县古代港口和沿海城镇

(一)昌江黎族自治县古代建置沿革

昌江黎族自治县位于海南省西北偏西部,东与白沙黎族自治县毗邻,南与乐东黎族自治县接壤,西南与东方市以昌化江为界对峙相望,西北濒临北部湾,东北部隔珠碧江同儋州市相连。昌江黎族自治县土地总面积 1617 平方千米,海岸线 63.7 千米,水域面积 8.3 万亩。

昌江,古代称至来县,后称昌化。西汉武帝元鼎年间平定南越,在海南设置珠崖郡、儋耳郡,其中儋耳郡下辖玳瑁、苟中、紫贝、至来、九龙五县,昌江其地即古至来县就是其中之一。西汉昭帝时儋耳并入珠崖郡。西汉元帝时废珠崖郡,设置朱卢县,昌化隶属合浦郡。东汉建武年间又设立珠崖县,仍属合浦郡。三国吴赤乌年间,又改朱卢县为珠崖郡,昌化隶属交州。晋代太康元年又将珠崖郡并入合浦郡。南北朝时期南宋元嘉八年再次设置珠崖郡,不久并入合浦郡,隶属于越州,梁大同年间在原儋耳地设置崖州,昌化隶

---

① 民国感恩县志. 海口:海南出版社,2004:135.

② 民国感恩县志. 海口:海南出版社,2004:126.

属于崖州。陈朝沿袭。隋大业三年,将崖州改为珠崖郡,在西汉至来县故地设义伦、昌化、吉安三县,又在珠崖郡西南部设立临振郡,义伦、吉安属珠崖郡,昌化属临振郡。唐武德年间,设置儋州,下辖义伦、昌化、感恩、富罗四县。唐贞观年间,又在昌化县地增置吉安县,隶岭南道。唐天宝年间,改儋州为昌化军,又废吉安,增置洛场县,属儋州。五代十国时期昌化属南汉,海南分设琼州、崖州、儋州、万州、振州五州,昌化地隶属儋州。宋开宝五年,洛场县并入昌化,宋太宗改义伦为宜伦。宋熙宁六年,儋州改为昌化军,昌化县并入藤桥镇,隶属琼州,宋元丰三年又设置昌化县。宋绍兴六年废昌化军,昌化县属琼州,随后又恢复昌化军,昌化县仍属昌化军,后太守孙丹奏改昌化军为南宁军。元世祖忽必烈时期琼州路安抚司又改为琼州路军民安抚司,元文宗改为乾宁军民安抚司。明洪武二年,改南宁为儋州,下辖宜伦、昌化、感恩三县,洪武三年,昌化县隶属儋州,清代沿袭明制。[①]　清光绪三十一年(1905 年)后,隶属崖州直隶州。

(二) 昌江黎族自治县古代港口

昌江,发源于五指山,流经昌化城以南十里处,昌化城西北与古镇州水和九峰溪水汇合,到县城东南的居侯村分成南北二支:一支流经赤坎村南,与海潮汇合形成港口,名南崖江;另一支绕县城南,又西流至乌泥浦会潮成港,名北港,俱入于海。

沙洲港,在昌化县城以西二十里处。

乌泥港,在昌化县城西北二十余里处,涨潮时船只才可出入港口。

英潮港,在昌化县城西南十里处。

棋子湾,在昌化县城西北二十里处,大陈山后面,海边有像棋子一样的石块,沙滩上有淡水泉涌出,过往海船经常在此取水,但不能停泊船只。

龙潭,在昌化县城以南三十里的马岭东,传说有龙潜伏其中,旱季求雨比较灵验。

南港,又名三家港,在昌化县城西南四十五里处,南江水的入海口。

---

①　康熙昌化县志;光绪昌化县志. 海口:海南出版社,2004:135-138;《昌江县志》概述. 海南史志网. http://www.hnszw.org.cn/data/news/2010/09/47114/.

神泉,在昌化县城以北十里的神山岭下,该泉水味道甘甜,永不枯竭,泉水泡茶可治病。

仙井,在昌化县城以东三十里的鹅头岭下,泉从石中涌出,即便遇有长期干旱也不会干涸。

崔公河,由于昌化县城靠近海边,水质咸涩,明嘉靖八年指挥崔瀛率军民从县城南五里开渠引昌江水,导之顺流而西,绕过县城到达乌泥港入海。

蛋场港,水深较浅,难以停泊船只。

小员港,上游水发源于那豪岭,经该港入海。

大员港,上游水发源于禾白黎,经该港入海。

大村港,上游水发源自黎婆山,经七坊峒到大村,分南北两个方向入海。①

海尾港,位于儋州海头港以南五十五里处,该港狭小,低潮水浅时大船不能入港,渔船钓艇停泊较多。

沙鱼塘,位于海尾港以南五十里,需南风大方可停泊船只。

昌化港,该港为一小港,位于沙鱼塘以南五十里处,距离昌化县城较近,不能停泊大船,但可停靠中小船只十余艘。

昌化港以南数十里内有多个小港,如三义港、四更沙等,这些小港水深都比较浅,泥沙淤积较多,不能停靠船只,海上来往船即使停在淤积泥沙之外,只要稍微靠近港口就可能搁浅,而且一旦遇到风浪就无处可躲避,是海上商民极力避免之处。

四更沙以南五里新港,只可停泊小船,再往南是马岭湾,也是一个小港,不能停靠船只,该处还是昌化县与感恩县海域的分界处。

墩头港,位于四更沙以南二十里处,是清道光三十年后新开的港口,水深较深,港面宽阔,可停靠大船,该港还可建造渔船,每年二月至七月常有远路商船入港做买卖。

北黎港,也是一个小港口,位于昌化港以南三十里处,涨潮时船只才能进港停靠,该港西面有鱼鳞洲,又有浮沙一片,该港东面有八所、九所两个港口。

_____

① 康熙昌化县志;光绪昌化县志. 海口: 海南出版社, 2004: 147,148.

北黎港以东三十里处有抱驾港、白沙湾，再往东三十里处有小南港，再往东一百一十里有岭头港，这些港口都属小港，均不能泊船。

延澄港，又叫白沙港，港外有一个沙洲，叫大莺哥角，稍南有西玳瑁洲，也都不能停泊船只，该港与崖州洋面接界。[①]

（三）昌江黎族自治县古代沿海城镇

昌江先称至来县，后名昌化县，县治屡有变迁。西汉设置至来县时，县治设在昌化县城旧县村。宋朝时候县治移到昌江二水洲中（即今东方县旦场村东侧）。宋大观元年（1107 年）六月，指点刑狱王祖道奏请在黎母峒（今东方县东方村附近）设立镇州，为靖海军节度使，管辖宜伦、昌化、感恩等县域黎峒。明洪武二十四年，指挥桑昭奏请建筑城池。洪武二十五年，千户俞凯、百户曾安烧制砖块筑城，但未完工。明永乐九年，因海贼肆行劫掠，指挥徐茂重新建造城池并加固，城墙周长达五百八十四丈八尺，高一丈八尺，城墙垛口五百五十五个，建成敌楼四座，开辟四座城门，东门启晨，南门宁和，西门镇海，北门宁武。明正统八年（1443 年），昌化县治迁到千户所（即今昌城乡昌城村，时称昌化城），将护城河疏通并深挖五尺，宽一丈五尺，但多年后城墙坍塌。崇祯二年，知县张三光重修、加固城墙，又遇大风，城墙倒塌，知县黄立修、典史黄嘉庆重新修建。后又遇战乱，城墙遭劫难毁坏。清顺治十二年，署县令汪天敏再次修筑城池，未完工，继任陆观光续修。康熙五年，知县严于屏捐资修建并加固，康熙十一年遭遇风灾，城池完全破坏，知县高日旦修茸，加固城墙垛口城楼等。康熙二十六年，又历十有余载，久经风雨不无损坏。康熙三十年，飓风摧毁城墙，知县璩之璨、典史陈汉捐献俸禄修茸。清道光二十一年（1841 年），县治改置新城（即今昌城乡新城村，又称新县）。道光二十六年，代理知县乌应昌置老城于不顾而捐修新城，但陷入新城没修好而不能居住，又无力修建老城的尴尬局面，不得已于清光绪十年（1884 年）将县治重新迁回昌化老城。[②]

---

①　康熙昌化县志；光绪昌化县志. 海口：海南出版社，2004：209,210.

②　康熙昌化县志；光绪昌化县志. 海口：海南出版社，2004：153,154；《昌江县志》概述. 海南史志网. http://www.hnszw.org.cn/data/news/2010/09/47114/.

昌江历史悠久,经济开发较早。在新石器时期就有黎族先民在昌江这块土地上繁衍生息。汉代开始有了手工制造业,唐宋时有制陶业、煮盐业,沿海农民种植甘蔗、花生、小棉花、蓖麻、芝麻等,榨油、煮糖、纺纱、酿酒、刺绣、编织等家庭手工业有了发展。明清时期,家庭手工业较为发展,农村中利用铜、银、金等金属锻打各种儿童、妇女装饰品,如耳环、手镯、脚圈等,经济贸易自明代开始萌芽。明代昌化城、海尾墟已建成杂货市场。清初南昌(今南罗)市、北黎市建成。

九、 儋州市古代港口和沿海城镇

(一) 儋州市古代建置沿革

儋州市位于海南岛西北部,濒临北部湾。海岸线长 267.27 千米,全市人口 104.3193 万,陆地面积 3400 平方千米,是海南岛面积最大、人口最多的市。

儋州历史悠久,古称儋耳。秦朝统一之际,海南仍处于越郡外境,后秦朝平定岭南地区,设置桂林郡、南海郡、象郡。汉元封元年,中央王朝平定南越之地,在海南设置珠崖、儋耳两个郡,属交州管辖。西汉始元五年,儋耳郡并入珠崖郡。西汉初元三年,罢珠崖郡,汉永平十八年,任命童尹为儋耳太守。三国吴赤乌五年,陆凯为澹耳太守。南北朝宋元嘉八年,又在徐闻设置珠崖郡,遥统海南之地。梁大同年间在儋耳之地设置崖州,即现今之儋州。隋大业三年改崖州为珠崖郡,并将珠崖郡治设在义伦,即现在儋州地。唐武德五年,以珠崖郡的义伦、感恩、毗善、吉安,加上临振郡的昌化共同组成儋州,唐天宝元年,儋州之地改为昌化郡,唐乾元元年,再改为儋州,后取消吉安县,设置洛场县。北宋开宝五年,废洛场县,北宋熙宁六年,将感恩县、昌化县降格并入藤桥镇,属琼州。宋元丰三年,又恢复昌化县、感恩县,仍属昌化军。南宋绍兴六年,废除昌化军,将义伦、感恩、昌化三县划归琼州管辖。绍兴十四年,恢复昌化军,仍旧管辖义伦、感恩、昌化三县。南宋端平二年,昌化军改为南宁军。元至元十五年,南宁军属琼州路。明洪武年间,废除南宁军,恢复儋州,仍下辖义伦、感恩、昌化三县,属广东管辖。洪武三年,改属琼州府。洪武十九年,将其中的感恩县划归崖州。清朝初年,琼州府下辖三州十县,三州分别是儋州、万州、崖州,因崖州黎防紧要,光绪年间升崖州为直隶州,儋州为散州,隶属琼州府,万州改为万县,隶属崖州直隶州。①

(二)儋州市古代港口

新英港,距儋州县治八九里,南西北三面临海。清初时,水深可泊大舟。1680年,海盗杨三曾泊巨艘数十于此港。至清末,由于浮沙淤积,水深较浅。新英港南面以大鹅港为济渡处,北面以小央港为济渡处,港口北面沿海多石块,泥沙不多。而港口南部海滨则多浮沙,而且每每经大雨冲刷,浮沙悉数冲入港内,船只虽然能够乘涨潮之际进出港口,但仍难免搁浅。

白马井港,距离儋州县治二十里处,港口宽阔,达数十丈,水深一丈有余,可停泊轮船、军舰。白马井港渔业以拖风船为多,因水深较深,拖风船可以随时出入。史书记载,白马井"泉味甘美,商船回日,汲载以代供日用"。②

洋浦港,距离儋州县治三十余里处,港口周围都为石块构成,水深数丈,可容大小船只数百艘,轮船、军舰皆可停泊。该港面南背北,西面石山围绕,故而北风北浪对港口船只影响不大,虽有风浪,亦安稳如常。

神硐港,位于延瑞里神硐乡,该港水深较浅,港口也较狭窄,涨潮时可供小船出入。

峨曼港,在登龙里之北,距儋州县治五十里,该港港口入口狭窄,但港内却宽阔,涨潮时船只出入较易,但港口外面礁石较多,退潮时水深较浅,即便是小船也难以入港。

洒滩港,在州治西四十里,该港港口水浅,港内却水深,涨潮时港内水深一丈有余,可停泊大船,退潮时能够看到水底泥沙,人甚至可涉水而过。

夏兰港,位于干冲镇,港口狭窄,涨潮时即便大船也可轻易出入,但港外多礁石,最大的礁石六尺高,且体积庞大,不利于船只进入港口,退潮时只能容纳小船进出。

莪廉港,该港分为两部分,分别是沙堤和石堤,都长三十余丈,涨潮时水淹没堤岸,可

---

① 民国儋县志;儋县志初探:上册.海口:海南出版社,2003:23,24.

② 赵汝适.诸蕃志:卷下.北京:中华书局,1956:145.

允许大小船只进出,但若潮退,船只就只能停泊在港口之中。

黄沙港,距大禄域村约四里,该港周围四十余丈,礁石较多,涨潮时淹没礁石,易发生船只触礁事件。距离礁石不远靠近海岸的地方有个碗口大的水池,深仅三寸,但泉水涌出,夏凉冬温,可以医愈疮毒。

鱼骨港,在承恩里片石市之北,涨潮时可停泊船只,退潮则搁浅。

黄沙港,在儋州治以西四十里处。在片石市的东北,港口弯曲较多,船只出入困难。

光村港,在光村镇前一里处,涨潮时可以停泊大船。

顿积港,距光村港约二三里,港口接近大海,船只进出方便。

东场港,在光村东北方向,与临高地接界,港口水深较浅,只能停泊小船。港前水量不甚深,只容捕鱼小船停泊。

泊潮港,在光村市东北方向,与东场港隔一海汊对面相望,该港除停泊渔船外,还有渡船停泊,也是儋州和临高的分界线。

煎茶港,在儋州治以南六十里处。在德庆、同庆两里交界处,港水深较浅,只可停泊小船。

观音岣,在煎茶港附近,该处常有海盗出没。

海头港,港内接海头江,可通黎境,港道两旁巨石林立,港口水中浮沙淤积,船只出入港口以潮水涨落为依据。[1]

田头港,在儋州治以南四十里处,发源落贺琴山,流经田头驿入海。

沙沟港,在儋州治以南五十里处。

大村港,在儋州治以南八十里处。

大员港,在儋州治以南一百二十里处。

禾田港,在儋州治以北四十五里处,该港常常遭到海盗洗劫。[2]

---

① 民国儋县志;儋县志初探:上册.海口:海南出版社,2003:81-85.

② 万历儋州志.海口:海南出版社,2004:27.

（三）儋州市古代沿海城镇

西汉设立儋耳郡,初始,楼船将军杨仆将郡治建筑在宜伦县高麻都浦滩浦(今海南省儋州市三都镇南滩浦旧州坡),但规模很小,周长仅二百六十步,高一丈四尺。此后郡所一直在此。一直到唐朝初年,唐武德年间设置儋州,下辖义伦、感恩、毗善、吉安、昌化等县,并将郡治从宜伦县高麻都浦滩浦迁到三十里外的高坡。宋代、元代沿袭唐制,未有变化。明洪武二年,知州田章开始扩建郡治,在原址上扩大建筑范围,夯实地基,指挥周旺挑拣石材,召集工匠,郡治规模比原来扩大许多,城墙周长达到四百七十二丈,宽一丈八尺,高二丈五尺,建有城墙垛口八百一十四个,开有城门四座,东门叫德化门,南门叫柔远门,西门叫镇海门,北门叫武定门,城门上均建有敌楼,为加强防卫,城门外还加建月城,并且疏通护城河,护城河周长四百七十七丈,宽五丈,深八尺。此后,守帅徐真、徐春等进一步扩建、修茸城门城墙、楼铺、壕堑、吊桥等。明穆宗隆庆年间,知州陈儵创建四角楼,已废。清康熙二十四年,遭遇大雨,城墙坍塌。康熙二十七年,知州沈一诚捐资修建。乾隆六年,清政府批准立项重建儋州郡治。道光七年,知州汪皁捐资修建东南北三门月城及瓮城门,修茸城墙、城楼垛口等。

此外,郡治内建筑物及多个机构历经修建、修茸、重建等。例如,万寿宫,道光元年由知州钱维青捐建,道光十五年被大风吹倒,署知州谭光第、松寿相继重修,已废。

州署,唐朝初年设置儋州时在高坡曾建有州治,一直到元代,虽然名称有变化,州改郡,又改军,但治所未有变化。直到明洪武二年知州田章修建郡治。洪武二十九年,知州王彦铭修建堂廨、库狱、吏舍、仪门,外设土地祠、迎宾馆,郡治规模初具。后知州林洪、罗杰、陈衮、毛鹬、萧弘鲁、潘时宜、吴泮、陈儵、潘楠、曾邦泰又历次修茸。清康熙二十九年,知州沈一诚修。乾隆六年,知州姚建题准动项修茸。嘉庆十三年,知州曹世华修。道光四年,知州朱棻修。光绪二十六年,知州王之翰增建军械、文案等室。

桄榔厅,在州署右侧,由于州旧志散佚,建造年代无考。

学正署,在学宫左面,历代修茸无考。

训导署,在学宫右面。

吏目署,在州署东。

薄沙司巡检署,在儋州城西南八十里处,旧为安海司巡检署,知州叶世华建,罗杰重修。

澹州营游击署,在州城内东门大街。

澹州营守备署,在西门内大街。①

儋州有以下主要墟市:

十字街市,在儋州城中四牌楼下。明正德七年,知州陈衮因其当要路不便,更于州前。十六年,知州毛鹓因其哄乱,迁于东郭,名曰阜民市。嘉靖九年,知州萧弘鲁复其市,与阜民市逐日相轮。

州前市,知州陈衮设立,已废。

小街市,在儋州城外东南隅,后被阜民市代替。

阜民市,在东郭外古儋废驿地,明正德间,知州毛鹓设立。

长坡市,在儋州城东十五里处。

木堂市,在儋州北十里处。

归姜墟,在儋州北四十里处。

松林墟,在儋州北二十里处。

郎了墟,在儋州南十五里处。

田头墟,在儋州西南五十里处。

浦滩市,在儋州西五十里处。

抱赦墟,在儋州东五十里谭乐都。

新英墟,在儋州西十里处。

高堂市,在儋州西北二十里,万历四十四年知州曾邦泰设立。

太和墟,在那大营,百户何其鸣设立。

三坛墟,在儋州东十五里处。明正德间,知州陈衮设立。

---

① 民国儋县志;儋县志初探:上册. 海口:海南出版社,2003:229-231.

黄五市，在儋州南二十里处。明嘉靖间设立。①

王五镇，旧名黄武，在儋州治所以西十六七里处。

长坡镇，距儋州治所三十里，清康熙年间设立。

龙山市，距县治四十里。

东山市，距县治三十里。

太成市，在德义岭之东，距儋州治所三十余里，清雍正四年设立。

和庆市，清光绪十六年创设，在儋界，近永庆沙桥。②

十、 临高县古代港口和沿海城镇

（一）临高县古代建置沿革

临高县位于海南岛西北部，距海口市 56 千米，东邻澄迈县，西南与儋州市接壤，北濒琼州海峡。全境东西宽 34 千米，南北长 47 千米，陆地面积 1334 平方千米。

清光绪十八年新修会典《广东舆图局图说》这样描述临高地理位置：临高县在府西南一百八十里，东至澄迈县界四十二里，西至海岸三十里，南至澄迈县界二十八里，北至海岸十八里，东南至澄迈县界四十里，西南至儋州界五十里，东北至海岸十五里，西北至海岸二十二里，东西距七十二里，南北距四十六里。③

临高，秦代属于象郡外徼。西汉元封元年，临高属儋耳郡。西汉始元五年并入珠崖郡。西汉初元三年，属朱卢县。东汉建武十九年，朱卢县改为珠崖县，临高仍属之。三国吴赤乌五年，临高属珠崖郡。晋朝太康初年，珠崖郡隶属合浦郡。南北朝时期南朝宋元嘉八年，又设立珠崖郡，属越州。南朝梁天监年间，在儋耳所在地设置崖州，临高属之。隋开皇初年，设治临振郡，下辖义伦县、毗善县，这是临高地设治之始，治所在富罗乡的东塘都。隋大业年间，改临振郡为珠崖郡，仍下辖义伦县、毗善县。唐武德年间，改毗善县

---

①　万历儋州志. 海口：海南出版社，2004：39-40.

②　万历儋州志. 海口：海南出版社，2004：86-91.

③　光绪临高县志. 海口：海南出版社，2004：41.

为富罗县,治所仍在东塘都。武德六年,设立崖州、振州、儋州,从富罗县中分出临机县,治所在临机村,且富罗县隶属儋州,临机县隶属崖州。唐贞观五年,在崖州之地设置琼州,下辖五个县,临机县为其中之一,这是临高属琼州之始。唐乾封年间,临机县改属崖州,唐开元元年,改临机县为临高县,这是使用临高县县名的开始。唐天宝年间,崖州改为珠崖郡,儋州改为昌化郡,临高县属珠崖郡,富罗县属昌化郡。南汉乾和十五年,废弃富罗县,富罗县地分别划入临高县和义伦县,临高县治迁到富罗。宋开宝五年,临高又转属琼州。宋熙宁间,临高县属琼管安抚司管辖。宋元丰三年临高属广西南路。南宋绍兴年间,临高县治迁到莫村。此后直到清朝,临高县所属上级行政机构虽屡有变化,但临高县治及行政区划和所在地本身无多少变化。①

(二) 临高县古代港口

马裹港,在临高县城以东五十里处,与澄迈县接界。罗洋岭水从此入海,可停泊大船十余只。马裹港口有海口营台汛,名照壁洋,与炮台相望,外通龙门、涠洲、斜阳诸岛。

新安港,在临高县城以东四十五里的安历都。

石牌港,在临高县城以东四十里处,旧名三家港,东塘水在此入海。港口可以行船,只能停泊大船六七艘,港口两侧相距有五六里,港内风平浪静,可以停泊船只。因该港是海盗常出入之处,港内设有海口营炮台。

朱碌港,在临高县城以东二十里博文都,该港不能停泊船只。

博铺港,在临高县城以北二十里处,可停靠船六七艘,设有巡检司署。

安善港,位于博铺港以南四十里处,可停泊大船数十艘。

将军港,位于安善港以南三十里处,南面与儋州接界,可停泊大船数十艘。

乌石港,在临高县城以北二十里的英丘都,不可停泊船只。

博述港,位于临高县城西北二十五里的西塘都,不可停泊船只。

博泊港,位于临高县城西北四十里处,不可停泊船只,设有河泊所。

---

① 光绪临高县志. 海口: 海南出版社,2004: 57-60.

黄龙港，位于临高县城以西五十里的西塘都，不可停泊船只。

吕湾港，位于临高县城以西五十里的罗绵都。

博顿港，位于临高县城以西五十里处，与儋州接界，港内可停泊船只。该港设有澹州营陆路汛，清道光十六年改水师，移驻昌化海头港。①

临高海岸多海盗，明政府设置的沿海水师船只竟然也曾被海盗掠走，迫使明政府不得不加强沿海防御。明隆庆元年，明政府水师加强了对临高沿海的巡逻。明万历四十五年，明政府在博顿港设立哨船。清代以儋营官兵五十八员驻防博顿港，海口协拨哨船一只、官兵五十名防守马袅、新安两港。清政府还确立了海口水师营和儋州水师营巡防地段。海口水师营分管洋面东起乐会县博敖港，西至临高县进马角，共巡洋面一千一百余里。儋州水师营分管巡洋面南起昌化县四更沙，北至临高进马角，共巡海道五百余里。②

（三）临高县古代沿海城镇

临高县的前身毗善县早在隋开皇初年就已经设立，后改富罗县、临机县。唐开元年间改临高县，县治也一再迁徙，但县治之所一直未建，地方志也未见记载。南宋绍兴壬子年，临高县治建于莫村，即今临高县治所在地，但也是因河为池，历经三百余年也未建有城池。直到明正统八年，按察使郭智檄、知县徐暄开始建筑城池，用石块建成城墙，周长达六百丈，高一丈，城楼、护城河都完整建成。明弘治十六年，知县林彦修重建城池。明正德年间，知县周让、梁高相继扩建城池，城墙增高至二丈三尺，城墙垛口八百五十八个，开启东、西、南三门，护城河宽两丈，深四尺，周长二百一十丈七尺。正德末年，河水暴涨，东、西、南三门都被淤泥堵塞，知县吴大裕开通北门。明嘉靖二十八年，知县陆汤臣重建城门城楼。嘉靖四十五年，掌县事通判杨表增建东西月城，分别为"东安""西皋"。明隆庆二年，知县李栋增建城墙垛口。隆庆六年，掌县事通判阮琳、典史林邦达进一步疏通护

---

①　光绪临高县志. 海口：海南出版社，2004：396-398.

②　光绪临高县志. 海口：海南出版社，2004：395,396.

城河。明万历八年,县丞黄思德将城池北门移到西巷。清朝顺治十七年,又遇河水暴涨,东南城墙、垛口全部坍塌,知县蔡嘉祯修复,恢复门楼。康熙十一年闰七月,大风、洪水毁坏城楼、垛口,知县陈垂修复。康熙二十五年,东门月城倒塌,知县李绳祖修复。康熙三十三年,知县史流芳重修城墙,城门。康熙四十二年,临高县城又遇大洪水,冲毁东门城墙垛口,知县樊庶修复,为防临高水患多,采集硬木加固堤闸,在高度、宽度上各增加八尺多,修葺西门、南门的城墙垛口。雍正七年,知县鲁遐龄捐资修葺各城楼,乾隆三十五年,知县王人骥增高南门楼。乾隆三十八年,署知县谭崇基修建坍塌城墙二十七丈。嘉庆八年,清政府重新修建城池。嘉庆二十一年,知县邓寅春续修。①

临高县除县治之外,还有如下墟市:

东门市,原来在临江桥之东,知县陈垂迁到临高县治前,李绳祖又将该市迁到县治东门内,但处于露天状态,遇有风雨日晒,无所躲避。康熙四十二年,知县樊庶捐资建集市以遮挡风雨,有利于商民贸易。

波莲市,在临高县治以西十里处。

东英市,在临高县治西北十五里处。

沙潭市,在临高县治西北二十五里处。

新兴市,在临高县治东北四十五里处,旧名马袅。

多文市,旧名那文。在临高县治东南三十里处。原来集市之地为租借地,每到年末,出租地主在收取租金时横生枝节意图多要,商贾不胜其扰。康熙四十三年,知县樊庶捐俸将租地全部买下来,让商民自建房屋贸易,商民称便,该集市日益兴盛。

和舍市,在临高县治以南八十里处,旧名那舍。

此外还有三营市、新盈市、商富市、新兴市、南宝市、兰洋市、德彩市、博厚市、波莲市、美台市、嘉来市、皇桐市、调良市、浪波市等。②

---

① 光绪临高县志. 海口:海南出版社,2004:111-113.
② 光绪临高县志. 海口:海南出版社,2004:142-143.

十一、 澄迈县古代港口和沿海城镇

（一）澄迈县古代建置沿革

澄迈县位于海南岛的西北部，毗邻海口市，东接定安县，南与屯昌县、琼中黎族苗族自治县相连，西与临高县、儋州市接壤，北临琼州海峡。东西宽 56.25 千米，南北长 70 千米，陆地总面积 2067.6 平方千米，海域面积 1100 平方千米。

澄迈县前身为西汉苟中县地，汉元鼎五年平定南越，元封元年在海南设置珠崖、儋耳二郡，督于交州，珠崖郡下辖五个县，分别是玳瑁、紫贝、苟中、至来、九龙，苟中隶珠崖郡，苟中县治设在今治之那舍都（今美亭乡东北隅）。汉始元五年，儋耳郡并入珠崖郡，苟中县仍属珠崖郡。东汉建武十九年，东汉政府重新设置珠崖县，隶合浦郡。南北朝时期南朝宋元嘉八年，在海南设立珠崖郡。南朝梁天鉴年间，在儋耳地设置崖州，澄迈辖于崖州。隋大业三年（607 年），改崖州为珠崖郡，又在珠崖郡西南设置临振郡，下辖五个县，其中包括澄迈县，澄迈县县名从此开始。唐武德五年（622 年），改珠崖郡为崖州，澄迈隶属崖州。唐贞观五年（631 年）析崖州之琼山设置琼州，琼州名自此始。澄迈仍隶属崖州。唐天宝十三年（754 年），又析琼山县地置曾口、颜罗、容琼三县，始属琼州。唐贞元五年（789 年），唐朝平定海南岛黎族叛乱，设置琼州都督府，同时废除崖州都督府，琼州都督府领崖州、琼州、儋州、振州、万安州五州和二十二县，澄迈县隶属崖州。五代十国时期，南汉乾和十五年（957 年），琼州之地撤颜罗、曾口两县，其中曾口县地（辖区约今澄迈县的瑞溪、新吴、永发三个乡镇，今定安县的新竹镇等，今屯昌县北部等地）划入澄迈县。曾口县治在今永发镇博罗村。宋开宝五年（972 年），废崖州，以其地入琼州，下辖六县，分别是琼山、临机、乐会、舍城、澄迈、文昌，自此，澄迈开始隶属琼州。宋熙宁六年（1073 年），澄迈县隶属琼州。元至元十五年（1278 年），澄迈县隶于琼州路安抚司。明洪武二年（1369 年），琼州路安抚司改为琼州安抚司，澄迈隶属琼州安抚司。洪武三年（1370 年），琼州升为琼州府（府治所在为今琼山市府城），澄迈县直隶琼州府。清代沿袭明制。①

（二）澄迈县古代港口

古代澄迈海运发达,澄迈县治以北约三里就是大海,往东半日路程就能到达琼山白沙港和文昌铺前港,往东北海路一日可到达徐闻麻鞋港,往西北方向水路三日可到达钦州、廉州,往东南海路方向可到达占城,往西半日可到达临高博浦港,西南二三日可到儋州、崖州、昌化、感恩等处。②

澄迈古代有以下主要港口:

东水港,位于澄迈县西北十里处,由海潮水、澄江水汇合成港,涨潮落潮落差约五尺,涨潮时船只才可入港。该港对于澄迈至为重要,邻近县城,乘大风涨潮,船只可直抵澄迈城下。

石矍港,在澄迈县以西二十里封平都外,由西峰、沙地、湳滚、稍阳四水与海潮汇合而成,港口条件较好,两岸环抱,障海藏风,中为湖套,无崖石之阻,无风涛之险,浪静水深,不待潮候,随时随处可泊巨舰,可登陆岸补给,且交通便利,可通白沙、儋州、崖州及东南亚地区占城诸国,故商船多停泊于此。宋《太平寰宇记》称,商船经此去广州,"如无西南风,无由渡海,却回船本州石矍水口驻泊,候次年中夏西南风至,方可行船。"③但海贼也多从此港劫掠,明成化一年,嘉靖三十年,清康熙十八年,贼船皆泊此入寇。④

泉凿港,位于澄迈县以西五十里处的南楚都。

颜张港,与泉凿界相接。

麻颜港,位于澄迈县以西五十里的那托都。

材坡港,在南楚都,与石矍港相对,港内有烟墩,遇有海盗劫掠可报海警。

---

① 光绪澄迈县志. 海口: 海南出版社, 2004: 35-37; 澄迈县志: 卷一. 海南史志网. http://www.hnszw.org.cn/data/news/2011/08/49876/.

② 光绪澄迈县志. 海口: 海南出版社, 2004: 253.

③ 乐史《太平寰宇记》卷一六九。

④ 光绪澄迈县志. 海口: 海南出版社, 2004: 260,279.

玉抱港,在南楚都,与临高搭界。①

（三）澄迈县古代沿海城镇

一直到明代,澄迈县未建有城池。明正统十二年,按察郭巡督委托澄迈县典史李黎生开始建筑土城,城墙周长达百丈,但由于年久失修,城墙倒塌。明成化元年,由于海盗猖獗,邑城内外又一次付之一炬。为防备盗贼劫掠,主簿杨重新筑起土城,周长约两里。成化二十年(1485年),知县韦裘开始用砖石筑城,城墙周长五百八十余丈,前后花费大约6年时间,明弘治三年(1491年)才告完成,完成后的砖石城池西南沿江而建,东北筑城池,城墙上设置瞭望设施,开辟三座城门,城门上均建有城楼,北门还建有望海楼,但随后多年未修葺,城池垮塌。明正德七年(1498年),知县李茂重修并扩建城池,将城墙垛口增高一尺多。明嘉靖三十一年(1538年),澄迈古城池遭遇海贼袭击,被知县许应龙等率众击退,为防患贼寇以后劫掠,澄迈古城池继续扩建,用砖石结构坚固城墙,深挖护城壕沟,增高城墙垛口,设立望海楼用于及时发现通报贼寇行踪。明万历二十年(1593年),县丞陈来旬加强管理,将城楼南门迁到县署之前,取名向明门。万历三十四年,知县徐民俊听信风水先生言,认为南门位置不利科举,欲开新南门,称青云门,但未完工而作罢。崇祯十一年(1638年),知县田寓国、教谕曾宜高复开南门,称文明门,并在其上建文昌阁。崇祯十三年,知县解学皋于东西南三门各筑子城以便防守。崇祯十七年,因黎人反抗将南门堵上,文明门楼阁也坍塌。清代顺治十五年,吴姓知县重修城墙垛口,将之增高一尺,城楼修葺一新并得以加固。康熙四十五年,知县高魁标重修南城楼及城门。嘉庆十五年,海寇袭扰,知县盖运长整修城墙垛口,力守保全。② 从明成化元年以来,由于海贼猖獗,澄迈一直存在"迁治"与"保治"之争,但由于各种原因"迁治"未成功,直到光绪二十一年(1895年),知县薛贺图将县署从老城墟迁到金江镇金江行署办公,历经426年的"迁治"与"保治"之争,以"迁治派"的愿望实现而告终。③

---

①　光绪澄迈县志. 海口：海南出版社，2004：255.

②　光绪澄迈县志. 海口：海南出版社，2004：95.

③　澄迈县志：卷一. 海南史志网. http://www.hnszw.org.cn/data/news/2011/08/49876/.

除城池、城墙的修筑，澄迈县治各机构建筑也都有建设，包括县官署、学宫、幕厅、知县宅、县丞署、典史署、主簿署等，此外，澄迈县还建有巡检司、河泊所、金江行署、老城衙署、金江巡查署、乐善堂、澄江书院、金江书院、鹊峰书院、盐场、通潮驿、西峰驿、阴阳学、医学、教场、养济院、漏泽园、公馆等。

澄迈古代墟市如下：

西门市，即县门市，开始设置在通潮门外塔边，后来屡迁至裹桥外洪家地、教场后外滩等。

东门市，原来在东门城内乘龙庵前，后迁到东门城外。

石塔市，在旧丰盈都。

多峰市，在封平都。

金江镇，旧名打铁，在新安都，该墟市有"小苏州"之称。

桥头市，在南楚都。

王村市，在安宁都。

福山市，旧名森山，在那托都。

下郎市，在保义东都。

瑞溪市，旧名崩溪，在曾家西都大江边，为米谷所聚之处。

西商市，在南黎都。

马裊市，在南楚都澄迈与临高交界处。

新吴市，在曾家东都。

花场市，旧名头昌，在那蓬都。

加乐市，在南黎都，奉道宪批断为通共官市。

石浮市，在南黎都。

七里市，在万全都。

朝阳市，在封平都，即旧买赊市，在稍阳中伙铺前。

颜村市，在大胜岭。

倘村市，在倘驿都。

那洪市，在文裔都。

八百市,在旧多捻都。

买厩市,在旧万全都。

安仁市,在旧安调都。

那拖市,在旧了浪都巡司故址。

西峰市,在旧西峰东。

买顶市,后合博门市,在那托都。

北畔市,在保义都。

林表市,在富实都。

石头市,在水北都。

北迪市,在旧滴渚都。

坑口市,在曾家西都。

浦忽市,在保义都。

麻览市,在南黎都。

太彦市,在西黎都。

迈岭市,在水北都,旧名马亭,有约亭一座。

罗猛市,在西黎都。

坡尾市,在南黎都。

永安市,在保义正都。

北垅市,在水南中都。

西峰市,在西黎正都。

美厚市,在西黎中都。

芬茶市,在那蓬都。

那舍市,在那舍都。

迈安市,县南九十余里,与定安交界之地,光绪初年间,买定安土,王纯德集二邑之众建造。

仁兴市,在岭仑东南方,清光绪年间吴时纲同众建。

太平市，在老城南八十里，保义西都建造。

金墩市，在县南五十余里安宁都，光绪年间建。

加烈市，县西南九十里西黎正都，光绪三十年建。

中和市，在县南一百里，清乾隆年间建，光绪三十年，吴绍先、王诚祝为首招十甲禀请何县令出谕建造。

龙鳌市，同治年间谢、林、梁请官谕，并各姓同招。

和洋市，清光绪二十八年建造。

西峰市，清道光十七年烧毁，多廉村王国清、王兰芳等重移建于雅武岭下。①

---

① 光绪澄迈县志. 海口：海南出版社，2004：126-128.

第五章 ｜ 《更路簿》与海南地方文化关系

中国人民早期对南海诸岛的开发和经营活动是在发现和命名的基础上逐步展开的。随着对南海海域范围的发现日益扩大，对南海的认识日益加深，这种开发和经营也日渐活跃。应该指出的是，由于受时代的局限，当时的造船技术、航海技术等所有与生产活动有关的辅助手段均十分落后，所以我们不应该也不能够苛求我们的先人取得多么巨大的成就。然而，即便如此，海南人民在当时就已经创造出无数个奇迹，因为他们始终站在时代的前列，无论在南海的开发上，还是在南海航线的开辟上，海南人民都是重要的先行者之一。

就中国早期历史来看，对南海诸岛的开发和经营，在方式上主要是航路的开辟和有关生产活动的实践。从具体的运作上来看，海南人民在南海诸岛的开发和经营经历了从个体行为到政府有组织行为的过程。在清代之前，基本上属于个体行为，这种个体行为包括单个人、单个家庭、单个家族；在清代之后，政府有组织的开发和经营逐步展开，有地方政府组织的，有中央政府组织的。这一行为在海南渔民航海针经书《更路簿》中得到了比较完整的体现，这一情形与历史发展的一般规律相吻合，与世界各国对海洋、对陆地的开发和经营规律也是一致的。

我国人民首先发现南海海域后，这里即成为我国渔民从事渔业生产的基地，对南海诸岛持续不断的开发经营也逐步展开。由于古人对海洋资源的认识不可能像现在这样深入和全面，渔民对海洋资源的了解几乎就是从海洋生物资源开始的，在那时，捕捞水产资源实际上是海洋渔业或海上生产活动的全部内容。

从中国史籍中我们不难寻找到先人们在南海诸岛进行生产活动的记载。东汉杨孚在《异物志》中记载："玳瑁如龟，产南海……背上有鳞。鳞大如扇，有文章，将作器，则煮其鳞，如柔皮。"[1]宋周去非在《岭外代答》中曾记载了玳瑁的形态和用途。到了清代，有关

---

① 杨孚. 异物志. 新一版. 北京：中华书局，1985：13.

海龟的记载更是屡屡见诸史籍,如清末广东水师提督李准在《巡海记》中对海南渔民捕捞玳瑁、海龟、海带等海产品的生产活动进行了详细的描述。

由于古人对鱼类种属的分类非常简单,在我国史籍中对南海的鱼类一般记载为飞鱼和巴浪鱼等。此外,在《顺风相送》《东西洋考》《广东新语》《指南正法》等史籍中对南海的鱼类均有记载。

砗磲是生活在热带海洋中的一种贝类,在我国只有南海出产。在北宋沈括的《梦溪笔谈》、南宋周去非的《岭外代答》、明黄衷的《海语》等大量文献中不仅记载了砗磲的形态,而且皆指出其产自于南海。

此外,晋郭璞的《尔雅注》、南宋周去非的《岭外代答》中记载了西沙、南沙盛产的马蹄螺和产于南海的贝类。在清人赵学敏的《本草纲目拾遗》和1876年奉命出使英国的郭嵩焘所著的《使西纪程》中对南海出产的海参均有记载。

上述史籍对南海物产的记载,其实也是我国人民开发南海的真实记录。它从一个侧面展现了我国人民从汉代开始便在南海诸岛进行了持续不断的生产和开发经营。

到了明清时期,我国沿海渔民前往南海诸岛从事捕捞和其他渔业生产的人数日渐增多,活动范围也不断扩大,甚至较长时间居留在南海岛礁之上。渔民在从事捕捞生产的同时,还在许多岛上开垦荒地,种植树木,这些南海岛礁上的庙宇、房屋、水井、椰子树就是他们生产、生活的真实记录。

清道光年间,渔商梁应元曾进行了调查,他在有关报告中指出,我国渔民在东沙群岛"捕鱼为业,安常习故,数百余年"。[1]宣统二年十一月中国政府制定了关于东沙岛《招募渔人试办渔业章程》,对我国渔民前往东沙岛从事渔业生产的相关事项,如人员组成、所需办理的手续、资金费用和税收、所获海产的验收统计、渔民在岛上的生活管理等均作了明确规定。[2] 随着这一章程的颁布,我国人民对南海诸岛的开发和经营已经纳入政府的有组织管理之下。1911年国民政府实业部就"招商接办东沙岛渔业"发布了通告。[3] 1911

① 郑资约. 南海诸岛地理志略. 上海: 商务印书馆, 1947: 72.

② 郑资约. 南海诸岛地理志略. 上海: 商务印书馆, 1947: 186-190.

③ 郑资约. 南海诸岛地理志略. 上海: 商务印书馆, 1947: 212.

年广东香山县人叶养珍呈书实业部,请求赴东沙岛进行磷矿和渔业生产。[①] 因考虑到东沙岛磷矿资源较少,实业部只核准叶养珍开展渔业。[②] 此后1911年、1918年、1926年、1927年、1936年先后有南洋侨商陈武烈、广东商人刘兆铭、福建商人周骏烈、广东商人陈荷朝和冯德安等,分别向实业部或广东省实业厅要求前往东沙岛开采磷酸或海草或云母壳等海产,大都获得批准。[③]

在我国民间开发东沙岛的热潮中,国民政府和地方政府也对东沙岛进行了官方性质的经营活动。例如,1925年中国政府做出决定,在东沙岛建立气象台、无线电和灯塔,并交由海军部筹办。[④]

西沙和南沙群岛是我国人民在南海海域最主要的生产活动的基地。从明清时期起,随着我国人民对于南海认识的不断加深,这里更成为沿海渔民频繁活动的海域。早在明代乃至更早,在西沙和南沙群岛的部分岛礁之上就已有中国人长期居留,并从事生产活动。

1917年,广东海利公司商人何承恩就开采西沙群岛磷质和海产、1919年广东商人邓士瀛就开发西沙群岛多次向广东省省长公署提出呈请,由于种种原因这些申请均未获准。[⑤] 然而,这充分表明对西沙群岛的开发和经营已经由个体行为步入了政府管理的轨道。

1921—1932年间,广东商人何瑞年多次向广东省署提出开发西沙群岛鸟粪的请求,并屡屡获准,何瑞年组织了西沙群岛实业无限公司,在西沙群岛的15个岛礁上进行开采。后经调查发现,何与日本人多有勾结,从而引起当地人民的愤慨,广东地方政府立即

---

① 郑资约. 南海诸岛地理志略. 上海: 商务印书馆, 1947: 212.

② 郑资约. 南海诸岛地理志略. 上海: 商务印书馆, 1947: 216.

③ 郑资约. 南海诸岛地理志略. 上海: 商务印书馆, 1947: 219-232,245,246.

④ 郑资约. 南海诸岛地理志略. 上海: 商务印书馆, 1947: 275-279.

⑤ 陈天锡. 西沙岛成案汇编. 海口: 海南出版社, 2003: 25, 26.

停止了何瑞年在西沙的开采行为。[①]

为了进一步规范对西沙群岛资源的开发和经营,1928 年,广东省政府出台了《招商承采西沙群岛鸟粪简章》。[②] 同时,广东省政府批准由中山大学负责管理西沙群岛的矿产。[③] 中山大学与有关部门联合审议了广东协济公司、益农公司赴西沙群岛开采矿产和鸟粪的申请。1930 年行政院就建设西沙群岛气象台等事给广东省政府下达了训令,对此作了周密的安排。1932 年广东省制定了建设西沙群岛的计划书,就建设无线电台、灯塔、气象台和驻守人员的生活问题等均制定了详细的计划。到 1934 年和 1936 年,中国政府先后在西沙群岛建起了气象台,设置了电台和灯塔。[④] 1932 年,中华国产公司以 21.27 万元的投资获准开采西沙群岛鸟粪,期限为 20 年。[⑤] 1947 年,行政院资源委员会下文委托中元企业公司开采西沙群岛的鸟粪,期限也是 20 年。

这一时期,我国人民对南沙群岛的经营同样屡见不鲜,"粤闽渔民,每岁轮流前往。""该岛渔利,琼崖渔民每年春季必有数十只捕鱼帆船,自琼崖出发到岛捕鱼,及至残秋,乃满载而归。"当地政府也派出人员赴各地调查,了解情况,对本国渔船发放本国国旗并公告禁止悬挂外国旗。1946 年中国政府从日本手中接收南沙群岛后,在当地进行了大量的经营活动,同时政府责令海军总司令部及广东省政府对前往各群岛从事捕捞作业的渔民予以保护并给予运输通信等便利。之后,我国人民在南沙群岛及其海域的生产活动日益频繁。

在南海进行渔业生产的周期较长,很大一部分我国海南渔民就在一些岛上居住生活。他们在岛上建庙宇,盖房屋,挖水井,还种植了椰子树、地瓜和蔬菜。有的渔民去世后,就安葬在岛上。据记载,从清同治十二年(1873 年)到光绪三十三年(1907 年)间,共

---

① 陈天锡. 西沙岛成案汇编. 海口: 海南出版社,2003: 28-34,48-51,86,87. 另见《琼崖公民力争取消奸商勾结日人所组西沙群岛实业公司及其后驻军续请开垦采矿等情有关文件》1922 年 12 月 – 1926 年 7 月。

② 沈鹏飞. 调查西沙群岛报告书. 广州: 中山大学,1928: 107-113.

③ 陈天锡. 西沙岛成案汇编. 海口: 海南出版社,2003: 附录 5,6.

④ 海军部二十三年三月份重要工作概况. 海军杂志,1934,6(8): 9-11.

⑤ 见《农业革命》一文中的《琼州西沙鸟粪》,载《广东建设周刊》第 1 卷第 5 期。

有 132 名渔民死后安葬在东沙岛,后来这些坟墓全部被日本商人西泽吉次在侵入东沙岛后毁掉。另外,在南沙群岛的北子岛还竖立着两块墓碑,这里分别安葬着死于同治十一年(1872 年)的渔民翁文芹和死于同治十三年(1874 年)的吴□□(注:两字模糊不清)。1990 年在太平岛上发现了两块清代墓碑,分别为"皇清显考纯直郭公之墓"和黄郁堂之墓。

纵观中国人民的整个南海开发史,我们不难看出其呈现出一个显著的特点,即民间对南海诸岛的开发和经营取得了官方的认可,并且获得了政府的支持、鼓励和保护;同时我国政府也逐渐开始对南海诸岛进行直接开发。

第一节　《更路簿》传递的海南历史文化信息

《更路簿》,又称为《水路簿》,是记录我国海南省沿海渔民在西沙群岛、南沙群岛航行的航向和航程(古称海道针经)的书,是我国海南岛渔民在南海诸岛航海实践的经验总结并世代传抄的航行指南类手抄本,是研究我国渔民开发南海诸岛的珍贵资料。

中国人民最早发现和命名了南海诸岛,而这一发现和命名不仅不断深化,而且贯穿于中国人民在南海活动的整个历史进程当中。《更路簿》中渔民对南海的命名,一方面是中国人民发现和命名南海诸岛活动中重要的组成部分,另一方面也是历史发展的产物。

中国人民最早对南海诸岛进行了开发和经营,渔民们基于在南海长期的生产活动,不仅加深了对南海的了解和认识,而且产生了多种形式的记录载体,《更路簿》便是其中之一,所以它又是我国人民集体智慧的结晶。

有关我国人民开发西沙和南沙群岛并在那里生活的历史事实,不仅大量见诸史籍,也在各种版本《更路簿》的抄本中得到体现,此类大量记载了我国海南渔民在西沙、南沙群岛生产和生活的情况,清楚地记录了渔民的作业线路。

一、《更路簿》的版本

《更路簿》的发现目前主要集中在海南省文昌和琼海两市,之所以在这两市发现,是因为当地渔民从文昌的清澜港或琼海的潭门港出海。迄今共发现不同版本的《更路簿》数十种,有代表性的共 12 种,计有:苏德柳本《更路簿》、郁玉清本《定罗经针位》、陈永芹《西南沙更簿》、林鸿锦版《更路簿》、王国昌《顺风得利》本、麦兴铣《东北海更路簿》、李根深《东海北海更流簿》、许洪福《更路簿》、卢洪兰本《更路簿》、李魁茂本《更路簿》、蒙全洲口述、麦穗整理《去西南沙的水路簿》、彭正楷本《更路簿》。

(一) 苏德柳本《更路簿》

该版本是苏德柳于 1921 年抄自文昌县渔民。该本共记载了 22 个地名,记录航道 29 条,其航路大都自北向南行驶。

(二) 郁玉清本《定罗经针位》

该版本中比较细致地区分了北风和南风针路。其中记载的穿越南海各岛礁航道较多。

(三) 陈永芹《西南沙更簿》

该版本成书于民国,但也是经清代《更路簿》修改而成的。

(四) 林鸿锦版《更路簿》

该版本《更路簿》记载较为详细,航道数目较多,各岛礁之间距离也比较具体。

(五) 王国昌《顺风得利》本

该版本记载非常详细。南风、北风、东风针路各不相同。其记录长于航向记载,转航方向也比较明确,具有很强的实用性。

(六) 麦兴铣《东北海更路簿》

麦氏系琼海潭门镇人,其《更路簿》原本藏于华南师范大学地理系。

（七）李根深《东海北海更流簿》

李氏系琼海潭门镇人，该书原本藏于华南师范大学地理系。

（八）许洪福《更路簿》

该版本记录航线较少，只有三条航线。

（九）卢洪兰本《更路簿》

该版本记录各个岛礁回航和出航都较其他版本为多。

（十）李魁茂本《更路簿》

该版本记载海南岛、越南航路较多，包含南海岛礁地名 20 多个。

（十一）蒙全洲口述，麦穗整理《去西南沙的水路簿》

该版本所载各主航道的针路都是依据明代以来渔民生产作业经验记录的。

（十二）彭正楷本《更路簿》

彭氏系琼海潭门人。该版本《更路簿》是其在 1924 年抄录的，原本藏于广东省博物馆。

二、部分《更路簿》记录的航线

《更路簿》对南海西沙和南沙两大群岛的详细记录表现在"东海"针路和"北海"针路两大部分中。

（一）"东海"（西沙群岛）岛礁探测路线

本书对前述 12 个版本全部进行考察。

1. 苏德柳本《更路簿》

（1）自大潭过东海，用乾巽使到十二时（更）；使（驶）半转回乾巽巳亥，约有十五更。

（2）自三峙下干豆𬒈风𬒈𬒈，三庚（更）收，对西南。

（3）自三峙下石塘用银坤寅申，三庚收，对西南。

（4）自三峙下二圈，用丁癸丑未平，二更半收。

（5）自三峙上三圈，用壬丙巳亥平，四更半收。

（6）自猫注去干豆，乙辛兼辰戌，四更半收，对西北、北风。

（7）自猫注去下峙曲手，用坤申，四更收，对西南。

（8）自猫注去二圈，用丁未，三更半收，对南。

（9）自二圈下下峙，用辰戌，一更收，对西北。

（10）自石塘上二圈，用乙辛辰戌，二更，对东南。

（11）自石塘进江门出，上猫注，用甲庚，六更收，对东。

（12）自四江去大国，用乾巽过头，约更半，对东南。

（13）自银峙去干豆，用壬丙，三更半收，对北。

（14）自猫兴上三圈，用癸丁丁未平，三更半收，对南。

（15）自猫注上三圈，用壬丙平，四更，对南。

（16）自大圈下去半路，用艮坤加二线丑未，三更，对南。

此版本是苏德柳 1921 年抄自文昌县渔民抄本。本簿内有 22 个地方记录。珊瑚岛礁区中航道有 29 条，其中两条是通向大陆的，即向海南岛一条和去越南一条。航路一般自北向南行驶。

2. 郁玉清本《定罗经针位》

（1）自大潭使过东海用乾巽加乙线辰戌使到一日一夜，转回巳亥有五更取七连峙。

（2）自三峙过干豆用𬒈风𬒈𬒈卯酉三更远向西驶。

（3）自三峙下石塘用艮坤寅申三更远向西南驶。

（4）自三峙下二圈用癸丁丑未二更半远向西南驶。

（5）自三峙上三圈用子午壬丙巳亥四更远向南驶。

（6）自三圈下石塘用乾巽辰戌五更远向西北驶。

（7）自三圈下白峙仔用㔥风䓖㜶卯西三更远向西驶。

（8）自三圈下二圈用乾巽辰戌二更半远向西北驶。

（9）自二圈下三圈用辰戌二更半远向南驶。

（10）自石塘上猫兴用甲庚卯西四更远向东驶。

（11）自四江门使去大圈用子午乾巽巳亥使过首一更远向南驶。

（12）自石塘去干豆用子午壬丙巳亥三更半远向北驶。

（13）自石塘去猫注用寅申三更远向东北驶。

（14）自猫注上猫兴用㔥风䓖㜶辰戌一更远向东南驶。

（15）自猫兴上三圈用癸丁三更远向西南驶。

（16）自猫注上三圈用子午壬丙巳亥四更远向南驶。

（17）自二圈去干豆用乾巽四更远向西北驶。

（18）自二圈下白峙仔用艮坤丑未一更远向西南驶。

（19）自大圈下白峙仔首上用子午门上用壬丙一更远向南驶。

（20）自白峙仔上三圈南风用卯西加一线乙辛三更远向东驶。

（21）自二圈上七连用丑未加二线艮坤二更半远向东北驶。

（22）自三脚峙下圈仔用卯西㔥风䓖㜶二边相见向西驶。

（23）自三脚大峙在西四江东甲庚卯西相对。

（24）自白峙仔下半路寅申三更远向西南驶。

（25）自大圈下半路南边门上使用艮坤丑未三更远向西南驶。

（26）自尾峙下半路用癸丁加一线子午二更远向南驶。

（27）自三圈下半路用甲庚寅申六更远向西南驶。

（28）自半路去干豆用癸丁五更半远向东北驶。

（29）自大圈首上去三圈南风用辰戌三更远向东南驶。

（30）自老粗大门驶出四江门用乾巽辰戌二边相见二更远向东南驶。

（31）自三脚门上驶去银峙用丙午平向北驶二边相见。

郁氏《定罗经针位》本中对航行更加细致地分出北风和南风针路。穿越各岛礁航道也较多,只记由琼海潭门出海入西沙航道。这本《更路簿》名为《定罗经针位》。航道也自北南航为多。

3. 陈永芹《西南沙更簿》

(1)自清澜去七连用乾巽兼巳亥两线十六更。

(2)自七连去银峙用寅申四更。

(3)自红草角去猫兴用乙辛二更(近西边有双沙仔一个)。

(4)自猫兴去三囤癸丁五更。

(5)自猫住去银峙用艮坤三更半。

(6)自白峙仔去三囤卯酉四更。

(7)自大囤去半路峙用艮坤三更。

(8)自船坎尾去刚豆用乙辛五更。

(9)自四江去大囤乾巽一更(大囤门在南方内可以泊船)。

(10)自大囤下白峙仔用乙亥一更。

(11)自银峙去刚豆用壬丙三更。

(12)自四江去二囤乙辛辰戌二更。

(13)自大囤去二囤用乾巽辰戌二更。

(14)自猫住去三囤壬丙四更。

(15)自半路峙回尾峙用子午四更。

(16)自二囤去石塘用乾巽辰戌更半。

《西南沙更簿》中囤即圈,猫住即猫注,刚豆即干豆。本簿亦反映了文昌渔民《更路簿》的内容。本书按厦门大学南洋研究所整理本抄录如上。

4. 林鸿锦版《更路簿》

(1)自大潭门出用乾巽十五更到约中驶十二更潮四更巳亥得见鸟即收船。

(2)北风上东自红草上把兴用乙辛二更收。

(3)北风自把兴下三圈用丁去庚三更收。

（4）东风自三圈上把兴用丑未三更收。

（5）北风过南自把岛过三圈用壬丙庚。

（6）自把岛过三圈用子午得尾四庚（即更）。

（7）东风北自三圈回把岛（即巴兴）用壬丙四庚。

（8）自船岛尾下石棠用寅申添二线艮坤三更半。

（9）东北风船岛尾下干豆乙辛四庚。

（10）自船岛尾下二圈用癸丁三更收。

（11）北风自把岛下二圈用丑未二更半收。

（12）北风自把岛下石塘用寅申三更半收。

（13）自大郎尾下二圈用卯酉一更收。

（14）北风自三圈放下二圈用辰戌二更半。

（15）自三圈放回干豆用乾巽六更收。

（16）东南放下白岛仔用甲庚三更收。

（17）北风自三圈放下大圈用乙辛三更收。

（18）东风白岛仔放半路用寅申添二线艮坤三更半收。

（19）南风自半路上大圈用坤未二更半。

（20）四江门驶回老粗用乾巽相对兼辰戌三脚银岛仔午庚。

（21）南风自银岛白士驶出门用辰戌。

（22）南风自银岛放去干豆用壬丙三更半。

（23）东北风自干豆石塘用巳亥兼乾巽三更半。

（24）南风自干豆放上七连用辰戌四更。

（25）东风自把岛放下干豆辰戌添四线乙辛四更。

（26）东风自七连回室用巳亥十五更。

（27）南风自七连回室用乾巽十五更。

（28）北风自四江门上二圈用乙辛卯酉一更。

（29）北风自四江门去大过圈首用乾巽巳亥。

（30）东风自大自北边门出用子午回三脚用癸丁二更。

（31）北风自二圈上三圈用辰戌二更半。

（32）南自二圈上三圈用乾巽二更半。

（33）南风自二圈上把兴用寅申四更。

（34）南风自二圈上把岛用坤未二更半。

（35）南风自白岛仔上三圈用卯酉三更收。

（36）南风自四江门上把兴（即东岛）用甲庚兼卯酉六更。

（37）南风自干豆上七连用辰戌四更。

（38）南风自把兴下双帆用甲庚放下石塘六庚。

（39）南风自大国首用子午放下白岛仔一更半。

（40）南风自白岛仔回大圈南边门用壬丙庚。

（41）南风自大圈上七连用丑未兼艮坤。

（42）北风自七连下大圈用坤。

（43）南风自□郎门出船用辰戌兼乾巽收七连十五更。（缺字疑为"大"字）

（44）大洲去干豆相对用壬丙巳亥平更。

（45）自三十仔开船用巳亥十二更到下岛赤岭腹南风开船用乾巽十五更收七连。

（46）自干豆上把岛南风用乾巽辰戌四更。

（47）自把兴放下把岛用乙辛卯酉。

（48）自三圈放回把岛用子午四更。

（49）北风二圈南边放下岛用乾巽一更。

（50）自二圈北风边驶下用卯酉四更回下岛。

该版本更路更加详细，并已改动，如把峙改为岛。但航线增加，因南风、北风、东风用针不同，一一记明，各岛间交通也更加具体，如到华光环礁的北门或南门，到高尖石等较详细地点，都有航路。

5. 王国昌《顺风得利》本

（1）自大潭驶往东海用乾巽一线辰戌驶到一日一夜转回巳亥有十五更收七连峙。

（2）自三峙过干豆南风用甲庚卯酉北风用乙辛卯酉皆三更远向西驶收。

（3）自三峙下石塘用艮坤寅申平三更向西南驶收。

（4）自三峙下二圈用癸丁丑未二更半向西南驶收。

（5）自三峙上三圈用子午壬丙巳亥四更向南驶收。

（6）自三圈下石塘用乾巽辰戌五更向西北驶收。

（7）自三圈下白峙仔南风用甲庚卯酉北风用乙辛卯酉三更向西驶收。

（8）自三圈下二圈乾巽辰戌二更半向西北驶收。

（9）自二圈上三圈用辰戌二更半向东南驶收。

（10）自石塘上猫兴用甲庚卯酉四更向东驶收。

（11）自四江门驶往大圈用子午乾巽巳亥驶过头更向南驶收。

（12）自石塘往干豆用子午壬丙巳亥三更半向北驶收。

（13）自石塘往猫注用寅申三更半向东北驶收。

（14）自猫注上猫兴南风用乾巽辰戌北风用乙辛辰戌一更向东南驶收。

（15）自猫兴上三圈用癸丁三更向西南驶收。

（16）自猫注上三圈用子午壬丙巳亥四更向南驶收。

（17）自二圈往干豆用乾巽四更向西北驶收。

（18）自二圈下白峙仔用艮坤丑未一更向西南驶收。

（19）自大圈下白峙仔头上用子午门上用壬丙一更向南驶收。

（20）自白峙仔上三圈南用卯酉加乙辛三更向东驶收。

（21）自二圈上七连用丑未加二线艮坤二更半向东北驶收。

（22）自三脚峙上圈仔用卯酉南风用甲庚,北风用乙辛,二边相见向西驶收。

（23）自三脚大峙在西,四江在东甲庚卯酉相对。

（24）自白峙仔下半路用寅申三更向西南驶收。

（25）自大圈下半路南边门上驶用艮坤丑未三更向西南驶收。

（26）自尾峙下半路用癸丁加一线子午二更向南驶收。

（27）自三圈下半路用甲庚寅申六更向西南驶收。

（28）自半路往干豆用癸丁五更半向东北驶收。

（29）自大圈头上往三圈南风用辰戌三更向东南驶收。

（30）自老粗大门驶出四江门用乾巽辰戌二更向东南驶二边相对。

（31）自三脚门上驶往银峙用子午壬丙平向北驶二边相见。

（32）自猫注往干豆用辰戌加一线乙辛三更向西北驶收。

（33）自三峙往猫注子午相向南驶收。

该版"本海路"簿记录较详细，南风、东风、北风针路不同，到各环礁也分头尾，还加上航行方向，转航方向也一一载明，实用性较强，地名也较多。这些反映了对珊瑚礁岛探测的深入。

6. 麦兴铣《东北海更路簿》

（1）自大潭门去东海，用乾巽十五更取船岩（即赵述岛）。

（2）自七连三峙去三圈，用壬丙巳亥四更半收。回用癸丁。

（3）自三峙去二圈，用丑未二更半。

（4）自三峙去干豆，用乙辛卯酉三更半收。

（5）自三峙下石塘，用寅申三更半收。

（6）自四江门去二圈，用乙辛二更。

（7）自四江门去大圈，用乾巽过头一更。

（8）自二圈下大圈，用寅申更半收。

（9）自大圈门去白峙仔，用壬丙二线巳亥一更。

（10）自大圈门去半路峙，用艮坤三更。

（11）自白峙仔去半路，用寅申三更，南风用艮坤。

（12）自大圈尾去半路，用丑未三更收。

（13）自大圈壬丙郎下二圈，用甲庚三更。

该版本记录了由西沙下南沙路线多达 3 条，即先到七连或赵述岛，入永兴，才下石塘和向南下的。

7. 李根深《东海北海更流簿》

（1）自去七连峙用乾巽驶至十二更潮回巳亥十五更收。

（2）自七连三峙去三匡用壬丙巳亥三更半收回用癸丁。

（3）自三峙去二匡用丑未二更半收。

（4）自三峙去干豆用乙辛三更半回用甲庚。

（5）自三峙去石塘银峙门入用寅申三更半收。

（6）自四江门去二圈用乙辛加戊二更或大圈用乾巽过头一更。

（7）自大匡门去白峙仔用壬丙二线巳亥一更。

本簿还记录了由东海过北海也是由半路峙、白峙仔和三圈三条水路去南沙的航路。

8. 许洪福《更路簿》

本簿只有由西沙去南沙3条航线,即:

（1）自三圈去奈罗用巳亥二十八更收。

（2）自白峙仔去奈罗用乾巽巳亥三十更收。

（3）自半路去奈罗用乾巽三十二更收。

9. 卢洪兰本《更路簿》

（1）（大潭）往七连峙用向乾巽,驶到十二更潮回巳亥,十五更收。

（2）自七连峙去三圈用壬丙乙亥,三更半收。回用癸丁。

（3）自三峙去二圈用向丑未,二更收。

（4）自三峙去干豆用向乙辛,三更半收。回用北风甲庚,南风乾巽。

（5）自三峙去石塘用向寅申,三更半收。

（6）自四江门去次圈用向乙辛辰戌,二更收。或去大圈用乾巽,过头一更。

（7）自大圈门去半路峙用向艮坤,三更。

（8）自白峙仔去半路峙用寅申,三更收,南风用坤未。

（9）自尾峙去半路用向癸丁,三更收。

（10）自银峙去干豆用向午丙,三更收。

（11）自四江门去猫兴用向甲庚,四更收。

（12）自猫兴去三国用向癸丁，三更收。

（13）自三峙去猫兴用乙辛，二更收。

（14）自三峙去船嵌尾，乙辛相对。

（15）自三峙去大圹用艮坤，四更收。

（16）自三峙去猫兴用子午相对。

（17）自猫兴去三圹用癸丁，三更收。

（18）自猫注去干豆南风用卯酉，三更收。

（19）自猫兴去双帆石用癸丁兼子午。

（20）自猫兴去石塘用甲庚，四更收。

（21）自猫兴去干豆用乙辛，三更收。

（22）自三圹去白峙仔（用）卯酉，二更半收。

（23）自二圹去石塘（用）乾巽，一更半收。

（24）自三圹去大圹用乙辛，三更收。

（25）自三圹去猫兴用丑未，三更收。

（26）自三圹去干豆用乾巽巳亥，六更收。

（27）自二圹去大塘用甲庚寅申，一更收。

（28）自二圹去白峙仔用丑未，二更半收。

（29）自二圹去石塘用乾巽，一更半收。

（30）自二圹去干豆用乾巽兼巳亥，四更收。

（31）自银峙去干豆用壬丙巳亥对中，四更收。

（32）自二圹去三圹用乾巽辰戌，二更半收。

（33）自二圹去猫兴用甲庚寅申，三更半收。

（34）自四江去猫兴用甲庚卯酉，四更收。

（35）自石塘去大圹用乾巽过头，一更收。

（36）自三脚去老粗用辰戌，一更收。

（37）自三脚去全富用巳亥，一更收。

（38）自三脚去银峙仔用子午，一更收。

（39）自石塘去二圹用乙辛，一更收。

（40）自尾峙去大塘用乾巽，一更收。

（41）自尾峙去干豆用癸丁，三更收。

（42）自船坎尾去石塘用艮坤，三更收。

（43）自大榔去二圹用甲庚卯酉，平更半收。

（44）自三塘去半路用甲庚寅，六更收。

（45）自尾峙去半路用癸丁兼子午，三更收。

（46）自猫兴去二圹用寅申兼甲庚，四更收。

（47）自猫兴去白峙仔用艮坤，六更收。

（48）自猫注去猫兴用辰戌，二更收。

（49）自猫兴回大洲用乾巽相对，十八更收。

（50）自猫注回大洲用乾巽相对，十六更收。

（51）自长峙回大洲用乾巽相对，十五更收。

（52）自银峙回大洲用巳亥相对，十一更收。

此版本《更路簿》记录各岛礁回航和出航都比其他本为多，如和大潭、铁炉港、大洲、牙砦头航线等。地点如大圈门、长峙、三峙、双帆等为各本少见，其中三峙及双帆石更是本簿才有的地名。

10. 李魁茂本《更路簿》

（1）大潭与七连乾巽巳亥，十七更对。

（2）大潭与干豆壬丙巳亥十四更对。

（3）鸟头与七连辰戌十五更对。

（4）上峙与干豆虤风罜卯，三更相对。

（5）三峙与猫注午丙一更相对。

（6）猫注与三圈丙四鴲更半相对。

（7）猫注与下峙寅申三更相对。

（8）猫注与大圈坤未四更相对。

（9）猫注与二圈丑未三更对。

（10）猫注与猫兴乙辛二更相对。

（11）红草与猫兴乾巽辰戌对。

（12）猫兴与三圈癸丁三更半相对。

（13）猫兴与二圈寅申四更半相对。

（14）猫兴与下峙甲庚兼一线卯，五更。

（15）干豆与银峙壬丙二更半相对。

（16）干豆与老粗子午兼丙，二更半对。

（17）干豆与尾峙子午三更相对。

（18）干豆与二圈乾巽巳亥，四更半。

（19）干豆与猫注乙辛四更对。

（20）二圈与世江辰戌更半对。

（21）二圈与大圈艮坤更半对。

（22）二圈与白峙仔癸丁更半对。

（23）二圈与三圈辰戌二更半对。

（24）二圈与太笼卯酉更半对。（太笼即大郎）

（25）大圈与半路坤兼一线申，三更半。

（26）大圈与白峙仔壬丙一更对。

（27）白峙仔与三圈卯酉二更半对。

（28）三圈与大圈乙辛三更对。

（29）白峙仔与半路用甲寅，三更半。

（30）半路与尾峙癸丁兼一线未，四更。

（31）世江与大圈头巳亥更半对。

（32）尾峙与大圈尾壬丙巳亥，更半。

（33）三脚与大圈尾癸丁丑未，更半。

（34）三脚与圈仔头甲庚卯酉，半更。

（35）三脚与老粗乾巽辰戌，半更。

（36）世江与圆峙乙辛，一更。

（37）半路与外罗甲庚卯酉，十三更。

（38）大圈与外罗甲庚，十五更对。

（39）下峙与外罗甲庚寅申，十六更。

（40）干豆与外罗艮坤寅申，十七更半。

（41）干豆与半路午丁，七更半对。

（42）鸟头与七连辰戌十五更对。

（43）大潭门与半路午丙相对。

（44）大潭门与猫兴乾巽巳亥对，十九（更）。

（45）半路与大佛艮坤丑未对，二十更。

（46）半路与六安头丑未对，二十八更。

此版本《更路簿》特点是记海南岛、越南航路较多，计海南有铜鼓、大洲、潭门等，越南海岸有大佛、外罗等航线，并且已由西沙各岛直航（如七连、半路、猫兴、干豆等岛礁的返大陆直航路线）。

11. 彭正楷本《更路簿》

（1）自尾峙下半路用癸丁加一线子午，二更，向南驶收。

（2）自三圈下半路用甲庚寅申，六更，向西南驶收。

（3）自半路往干豆用癸丁，五更半，向东北驶收。

（4）自大圈头上往三圈南风用辰戌，三更，向东南驶收。

（5）自老粗大门驶出四江门用乾巽辰戌，二更，向东南驶，二边相对。

（6）自三脚门上驶往银峙用子午壬丙平，向北驶，二边相见。

（7）自猫注往干豆用辰戌加一线乙辛，三更，向西北驶收。

（8）自三峙往猫注子午相对，向南驶收。

（9）自红草门上猫兴用乙辛，一更半，向东南驶收。

（10）自四江往猫兴用甲庚，四更半收。

（11）自石塘往大圈用乾巽，一更收。

（12）自干豆往石塘用巳亥，二更收。

（13）自猫注往二圈用丁未，二更半收。

（14）自船坎尾往干豆用乙辛加卯酉，三更收。

（15）自红草往石塘用寅申，三更收。

（16）自二圈往石塘用乾巽，一更半收。

（17）自二圈往大圈用寅申，一更收。

这 17 条航路是以宣德、永乐、东岛环礁为主，并涉及全部岛礁，虽不完整，但对于各岛礁间交通情况的记载比以上各本都详尽，如各口门地形就较详细，有老粗大门、三脚门、四江门、红草门等。地名也有 19 个。

12. 蒙全洲口述《去西南沙的水路簿》

（1）自清澜去七连用乾巽巳亥西线十六更。

（2）自猫注去猫兴用乙辛二更。

（3）自猫兴去三圈用癸丁三更。

（4）自猫注去三圈用壬丙四更。

（5）自猫注去大圈用乾巽四更。

（6）自猫注去二圈用丑未三更。

（7）自大圈去白峙仔用壬丙一更。

（8）自白峙仔去半路用寅申三更。

（9）自大圈去半路用寅申二更半。

（10）自白峙去三圈用卯酉四更。

（11）自猫注去石塘用寅申十更。

（12）自猫注去干豆用乙辛四更。

（13）自干豆去银峙用巳亥三更。

（14）自三圈去奈罗（双峙）用乾巽兼巳亥二十八更。

（15）自白峙仔往双峙用巳亥二十六更。

（二）"北海"（南沙群岛）岛礁探测路线

"北海"指南沙群岛范围，探测路线比东海多，因而岛礁分布面积更广泛。本书对前述 12 个版本加以比较论述。

1. 苏德柳本《更路簿》

（1）自三圹往北海双峙，用乾巽，至半洋潮回巳亥，二十六更收。

（2）自白峙仔往双峙，用乾巽，三十八更收。

（3）自双峙去红草线排，用乙辛，二更收，对东。

（4）自双峙去铁峙，用巳亥，三更收，对南。

（5）自红草下线排，用辰戌，二更收，对西北。

（6）自红草下第三峙，用艮坤三更收，对西南。

（7）自红草上罗孔，用卯酉，五更收，对东。

（8）自红草去火襄，用癸丁，二更收对西南。

（9）自红草线排下铁峙，用甲庚，二更收，对西南。

（10）自红草线排去火襄，用乾巽辰戌，二更收，对东南。

（11）自火襄去裤归，用乙卯，二更收，对西。

（12）自火襄去三角，用乾巽，三更收，对东南。

（13）自三角去双门，用辰戌，二更收，对东南。

（14）自红草去五凤，用辰戌，四更收，对东南。

（15）自双门去断节，用乙辛卯酉，二更收，对东。

（16）自双门去鸟串，用壬丙，二更收，对南。

（17）自双门去双挑，用乾巽，四更收，对东南。

（18）自断节去双挑，用壬丙巳亥，二更收，对东南。

（19）自断节去牛车英，用乙辛辰戌，二更收，对东南。

（20）自断节去五凤，用癸丁，五更收，对东北。

（21）自牛车英去脚坡，用乾巽，三更，对东南。

（22）自牛车英下断节，用乾巽，二更，对西北。

（23）自脚坡去石龙，用卯酉，二更收，对东。

（24）自石龙去鱼鳞，用子午，四更收，对北。

（25）自脚坡下牛车英，用壬丙巳亥，三更收，对西北。

（26）自石龙下坡脚，用乙辛辰戌，二更，对西北。

（27）自鱼鳞去乙辛，用乙辛加三线卯酉，三更，对东。

（28）自鱼鳞去号藤，用子午壬丙，五更，对北。

（29）自鱼鳞下断节，用卯酉，二更，对西。

（30）自双挑去海公，用乾巽加三线辰戌，三更，对东南。

（31）自双挑去鸟串，用乙辛加二线卯酉，二更，对西。

（32）自鸟串下银饼，用壬丙，五更收，对西北。

（33）自锣孔去号藤，用卯酉，二更，对东。

（34）自锣孔去五凤，用壬丙子午，更半收，对南。

（35）自五凤去节断，用壬丙，四更收，对南。

（36）自五凤去鱼鳞，用辰戌，四更收，对东南。半路有线一只，名曰半路线。

（37）自五凤头去半路线，用乾巽，二更收，对东南。

（38）自铁峙去裤归，用辰戌，二更收，对东南。

（39）自铁峙去铜金，用乾巽，二更，对东南。

（40）自铁峙去丑未，用艮坤，二更收，对西南。

（41）自铁峙线仔去丑未，用丑未，二更收，对西南。

（42）自铁峙去双王，用壬丙，二更收，对东南。

（43）自铁峙去裤归，用乾巽，二更半收，对东南。

（44）自丑未去双王，用辰戌，二更收，对东南。

（45）自丑未去黄山马，用乾巽，三更，对东南。

（46）自铁峙去第三，用巳亥，二更收，对东南。

（47）自第三去黄山马，用午丙，二更，对南。

（48）自第三去银饼，用乾巽，三更收，对东南。

（49）自裤归上三角，用辰戌，五更收，对东南。

（50）自铜金去银饼，用巳亥，二更收，对东南。

（51）自铜金去第三，用甲庚，二更收，对西南。

（52）自银饼去鸟串，用辰戌，五更收，对东南。

（53）自银饼下黄山马，用卯酉，二更收，对正西。

（54）自银饼去牛轭，用癸丁，二更收，对西南。

（55）自黄山马去丑未，用壬丙巳亥，三更收，对西北。

（56）自黄山马去牛轭，用乾巽，三更，对东南。

（57）自黄山马去劳牛劳，用寅申，三更，对西南。

（58）自黄山马去南乙峙，用壬丙，一更，对东南。

（59）自南乙峙去秤钩，用子午，二更收，对南。

（60）自南乙峙去秤钩峙仔，用壬丙，二更，对东南。

（61）自牛轭去目镜，用巳亥添四线丙，九更收，对东南。

（62）自目镜去深圹，用寅申，二更收，对西南。

（63）自目镜去不乜线，用乾巽，三更收，对西北。

（64）自女青石去不乜线，用午丙，五更收，对东南。

（65）自不乜线去深圈，用壬丙，二更收，对东南。

（66）自深圈去簸箕，用甲庚寅申，二更收，对西南。

（67）自簸箕下铜章，用寅申，一更收，对西南。

（68）自铜章下海口线，用乾巽添辰戌，三更，对西北。

（69）自铜章去光星仔，用壬丙巳亥，二更半，对东南。

（70）自光星仔去大光星，用卯酉，一更收，对正西。

（71）自光星仔去海口线，用壬丙子午，四更，对西北。

（72）自光星仔去石公厘，用乾巽，二更，对东南。

（73）自石公厘去五百二，用丁未，二更半收，对西南。

（74）自五百二去丹节线，用未添丁，三更，对西南。

（75）自丹节去墨瓜线，用坤未，六更收，对西南。

（76）自秤钩去恶落门，用午添二线丁，五更，对西南。

（77）自秤钩去六门，用单丁，五更收，对西南。

（78）自恶落门去簸箕，用壬丙，四更，对东南。

（79）自六门去簸箕，用巳亥，四更收，对东南。

（80）自恶落门去铜章，用子午，四更，对正南。

（81）自恶落门去深圈，用辰戌，四更收，对东南。

（82）自六门去铜章，用壬丙，四更收，对东南。

（83）自六门去石盘，用辰戌，二更收，对西北。

（84）自劳牛劳去六门，用壬丙，五更收，对东南。

（85）自劳牛劳去恶落门，用巳亥，五更收，对东南。

（86）自劳牛劳去石盘，用癸丁，五更收，对西南。

（87）自劳牛劳去秤钩，用辰戌，三更收，对东南。

（88）自恶落门去六门，用辰戌，一更，对西北。

（89）自劳牛劳去上城，用寅申，四更，对西南。

（90）自海口线去铜铳，用巳亥，五更，对西北。

（91）自铜铳去龙鼻，用乙辛，二更收，对西北。

（92）自龙鼻去鸟仔峙，用寅申，二更，对西南。

（93）自鸟仔峙去乙辛，用乙辛，二更收，对西北。

（94）自乙辛回安南山，用巳亥，廿余更，对西北。

（95）自乙辛与锣汉湾头乾巽相对，二十二更，对西北。

（96）自南乙去南乙线仔，用乙辛，一更，对西北。

（97）自南乙线仔去劳牛劳，用甲卯，二更半。对正西。

（98）自铜金至黄山马，用丑未，二更，对西南。

（99）自铜金去三角，用乙卯，五更收，对东。

（100）自断节下双门，用乾巽巳亥，二更收，对西北。

（101）自双门下三角，用壬丙巳亥，二更收，对西北。

（102）自海口线上六门，用乙未，三更收，对东北。

从上录路线可知清代对南沙群岛基本上已探测完成，连不少礁体也作了记述。还有四条出礁区航路。

该版本由八篇组成，除上述一、二篇外，还有驶船更路定例（大潭到各地更路）、新洲去西寺更数、自星洲去吧里更路等篇。其中亦有关于西沙、西沙航行指南等项。兹录第三篇如下：

"如船外罗东过，看水醒三日，且看风面，船身不可贪东。前此舟近西，不可贪西，海水澄清，并有朽木漂流，浅成桃，如见飞鸟方正路。舟过外罗七更是长线，连石塘内，北有全富峙、老粗峙、世江峙、三足峙，又有尾峙（此处指永乐环礁上岛屿）。如舟东见此七峙，急急转帆，用甲庚卯酉驶回。见外罗尝且上堂山，白（疑为自字）烟筒头到尖笔罗过，舟近山约离一更开妙。到此外，舟身可以倚甲庚驶开为妙。或到七洲洋中，见有流界几分，即是南亭门。若于洋如见尖笔罗，过之可乾巽辰戌针。三更取外罗外过舟，用丙午取烟头大佛，又用丁午八更取罗安头。"

第四篇记各地更路，兹抄录如下：

大垃（即潭）对北，丑未相对，浮马十五更。

大垓与单人峙相对，浮马一更。

铜钱与大弦相对，甲庚卯酉，四更。

上皆与□峙丑未相对，浮马十六更。

铜钱与南行了甲庚卯酉对，三更。

铜钱与北峙子午对，浮马十更。或舟在北峙对外一更开，用×针三更取铜鼓内过，用丙午取铜鼓是带坡马。北边湾名叫做大澳门。

北峙对铜鼓坤未三更。

北峙与铜钱子午对，十三更。

北峙与干豆乾巽巳亥对,十四更。

北峙与大玄丑未对,十六更,或舟在铜鼓外约一更零开,用单丁加乙线未,五更取大洲。大洲外过用丁未平取赤好,内过是浮马,南边湾可泊舟。

铜鼓与干豆长沙用乾巽辰戌对,十更。

铜鼓与大舣癸丁丑未对,十六更。

罗万与铜鼓艮坤丑未对,廿五更。

大洲与豆干乙辛辰戌对,十二更。

大洲与石塘壬丙巳亥对,十五更。

此版本《更路簿》范围广大,除东海、北海针道外,还有由主航道入珊瑚礁区航向。至于记述主航道情况更多,海南岛去越南航线、越南沿岸航线、越南去新加坡航线、新加坡去巴厘岛航线等。

2. 许洪福本《更路簿》

此版本记西沙航路很少,但记南沙航道很详细。分为第二篇《北海更路注明》和第三篇《立东沙头更路注明》来评述。出发点是在西沙的三塘(蓬勃礁)、白峙仔(盘石屿)起航,先到达奈罗(双子礁)。

(1)自三圹过奈罗用巳亥二十八更。

(2)自峙仔过奈罗用乾巽三十更。

(3)自奈罗至铁峙用子丁平三更。

(4)自奈罗沙仔至铁峙线排使壬丙,加二线巳□。

(5)自铁峙去裤归使乙辛辰戌二更收。

(6)自裤归至三角用使乙辛辰戌五更收。

(7)自三角至双门用乾巽二更收,回用壬丙。

(8)自双门至断节使乙辛卯酉二更收。

(9)自断节至牛车英使乙辛二更收。

(10)自牛车英至脚坡使乾巽二更收。

(11)自脚坡至石龙使乙辛卯酉二更收。

（12）自石龙去鱼鳞癸丁四更收。

（13）自鱼鳞至五凤使巳□四更。

（14）自贡士沙至红草沙使辰戌三更收。

（15）自贡士沙至红草使乙辛辰戌四更收。

（16）自沙排至火哀使乾巽二更收。

（17）自火哀至三角用乾巽四更收。

（18）自红草沙排去红草用乙辛二更收。

（19）自红草至罗孔使乙卯五更收。

（20）自罗孔至欧藤使乙卯二更收。

（21）自红草至五凤使乙辛辰戌四更收。

（22）自五凤至断节使丙壬四更收，回用癸丁。

（23）自断节去双担使巳亥二更收。

（24）自双担去海公使乾巽兼辰戌三更收。

（25）自海公回双担使壬丙三更收。

（26）自双担去鸟串使乙辛二更收。

（27）自鸟串去银锅使壬丙兼二线巳亥五更收。

（28）自铁峙去铜金使乾巽辰戌二更收，回用壬丙。

（29）自铜金去银锅使乾巽二更收，回用壬丙。

（30）自银锅去黄山马使卯酉二更收，寅方坐角。

（31）自黄山马至五厄使乾巽二更收。

（32）自五厄至目镜使巳亥兼四线壬丙九更收。

（33）自目镜至无乜沙使乾巽兼辰戌三更收。

（34）自无乜沙至深圈使壬丙三更收。

（35）自深圈使北箕使甲庚兼四线寅申二更收。

（36）自北箕下铜杯使寅申兼甲庚一更收。

（37）自铜杯至光星仔使壬丙二更收。

（38）自光星仔至石公离使子午更半收，乾巽巳亥北风使回用子午。

（39）自石公离去五百二使癸丁二更收。

（40）自五百二至丹节使丁未平三更收。

（41）自铜杯至海口沙使辰戌兼一线乾巽三更收。

（42）自海口沙北边鸟鱼锭坢去大铜铣使巳亥兼三线壬丙五更收。

（43）自铜铣仔下大铜铣使甲庚酉一更收。

（44）自大铜铣下弄鼻使乙辛三更收。下铜铣仔戌二更收。

（45）自弄鼻下鸟仔峙使寅申兼二线艮坤二更收。弄鼻仔下大弄鼻酉乙更。

（46）自鸟仔峙下乙辛使乙辛更半收。

（47）自黄山马至南蜜使壬丙乙更收。

（48）自南蜜去秤钩使癸丁二更收。

（49）自秤钩去恶落门使子午兼丁五更收。

（50）自恶落门至六门使乾巽兼辰戌一更收。

（51）自六门至铜杯使子午四更收。

（52）自六门至石盘使乾巽辰戌二更收。

（53）自石盘去上武使乾巽巳亥四更收。

（54）自上武至大铜铣使癸丁兼三线子午四更收，去铜铣仔子午。

（55）自石盘下大铜铣使甲庚兼三线卯酉四更收。

（56）自黄山马至劳牛劳使寅申三更收。东南角乙更，西北角二更。

（57）自劳牛劳去恶落门使壬丙巳亥平五更收。

（58）自劳牛劳去上武使寅申兼一线甲庚四更收。

（59）自秤钩至石盘使□未兼一线坤四更收。

（60）自女青峙至不乜沙使子午壬丙平四更收。

（61）自铁峙下铁沙使丑未乙更收。

（62）自沙下丑未使艮坤二更收。

（63）自丑未去黄山马使乾巽四更收。

（64）自鱼鳞去乙辛用乙辛三更收，回用乾巽。

（65）自目镜下深圈使寅申兼二线甲平二更收。

（66）自五厄去女青峙使寅申。

（67）自不乜沙上目镜使乾巽辰戌平四更收，回用乾巽。

（68）自秤钩至不乜沙使乾巽兼一线巳亥五更收。

（69）自奈罗角下贡士沙使甲庚乙更收。

（70）自南角使乙辛（下缺六字）。

（71）自双峙下沙仔至铁峙沙排使壬丙兼二线巳亥二更收。

（72）自铁峙至裤归使乙辛辰戌二更收，回用巳亥。

（73）自裤归上三角使乙辛辰戌五更收，使回乾巽巳亥。

（74）自欧藤至鱼鳞使乙亥四更收，回用子午。

（75）自鱼鳞至那孔使壬丙子午四更，回用巽巳。

（76）鱼鳞回断节使卯酉二更收。

（77）自鱼鳞至石龙使壬丙四更收。

（78）自银锅下黄山马使乙辛辰戌乙更收。

（79）铁峙至第三使壬丙二更收，回用午丁。

（80）劳牛劳去秤钩巽辰戌三更收。

（81）自第三去黄山马使子午更半收。

（82）自南蜜去秤钩峙使午兼乙线丙更半收。

（83）自铁线去双王线仔使辰戌三更收。

（84）自黄山马去牛轭使乾巽一更收，回用壬丙。

（85）自不乜沙去深圈使壬丙三更收，回用癸丁。

（86）自光星仔下大光星使卯酉乙更收。

（87）自丹节去墨瓜沙使未六更收。

（88）自秤钩线去六门使癸丁兼丑未五更收。恶落门使子午，石盘使未。

（89）自恶落门去北箕使丙四更收，回使丁。

（90）自六门去北箕使巳四更收，回用午。自六门去石盘使乾巽辰戌更半收。

（91）自六门去铜杯使午丙四更收。

（92）自六门去海口沙使申三更收。

（93）自恶落门去铜杯使丁四更收。

（94）自海口沙下锅盖峙使申四更收。

（95）自铜铳仔回秤钩使寅申九更收。

（96）自劳牛劳去秤钩使巽辰三更收。

（97）自南蜜沙仔去劳牛劳使甲二更收。

（98）自铜杯去大光星使午二更收，回用丑。

（99）自恶落门去深圈使乾巽辰戌三更收，回用子壬南风使巳丙。

（100）自第三去银锅使乾巽三更收，回用壬子。

（101）自红草沙排回铁峙使酉五更收。

（102）自银锅去高不使戌一更收。自三角去断节使戌四更收。

（103）自三角去断节使戌四更收。

（104）自劳牛劳去六门使子丙六更收。

（105）自劳牛劳去石盘使癸丁丑未五更半收。

（106）自恶落门去六门使戌辛二更收。

（107）自双门去鸟串使午兼二线丁二更收。

（108）自裤归下铜金使午丙一更收艮坤对半更收。

（109）自秤钩峙去秤钩沙使丁兼二线午。

（110）自南蜜去女青峙使巽二更收。

（111）自不乜沙去恶落门使申二更收。

（112）自黄山马去南蜜沙仔使未二更收。

（113）自秤钩峙去南蜜沙仔使子午更半收。

（114）自红草沙排下贡士沙使乾巽兼戌三更收。

（115）自南蜜去沙仔使辛戌半更。

（116）自火衰下裤归使甲庚二更半。

（117）自秤钩沙上不乜沙使巽兼二线巳四更收。

（118）劳牛劳同六门子午对。

（119）铜钟同光星仔子午对。

（120）双王同黄山马子午对。

（121）五凤同断节午丙对。

（122）罗孔同五凤午丙对。

（123）鱼鳞同断节卯酉对。

（124）三角同银锅卯酉对。

（125）女青峙同不乜沙子午对。

（126）恶落门与簸箕子午对。

（127）不乜线与深圈子午对。

（128）黄山马与南蜜子午对。

（129）鱼鳞与石龙子午对。

（130）双担与鸟串卯酉对。

（131）银锅与黄山马卯酉对。

（132）秤钩沙与不乜沙壬丙二线巳亥。

（133）铁峙与双王子午对。

（134）奈罗角乾巽对二更七。

（135）贡士沙与红草辰戌对四更半。

（136）贡士沙与铁峙丁对二更半。

（137）自红草峙去五凤用乙辛辰戌五更收。

（138）自红草沙排去红草峙用乙卯乙更收。

（139）自石龙去鱼鳞用癸丁四更收，回壬丙。

（140）自脚坡去石龙用乙卯二更收。

（141）自牛车英去脚坡用巽三更收，回壬丙。

(142) 自地节去牛车英用乙卯二更收。

(143) 自双门去地节用乙卯二更收,回辰戌。

(144) 自火哀去银饼用艮坤三更收。

(145) 自火哀去裤归用寅申二更收。

(146) 自三角去双门用乾巽加二线辰戌二更收。

(147) 自火哀去三角用乾巽四更收,回壬丙。

(148) 自红草沙排去火哀用乾巽二更收。

(149) 自红草下银饼用丑未三更收,或下铁峙卯酉三更收。

(150) 自裤归去三角用乙辛辰戌五更收。

(151) 自铁峙去裤归沙用乙辛辰戌二更半收。

(152) 自贡士沙上红草沙排用乙辛辰戌三更收,回乾巽辰戌。

(153) 自奈罗角去红草峙用乾巽辰戌三更收,回壬丙巳亥。

上述航线表示渔民先集中在三匡或白峙仔再联航下北海的,三枝桅一般用二十八更可达奈罗。

3. 许洪福《更路簿》

上东沙头更路注明:

(1) 自铁峙沙排去第三峙用子午壬丙二更收,回癸丁。

(2) 自铁峙沙排去裤归沙仔用辰戌乙线乾巽更半收。

(3) 自铁峙沙排去石盘用子丁恶落门用巳亥。

(4) 自劳牛劳去六门用壬丙巳亥六更收,回癸丁。

(5) 自银饼去高杯沙仔用辰戌上乙辛卯酉。

(6) 自第三峙去银饼用乾巽辰戌二更半收,回壬丙巳亥。

(7) 自海口沙回恶落门用巳寅加二线乾巽。

(8) 自恶落门去深圈用巽戌三更收。

(9) 自南乙沙仔去劳牛劳用甲寅二更收。

(10) 自劳牛劳去上城用寅申加三线庚。

（11）自劳牛劳去秤钩沙用乙辛戌三更收。

（12）自上城去铜铳仔用子午壬丙四更收，或去大铜铳用午丁。

（13）自石盘去上城用乾巽巳亥四更收，回用辰戌。

（14）自鸟仔峙下乙辛用乙辛加二线卯酉二更收。

（15）自大弄鼻下鸟仔峙用庚申二更收。

（16）自弄鼻仔下大弄鼻用卯酉平更收。

（17）自大铜铳去弄鼻仔用乙辛辰戌更半收。

（18）自铜铳仔下大铜铳用甲卯乙更收。

（19）自石盘去铜铳仔用申庚二线巳亥四更收。

（20）自海口沙去铜铳仔用巳亥三更半收，或去大铜铳用乾巽。

（21）自海口沙去锅盖峙用寅申四更收。

（22）自铜铲去海口沙用辰戌加三线乾巽过头三更收。

（23）自恶落门去铜铲用癸丁四更收。

（24）自恶落门下六门用乾巽辰戌一更收。

（25）自石盘去铜铲用乾巽加二线巳亥四更收。

（26）自六门去石盘用乾巽辰戌更半收，回用乙辛。

（27）自六门去海口沙用艮坤三更收。

（28）自六门去铜铲用子午四更收。

（29）自恶落门去簸箕用壬丙四更收，回用癸丁。

（30）自□门去簸箕用巳亥四更收，回用子年。

（31）自秤钩沙去恶落门用壬丙四更收，回用癸丁。

（32）自不乜沙去恶落门用庚申加二线庚三更收。

（33）自秤钩去不乜沙用乾亥四更收。

（34）自秤钩沙去六门用癸丁加子午五更收。

（35）自大光星去海口沙用壬丙四更收向北更。

（36）自丹积去墨瓜沙用壬丙四更。

（37）自五百二去丹积用癸丁丑未三更收。

（38）自石公礼去五百二用午丁更半收。

（39）自光星仔去石公礼用午丙二更收。

（40）自大光星去石公礼用巳亥二更收。

（41）自光星仔下大光星用卯酉乙更收。

（42）自铜铲去光星仔用壬丙一线巳亥二更收，大光星用子午。

（43）自簸箕去铜铳用寅申兼甲庚更半收。

（44）自深圈去簸箕用甲庚坤卯酉二更收。

（45）自不乜沙去深圈用壬丙巳亥四更收，沙角使下庚酉。

（46）自目镜下深圈用甲寅二更收。

（47）自不乜沙去目镜用辰戌二线乾巽四更收，回用乾亥。

（48）自女青峙去不乜沙用壬丙五更收。

（49）自牛轭去目镜巳亥四线壬丙九更半收。

（50）自黄山马去牛轭用乾巽二更，回用巳亥。

（51）自南蜜去女青峙用乾巽辰戌二更收。

（52）自铁峙去双王用壬丙更半收。

（53）自双王去黄山马用壬丙二更收，或去黄山马东用巳亥。

（54）自丑未去黄山马用乾巽三更收，回用壬亥。

（55）自丑未去第三用乾巽辰戌二更半收。

（56）自丑未去双王沙仔用乙辛二更收，回用乾巽。

（57）自铁沙去丑未用丑未乙更收。

4. 郁玉清本《定罗经针位》

北海更路具例：

（1）自白峙仔至双峙使乾巽巳亥平二十八更。

（2）自双峙往铁峙使子午癸丁平二更收。

（3）自下峙沙仔至铁峙沙排使壬丙二线巳亥二更收。

（4）自铁峙至库归使乙辛辰戌二更收。

（5）自库归至三角使乙辛辰戌五更收。

（6）自三角至双门使乾巽二更收。

（7）自双门至断节使乙辛卯酉二更收。

（8）自断节至牛车英使乙辛二更收。

（9）自牛车英至脚坡使乾巽二更收。

（10）自脚坡使至石龙使乙辛卯酉平一更收。

（11）自石龙至鱼鳞使癸丁四更收。

（12）自鱼鳞至五凤使巳亥四更收。

（13）自贡士沙至红草沙排使乙辛辰戌三更收。

（14）自沙排至火哀使乾巽二更收。

（15）自目镜下深圈使寅申二更兼二线申。

（16）自火哀至三角使乾巽四更收。

（17）自红草沙排至红草乙辛二更收。

（18）自红草至罗孔使乙辛卯酉平五更收。

（19）自罗孔至鲎藤使乙辛卯酉二更收。

（20）自红草至五凤使乙辛辰戌四更收。

（21）自铁峙至铜金（下缺八字）。

（22）自五凤尾至断节使壬丙四更收。

（23）自断节至双担使巳亥二更收。

（24）自双担至海公使乾巽兼辰戌平三更收。

（25）自海公回双担使壬丙三更直收。

（26）自双担下鸟串使乙辛二更收。

（27）自鸟串回银饼使壬丙兼二线巳亥五更收。

（28）自铁峙至铜金使辰戌二更收。

（29）自铜金至银饼使乾巽二更收。

（30）自银饼回黄山马使卯酉二更收。

（31）自黄山马至牛轭使乾巽二更收。

（32）自牛轭至目镜使巳亥壬丙九更收。

（33）自目镜至无乜线使乾巽兼辰戌三更。

（34）自无乜线至深圈使壬丙三更。

（35）自深圈下半箕使甲庚兼四线寅申二更。

（36）自半箕下铜章使寅申兼二线甲庚一更。

（37）自铜章至光星仔使壬丙二更。

（38）自光星仔至石公厘使子午一更半。

（39）自石公厘至五百二使癸丁丑未平二更。

（40）自五百二至单节使癸丁丑未平三更。

（41）自铜章至海口线使辰戌兼一线乾巽三更。

（42）自海口线下大铜铳使乾巽五更。

（43）自铜铳仔下大铜铳使甲庚一更。

（44）自铜铳下弄鼻深圈使乙辛二更。

（45）自弄鼻下鸟仔峙使寅申二更。

（46）自黄山马至南乙峙使壬丙一更。

（47）自南乙峙至秤钩使癸丁二更。

（48）自秤钩至恶落门使子午四更。

（49）自恶落门至六门使乾巽兼辰戌一更。

（50）自六门至铜章使子午四更。

（51）自六门至石盘使乾巽兼辰戌平二更收。

（52）自石盘至上城使乾巽巳亥平四更。

（53）自上城至大铜铳使甲庚兼四线卯酉四更。

（54）自黄山马至劳牛劳使寅申三更。

（55）自劳牛劳至恶落门使壬丙五更。

（56）自秤钩至石盘使丑未兼线艮坤四更。

（57）自劳牛劳下上城使寅申四更。

（58）自染青石至无乜线使子午壬丙平四更。

（59）自铁峙下铁线使丑未一更。

从该版本可看出渔民的作业线在清代已有明显的分化，虽然大致分中、东、西三线下海作业，但航程各有异同，先到地点或途经地点也不一致。由于作业目的不同，如取马蹄螺的多去银饼（安达礁）、铜钟（南海礁）、簸箕（利加礁）、海公（半月礁）为多，取海参则去深匡（榆亚暗沙）、海公等地，取鸟串则去鸟子岛（南威岛）、罗孔（马欢岛）、奈罗等岛，各岛或礁间都要有直航的路线。

5. 陈永芹《西南沙更簿》

往南沙群岛更路：

（1）自西沙白峙仔往双峙用巳亥二十六更。

（2）自双峙往铁峙用午丁二更。

（3）自双峙沙仔去铁峙沙排用丙字二更。

（4）自铁峙往库归用辰字三更半。

（5）自库归去三角用乙辰五更。

（6）自三角去双门用癸字二更。

（7）自双门去断节用乙卯二更。

（8）自断节去牛车英用乙字二更。

（9）自牛车英去脚坡用癸字二更。

（10）自脚坡去石龙用乙字二更。

（11）自石龙去鱼鳞用癸字四更。

（12）自鱼鳞下五凤用亥字五更。

（13）自鱼鳞去鲨藤用癸字五更。

（14）自三角去断节用辰字四更。

（15）自断节去五凤用癸字四更半。

（16）自三角去双担用巽字三更。

（17）自鱼鳞去断节用酉字二更。

（18）自五凤去鱼鳞用辰字五更。

（19）自鱼鳞头去乙辛用乙辛二更半。

（20）自罗孔去五凤用丙字一更。

（21）自五凤去断节用丙巳字四更半。

（22）自五凤去红草用乾巽亥四更半。

（23）自罗孔去红草用辛戌四更半。

（24）自红草去五凤用乙辰四更半。

（25）自第三去黄山马用午字二更。

（26）自黄山马去牛轭用巽字三更。

（27）自牛轭去目镜用巳兼丙九更。

（28）自银饼去牛轭用午丙字二更。

（29）自南笔去秤钩峙用午字二更。

（30）自秤钩峙去秤钩沙用午丁一更。

（31）自秤钩沙去恶落门用午字五更。

（32）自秤钩沙去六门用丁字五更。

（33）自断节去双担用巳字二更。

（34）自断节去鲎藤用丑未五更。

（35）自断节南边门去双担用丙字二更。

（36）自双担去海公用巽辰字二更。

（37）自双担去鸟串用申字二更。

（38）自鸟串去银饼用壬亥五更。

（39）自铁峙去铜金用巽字二更。

（40）自铜金去银饼用巽字二更。

（41）自弄鼻下鸟仔峙用申字三更。

（42）自鸟仔峙下乙辛用辛酉字二更。

（43）自六门去石盘用乾戌字一更。

（44）自石盘去上戊用亥兼乾四更。

（45）自上戊去铜铳用丁字四更。

（46）自海口沙去六门用艮字三更。

（47）自劳牛劳去上戊用申字四更半。

（48）自劳牛劳去秤钩峙用乙字二更。

（49）自恶落门去簸箕用午字四更。

（50）自六门去铜钟用午字四更。

（51）自五百二去单节沙用丁未午三更半。

（52）自大公星去石公厘用巳字二更。

（53）自铜钟去海口沙用乾戌三更。

（54）自海口沙去铜铳仔用乾戌五更。

（55）自铜铳仔去大铜铳用庚酉字一更。

（56）自大铜铳下弄鼻用辛酉二更。

（57）自弄鼻下鸟仔峙用申字三更。

（58）自鸟仔峙下乙辛用辛酉字二更。

（59）自六门去石盘用乾戌字一更。

（60）自石盘去上戊用亥兼乾四更。

（61）自上戊去大铜铳用丁字四更。

（62）自海口沙去六门用艮字三更。

（63）自劳牛劳去上戊用申字四更半。

（64）自劳牛劳去秤钩峙用乙字二更。

（65）自劳牛劳去六门用丙巳字五更。

（66）自锅盖峙去大铜铳用丑癸字六更。

（67）自恶落门去铜钟用丁字四更。

（68）自鲎藤去鱼鳞用巳兼丙字三线五更。

（69）自罗孔去鲎藤用甲卯二更。

（70）自铁沙去丑未用未字一更。

（71）自丑未去黄山马用巽字四更。

此本和其他本也有出入之处，但差别不大。在记载方法上，只用方向而不用罗庚线。故只写"午"字，也即是其他本的"子午"线，文字也用土语，故写法也与上述三本不同。兹依原书抄录，以便研究。

6. 林鸿锦《更路簿》

由东海去北海更路：

（1）由半路岛去北海用向巽辰三十二更收，奈罗角。

（2）由白岛仔去北海用向巽巳三十更收，奈罗贡士线。

（3）自二圈往奈罗用向巽亥三十一更收。

（4）由三圈往北海用向巳亥二十八更收奈罗角驶对卯酉收贡士线。

（5）由奈罗下岛往铁岛用向午丁二更收，或往线排向巳过首二更。

（6）由铁岛往第三岛用向壬丙巳亥二更收，回向子午。

（7）由第三岛往黄山马岛用向午更半收。

（8）由黄山马岛往南秘岛用向丙一更收。

（9）由南秘岛往秤钩岛用向午丙二更收。

（10）由秤钩岛往秤钩线用向午丁一更收。

（11）由铁岛往丑未线用向坤二更半收。

（12）由铁线往丑未线用向未一更收。

（13）由丑未线往双王线仔用乙辰二更收，回向乾。

（14）由丑未线往黄山马岛用向巽三更收，回向亥壬。

（15）由双王去黄山马岛用向丙二更收，黄山马用向巳。

（16）自铁岛去双王线仔用向丙二更半收。

（17）自南秘去女清石岛仔用向巽辰二更收，回用壬亥。

（18）自黄山马去牛轭线用向巽二更收。

（19）自黄山马去劳牛劳线用向寅申三更收，是东西南北生角。

（20）自牛轭去镜线兼四线壬丙兼六线巳亥九更半收。

（21）自女清石岛仔去否乜线用向壬丙五更半收。

（22）自否乜线去目镜用向辰戌兼二线乾巽四更收，回用乾巽巳亥。

（23）自目镜去深圈用向甲庚寅申二更收。

（24）自否乜线去深圈用向壬丙巳亥四更收线，排首沙角下庚酉方。

（25）自深圈去簸箕线用向甲庚寅申二更收。

（26）自簸箕去铜钟用向寅申更半收。

（27）自铜钟去光星仔用向壬丙二更收，或有去大光星用子午。

（28）自大光星去石公里用向巳亥二更收，或回光星用向子午。

（29）自光星仔去石公里用向午丙二更收。

（30）自石公里去五百二线用向子午癸丁二更收。

（31）自五百二线去钉积线用向丁未三更半收。

（32）自钉积线去墨瓜线用向丑未六更收。

（33）自大光星去海口线用向壬丙四更收。

（34）自秤钩线去六门线用向子午五更收。

（35）自秤钩线去恶落门用向午丙五更收。

（36）自六门去簸箕用向巳亥四更半收，回用向子午。

（37）自恶落门去簸箕用向壬丙四更收，回用癸丁。

（38）自六门去铜钟用向午丙四更收。

（39）自六门去石盘用向乾巽辰戌二更收，回用乙辛。

（40）自恶落门去六门用向乾巽辰戌一更收。

（41）自恶落门去铜钟用向癸丁四更收。

（42）自铜钟去海口线用向辰戌兼三线乾巽过首三更收。

（43）自海口线去锅盖岛用向更申四更收。

（44）自海口线去铜铳仔用向巳亥五更收，或大铜铳用乾巽。

（45）自石盘去铜铳仔用向甲庚兼二线卯酉四更收。

（46）自铜铳仔去大铜铳用向甲庚卯酉一更收。

（47）自大铜铳去弄鼻仔用向乙庚辰戌更半收。

（48）自弄鼻仔去大弄鼻用向卯酉庚半相见。

（49）自大弄鼻去鸟仔岛用向寅申二更收。

（50）自鸟仔岛去乙辛线用向乙辛兼二线卯酉二更收。

（51）自石盘仔去上城用向乾巽巳亥四更收，回向辰戌。

（52）自上城去铜铳仔用向子午壬丙四更收，或去大铜铳午丁。

（53）自劳牛劳去秤钩线用向乙辛辰戌二更收。

（54）自南秘线仔往劳牛劳用向甲庚二更收。

（55）自恶落门去深圈用向乾巽辰戌三更收，回壬丙巳亥。

（56）自第三岛去银饼用向乾巽辰戌二更收。

（57）自银饼去高杯线用向辰戌一更收，上用乙辛卯酉。

（58）自劳牛劳去六门用向丙六更半收，回用癸丁或去石盘午丁恶落门巳亥。

（59）自铁岛线排去裤归线仔用向辰戌兼一线乾巽二更半收。

（60）自铁岛线排第三岛用向子午壬丙二更收，回用癸丁。

（61）自奈罗国去红草岛用向乾巽辰戌三更收，回用壬丙巳亥。

（62）自贡士线去红草线排用向乙辛辰戌三更收，回用乾巽巳亥。

（63）自铁岛去裤归线仔用向乙辛辰戌二更半收。

（64）自裤归去三角线用向乙辛辰戌五更收。

（65）自红草线排去火哀用向乾二更收。

（66）自火哀去三角用向乾巽四更收，回用壬丙。

（67）自三角去双门用向乾巽二更收。

（68）自双门去断节用向乙辛卯酉二更收，回用辰戌。

（69）自断节去牛车轮用向乙辛卯酉二更收。

（70）自牛车轮去脚坡用向乾巽三更收，回用壬丙。

（71）自红草岛去五凤用向乙辛辰戌五更收。

（72）自红草岛去罗孔用向乙辛卯酉五更收。

（73）自五凤去鱼鳞用向辰戌兼二线乾巽五更收，回用壬丙巳亥。

（74）自罗孔去五凤用向壬丙更半收，回用癸丁。

（75）自红草岛去火衰用向午丁一更收。

（76）自断节去双担用向壬丙巳亥二更收。

（77）自双担去鸟串用向乙卯二更收。

（78）自双门去鸟串用向子午二更收。

（79）自三角去断节用向乙辛三更收。

（80）自双门去银饼用向辰戌三更收。

（81）自断节去鸟串用向艮坤兼二线丑未二更半收。

（82）自罗孔岛去鱼鳞用向乾巽兼二线巳亥五更收。

（83）自罗孔去号藤用向乙辛卯酉二更收。

（84）自号藤去鱼鳞用向壬丙巳亥四更收，回用午丁。

（85）自鱼鳞去东首乙辛用向乙辛三更收，回用乾巽巳亥。

（86）自鱼鳞去断节用向卯酉四更收。

（87）自五凤尾去断节用向壬丙四更收，回用癸丁。

（88）自铁岛去铜金用向乾巽二更收。

（89）自铜金去银锅用向乾巽二更收。

（90）自银锅去黄山马用向卯酉二更收。

（91）自银锅去牛轭用向子午三更收。

（92）自黄山马岛去银锅用向卯酉二更收，回用乙辛。

（93）自银锅去鸟串用向乾巽辰戌六更收。

（94）自红草线排去银锅用向□□□或有裤归线用午丁三更。

（95）自红草线排去铁岛用向卯酉二更收。

（96）自否乜线去恶落门用向甲庚二更收。

（97）自东首乙辛去石龙用向未三更收。

（98）自石龙去海公用向未三更收。

（99）自六门去海口线用向辰坤二更收。

7. 王国昌《顺风得利》本

北海更路：

（1）自三圈到奈罗驶巳亥到廿贰更转回壬丙二十八更收。

（2）此条准：自白峙仔到双峙驶乾巽巳亥平二十八更收。

（3）自三圈去罗孔用乾巽驶二拾八平收。

（4）自双峙去铁峙驶子午癸丁平二更收。

（5）自下峙沙仔到铁峙沙驶壬丙二线巳亥二更收。

（6）自铁峙到裤归驶乙辛辰戌二更收。

（7）自裤归到三角驶乙辛辰戌五更收，奈罗东西开五六更有轮船。

（8）自三角到双门驶乾巽二更收，回驶壬丙。

（9）自双门到断节驶乙辛卯酉二更收，回乾戌收。

（10）自断节到牛车英驶乙辛二更收，回同上条。

（11）自牛车英到脚拔驶乾巽三更收，回用壬丙。

（12）自脚拔到石龙驶乙辛卯酉平二更收。

（13）自石龙到鱼鳞驶癸丁四更收。

（14）自鱼鳞到五凤驶巳亥四更收。

（15）自贡士沙到红草沙排驶乙辛辰戌三更收。

（16）自沙排到火衰驶乾巽二更收。

（17）自火衰到三角驶乾巽四更收。

（18）自红草线排到红草驶乙辛二更收。

（19）自红草到罗孔驶乙辛卯酉平五更收，回用癸丁，光星仔门过头即到在东南。

（20）自罗孔到鲨藤驶乙辛卯酉二更收。

（21）自红草到五凤驶乙辛辰戌四更收。

（22）自五凤至断节驶壬丙四更收。

（23）自断节至双担驶巳亥二更收，自双担至海公驶乾巽兼辰戌平三更收。

（24）自海公回双担驶壬丙三更直收。

（25）自双担下鸟串驶乙辛二更收。

（26）自鸟串回银饼驶壬丙兼二线巳亥五更收。

（27）自铁峙至铜金驶辰戌二更收。

（28）自铜金至银饼驶乾巽二更收。

（29）自银饼回黄山马驶卯酉三更收。

（30）自黄山马至牛轭驶乾巽二更收。

（31）自黄山马落南蜜驶壬丙一更收。

（32）自牛轭至目镜驶壬丙巳亥平九更收。

（33）自目镜至无乜线驶乾巽兼辰戌三更收。

（34）自无乜沙至深圈驶壬丙三更收。

（35）自无乜沙至恶落门驶寅申三更收。

（36）自深圈下半箕驶甲庚兼四线寅申二更收。

（37）自簸箕下铜章驶寅申兼二线甲庚一更收。

（38）自铜章至光星仔驶壬丙二更收。

（39）自光星仔至石公厘驶子午一更收。

（40）自石公厘至五百二驶癸丁午三更收。

（41）自五百二至单节驶癸丁丑未平三更收。

（42）自铜章至海口线驶辰戌兼一线乾巽三更收。

（43）自海口线落大铜铳驶乾巽五更收。

（44）此条准：海口线东南风回六门寅申兼甲庚。

（45）自铜铳下弄鼻驶乙辛二更收。

（46）自弄鼻下鸟仔峙驶艮坤寅申二更收。

（47）自黄山马至南乙峙驶壬丙一更收。

（48）自南乙到秤钩驶癸丁三更收。

（49）自秤钩到恶落门驶子午四更收。

（50）自恶落门到六门驶乾巽兼辰戌一更收。

（51）自六门到铜章驶子午四更收。

（52）自六门到石盘驶乾巽兼辰戌平二更收。

（53）自石盘至上戊驶乾巽巳亥平四更收。

（54）自上戊至大铜铳驶癸丁四更收。

（55）自石盘至大铜铳驶甲庚兼四线卯酉四更收。

（56）自黄山马至劳牛劳驶寅申三更收。

（57）此条准：黄山马离半更开东北有浅海硬浪。

（58）自劳牛劳至恶落门驶壬丙五更收。

（59）自秤钩至石盘驶丑未兼一线艮坤四更收。

（60）自劳牛劳下上戊驶寅申四更收。

（61）自染青石至无乜线坐子午壬丙平四更收。

（62）自铁峙下铁线驶丑未一更收。

（63）自铁峙下丑未驶艮坤二更收。

（64）自丑未下黄山马驶乾巽四更收。

（65）自鱼鳞至乙辛是驶乙辛三更收。

（66）自鸟仔峙至乙辛亦是驶乙辛二更收。

（67）自铁峙往第三用巳亥二更收。

（68）自第三往黄山马用子午二更收。

（69）自红草下沙排驶辰戌一更收。

（70）自鱼鳞下断节驶卯酉二更收。

（71）自银饼往鸟插驶乾巽二线辰戌五更收。

（72）自红草往第三峙驶艮坤三更收。

（73）自丑未往双王驶辰戌二更收。

（74）自铁峙往双王驶壬丙二更收。

（75）自双王往黄山马驶壬丙二更收。

（76）自第三峙往银饼驶辰戌三更收。

（77）自铜金往银饼驶巳亥二更收。

（78）自银饼往牛轭驶癸丁二更收。

（79）自目镜往深圈驶寅申二更收。

（80）自南蜜峙往浅沟峙驶壬丙二更收。

（81）自浅沟往六门驶癸丁五更收。

（82）自恶落门往簸箕驶壬丙四更收。

（83）自光星仔往大光星驶卯酉一更收。

（84）自大光星往海口沙驶子午四更收。

（85）自大光星往石公厘驶乾巽二更收。

（86）自红草下铁峙驶卯酉四更收。

（87）自鸟仔峙回老沙白峙仔驶癸丁丑未更收。

（88）自女青石回无乜沙用丙兼□□五更收对东南。

（89）自丹节往海口沙北风用癸丁十更收。

（90）自五百二往海口沙北风用午丁七更收。

（91）自红草沙排下裤归用丁未二更收。

（92）自半路去北海用乾巽二十八更收贡士沙。

（93）自三圈去北海向巳亥壬丙二十八更收奈罗。

（94）自奈罗北边角下贡士沙用甲庚一更收。

（95）自南边奈罗角用乙辛驶下收贡士沙。

（96）自双峙沙仔下铁峙沙排壬丙二线巳亥二更又有犬殿沙一个。

（97）自鱼鳞往鲨藤向子午四更收，回向亥壬。

（98）自那孔往五风向壬丙一更收，回向癸丁收。

（99）自红草往火哀向子午一更收。

（100）自火哀往三角用乾巽四更，回用壬丙收。

（101）自断节往双担向丙亥二更收，回向子癸收。

（102）自双担往鸟串向辛酉二更半收。

（103）自断节往鸟串向癸丁未二更收。

（104）自断节往五凤向癸丁四更收，回壬丙。

（105）自红草沙排上红草峙向乙卯一更，回用戌字。

（106）自那孔往鲎藤向乙卯一更半收，回乾巽。

（107）自鲎藤往鱼鳞向巳亥四更收，回用子午。

（108）自鱼鳞往东头乙辛沙向乙辛三更收，回乾巽。

（109）自鱼鳞往那孔向壬丙子午四更收，回乾巽巳亥。

（110）自鱼鳞往石龙向壬丙四更收，回用子午癸。

（111）北门在零仁石不远。

（112）自鱼鳞往断节向卯酉一更半收，回用癸丁。

（113）自五凤往断节向壬丙四更收，回用癸丁。

（114）自铁峙往铜金峙仔向乾巽二更收。

（115）自铜金去银锅向乾巽二更收，回向壬丙。

（116）自银锅去鸟串向乾巽巳亥六更收，回壬丙。

（117）自铁峙沙驶去丑未沙向丑未使半更收。

（118）自丑未驶去第三向辰巽驶二更收。

（119）自铁峙驶去双王沙仔向壬丙驶二更收。

（120）自双王沙仔驶去黄山马向壬丙一更收，回用癸丁收。

（121）自女青石驶去无乜沙向子午驶四更收。

（122）自无乜沙驶去目镜用巽辰三更收，回用癸丁。

（123）自目镜驶去深圈用庚申驶二更收。

（124）自光星仔驶往大光星向卯酉一更收。

（125）自大光星驶去石公厘向巳巽二更收，回用子午。

（126）自钉积驶往墨瓜线向丑未六更收。

（127）自秤钩沙驶去六门用癸丁五更收。

（128）自恶落门驶去拔箕向壬丙巳亥四更收，回用癸丁。

（129）自六门驶去拔箕向壬丙巳亥四更收。

（130）自六门驶往石盘向辰戌二更收，回乾巽。

（131）自六门驶往石盘向辰戌二更收，回乾巽。

（132）自六门驶去海口沙向甲庚寅申三更收。

（133）自恶落门驶去铜钟向癸丁四更收。

（134）自铜钟驶往海口沙辰戌二线乾巽过头二更。

（135）自海口沙驶往锅盖峙向寅申四更收。

（136）自海口沙驶去铜铳仔向巳亥五更收。

（137）自铜铳仔驶去大铜铳向庚西一更收。

（138）自大铜铳下弄鼻仔向辰戌使二更收。

（139）自弄鼻仔下大弄鼻向卯酉一更收。

（140）自鸟仔峙驶去西头乙辛沙向辛二线酉二更收。

（141）自石盘驶往上戊向乾亥平四更收。

（142）自上戊驶往铜铳仔向子午四更收。

（143）自上戊驶往大铜铳向丁午四更半收。

（144）自铜铳仔回大秤钩向寅申九更半收。

（145）自劳牛劳驶往大秤钩向巽辰三更收，回壬子。

（146）自南蜜沙仔下劳牛劳向甲庚二更收。

（147）自铜钟驶往大光星向子午二更收，回丑未。

（148）自恶落门驶往深圈向巽辰三更收，回壬子。

（149）自第三峙驶往银锅向巽戌三更收，回壬子。

（150）自三角回银锅向乙辛驶三更收。

（151）自双门回银锅向戌驶四更收。

（152）自红草沙排往铁峙向辛酉驶三更收。

（153）自银锅往高不向辰戌驶一更收。

（154）自三角往断节向辰戌驶四更收。此条准：自六门往劳牛劳丙午六更收。

（155）自劳牛劳往六门向丙午兼二线驶六更收。

（156）自劳牛劳往石盘向丁未驶五更半收。

（157）自劳牛劳下上戌向申驶四更收。

（158）自恶落门下六门向戌辛驶二更收。

（159）自双门往鸟串向午二线丁驶二更收。

（160）自裤归往铜金峙仔向午驶一更。

（161）自南蜜往女星石峙仔向巽驶二更。

（162）自南蜜峙下沙仔向辛戌驶半更有二个沙仔。

（163）自南蜜峙至南蜜沙仔驶卯酉兼一线乙辛一更收。

（164）自南蜜有二只沙仔壬丙对沟内亦过船。

（165）自秤钩峙下大秤钩向丁午驶一更收。

（166）自秤钩峙往南蜜沙仔向子壬驶一更半收。

（167）自无乜沙下恶落门向申驶三更收。

（168）自黄山马下南蜜沙仔向丁未驶一更收。

（169）自红草沙排下贡士沙向戌乾驶三更收。

（170）自双门往一沙驶巳亥兼一线壬丙二更收向西北。

（171）自一沙往火哀驶巳亥兼一线壬丙四更收向西北。

（172）自火哀回铁峙驶乙辛辰戌三更收向西北。

（173）自光星往石公厘向午驶二更收，回向癸丁。

（174）自铜铳下鸟仔峙驶甲庚兼二线卯酉四更收。

（175）自丑未下第三峙驶辰戌兼二线乙辛二更半收，对东南。

（176）自第三峙往银锅驶辰戌兼二线乾巽二更半收，对东南。

（177）自劳牛劳往六门驶壬丙兼二线巳亥五更收，对东南。

（178）自双门往鸟串驶子午癸丁平二更半收，对西南。

（179）自劳牛劳往石盘驶子午兼一线癸丁四更收，对南。

（180）自六门中央栏至铜钟驶壬丙兼一线子午四更半，对南。

（181）自火哀下裤归驶乙卯二更收对西使收。

（182）自红草沙排下铁峙用甲庚二更收对，西南驶。

（183）自红草至五凤用辰戌驶四更收，对东南。

（184）自双门往双担用乾巽驶四更收，对东南。

（185）自断节往五凤用癸丁驶四更半收，对东北。

8. 麦兴铣《东北海更路簿》

（1）自半路峙过北海，用向巽辰三十二更收奈罗角。

（2）自白峙仔过北海，用向巽辰巳三十更收奈罗贡士沙。

（3）自三圈过北海，用向巳二十八更收奈罗角驶酉收贡士沙。

（4）自奈罗下峙去铁峙，向午二更收或去沙排向丙亥过头二更收。

（5）自奈罗沙仔去铁峙沙排向巳更半收。

（6）自铁峙去第三峙，向巳更收，回向子。

（7）自第三峙去黄山马，向午更半收。

（8）自黄山马去南乙峙，向丙一更收。

（9）自南乙峙去秤钩峙，向午丙二更收。

（10）自秤钩峙去秤钩沙，向午丁一更收。

（11）自铁峙去丑未沙向坤二更半收。

（12）自铁沙去丑未，向未乙更收。

（13）自丑未沙去双王沙仔，向乙辰二更收，回向乾。

（14）自丑未沙去第三峙，向辰巽二更收。

（15）自丑未沙去黄山马峙，向巽三更收，回亥壬。

（16）自双王去黄山马峙，向丙二更收或去黄山马东峙向巳。

（17）自铁峙去双王沙仔，向丙更半收。

（18）自南乙去女青石峙仔，向巽辰二更收。

（19）自黄山马去牛轭沙，向巽辰二更收，回向壬亥。

（20）自黄山马去劳牛劳沙，向寅申三更收。东西北生角。

（21）自牛轭去目镜沙四线壬丙文线，巳亥九更半收。

（22）自女青石峙仔去无乜乾巽沙，用壬丙五更收。

（23）自无乜沙去目镜，用辰戌二线乾巽四更收，回巳亥。

（24）自目镜下去深匡，甲庚寅申二更收。

（25）自无乜沙去深匡，用壬丙巳亥四更收。

（26）自深匡去簸箕沙，用甲庚酉二更收。

（27）自铜钟去光星仔，用壬丙线巳亥二更或大光星，用子午。

（28）自光星仔下大光星沙，用卯酉一更。

（29）自大光星去石公厘沙，用巳亥二更收。

（30）自光星仔去石公厘沙，用子午壬丙二更。

（31）自石公厘去五百二沙，用子午癸丁更半收。

（32）自五百二沙去丹积沙，用癸丁丑未三更半。

（33）自丹积沙去墨瓜沙，用壬丙四更收。

（34）自大光星去海口沙，用壬丙四更收。

（35）自秤钩沙去六门沙，用癸丁加子午五更收。

（36）自秤钩沙去无乜沙，用巽巳四更或风东用巽巳收定。

（37）自无乜沙下六门，用申兼二线庚三更。

（38）自秤钩沙去恶落门，用子午五更半。

（39）自恶落门去簸箕，用壬丙四更收，回用癸丁。

（40）自六门去簸箕，用巳亥四更半收，回用子午。

（41）自六门去铜钟，用子午壬丙四更。

（42）自六门去海口沙，用单坤三更。

（43）自六门去石盘，用乾巽辰戌一更半，回用乙辛。

（44）自石盘去铜钟，用乾巽兼二线巳四更。

（45）自恶落门下去六门，用乾巽辰戌一更收。

（46）自恶落门去铜钟，用癸丁四更收。

（47）自铜钟去海口沙，用辰戌三线乾巽过亥三更收。

（48）自海口沙去锅盖峙，用寅申四更收。

（49）自海口沙去铜铳仔，用巳亥三更半或去大铜铳用乾巽。

（50）自石盘去铜铳仔用申庚二线卯酉四更收。

（51）自铜仔铳下大铜铳，用甲庚卯酉一更。

（52）自大铜铳去弄鼻，用乙辛辰戌更半收。

（53）自弄鼻仔下大弄鼻，用卯酉半更相见。

（54）自大弄鼻下鸟仔峙用寅申二更。

（55）自鸟仔峙下乙辛沙，用乙辛二线卯酉二更。

（56）自石盘去上戊，用乾巽巳亥四更，回用辰戌。

（57）自上戊去铜铳仔，用子午壬丙四更或去铜铳用子午二线癸丁。

（58）自南乙沙仔去劳牛劳沙，用甲庚二更。

……

（61）自恶落门去深圈，用乾巽辰戌三更。

（62）自浪口回恶落门，用巳兼二线巽定。

（63）自第三峙去银饼沙，用乾巽辰戌二更半，回用巳亥壬丙。

……

上东沙更路注明：

（68）自火哀下铁峙，用辰戌三更收。

（69）自奈罗角去红草峙，用乾巽辰戌三更，回用壬丙巳亥。

（70）自贡沙上去红草沙排，用乙辛辰戌三更，回乾巽辰戌。

（71）自铁峙去裤归沙仔，用乙辛辰戌二更半。

（72）自裤归去三角沙，用乙辛辰戌五更。

（73）自红草下去银饼，用未三更收。

（74）自红草峙去铁峙，用酉字三更。

（75）自红草沙排去铁峙，用庚字二更。

（76）自红草沙排去火哀沙，用乾巽二更。

（77）自火哀沙去三角沙，用乾巽四更，回用壬丙。

（78）自三角沙去双门沙，用乾巽二更。

（79）自火哀去裤归，用寅申二更收。

（80）自火哀去银饼，用艮三更收。

（81）自双门去断节，用乙辛卯酉二更，回用辰戌。

（82）自断节去牛车英，用乙辛卯酉二更。

（83）自牛车英去脚坡，用乾巽三更收，回用壬丙。

（84）自脚坡去石龙，用乙辛卯酉二更。

（85）自石龙去鱼鳞，用癸丁四更，回壬丙。

（86）自红草沙排去红草峙，用乙辛卯酉一更。

（87）自红草峙去五凤沙，用乙辛辰戌五更收。

（88）自红草峙去罗孔峙，用乙辛卯酉五更，回用辰戌。

（89）自五凤沙去鱼鳞沙用辰戌二线乾巽五更，回用丙巳亥。

（90）自罗孔峙去五凤，用壬丙一更，回用癸丁。

（91）自红草峙去火哀沙，用子午癸丁一更。

（92）自断节沙去双担，用壬丙巳亥二更收。

（93）自双担去海公沙，用乾巽辰戌三更收。

（94）自双担去鸟串沙，用乙辛卯酉二更收。

（95）自双门去鸟串沙，用子午二更。

（96）自双门去银饼，用辰戌四更收。

（97）自三角沙去断节，用辰戌四更。

（98）自三角下银饼沙，用乙辛三更。

（99）自断节去鸟串，用艮坤二线丑未二更半。

（100）自罗孔峙去鲎藤，用乙辛卯酉二更。

（101）自罗孔峙去鱼鳞，用乾巽巳亥四更。

（102）自鲎藤去鱼鳞，用巳亥四更，回用子午。

（103）自鱼鳞去东头乙辛，用乙辛三更，回用辰戌乾巽。

（104）自鱼鳞去断节，用卯酉四更。自五凤去断节，用壬丙巳亥四更，回用癸丁。

（105）自铁峙去铜金峙仔，用乾巽巳亥二更。

9. 李根深《东海北海更流簿》

自东海过北海更路：

（1）自半路峙过北海用向巽辰三十二更收，奈罗角。

（2）自白峙仔过北海用向巽巳三十更奈罗贡士沙。

（3）自三圈过北海用向巳二十八更收奈罗角驶酉收贡士沙。

（4）自奈罗下峙去铁峙向午二更收，或去沙排向丙亥过头二更。

（5）自奈罗沙仔去铁峙沙排巳亥更半。

（6）自铁峙去第三峙向巳二更收，回子午。

（7）自第三峙去黄山马峙向午更半收。

（8）自黄山马去南乙峙向丙一更收。

（9）自南乙峙去秤钩峙向午丙二更。

（10）自秤钩峙去秤钩沙向午子丁一更。

（11）自铁峙去丑未沙向坤二更半收。

（12）自铁沙去丑未向未乙更收。

（13）自丑未沙去双王沙仔向乙辰二更收，回向乾。

（14）自丑未沙去第三峙向辰巽二更收。

（15）自丑未沙去黄山马峙向巽三更收，回亥壬。

（16）自丑未去黄山马峙向丙二更收，或黄山马东峙向巳。

（17）自铁峙向双王沙仔向丙更半收。

（18）自南乙去女青石峙仔向巽二更收。

（19）自黄山马去牛轭沙向巽辰二更，回向壬丙亥。

（20）自黄山马去劳牛劳沙向寅申三更收，东西北生角。

（21）自牛轭去目镜沙回线壬丙六线巳亥九更半收。

（22）自女青石峙仔去无乜沙用壬丙五更。

（23）自无乜沙去目镜用辰戌二线乾巽四更收乾巽巳亥。

（24）自目镜去深圈甲庚寅申二更收。

（25）自无乜沙去深匡用壬丙巳亥四更收沙角驶下庚酉方。

（26）自深圈去簸箕沙用庚寅申二更收。

（27）自簸箕去铜铳用寅申更半收。

（28）自铜铳去光星仔用壬丙一线巳亥二更或去大光星用午子。

（29）自光星仔下大光星沙用卯酉一更。

（30）自大光星去石公厘沙用巳亥二更收。

（31）自光星仔去石公厘沙角用子午壬丙二更。

（32）自石公厘去五百二沙用子午癸丁更半收。

（33）自五百二沙去丹积沙用癸丁丑未三更收。

（34）自丹积沙去墨瓜沙用壬丙四更收。

（35）自大光星去海口沙用壬丙四更收。

（36）自秤钩沙去六门沙用癸丁加子午更收。

（37）自秤钩沙去无乜沙用巽巳四更，或东风用巽兼巳定收。

（38）自无乜沙下恶落门用申兼二线庚三更。

（39）自秤钩沙去恶落门用子午五更半。

（40）自恶落门去簸箕用壬丙四更收，回用癸丁。

（41）自六门去簸箕用巳亥四更半收，回用子午。

（42）自六门去铜铳用子午壬丙四更。

（43）自六门去海口沙用坤兼二线未三更。

（44）自六门去石盘用乾巽辰戌一更半,回用乙辛。

（45）自石盘去铜铳用乾巽兼二线巳四更。

（46）自恶落门去六门用乾巽辰戌一更收。

（47）自恶落门去铜钟用癸丁四更收。

（48）自铜钟去海口沙用辰戌线三乾巽头过三更收。

（49）自海口沙去锅盖峙用寅申四更收。

（50）自海口沙去铜钟仔用巳亥三更半,或去大铜钟乾巽。

（51）自石盘去铜钟仔用申庚二线卯酉四更收。

（52）自铜铳仔下大铜铳用甲庚卯酉一更。

（53）自大铜铳去弄鼻用乙辛辰戌更半收。

（54）自弄鼻仔下大弄鼻用卯酉半更相见。

（55）自大弄鼻下鸟仔峙用寅申二更。

（56）自鸟仔峙下乙辛沙用乙辛二线卯酉二更。

（57）自石盘去上戊用乾巽巳亥四更,回用辰戌。

（58）自上戊去铜钟仔用子午壬丙四更,或去铜铳仔用二线丁癸。

（59）自劳牛劳去秤钩用乙辛辰戌三更收。

（60）自劳牛劳去上戊用寅申加三线四更半甲庚寅申相对。

（61）自南乙沙仔去劳牛劳沙用甲庚二更。

（62）自恶落门去深圈用乾巽辰戌三更。

（63）自第三峙去银饼沙用乾巽辰戌二更半,回用巳亥壬丙。

（64）自银饼下高杯沙仔用辰戌上用辛卯酉。

（65）自劳牛劳去六门用壬丙六更半收,回癸丁,或去恶落门用巳亥石盘癸丁。

（66）自铁峙沙排去裤归仔用辰戌乙线乾巽二更半收。

（67）自铁峙沙排去第三峙用子午壬丙二更,回向癸丁。

上东头沙更路注明:

（68）自火哀下铁峙用辰戌三更收。

（69）自奈罗角去红草峙用乾巽辰戌三更,回用壬丙巳亥。

（70）自贡士沙去红草沙排用乙辛辰戌三更,回乾巽辰戌。

（71）自铁峙去裤归沙仔用乙辛辰戌二更半。

（72）自裤归去三角沙用乙辛辰戌五更。

（73）自红草去银锅用未三更收。

（74）自红草峙去铁峙用酉字三更。

（75）自红草沙排去铁峙用庚二更。

（76）自红草沙排去火哀沙用乾巽二更。

（77）自火哀沙去三角沙用乾巽四更,回用壬丙。

（78）自三角沙去双门沙用乾巽二更。

（79）自火哀去裤归用寅申二更收。

（80）自火哀去银锅用艮坤三更收。

（81）自双门去断节用乙辛卯酉二更,回用辰戌。

（82）自断节去牛车英用乙辛卯酉二更。

（83）自牛车英去脚坡用乾巽三更收,回用壬丙。

（84）自脚坡去石龙用乙辛卯酉二更。

（85）自石龙去鱼鳞用癸丁四更壬丙。

（86）自红草沙排去红草峙用乙辛卯酉一更。

（87）自红草峙去五凤沙用乙辛辰戌五更收。

（88）自红草峙去那孔峙用乙辛卯酉五更,回用辰戌。

（89）自五凤沙去鱼鳞沙用辰戌二线乾巽五更,回用壬丙巳亥。

（90）自那孔峙去五凤用壬丙一更回癸丁。

（91）自红草峙去火哀沙用子午癸丁一更。

（92）自断节沙去双担用壬丙巳亥二更收。

（93）自双担去海公沙用乾巽辰戌三更收。

（94）自双担去鸟串沙用乙辛卯酉二更收。

（95）自双门去鸟串沙用子午二更。

（96）自双门去银锅用辰戌四更。

（97）自三角沙去断节用辰戌四更收。

（98）自三角下银饼沙用乙辛三更。

（99）自断节去鸟串用银坤二线丑未二更半。

（100）自那孔峙去欧典用乙辛卯酉二更。

10. 蒙全洲口述《去西南沙的水路簿》

（1）自三圈去奈罗（双峙）用乾巽兼巳亥二十八更。

（2）自白峙仔往双峙用巳亥二十六更。

（3）自双峙往铁峙用午丁二更。

（4）自铁峙往第三峙用巳亥二更。

（5）自第三峙去黄山马用子午二更。

（6）自黄山马去南乙用壬丙一更。

（7）自南乙去秤钩峙用子午二更。

（8）自秤钩峙去大秤钩沙用癸丁一更。

（9）自大秤钩沙去恶落门用子午四更。

（10）自恶落门去铜钟用癸丁四更。

（11）自铜钟去光星仔用壬丙一更。

（12）自光星仔去石公厘用子午二更。

（13）自光星仔去大光星用乙辛兼卯酉一更。

（14）自石公厘去海口沙用子午兼壬丙四更。

（15）自海口沙去铜铳仔用巳亥三更。

（16）自铜铳仔去大铜铳用甲庚一更。

（17）自大铜铳去弄鼻仔用辰戌二更。

（18）自大铜铳去大弄鼻用乙辛二更。

（19）自大弄鼻去鸟仔峙用寅申二更。

（20）自鸟仔峙去乙辛沙用乙辛兼卯酉二更。

（21）自黄山马去劳牛劳用寅申兼甲庚三更。

（22）自劳牛劳去六门用壬丙兼巳亥五更。

（23）自六门去铜钟用子午四更。

（24）自铜钟去海口沙用乾巽兼辰戌四更。

（25）自劳牛劳去七星峙用乙未四更半。（峙名、更向不确，疑笔记错误。）

（26）自黄山马去牛轭用乾巽三更。

（27）自牛轭去女星石用艮坤一更。

（28）自牛轭去目镜用壬丙兼巳亥九更。

（29）自女星石去无乜沙用壬丙兼子午四更。

（30）自无乜沙去深圈用壬丙兼巳亥四更。

（31）自无乜沙去目镜用辰戌三更。

（32）自目镜去深圈用寅申二更。

（33）自六门去石盘用乾巽二更。

（34）自石盘上城用乾巽兼巳亥四更。

（35）自上城去铜钟仔用子午四更。

（36）自上城去铜钟用癸丁四更。

（37）自双峙去红草沙排用辰戌三更。

（38）自沙排去红草用乙辛一更半。

（39）自沙排去火哀用乾巽二更。

（40）自火哀去三角用乾巽三更。

（41）自三角去双门用乾巽二更。

（42）自双门去断节用乙辛兼卯酉二更。

（43）自断节去双担用巳亥二更。

（44）自双担去海公用乾巽兼辰戌三更。

（45）自双担去鸟串用乙辛二更。

（46）自鸟串去银饼用巳亥四更。

（47）自银饼去高佛用辰戌二更。

（48）自银饼去黄山马用乙辛二更。

（49）自银饼去牛轭用壬丙二更。

（50）自红草去五凤用辰戌四更。

（51）自五凤去断节用壬丙兼巳亥四更半。

（52）自断节去牛车英用乙辛二更。

（53）自牛车英去脚坡用乾巽三更。

（54）自脚拔去石龙用乙辛二更。

（55）自石龙去鱼鳞用□□□□□□□癸丁四更。

（56）自五凤头去鱼鳞用壬丙兼巳亥五更。

（57）自红草去罗孔用卯酉五更。

（58）自罗孔去鲎藤用甲庚兼卯酉二更。

（59）自鱼鳞去鲎藤（浅海）用壬丙兼巳亥四更。

（60）自鱼鳞去罗孔用壬丙五更。

（61）自鱼鳞去断节用卯酉二更。

（62）自鱼鳞去五凤用乙辛兼辰戌四更半。

（63）自鱼鳞头去乙辛用乙辛三更。

（64）自罗孔去五凤用丙字一更。

（65）自罗孔去红草用乙辛四更半。

（66）自锅盖峙去大铜铣用丑未兼癸丁六更。

11. 卢洪兰本《更路簿》

（1）自半路峙过北海向巽辰，三十二更收奈罗角。

（2）自三圈往罗孔用乾巽驶，二十八更收。

（3）自二圈往奈罗向巽亥，三十一更收。

（4）自三圈往北海用向巳亥，二十八更收奈罗角，驶对卯酉收贡士线。

（5）自奈罗下峙往铁峙用午丁，二更收，或往线排向巳过头，二更。

（6）自奈罗线仔往铁峙线排用向巳，更半收。

（7）自铁峙往第三峙用向丙巳，二更收，回向子。

（8）自第三峙往黄山马峙用向午，更半收。

（9）自黄山马往南秘峙用向丙，一更收。

（10）自南秘峙往秤钩峙用向午丙，二更收。

（11）自秤钩峙往秤钩线用向午丁，一更收。

（12）自铁峙往丑未线用向坤，二更半收。

（13）自铁线往丑未线用向未，一更收。

（14）自丑未线往双王线仔用向乙辰，二更收，回向乾。

（15）自丑未线往第三峙用向辰巽，二更收。

（16）自丑未线往黄山马峙用向巽，三更收，回向亥壬。

（17）自双王往黄山马峙用向丙，二更收，或向往黄山马东，向巳。

（18）自铁峙往双王线仔用向丙，更半收。

（19）自南秘峙往汝青石峙仔用向巽辰，二更收。

（20）自黄山马峙往牛轭线用向巽，二更收，回向壬亥。

（21）自黄山马往劳牛劳线用向申，三更，东南西北生角。

（22）自牛轭往目镜线兼四线壬丙，兼六线巳亥，九更半收。

（23）自汝青石峙仔往否乜线用向壬丙，五更半收。

（24）自否乜线往目镜用向辰戌兼二线乾巽，四更收，回用乾巽巳亥。

（25）自目镜往深圈用向甲庚寅二更收。

（26）自否乜线往深圈用向壬丙巳亥，四更收线排头沙角驶落庚酉方。

（27）自深圈往簸箕线用向甲庚兼二线西，二更收。

（28）自簸箕往铜章用向寅申，更半收。

（29）自铜章往光星仔用向壬丙，二更收，或往大光星用子午。

（30）自光星仔往大光星线用向卯酉，一更收。

（31）自大光星往石公里用向巳亥，二更收，或回光星用子午。

（32）自光星仔往石公里用向午丙，二更收。

（33）自石公里往五百二线用向子午癸丁，二更收。

（34）自五百二往钉积线用向丁未，三更半收。

（35）自钉积往墨瓜线用向丑未，六更收。

（36）自大光星往海口线用向壬丙，四更收。

（37）自秤钩线往六门线用向子午，五更收。

（38）自秤钩线往恶落门用向午丙，五更收。

（39）自恶落门往簸箕用向壬丙，四更收，回用癸丁。

（40）自六门往簸箕用向巳亥，四更半收，回用子午。

（41）自六门往铜章用向午丙，四更收。

（42）自六门往石盘用向乾巽辰戌，二更收，回用乙辛。

（43）自恶落门往六门用向乾巽辰戌，一更收。

（44）自恶落门往铜章用向癸丁，四更收。

（45）自铜章往海口线用向辰戌兼三线乾巽过头，三更收。

（46）自海口线往锅盖峙用向寅申，四更收。

（47）自海口线往铜铳仔用向巳亥，三更半收，或往大铜铳，用乾巽。

（48）自石盘往铜铳仔用向甲庚兼二线卯酉，四更收。

（49）自铜铳仔落大铜铳用向甲庚卯酉，一更收。

（50）自大铜铳往弄鼻仔用向乙辛辰戌，更半收。

（51）自弄鼻仔往大弄鼻用向卯酉，更半相见。

（52）自大弄鼻往鸟仔峙用向寅申，二更收。

（53）自鸟仔峙往乙辛线用向乙辛兼二线卯酉，二更收。

（54）自石盘往上戊用向乾巽巳亥，四更收，回用辰戌。

（55）自上戊往铜铳仔用向子午壬丙，四更收，或往大铜铳，（用）午丁。

（56）自劳牛劳往秤钩线用向乙辛辰戌，三更收。

（57）自南秘线仔往劳牛劳用向甲庚，二更收。

（58）自恶落门往深圈用向乾巽辰戌，三更收，回壬丙巳亥。

（59）自第三峙往银饼用向乾巽辰戌，二更收。

（60）自银饼往高不线用向辰戌，一更收，上用乙辛卯酉。

（61）自劳牛劳往六门用向丙，六更半收，回用癸丁。或往石盘用午丁，恶落门用巳亥。

（62）自铁峙线排往裤归线仔用向辰戌兼一线乾巽，二更半收。

（63）自铁峙线排往第三峙用向子午壬丙，二更收回向癸丁。

（64）自鱼鳞到乙辛是驶单辛，三更收。

（65）自贡士线去红草线排用向乙辛辰戌，三更收，回用乾巽辰戌。

（66）自铁峙去裤归线仔用向乙辛辰戌，二更半收。

（67）自裤归去三角线用向乙辛辰戌，五更收。

（68）自红草线排去火衰用向乾巽，二更收。

（69）自火衰去三角用向乾巽，四更收，回用壬丙。

（70）自三角去双门用向乾巽，二更收。

（71）自双门去断节用向乙辛卯酉，二更收，回用辰戌。

（72）自断节去牛车英用向乙辛卯酉，二更收。

（73）自牛车英去脚坡用向乾巽，三更收，回用壬丙。

（74）自脚坡去石龙用向乙辛卯酉，二更收。

（75）自石龙去鱼鳞用向癸丁，四更收，回用壬丙。

（76）自红草线排去红草峙用向乙辛卯酉，一更收，回乙辛辰戌。

（77）自红草峙去五凤用向乙辛辰戌，五更收。

（78）自三角去银饼用向乙辛，三更收。

（79）自五凤去鱼鳞用向辰戌兼二线乾巽，五更，回用壬丙巳亥。

（80）自罗孔峙去五凤用向壬丙更半收，回用癸丁。

（81）自红草峙去火哀用向午丁，一更收。

（82）自断节去双担用向壬丙巳亥，二更收。

（83）自双担往海公用向辰戌，三更收，回用巳亥。

（84）自双担去鸟串用向乙卯，二更。

（85）自双门去鸟串用向子午，二更收。

（86）自三角去断节用向辰戌，三更收。

（87）自三角去银饼用向乙辛，三更收。

（88）自双门去银饼用向辰戌，四更收。

（89）自断节去鸟串用向银坤兼二线丑未，二更半收。

（90）自罗孔峙去号藤用向乙辛卯酉，二更收。

（91）自罗孔峙去鱼鳞用向乾巽兼二线巳亥，五更收。

（92）自号藤去鱼鳞用向壬丙巳亥，四更半收，回用午丁。

（93）自鱼鳞去东头乙辛用向乙辛，三更收，回用乾巽辰戌。

（94）自鱼鳞去断节用向卯酉，四更收。

（95）自五凤尾去断节用向壬丙巳亥，四更收，回用癸丁。

（96）自铁峙去铜金峙用向乾巽巳亥，二更收。

（97）自铜金去银锅用向乾巽巳亥，二更收。

（98）自银锅去黄山马用向卯酉，二更收。

（99）自银锅去牛轭用向子午，三更收。

（100）自黄山马峙去银锅用向卯酉，二更收，回用乙辛。

（101）自银锅去鸟串用向乾巽辰戌，六更收。

（102）自奈罗峙回东海用向壬丙，三十更收白峙仔。

（103）自西头乙辛回东海用向癸丁，四十二更收三圈，或收白峙仔。

（104）自西头乙辛落洋用向艮坤六十五更收地盘。东竹马外打水三四十托，内打水二十三四托，到马是东竹，西竹大门过癸丁六更收，白石鹤灯用庚酉三更收。

（105）自红草排去银锅，或有裤归线，用向午丁，三更收。

（106）自红草线排去铁峙用向卯酉，二更收。

（107）自劳牛劳去上戊用向银坤。

（108）自否乜线去恶落门用向甲庚，二更收。

（109）自东头乙辛去石龙用未，三更收。

（110）自石龙去海公用向未，三更收。

（111）自六门往海口线用向银坤兼三线未，三更收。

（112）自红草下第三用向寅申，三更收。

（113）自火衰下第三用向卯酉，二更收。

（114）自火衰下银饼用艮坤，三更收。

（115）自红草下银锅用未，三更收。

（116）自火衰下裤归驶乙卯，二更收，对西北。

（117）自红草峙下铁峙用酉，三更收。

（118）自双门去鸟串用向南子午，二更。

（119）自红草沙排下铁峙用甲庚，二更。

（120）自劳牛劳上上戊用寅申加三线甲庚，四更半。

12. 彭正楷本《更路簿》

（1）自白峙仔到双峙驶乾巽巳亥，平二十八更收。

（2）自白峙仔过北海用向巽巳，三十更收奈罗贡士线。

（3）自双峙往铁峙驶子午癸丁，平三更收。

（4）自下峙沙仔到铁峙沙排驶壬丙二线巳亥，二更收。

（5）自铁峙到裤归驶乙辛辰戌，二更收。

（6）自裤归到三角驶乙辛辰戌五更收。

（7）自三角到双门驶乾巽，二更收，回驶壬丙。

（8）自双门到断节驶乙辛卯酉，二更收，回乾戌收。

（9）自断节到牛车英驶乙辛，二更收，回同上条（乾戌）收。

（10）自牛车英到脚坡驶乾巽，三更收，回用壬丙。

（11）自脚坡去石龙驶乙辛卯酉，平二更收。

（12）自石龙到鱼鳞驶癸丁，四更收。

（13）自鱼鳞到五凤驶巳亥，四更收。

（14）自贡士沙到红草沙排驶乙辛辰戌，三更收。

（15）自沙排到火哀驶乾巽，二更收。

（16）自火哀到三角驶乾巽，四更收。

（17）自红草线排到红草驶乙辛，二更收。

（18）自红草到罗孔驶乙辛卯酉，平五更收。

（19）自罗孔至鲨藤驶乙辛卯酉，二更收。

（20）自红草至五凤驶乙辛辰戌，四更收。

（21）自五凤至断节驶壬丙，四更收。

（22）自断节至双担驶巳亥，二更收。

（23）自双担至海公驶乾巽兼辰戌平，三更收。

（24）自海公回双担驶壬丙，三更直收。

（25）自双担下鸟串驶乙辛，二更收。

（26）自鸟串回银饼驶壬丙兼二线巳亥，五更收。

（27）自铁峙至铜金驶辰戌，二更收。

（28）自铜金至银饼驶乾巽，二更收。

（29）自银饼回黄山马驶卯酉，二更收。

（30）自黄山马至牛轭驶乾巽，二更收。

（31）自黄山马落南密驶壬丙，一更收。

（32）自牛轭至目镜驶壬丙巳亥，平九更收。

（33）自目镜至无乜线驶乾巽兼辰戌，三更收。

（34）自无乜沙至深圈驶壬丙，三更收。

（35）自无乜沙至落恶落门驶寅申，三更收。

（36）自深圈下半箕驶甲庚兼四线寅申，二更收。

（37）自半箕下铜章驶寅申兼二线甲庚，一更收。

（38）自铜章到光星仔驶壬丙，二更收。

（39）自光星仔到石公厘驶子午，一更半收。

（40）自石公厘到五百二驶癸丁，平三更收。

（41）自五百二到单节驶癸丁丑未，平三更收。

（42）自铜章到海口线驶辰戌兼一线乾巽，三更收。

（43）自海口线落大铜铳驶乾巽，五更收。

（44）自铜铳仔下大铜铳驶甲庚，一更收。

（45）自铜铳下弄鼻驶乙辛，二更收。

（46）自弄鼻下鸟仔峙驶艮坤寅申，二更收。

（47）自黄山马到南乙峙驶壬丙，一更收。

（48）自南乙到秤钩驶癸丁，二更收。

（49）自秤钩到恶落门驶子午，四更收。

（50）自恶落门到六门驶乾巽兼辰戌，一更收。

（51）自六门到铜章驶丙午，四更收。

（52）自六门到石盘驶乾巽兼辰戌，平二更收。

（53）自石盘到上戊驶乾巽巳亥，平四更收。

（54）自上戊到大铜铳驶癸丁，四更收。

（55）自石盘到大铜铳驶甲庚兼四线卯酉，四更收。

（56）自黄山马到劳牛劳驶寅申，三更收。

（57）自劳牛劳到恶落门驶壬丙，五更收。

（58）自秤钩到石盘驶丑未兼一线艮坤，四更收。

（59）自劳牛劳下上戊驶寅申，四更收。

（60）自染青石到无乜线坐子午壬丙，平四更收。

（61）自铁峙下铁线驶丑未，一更收。

（62）自铁峙下丑未驶艮坤，二更收。

（63）自丑未下黄山马驶乾巽，四更收。

（64）自鱼鳞到乙辛是驶单辛，三更收。

（65）自鸟仔峙到乙辛亦是驶乙辛，二更收。

（66）自铁峙往下三用巳亥，二更收。

（67）自下三往黄山马用子午，二更收。

（68）自红草下沙排驶辰戌，一更收。

（69）自鱼鳞下断节驶卯酉，二更收。

（70）自银饼往鸟插驶乾巽二线辰戌，五更收。

（71）自红草往第三峙驶艮坤，三更收。

（72）自丑未往双王驶壬丙，二更收。

（73）自铁峙往双王驶壬丙，二更收。

（74）自双王往黄山马驶壬丙，二更收。

（75）自第三往银饼驶辰戌，三更收。

（76）自铜金往银饼驶巳亥，二更收。

（77）自银饼往牛轭驶癸丁，二更收。

（78）自红草峙去锣孔峙用向乙辛酉，□更收。

（79）自南密峙往浅沟峙驶壬丙，二更收。

（80）自浅沟往六门驶癸丁，五更收。

（81）自恶落门往半箕驶壬丙。四更收。

（82）自光星仔往大光星驶卯酉，一更收。

（83）自大光星往石公厘驶乾巽，二更收。

（84）自大光星往海口沙驶子午，四更收。

（85）自红草下铁峙驶卯酉，四更收。

（86）自鸟仔峙回老沙白峙仔驶癸丁丑未，×更收。

（87）自女青石往无乜沙用丙兼巳，五更收，对东南。

（88）自丹节往海口沙，北风用癸丁，十更。

（89）自五百二往海口沙，北风用午丁，七更。

（90）自红草沙排下裤归用丁未，二更。

（91）自半路往北海用乾巽，二十八更收贡士沙。

（92）自号藤去鱼鳞用向壬丙巳亥，四更半收，回用午丁。

（93）自奈罗北边角下贡士沙用甲庚，一更收。

（94）自南边奈罗角用乙辛驶下，收贡士沙。

（95）自双峙沙仔下铁峙沙排壬丙二线巳亥，又有犬殿沙一个。

（96）自鱼鳞往鲎藤用子午，四更收，回用亥壬。

（97）自那孔往五凤向壬丙，一更收，回向癸丁收。

（98）自红草往火衷向子午，一更收。

（99）自火衷到三角用乾巽，四更，回用壬丙收。

（100）自断节往双担向丙巳，二更，回向子癸收。

（101）自双担往鸟串向辛酉，二更半收。

（102）自断节往鸟串向癸丁未，二更收。

（103）自断节往五凤向癸丁，四更收，回向壬丙。

（104）自红草沙排上红草峙向乙卯，一更收，回用戌字。

（105）自那孔往鲎藤向乙卯，一更半收，回乾巽。

（106）自鲎藤往鱼鳞向巳亥，四更收，回用子午。

（107）自鱼鳞往东头乙辛沙向乙辛，三更收，回乾巽。

（108）自鱼鳞往那孔向壬丙子午，四更收，回乾巽巳亥。

（109）自鱼鳞往石龙向壬丙，四更收，回用子午癸。

（110）自鱼鳞往断节向卯酉，一更半收，回用癸丁。

（111）自五凤往断节向壬丙，四（更）收，回用癸丁。

（112）自铁峙（去）铜金峙仔向乾巽，二更收。

（113）自铜金去银锅向乾巽，二更收，回向壬丙。

（114）自银锅去鸟串向乾巽巳亥，六更收，回上。

（115）自铁峙沙驶去丑未沙向丑未，驶半更收。

（116）自丑未驶去第三向辰巽，驶二更收。

（117）（原本缺文）

（118）自双王沙仔驶去黄山马向壬丙，一更，回用癸丁收。

（119）自女青石驶去无乜沙向子午，驶四更收。

（120）自无乜沙驶往目镜用巽辰，三更收，回用癸丁驶。

（121）自目镜驶往深圈用庚申，驶二更收。

（122）自光星仔驶往大光星向卯酉，一更收。

（123）自大光星驶往石（公）厘向巳巽，二更收，回用子午。

（124）自钉积驶往墨瓜线向丑未，六更收。

（125）自秤钩沙驶往六门用癸丁，五更收。

（126）自恶落门驶往坡箕用壬丙，四更收，回用癸丁。

（127）自六门驶往坡箕用壬丙巳亥，四更收。

（128）自六门驶往石盘向辰戌，二更收，回乾巽。

（129）自六门驶往海口沙向甲庚寅申，三更收。

（130）自恶落门驶往铜钟向癸丁，四更收。

（131）自铜钟驶往海口线沙向辰戌二线乾巽过头，二更。

（132）自海口沙驶往锅盖峙向寅申，四更收。

（133）自海口沙驶往铜铳仔用向巳亥，五更收。

（134）自铜铳仔驶往大铜铳向庚酉，一更收。

（135）自大铜铳下弄鼻仔向辰戌驶，二更收。

（136）自弄鼻仔下大（弄）鼻向卯酉，一更收。

（137）自鸟仔峙驶去西头乙辛沙向辛二线酉，二更。

（138）自石盘驶往上戊向乾亥，平四更收。

（139）自上戊驶往铜铳仔向午，四更收。

（140）自上戊驶往大铜铳向丁午，四更半收。

（141）自铜铳仔回大秤钩向寅甲，九更半收。

（142）自劳牛劳驶往大秤钩向巽辰，三更收，回壬子。

（143）自南密沙仔下劳牛劳向甲庚，二更收。

（144）自铜钟驶往大光星用子午，二更收，回丑未。

（145）自恶落门驶往深圈向巽，三更收，回壬子。

（146）自第三峙驶往银锅向巽戌，三更收，回壬子。

（147）自三角回银锅向乙辛驶，三更收。

（148）自双门回银锅向戌驶，四更收。

（149）自红草沙排往铁峙向辛酉驶，三更收。

（150）自银锅往高不向辰戌驶，一更收。

（151）自三角往断节向辰戌驶，四更收。

（152）自劳牛劳往六门向丙午驶，六更收。

（153）自劳牛劳往石盘向丁未驶，五更半收。

（154）自劳牛劳下上戊向申驶，四更收。

（155）自恶落门下六门向戌辛驶，一更收。

（156）自双门往鸟串向午二线丁驶，二更收。

（157）自裤归往铜金峙仔向午驶，一更收。

（158）自南密往女星石峙仔向巽驶，二更收。

（159）自南密峙下沙仔向辛戌驶，半更有二个沙仔。

（160）自南密峙到南密沙仔驶卯酉兼一线乙辛，一更收，自南密有二只沙仔，壬丙对，沟内亦过船。

（161）自秤钩峙下大秤钩用午丁驶，一更收。

（162）自秤钩峙往南密沙仔用子壬驶，一更半收。

（163）自无乜沙下恶落门向申驶，三更收。

（164）自黄山马下南密沙仔向丁未驶，一更收。

（165）自红草沙排下贡士沙向戌乾驶，三更收。

（166）自双门往一沙驶巳亥兼一线壬丙,二更收,向西北。

（167）自一沙往火衰驶巳亥兼一线壬丙,四更收,向西北。

（168）自火衰回铁峙驶乙辛辰戌,三更收,向西北。

（169）自光星往石公里向午驶,二更收,回向癸丁。

（170）自铜铳下鸟仔峙驶甲庚兼三线卯酉,四更收。

（171）自丑未下第三峙驶辰戌兼二线乙辛,二更收,对西南。

（172）自第三峙往银锅驶辰戌兼二线乾巽,二更半收,对东南。

（173）自劳牛劳往六门驶壬丙,五更收,对东南。

（174）自双门往鸟串驶子午癸丁,平二更半收,对西南收。

（175）劳牛劳往石盘驶子午兼一线癸丁,四更收,对南。

（176）自六门中央栏到铜钟驶壬丙兼一线子午,四更半,对南。

（177）自铁峙驶去双王沙仔,向壬丙驶,二更收。

（178）自红草沙排下铁峙用甲庚,二更收,对西南驶。

（179）自红草到五凤用辰戌驶,四更收,对东南。

（180）自双门往双担用乾巽驶,四更收,对东南。

（181）自断节往五凤用癸丁驶,四更半收,对东北。

（182）自罗孔往五凤用午丙,一更半收,对南驶。

（183）自五凤往断节用壬丙驶,四更半收,对东南。

（184）自五凤头上往半路沙驶乾巽,二更收,对东南。

（185）自五凤往鱼鳞驶辰戌,四更收,对东南。

（186）自恶落门往深圈驶辰戌,四更收,对东南。

（187）自铜金下第三驶甲庚,一更收,对西南。

（188）自西头乙辛往六安驶乾巽相对,二十二更收,对西北驶收。

（189）自火衰下第三驶甲庚,二更半收,对西南驶收。

（190）自若沙到火衰驶巳亥兼二线壬丙,四更收。

（191）自双门头上往若沙驶壬丙巳亥,平二更收,对西北。

（192）自双王去下沙仔到黄山马东，驶乾巽巳亥，二更收，对东南驶收。

（193）自丹节往墨瓜沙用坤未，六更收，对西南。

（194）自五百二往丹节沙用未加丁，三更收，对西南。

（195）自墨瓜沙往浮罗丑未用寅申加二线坤，二十五更。

（196）自墨瓜沙往宏武銮用甲庚，二十五更。

（197）（墨瓜沙）往浮罗利郁用甲卯，二十五更。

（198）自丹节往浮罗利郁用甲庚加一线寅申，三十二更。

（199）自鸟仔峙往地盘用坤兼二线申。

（200）自乙辛往地盘用坤兼申一线，三十四更收。

本簿是来回航线最多的一本，达 29 条，亦受东北风影响，航向偏东北及东南方航行。

本簿已记述自南沙下新加坡航道。所记宏武銮、浮罗利郁、浮罗丑未等地已在国外，即入今印度尼西亚纳土纳群岛范围。还有去地盘航路。地盘一说即今潮满岛，均为驶往新加坡的中途站。

第二节　《更路簿》的作用及部分地名释义

一、历史文化意义

海上丝绸之路形成于秦汉时期，发展于三国至隋朝时期，繁荣于唐宋时期，转变于明清时期，是一条古老的海上航线。在隋唐以前，海上丝绸之路只是陆上丝绸之路的一种补充形式。到隋唐时期，由于西域地区战火不断，陆上丝绸之路为战争所阻，代之而兴的便是海上丝绸之路。到宋代，伴随着我国造船、航海技术的进步，我国通往东南亚、马六甲海峡、印度洋、红海，及至非洲大陆航路纷纷开通并延伸，海上丝绸之路最终取代了陆上丝绸之路，成为我国对外交往的主要通道。当时通过海上丝绸之路往外输出的商品主要有丝绸、瓷器、茶叶和铜铁器等，对内运入的主要是香料、花草及一些供宫廷赏玩的奇珍异宝，于是海上丝绸之路又有海上陶瓷之路、海上香药之路之称。明初郑和下西洋时，海上丝绸之路发展到达巅峰。郑和下西洋之后的明清两代，由于实施海禁政策，我国的航海业逐渐衰败，这条曾为东西方交往做出巨大贡献的海上丝绸之路也渐渐消亡了。

《更路簿》中所记载的航路便是当时已经消亡的海上丝绸之路的延续。以彭正楷抄本《更路簿》为例，其记载西沙航线 17 条，南沙航线 200 多条，回航线路 29 条，西南沙主要航路 6 条，海上交通枢纽和渔业生产中心 7 个。其生产作业和海上贸易范围已达到东南亚的纳土纳群岛和潮满岛，在厉行海禁的时代，这些生产作业和海上贸易的活动在一定程度上还原了海上丝绸之路在中外交流中的功能。

二、 法理意义

"先占"是国际法所承认的取得领土的法律根据之一，指一个国家的占取行为，通过这种行为该国有意识地取得当时不在其他的国家主权之下的土地的主权。先占原则至今仍是解决国与国之间领土争端的重要国际法准则之一。先占原则的内涵曾随着历史的发展而演进。在 18 世纪以前，国家"发现"无主地便可取得其主权，单纯的"发现"即可占有。18 世纪中期以后，国际法上要求"无主地先占"应是实际占有，必须具备以下要件：一是占领国有占领的明确表示，具体表现为正式宣告并通知他国；二是占领国适当地行使了其主权，具体表现为占领的行动及采取驻军、升旗、划界等措施。近年来，菲律宾、马来西亚等国对我国南海岛礁提出领土要求，他们的主张往往把"先占原则"作为其取得岛屿领土主权的主要依据。

根据各种抄本《更路簿》的记载，我国海南渔民以南海岛礁为枢纽，以岛礁间主要生产线路为依托，形成了涵盖整个南海海域的生产、运输和贸易的"点、线、面"网络体系。同时在许多南海岛礁上发现大量"站峙"（长期居留于岛礁）渔民留下的瓷器、渔具、房屋、庙宇以及坟墓等遗迹，充分证明了我国海南渔民在南海诸岛的生产活动已经构成了"先占"。而在同时代的外国史籍中，至今未见类似记载，因此，《更路簿》所载我国海南渔民的海上活动符合国际法"先占原则"的规定，进一步证明了中国人民才是南海诸岛的真正主人。

三、 经济意义

有关我国人民开发西沙和南沙群岛并在那里生活的历史事实见诸各种史籍。在各种版本《更路簿》的抄本中，大量记载了我国海南渔民在西沙、南沙生产和生活的情况。其中清楚地记录了渔民的作业线路，即渔船队从海南文昌的清澜港、琼海的潭门港出发，到达太平岛后便分东头线、西头线和南头线三条路线分散作业。这三片作业区的始发点都是位于其中心的大群礁区，在地理上即五大环礁区。五大环礁由北向南依次排列，北起双子环礁，向南依次为中业环礁、道明环礁、郑和环礁和九章环礁。这五座大环礁的礁环上分布有许多岛礁，这些岛礁成为渔民们的生产基地，这五个南北排列的环礁也是海南渔民的生产中心地区。在南海交通史研究方面，我国学者多侧重于古书考证，鲜有涉及《更路簿》者。《更路簿》将海南渔民生产过程中所经过的岛礁更路一一详尽列出，为研究当时我国海上交通状况提供了最为详尽的航道资料。这些宝贵的记录展示了我国海南渔民自清澜港、潭门港出发，在西沙、南沙群岛从事生产作业，将渔获物运回国内或运至东南亚等地出售后返航的历史场景，为南海交通史研究提供了生动、翔实的史料。

四、 《更路簿》所载部分海南化地名释义

在各版本《更路簿》中，海南渔民对西沙、南沙群岛的大部分岛礁进行了命名。这些岛礁名称往往带有很浓厚的海南地方化色彩，是渔民数百年来在南海从事捕捞作业与航海的经验总结，既富有科学性，又富有民族性。

（一）西沙群岛

东海。东海的官方称谓为西沙群岛。西沙群岛位于海南岛的东南方，距海南岛约一百八十海里。每年冬季，我国渔民趁东北季风开往西沙，因为风向与海洋流向的影响，靠自然风力驱动的帆船离开海南时，船头必须对东启航。因此，渔民便把西沙群岛称为"东海"。因此东海就是指渔船离开海南时向东方开去，然后顺利到达的那片有岛礁的海域。

七连峙。在我国古代，帆船从潭门港的出海口大潭往东开去，在正常风力下，经过三

天左右的航行,就可看到多座横排在南海中的小岛和沙洲。因为一共有七座在南海中几乎连接的岛屿和沙洲。所以,渔民们便把那七座峙连同附近海域统称为七连峙。"峙"是海南渔民对海岛和沙洲的俗称。七连峙简称"七连",官方称谓为七连屿。七连峙包括红草一、红草二、红草三、长峙、二峙、三峙以及船坎七座峙。在给七座峙起名之后,又经过相当长的历史时期,在七连峙的南边又相继浮现两座沙洲。官方对这两座沙洲的称谓分别是东新沙洲和西新沙洲。

船坎。七连峙横排在南海中,目标很大,较易发现,所以,海南开往西沙的渔船在一般情况最先看到的就是七连峙。也就是说,七连峙是海南渔船开进西沙海域的第一道"门槛"。"门槛"在海南方言中叫"门坎"。在七连峙中有一座较大的岛屿,渔民们便称其为"船坎"。船坎就是海南渔船开进西沙海域的门槛之意。船坎官方称谓为赵述岛。

船坎尾。在七连峙命名之后不久,又浮现一座沙洲,较靠近船坎(赵述岛),且位于船坎的西边。海南渔民自古以来都习惯把南海的东北方称为头,把西南方称为尾。所以,渔民便称其为"船坎尾"。船坎尾的官方称谓是西沙洲。

长峙、二峙、三峙。在七连峙的各峙排列中,船坎处于最北边。在船坎和七连峙中的另六座峙之间,有一条水道叫做"船坎门"(赵述门)。船坎门把船坎和其他六座峙隔开。六座峙中有三座是岛屿,且紧挨在一块。从北边较大的那座岛起往南数,分别是长峙、二峙、三峙。长峙就是因为它的面积比其他两座峙大,且岛形呈狭长形,故渔民称其为"长峙"。其余两座峙是从长峙起往南数,便按顺序叫做二峙和三峙。长峙、二峙和三峙的官方称谓分别是北岛、中岛和南岛。

红草一、红草二、红草三。七连峙中有几座是沙洲,其露出海面范围很小。台风来临就会被海水淹浸。台风过后,沙洲到处长满杂草,在海风吹拂与烈日暴晒下,杂草梢呈焦黄。渔民习惯上把焦黄的颜色叫做红色。而在这三座峙中,又长有一种红色的马齿苋,所以,渔民便称那些沙洲为"红草"。"红草"从南往北顺序分别称为红草一、红草二和红草三。红草一、红草二和红草三的官方称谓分别是南沙洲、中沙洲和北沙洲。

猫注。官方称谓为永兴岛。古时候的西沙是荒无人烟的群岛。后来,开始有少量海南人前往西沙,这些人大多是犯案在身,躲避官府追捕或仇家追杀而逃到西沙群岛的亡命之徒。永兴岛是西沙群岛中最大的岛屿，也是西沙群岛的中心。所以，他们选驻在西沙群岛的永兴岛。古代的永兴岛古木参天，树林茂密。驻居在孤悬海外的永兴岛上，与隐藏在深山老林中的土匪有些相似。古时候，海南人将隐藏在深山老林中的土匪称作"山猫"。"山猫"之意就是长期像野猫一样出没在深山老林中。而长期驻居在永兴岛上的那些人也跟"山猫"很相似。因此，古老的琼海渔民便把那些人所驻居的永兴岛称为"猫驻"。由于海南话发音的谐音关系，也写作"猫注"或"巴注"等。

猫注仔。猫注仔和猫注同在一座巨形礁盘上，紧靠猫注且位其东边一旁，面积比猫注小，所以，渔民便称其为"猫注仔"。猫注仔的官方称谓为石岛。

猫兴。在猫注的东南边，距猫注约有十八海里的海面上有一座海岛。据说，古时候有一条帆船遇大风漂流到该海岛附近沉没，有几人侥幸逃生登陆该岛。渔民登岸时发现该岛有身份不明者盘踞。便猜测那些人或许跟猫注的居留者一样，也是逃债或躲避仇杀而来到孤岛。渔民们便把出现如山猫一样身份不明者的岛屿叫做"猫兴"。猫兴官方称谓为东岛。

双帆。官方称谓为高尖石。在距东岛约八海里的西南方，有突出海面的一座火山岩岛，呈塔状，高出海面约五米。远望有如航船的两叶帆篷，故渔民称之为"双帆"。

石塘。石塘狭义所指的是永乐群岛中岛礁较集中的那片海域。石塘名称的来历与其地形地貌结构有关。在西沙的永乐群岛中，较集中的诸岛礁有四江、三脚大峙、三脚小峙、圈仔峙、圈仔、尾峙、圆峙、老粗、全富、鸭公、银峙、银峙仔、石峙、咸醒等。这么多的岛礁环形相连或半环形相连，在环形里面有一个大型潟湖（这里的潟湖是指在某一片辽阔的海域中，由于四周有岛屿或礁盘环绕，在其中间出现的湖泊一样的深水海面）。在几乎相连的各岛礁之间的间隙是一条条的天然深水道，如四江门、圆峙门、老粗门、全富门、银峙门、石峙门等。船只可以经这些水道航行进入潟湖。而众岛屿和珊瑚礁群便为航行的船只构成了天然屏障。屏障里的潟湖中风平浪静，于是潟湖就成了天然的避风塘。故海南渔民便形象地称整个天然潟湖为"石塘"。石塘的广义是指整个永乐群岛。

三脚、**四江**。在狭义中，石塘有三座主要岛屿（琛航岛、广金岛和晋卿岛）比较靠拢，从地貌上看构成三足鼎立的形状，因此，渔民便把构成三足鼎立的礁盘范围称为"三脚"。

三脚是一个整体的巨大礁盘,礁盘上有两座岛屿。较大的岛屿渔民称之为"三脚大峙",较小的岛屿渔民称之为"三脚小峙"。三脚大峙官方称为琛航岛,三脚小峙官方称谓为广金岛。海南渔民习惯把水道的出海口称为"门"。从永乐群岛的诸多水道来看,全富门、老粗门、圆峙门与三脚旁边岛屿之间有一条水道,那条水道按全富门算起是第四条水道。水道,渔民也叫"江",该岛正好在第四条江一旁,渔民便称该岛为"四江"。四江的官方称谓为晋卿岛。

圆峙。在古代,该峙上生长的树木形成的外貌。远看上去近似圆形。于是,渔民便称其为"圆峙"。圆峙官方称谓为甘泉岛。

尾峙。官方称谓为金银岛。该峙是西沙南端的最后一座峙。因为海南渔船的作业航行线路是顺风从北往南开,海南渔民习惯上认为东北方是风头,而西南方则是风尾。所以,渔民便把西沙最南端的一座峙称为"尾峙"。

老粗。官方称谓为珊瑚岛。珊瑚岛是永乐群岛中最大的岛。古时,永乐群岛中的绝大多数岛屿所生长的树木都是矮小的热带树种,唯独该岛天然生长有高大的木麻黄树。因此,珊瑚岛和围边其他岛屿相比,便显得又粗又大,渔民便把该岛称为"老粗"。

白峙仔。官方称谓为盘石屿。该峙上没有草木植物,整个岛屿光秃秃一片,并且沙土白净,岛屿面积较小。所以,渔民便称其为"白峙仔"。

干豆。官方称谓为北礁。据说,古时候,有一条很大的运输船只在西沙的北礁搁浅。该运输船载的全是豆仁。为了救船,运输船便把所运载的豆仁全部抛入海中。整袋的豆仁由于大量堆积而露出海面,北礁礁盘上的豆仁堆积如山。卸掉豆仁后,运输船上的船员得以逃生。海南渔民来到北礁,看到有东西露出海面,便过去一探究竟。他们发现全是整袋的豆仁,便把它们搬上渔船。从海面上把豆仁搬到渔船的过程中,人们发现装豆仁的麻袋居然没有沾水潮湿,而袋中的豆仁也都是干燥的。这对于渔民来说是非常罕见的事情。因为对类似特殊事件印象十分深刻,所以,渔民便把该礁叫做"干豆"。

半路。也称半路峙,官方称谓为中建岛。在西沙的捕捞季节,海南岛的渔船自北向南行驶,即将行驶到该峙之时,附近海域的海水流向正好与行船逆向,而且水流湍急。海水的流向和湍急程度肉眼是无法判断的。因而,即使帆船航行时速很慢,而驾舟者如果不进行特别测试也很难知晓。古代在没有航海辅助设备的情况下,船长全凭经验推测,按照正常的风力推算渔船的航行速度和行程,在正常的情况下,渔船从石塘开往中建岛一天就可以到达,可是,帆船行驶一日,却依然未见到中建岛。此时心急如焚的船长命令掉转船头立即返航。怎料,不到几个小时便看到了启航点。这一现象表明,渔船离启航点并不远。经验丰富的船长由此得知,其实渔船并没有偏离航向,而只是开到半途便掉头返航了。这时,船长才知道是逆向流水在作怪。接着渔船再次启航,在经历了漫长的航行时间后,渔船终于到达中建岛。当年驾驶的是帆船,新任的船长开船往中建岛时大多数都碰到过这种情况。这种事出得多了,渔民便把该岛叫做"半路"。命名的主要目的是提醒自己和后人,要开往该岛是很容易只开到半路就会认为是偏离航向了,因而掉头返航。

大圈、二圈、三圈、圈仔。西沙群岛的礁盘中有一部分是环形礁盘。环形礁盘的结构近似圆形炉灶。退潮时,有些珊瑚礁露出海面,有些较接近海面。其珊瑚礁包围的圆圈里面近似铁锅,从边沿到中间逐渐趋深而成潟湖。一般来说,整座礁盘面积较大,多数有水道可供船只进入礁盘里的潟湖。因为礁盘是环形的,所以,渔民便形象地把礁盘称为圈。在西沙海域里共有四座圈,渔民便根据这四座圈的大小和位置顺序分别命名。把排列成行的三座圈从最大一座算起,称为"大圈";从大圈开始,中间那座圈叫做"二圈";而另一头的那座圈称为"三圈"。在西沙最小的一座圈位于永乐群岛的礁盘群中。因为它是西沙群岛最小的一座圈,所以,渔民便称之为"圈仔"。大圈、二圈、三圈和圈仔的官方称谓分别是华光礁、玉琢礁、浪花礁和羚羊礁。这四座圈,也有渔民写做大匡、二匡、三匡、匡仔。

石峙。官方称谓为石屿。该峙碎石头较多,所以,渔民把它叫做"石峙"。

银峙。官方称谓为银屿。该峙在古代曾搁浅一艘运输船,渔民打捞沉船时捡到不少银锭。因此,渔民便把该峙叫做"银峙"。

银峙仔。官方称谓为银屿仔。该峙位于银峙的南边约六百米处,且面积比银峙小,因为它接近银峙,所以,渔民把它叫做"银峙仔"。

（二）南沙群岛

北海。官方称呼为南沙群岛。对于海南岛来说，南沙所处方位和西沙同向，也是位于海南岛的东南方。所以，海南渔船开往西沙和南沙的航向是相同的。南沙对于古代的海南渔民来说是一个非常遥远的地方。在古代的海南岛，较好的交通工具是牛车和帆船，若从海南岛前往中国大陆，需要经历很长的一段路程。所以，在海南渔民的意识中，北方的大陆是遥不可及的。于是古代的海南渔民把大陆称为"北山"，因而，琼海渔民便把南沙群岛叫做"北海"。北海所指之意，就是十分遥远的海域。

双子峙、奈罗双峙。双子峙又称双峙或奈罗双峙。其官方称谓是双子群礁。双子群礁包括双子峙及其周边的礁盘和海域，是海南渔船到达南沙的第一站。所谓双子峙，主要指的就是奈罗峙和奈罗峙仔。这两个峙比较靠近，所以，渔民习惯上都把这两个峙统称为"双子峙"或"奈罗双峙"。其中"奈罗"一词来源于一个故事。在古代，一位父亲因生活所迫，带着年幼的儿子，搭渔船到南沙的北子岛上长期居住谋生。在荒无人烟的孤岛上，儿子面对的除了一位寡言少语且严肃的父亲外，就是一片辽阔无垠的大海。儿子常年体验涛声的枯燥和孤岛的荒芜，倍感寂寞和孤独，便常常乞求父亲回家。而父亲回答儿子的都是同样一句话："侬奈罗！奈罗！（海南方言：忍耐和坚持一下）等到有渔船来时，我们马上搭船回家。"可是，到真的有渔船来时，父亲又不提回家的事了。待到渔船开走后，儿子哭着责问父亲，父亲又安慰说："侬再奈奈罗！奈罗！到有渔船来时我们一定搭船回家。"就这样，每次儿子提起回家的事，父亲都让儿子"奈罗"。年复一年，儿子也逐渐习惯了孤岛的寂寞生活。儿子长大后当上了船长。每当他开船到该峙时，便会想起父亲和父亲的"奈罗"故事。因此，渔民便把该峙称为"奈罗峙"。在双子峙的两个峙中，较大的称为奈罗峙。而在奈罗峙南边一点五海里，小一点的另一座峙便叫做"奈罗峙仔"。又因为奈罗峙仔在奈罗峙的南边，因此也叫"奈罗下峙"。在各种版本的《更路簿》中，"奈罗"也有渔民写成"耐罗"。奈罗峙和奈罗峙仔官方分别称谓为北子岛和南子岛。

耐罗线仔。在奈罗双峙（双子群礁）海域，有一座暗沙位于奈罗峙仔的西南方，比较接近奈罗峙，且礁盘面积较小，渔民习惯把暗沙称作"线"，因此，渔民便把该暗沙称为"奈罗线仔"。耐罗线仔官方称谓为奈罗礁。

铁峙。官方称谓为中业岛。渔船开往南沙到达双子峙后,继续南下到达"中业群礁"。这是海南渔船到达南沙的第二站。"中业群礁"中有一座峙面积较大,是南沙的第二大峙。最早到南沙从事捕捞作业的渔民,每个航次都如同闯鬼门关一般,有不少渔民因到南沙从事捕捞而丧失生命。由于南沙距离海南本岛非常遥远,要把亲人遗体运回家乡是不可能的,只好及早入土为安,万般无奈之下,只能选择附近较大的岛屿把渔民遗体埋葬。因为该峙较大,所以在其上埋葬的遇难渔民较多。渔民把遇难伙伴遗体埋葬之时,都是嗨哭一片。因此,再有渔民到南沙作业,每当渔船路过该峙时,他们都会想念起埋葬在孤岛上的亲人,不少渔民还会失声痛哭。所以,渔民便把该峙叫做"哭峙"。后来,渔民觉得"哭峙"有些悲哀和伤感,也不太吉利。因为哭峙与铁峙在海南方言中谐音,故而渔民便把"哭峙"改叫为"铁峙"。

铁线、铁峙线仔。有一座暗礁位于铁峙环礁的西北缘。因为该暗礁处于铁峙海域里,且离铁峙较近。所以,渔民便叫它"铁峙线仔"或"铁线"。铁峙线仔官方称谓为铁线礁。

铁峙线排。有一座暗礁,位于铁峙环礁东北端,涨潮时仍有礁石露出水面,故渔民称其为"铁峙线排"。官方称谓为铁峙礁。

丑未。在开发南沙群岛初期,一位船长在辽阔的南沙海域中寻找礁盘。那是在冬季,渔船从铁峙线仔用"丑未"针向行驶,行程约二十海里便到达一座礁盘。该礁盘海产品十分丰富,只需几天渔船便收获海产品满载而归。后来船长为了记住该座礁盘,便把它称为"丑未"。彭正楷抄本《更路簿》记载:"自铁峙沙使去丑未沙,向丑未使,更半收。"可见,渔船开往"丑未"的航行针向便是丑未。丑未官方称谓为渚碧礁。

第三。海南渔船开往南沙,首先到达双子群礁。双子群礁是海南渔船到达南沙的第一站。渔船继续南下抵达中业群礁,中业群礁是海南渔船到达南沙的第二站。接着,渔船继续顺风南下到达道明群礁。那里是海南渔船到达南沙的第三站。在道明群礁中,唯有一座岛屿,渔民一时找不到更恰当的名字称呼,因为它是渔船到达南沙的"第三站",于是,渔民便称该峙为"第三"或"第三峙"。渔船从海南开往南沙,因为路途遥远,其间常需要补给淡水和柴火。而在第一站的耐罗峙,第二站的铁峙,第三站的第三峙,都有淡水井,还有茂密的灌木林和渔民祭拜的"兄弟公庙"。因此这三座岛屿都是渔船进行物质和精神补给的最佳选择。第三的官方称谓为南钥岛。

黄山马。也称黄山马峙,官方称谓为太平岛。渔民在航行过程中看到的陆地山脉轮廓就像马儿在奔跑。所以,海南渔民便习惯把陆地的山脉轮廓都叫"山马"。长期在浩瀚海洋中生活的渔民,每当看到一片陆地或绿洲都会兴奋不已。太平岛是南沙群岛最大的岛屿,当渔民看到在一望无际的南沙汪洋中突然出现一片较大的陆地时,便会兴奋地高喊:"山马!"而此时的太平岛在金黄色的阳光烤炙下也如同贴金一般。远远看过去,那山马是黄色的。所以,琼海渔民便称其为"黄山马"。

黄山马东。官方称谓是敦谦沙洲。该座沙洲距黄山马约六海里,位于黄山马的东边,与黄山马处于同一座巨大海底礁盘上。所以,渔民便称该沙洲为"黄山马东"。

秤钩。又称秤钩峙,官方称谓为景宏岛。该峙生成弯长形,尾端弯成钩状,有如秤钩一样。所以,渔民便把该峙叫做"秤钩"。

秤钩仔。官方称谓为华礁。秤钩仔位于秤钩的北边近旁,该礁盘面积比秤钩的礁盘小,所以,渔民便称其为"秤钩仔"。

罗孔、罗孔仔。罗孔官方称谓为马欢岛。马欢岛的四周有巨大且近似圆形的礁盘环抱。整个环形礁盘有如一面巨大的铜锣,而在中间的那个绿色小岛就是马欢岛。因此渔民称其为罗(锣)孔。在罗孔的北边近旁,有一座海岛。该岛面积比罗孔还小,渔民便把该岛称为"罗孔仔"。罗孔仔官方称谓为费信岛。

乙辛。也叫西头乙辛。海南渔民开发南沙,其航线分三条,一是东头线,二是西头线,三是南头线。这里指的乙辛处于西头线,因此,也称为西头乙辛。海南渔民前往南沙作业,渔船从北向南行驶,要开往该礁,为了准确无误地到达目的地,都是选择距该礁较近的鸟仔峙为启航点。渔船前往该礁用的是"乙辛"航向。那也是在西头线唯一用乙辛航向的礁盘。由于该座礁盘没有明显的特征可以用于起名,加上该礁盘处于南沙的西头线,渔民们为了记忆方便,便把使用乙辛航向的礁盘叫做"西头乙辛",简称"乙辛"。西头乙辛的官方称谓为日积礁。

东头乙辛。官方称谓为蓬勃暗沙。这里指的"乙辛"处于南沙群岛的东头线,所以叫做"东头乙辛"。

五风。官方称谓为五方礁。海南方言的"五风"与汉语"五方"意思相同。五方礁是一个礁盘群,该礁盘群由五座台型礁盘构成。五座礁盘位于五个不同方位,而又几乎围绕成一个圆盘状,分别是五风北、五风头、五风西、五风尾、五风南,所以,渔民称该礁盘群为"五风"。

大光星、光星仔、光星根。大光星和光星仔的官方分别称谓为光星礁和光星仔礁。渔民把启明星叫做光星。古代渔民都是白天捕捞,晚上开船去寻找新的岛礁,以便第二天继续捕捞。在风力四级左右的情况下,从较靠近光星礁的铜钟开帆船驶往光星礁,正常都是傍晚启航,在启明星东升不久就可看见光星礁。渔船无论从大光星开船往光星仔,还是从光星仔开船往大光星。航向都是大光星和光星仔与天上的启明星三点同在一条线上。而这两个礁盘,渔民便按其大小来起名,把较大的礁盘称为"大光星",而较小的礁盘称为"光星仔"。光星仔处于一座巨大的暗沙滩的西南角。那巨大的暗沙滩就是在茫茫大海中能寻找到光星仔的根本性地貌特征,所以,渔民便把该暗沙滩称为"光星根"。光星根的官方称谓为安渡滩。

石盘。官方称谓为毕生礁。该礁有若干礁石露出海面,状如磨盘,远看过去就如磨盘放置在那里,所以,渔民便称其为"石盘"。

石盘仔。官方也称谓为石盘仔。石盘仔位于石盘的北边,且面积比石盘小,故渔民称其为"石盘仔"。

上戊。官方称谓为永暑礁。"上戊"两字的海南方言含义是指蚯蚓和小动物挖洞时,把地下沙土拱出地表而堆成的土垤形状。在汉字中,无法找到海南方言语音和意思一致的文字,故用"上戊"二字表示。上戊是一个礁盘群。台风到来时,在该礁盘群的海域,可明显看到白浪一堆一堆地有如蚯蚓拱出地表的很多堆土垤。所以,渔民便把该礁盘群叫为"上戊"。上戊也有渔民写成上武和尚戊。

火艾。官方称谓为火艾礁。火艾礁形状有如一把巨型火炬。海南渔民也一直认为该礁盘形状像火把。但起草《更路簿》的渔民也许不懂火把该如何书写。而写成跟火把实物形状近似的名字"火艾"。由于海南方言谐音的关系,后来,火艾也有渔民写成火哀和火埃。

双门。官方称谓为美济礁。因为该礁盘南边和西南各有一条潟湖跟外海沟通的水道。海南渔民习惯把水道出海口都叫做门。该礁盘有两个门,所以,渔民便称其为"双门"。

六门。官方称谓为六门礁。因为该礁一共有六条水道通入潟湖,所以,渔民便把该礁盘叫做"六门"。

东门、西门、南门。官方称谓分别是东门礁、西门礁和南门礁。这三座礁盘都位于九章群礁海域,且三者距离较接近。但这三座礁盘中的水道口的方位不相同,水道口在东边的叫做"东门",水道口在西边的叫做"西门",水道口在南边的叫做"南门"。

九章。官方称谓为九章群礁。该礁盘群由牛轭、东门、西门、南门、秤钩、鬼喊线、赤瓜线、扁瓜线、汝青峙九座主要岛礁组成,加之该礁盘群进入潟湖的水道有较多的险礁障碍,故渔民称其为"九章"。九章礁盘群的东边,有一座礁盘叫"九章头"。该礁盘暗礁险滩密布,一般不十分熟悉当地海况的人,开船进去就无法把船开出来。所以,渔民便把那儿叫做"九章头"。"九章头"的意思就是该礁盘的潟湖,即使最能认路的狗进去,也难以出来。九与狗在海南方言中同音,因此,"九章头"就是海南方言的"狗障头"之意。

染青峙。官方称谓为染青沙洲。该峙位于九章群礁东段中部偏南,其南端有黑青色礁石露出水面。该礁石颜色有如染过一般。海南方言把染色叫做"汝"。所以,渔民也把该峙称为"汝青峙"。

南乙。官方称谓为鸿庥岛。古代在南沙群岛的捕捞过程中,有一段时间海南渔民误以为鸿庥岛就是南沙最南端的岛屿了,所以,便把该岛称为"南乙"。由于海南方言发音语调多有变化,便也有渔民写成南忆、南密等。

南乙线仔。官方称谓为南薰礁。它位于南乙的西边一侧,是一座暗沙,面积比南乙小,故而渔民称其为"南乙线仔"。

双担。官方称谓为信义礁。该礁盘两头分别有较高的大礁石,在涨潮时仍露出水面,似扁担的两头,退潮时,更像扁担横置于海面,所以,渔民便称该礁盘为"双担"。

断节。又叫断节线,官方称谓为仁爱礁。整个礁盘带断断续续露出海面,远看像断开成一节一节似的,所以,渔民便称其为"断节"。

牛车英。官方称谓为牛车轮礁。牛车英,海南方言指的就是牛车的轱辘。"英"在海南方言中就是滚动之意。由于该礁近似圆形,很容易让古代渔民联想到牛车轱辘,所以,渔民便称该礁盘为"牛车英"。

牛轭。官方称谓为牛轭礁。该礁盘的形状像牛轭一样弯曲,所以,渔民便叫它"牛轭"。

无乜。也称无乜线或不乜,官方称谓为无乜礁。无乜,海南方言的意思就是什么都没有。海南渔民到南沙主要捕捞蚵(砗磲)、海参和公螺(大马蹄螺)。可是,该礁盘上这几样海产品十分稀少。渔船每次开往该礁盘,都几乎一无所获。次数多了,渔民为了易于记住该礁,便叫它为"无乜"。

双黄。官方称谓为双黄沙洲。其为两座几乎靠在一起,状似椭圆形的沙洲,远看就像两颗蛋黄。尤其是海水退潮时,沙洲周围露出海面的珊瑚礁呈现蛋黄色,故渔民称其为"双黄"。也有渔民将其称作双皇。

脚跋。官方称谓为海口礁。脚跋是一个小礁盘,因为其生长的形状有如古人洗脚用的陶瓷长钵,所以渔民便称其为"脚钵"。因海南方言"钵""跋"同音,故而也做"脚跋"。

石龙。官方称谓为舰长礁。该礁西北有一块大礁石,渔民称其为石龙岩,故渔民称该礁为"石龙"。也写作"石笼""石良"等。

鲎藤。官方称谓为鲎藤礁。该礁由许多暗礁、暗沙构成,该礁分布有如鲎产之卵,因此,渔民便称其为"鲎藤"。也有渔民写成"号藤"。

眼镜。官方称谓为司令礁。该礁盘是一座环礁,其内有一潟湖。潟湖中间发育出一座高出海面的沙洲,把潟湖一分为二,其形状有如一副眼镜,渔民便称其为"眼镜",也有渔民写成"目镜"。

石公里。官方称谓为弹丸礁。该礁盘中的大型礁石众多,海南渔民习惯把大型礁石叫做"石公"。该礁东至东南侧的大量礁石露出海面二米左右,犹如排列的篱笆。所以,渔民把该礁盘称为"石公篱"。"石公篱""石公厘""石公里""石公礼"应为"石公篱"之讹写。

五百二。官方称谓为皇路礁。据说,海南古代渔民曾在该礁抓到一只罕见的大玳瑁,重达五百二十斤整,因此,渔民便称该礁盘为"五百二"。

鸟仔峙。官方称谓为南威岛。"峙"在海南渔民的俚语中,指的就是岛屿和沙洲。由于该峙有很多海鸟栖息,仅海鸥一种就数以万计。在渔民的认知中,那些鸟都是小鸟。小鸟用海南方言称呼就是鸟仔。所以,渔民便叫该峙为"鸟仔峙"。

劳牛劳。官方称谓为大现礁。大现礁是南沙较长的一座礁盘。在南沙范围内,渔船开往任何一座礁,都有因流向和风向的影响而出现偏航向未能到达目的地的记录。唯有开往大现礁是每航必达,从来没有出现错漏过该礁盘的现象。在海南渔民的航海传统术语中,船只因偏航向而错漏过目的地的情况叫做"驶漏更"。"漏不漏"是渔民在笑谈中的航海术语。意思是说,渔船在长期航往大现礁的无数次经历中,即使是想漏过大现礁,也无法漏过。于是渔民便称该礁盘为"漏不漏"。"劳牛劳"应为"漏不漏"之讹转。

红草。也称红草峙,官方称谓为西月岛。昔日,西月岛石头多土壤少,没有树木,只是长草。在南沙烈日的暴晒和海风的吹拂下,那些草的草梢呈焦黄色,远看好似一片红色的草。所以,渔民便称其为"红草"。

红草线排、红草线排头。红草线排官方称谓为长滩。因为它位于红草西边,是较接近红草的一个暗沙,所以,渔民称其为"红草线排"。红草线排头官方称谓为蒙自礁。该礁位于红草线排的东北角。因为海南渔船是从北向南航行,渔民习惯把东北方叫做头,所以,渔民便把该礁称为"红草线排头"。

贡士线。官方称谓为贡士礁。该线在退潮时凸露出海面,所以,渔民也称其为"凸出线"。古时代,起草《更路簿》的渔民受文化程度限制。由于不知"凸"字写法,而"凸出"的海南方言发音与贡士相似,所以,渔民便把"凸出线"写成"贡士线"。

弄鼻。海南方言中是鼻孔宽大的意思。该礁盘南侧通往潟湖的自然水道深而宽大,上千吨位的巨轮都能开进潟湖,所以,渔民便称其为"弄鼻",也有渔民写成"宽鼻"。弄鼻分为大弄鼻和弄鼻仔。大弄鼻官方称谓为西礁,弄鼻仔官方称谓为中礁。

鱼鳞。官方称谓为仙宾礁。该礁盘群中的大小礁盘星罗棋布,比比皆是。犹如鱼鳞一样多得难以数清，所以，渔民便叫该礁盘为"鱼鳞"。

海口线。也称海口沙，官方称谓为柏礁。因为它是南沙最长最大的一座礁盘，犹如南海张开的大口，所以，渔民便称其为"海口线"。海口线很长，如果将其分成三段，每段的首尾用肉眼观之皆相望而不相见。

铜铳、铜铳仔。铜铳官方称谓为东礁。渔民在捕捞时，在该礁盘的一艘沉船旁曾看到有几门铜制的大炮。古代渔民把大炮叫做"铳"，所以，该礁盘被称为"铜铳"。铜铳仔官方称谓为华阳礁。该礁位于铜铳的东北边，较接近铜铳且面积比铜铳小，所以，渔民便称其为"铜铳仔"。相对于铜铳仔，铜铳也称大铜铳。

银锅。官方称谓为安达礁。古代渔民曾从该处打捞出大量银锭，该礁盘的潟湖又犹如一口锅，所以，渔民便称其为"银锅"。

深圈。官方称谓为榆亚暗沙。在南沙所有的礁盘中，该处的海水最深。渔船进入南沙其他礁盘的潟湖时，都必须从深水道开进，唯一进入深圈却不必找深水道，而从礁盘上的任何地方都可以直接开船进潟湖的就是这个圈。所以，渔民便称该圈为"深圈"。深圈也有渔民写成"深匡"。

鬼喊线。官方称谓为鬼喊礁。平日里浪击暗礁，涛声咆哮。古时候，海南渔船泊在该礁旁，半夜里有渔民隐隐约约听见近似鬼哭狼嚎般的声音，因此，渔民便叫该礁为"鬼喊线"。

墨瓜线。官方称谓为南屏礁。据传说，古代有很多巨大的黑色海参盘踞在该礁盘间。海南渔民习惯把海参叫做"瓜"，如墨一样颜色的海参便称为墨瓜。为了便于记住该礁盘，渔民就将该礁盘称为"墨瓜线"。

赤瓜线。官方称谓为赤瓜礁。古时候，该礁盛产赤色的海参。海南渔民把赤色的海参称为赤瓜，因此，渔民便将该礁命名为"赤瓜线"。

簸箕。官方称谓为簸箕礁。该礁盘为圆礁平台状，状似簸箕，所以，渔民便称之为"簸箕"。

海公。官方称谓为半月礁。海南渔民习惯把鲸鱼称为"海公"。因为该礁盘状似鲸鱼，所以，渔民称其为"海公"。

鸟串。官方称谓为仙娥礁。在海南方言中，"鸟串"指的是雄性生殖器。该礁盘形状就像一条又长又直的棍子，所以，渔民称其为"鸟串"。

铜钟。官方称谓为南海礁。据说海南渔民早年前往该礁盘捕捞时，捡到一口大铜钟。该礁盘的潟湖中央又有一座白珊瑚形成的沙洲，且状如古钟。所以，海南渔民便称该礁盘为"铜钟"。

裤归。也叫裤裆，官方称谓为库归礁。该礁盘犹如一条裤子铺于地上，所以，渔民便称其为"裤归"。裤归，海南方言之意就是指裤裆，这里是指裤子。

铜金。官方称谓为扬信沙洲。据传说，古时候曾有渔民在扬信沙洲附近的礁盘上发现很多金块，数量十分巨大，以致渔民不敢相信都是黄金，所以，渔民只把那些金属当做铜块。渔船返航后，有人顺便带金属块给金匠检验，被确认是黄金。后来再开船到原地打捞，那些金块却没了踪影。有的渔民取笑拾金块的人分不清是铜是金，便把该峙讽刺性地称为"铜金"。

三角。官方称谓为三角礁。因为该礁盘形状是三角形，所以，渔民便把它称为"三角"。

半路线。官方称谓为半路礁。半路线的名字来由也与西沙半路的来由相似。古代渔民驾船驶往该礁，都是选择最靠近目的地的五风作为启航点。而在启航之时，该海域的海水流向正好与行船方向相反，且水流湍急。结果就导致帆船行驶速度只有平时的一半。于是船长便命令掉头返航。怎料，返航几小时便看到了启航点。这时船长才明白，其实渔船并没有偏离航向，而是由于风向和流向影响了航速。因此渔民便把该礁称作"半路线"。

潭门线。官方称谓为潭门礁。南沙群岛最靠南的地方在南头线最南端，而潭门礁则是南头线最南端的礁盘之一。到那里从事捕捞的渔民很少，在该礁盘从事渔业生产的大都是海南岛琼海潭门镇渔民，所以，潭门镇渔民称该礁为"潭门线"。

恶落门。官方称谓为南华礁。南华礁的礁盘、水道和潟湖的地理构成，其形状有如人体腋窝。腋窝，琼海渔民叫做"胛窝"。该礁盘特征最明显之处就在于像腋窝张开状的水道口，海南渔民把水道叫做"门"，所以，海南渔民便把该礁盘称为"胛窝门"。"恶落门"

应为"胛窝门"之讹转,也作"荷乐门""荷那门"。

锅盖峙。官方称谓为安波沙洲。该峙周边的礁盘形状有如一个锅盖,所以渔民称该峙为"锅盖峙"。

单节。官方称谓为南通礁。该礁盘最突出的特点就是只有一节,所以,渔民便把它称为"单节"。由于海南各地方言对"单节"的发音不同,也有其他版本的《更路簿》写作"丹节"和"丹积"等。

线排。在南沙最南端的地方,有一座海底沙滩,渔民称其为"线排"或"沙排",线排的官方称谓为曾母暗沙。

宏武銮、浮罗利郁、浮罗丑未、地盘。在彭正楷的《更路簿》中记述了自南沙至东南亚新加坡航道。其所记之宏武銮、浮罗利郁、浮罗丑未等地应在今印度尼西亚纳土纳群岛范围之内,地盘应为今潮满岛。因清代我国海南渔民完成南海捕捞后,多是前往新加坡将货物出售再回国,因此这些岛屿均为驶往新加坡的中转站。

第三节 《更路簿》是海南文化强省战略的重要抓手

一、 战略作用

(一) 海南的史地特点及文化优势

海南省地处太平洋经济带中段,位于中国最南端,南海北部,是中国与东南亚、南亚、太平洋、非洲以至欧洲各国交往的海上交通要冲,是中国陆地面积最小、海域面积最大的热带海洋岛屿省。海南省在浩瀚的南海上,以海南岛为主体,与三沙市辖域的西沙、南沙、中沙群岛及众多岛礁和周围海域构成了有别于其他区域的自然风貌和历史人文景观,产生了独具海南特色的地域文化。海南北以琼州海峡与广东省划界,西临北部湾与广西壮族自治区和越南相对,东濒南海与台湾省对望,它与我国广东、广西、香港、澳门以及越南、菲律宾、印度尼西亚、新加坡、文莱和马来西亚等隔海为邻,其地理位置位于古代海上丝绸之路的重要航线上。但是,长期以来海南岛在海上丝绸之路上的地位和作用并未受到应有的重视。

1. 海南人文历史沿革塑造了其多元化的海岛文化

公元前 214 年,秦始皇统一岭南广大地区,在南方设置桂林郡、南海郡和象郡,并把中原几十万兵民迁往南方,驻扎于现今的两广及海南一代。汉代以前,海南黎族先民形成了百越古风遗俗的原始氏族农耕渔猎文化,开辟了海南历史的先途。西汉海南被开疆立郡,但因其常年气候湿闷,并未受到中原朝廷的重视,使海南岛自此孤悬在外几百年之久。隋唐时期,岭南百越各族及子孙在海南治理长达上百年,谱写了民族文化融合的历史篇章。唐宋时期,海南成为大批重臣名士的贬谪流放之地,这些人在海南时期的作品成为唐宋流寓文学的重要组成部分。在此期间,大量移民在海南催生了南腔北调的"移民文化"。南迁入琼的中原文化与原始氏族文化相融合,随后容纳了回、苗等民族文化,形成了独树一帜的海南文化。从宋代开始,海南文化在文化输入的同时开始有了文化输出。在这块史称"地极尽头"的天涯海角走出了多位文化名人,为海南文化写下了光辉的篇章,也为中华文化宝库增添了珍贵的遗产。明、清两代是海南岛古代历史上建置成熟稳固、封建制全面确立的时期,也是海南文化发展的高潮时期,尤其是明代达到了海南古代文明发展的顶峰。在海南地域文化形成过程中,各民族文化模式在海南岛上先后出现,特别是汉族文化自进入海南岛后,就与黎族文化逐渐发生了密切联系,两种文化互相影响,互相渗透,双向融合。

2. 海南的地理位置特点形成了其独有的海洋文化

在海南的多元文化融汇发展过程中,由于其独特的地理环境和历史际遇,形成了有别于其他文化的地域文化。其中,海洋文化便是最具代表性的一个方面。海南的海洋文化是缘于南海而生成的区域性文化,与海南关系最密切,且自古以来就是中华文化的重要组成部分。

海洋是没有自然界限的,因而在交通不发达的古代,海洋是人类外向交往的重要通道。早在汉代,中国人就开辟了南海的海上航线,当时中国曾有舟师经常来往于印度、今斯里兰卡和东南亚各国。从唐代开始,海南就培养起开放、多元、开拓的海洋文化精神。随着唐代岭南海上交通工具和对外贸易的发展,使居于南海航运线上的海南岛的海外贸易随之发展起来,途经海南及南海的通路更加繁盛。唐、宋以后,南海成为中国对外交流的纽带,即所谓"通海夷道",亚洲各国使团纷纷前往中国,中国与东南亚一些国家和地区建立了朝贡贸易关系,并在广州、泉州等沿海城市设立了专门管理航海贸易的政府机构市舶司。宋、元时期发展起来的多元经济促进了海南商贸的繁盛。元末明初,中国古代海洋事业发展进入鼎盛时期,明著名航海家郑和率领庞大的舰队七下西洋,远涉南海诸岛,遍访三十多个国家和地区。特别是在明代,海南经济取得史无前例的发展,海南对外贸易港口增至 28 个,许多外国"朝贡"船只常来停泊,墟市急剧增多,海南地域文化迈入兴盛繁荣时期。这些外向经济活动使海南沿海,尤其是东部、北部、西部沿海发达县份的人民培养出外向开放、勇于开拓的精神。

如今的海南省拥有中国最大的海域,四面环海,长期的生产生活形成了极具海洋气息的海洋文化特色。海南省管辖的南海海域面积约为二百万平方千米,其中西沙群岛、南沙群岛和中沙群岛及其海域约占南海面积的三分之二,相当于全国海域面积的一半。海南省管辖的南海海域是中国最大的热带海洋区,气候长夏无冬。海洋资源极为丰富,有海水资源、海洋水产资源、海水化学资源、海洋能源资源等。油气能源蓄量甚巨,是世界四大海洋储油区之一。海洋水产资源则具有海洋渔场分布广、海产品品种多、生长快和鱼汛期长的特点。中国人自古以来就在这片海域生产、生息。中国渔民在南海诸岛进行捕捞等生产活动,有文字记载的已有一千多年的历史。

此外,南海海域是西太平洋的边缘海,地理位置十分重要。通过南海北部,穿台湾海峡北上,与大陆沿海地区相联,且可与朝鲜半岛、日本甚至俄罗斯远东海域相通;东部有巴士海峡、巴林塘海峡和巴布延海峡沟通;东南部可通往菲律宾群岛与加里曼丹之间的苏禄海和苏拉威西海,直达大洋洲;西南部通过马六甲海峡与印度洋相通。海南省的南海海峡沟通亚洲、大洋洲、非洲和欧洲,在经济、文化等交流中的地位十分重要。

（二）《更路簿》与古代海上丝绸之路

在古代海上丝绸之路形成的过程中,海南岛的渔民对开辟南海海上航线作出了重要贡献,当时的许多船只必须由海南岛渔民引航,方可顺利找到航道,躲开暗礁,顺利通过南海海域。海南岛渔民开辟海上航线的直接记录是《更路簿》。《更路簿》也叫《更路经》或《海道针经》，是古代海南岛渔民经过千百年的生产实践，积累了丰富的航海经验，掌握了南海海流的特点和规律，记录的航海指南手册。它们通过口述或者手抄而世代相传，为每家船主必备、每位出海人必熟的"祖传秘笈"。"更"是古代计算航程的单位，"海行之法，六十里为一更。"海南岛渔民的《更路簿》里详细记载了穿越南海诸岛海道各礁的针位（航向）和更数（航程），《更路簿》不仅是海南岛渔民的出海"秘笈"，也是中外交往使者的"导航仪"。随着中外交往的发展，海外诸番贡船由于海南渔民的指引，行多路熟，有些甚至可以驾舶穿越险地，学界认为，海南岛的《更路簿》至迟在明初就已形成，《更路簿》成书后流传到海南岛沿海各地，琼海、文昌、万宁、陵水、三亚、儋州和临高等地渔民普遍使用，目前广东省博物馆、海南省博物馆等相关部门及个人收藏有十余种版本。可以说，《更路簿》曾经为无数海上丝绸之路的船只指点迷津，引路护航，为中国和世界的航海事业作出了积极贡献。

（三）《更路簿》与海南渔业文化

南海是我国渔民自古以来的重要渔场，我国沿海地区的先民早在远古时代就开始从海洋获取渔盐之利。早在汉代以前，我国渔民就发现了南海诸岛。当中原人将南海和南海诸岛视为"天末遐荒"时，南海沿岸的居民已经舟楫往来于汪洋之中。战国时期的《逸周书·王会解》中记载，商王汤（于公元前 1766—前 1754 年在位）让大臣们制定"四方献令"，伊尹便建议："正南……请令以珠玑、玳瑁……为献。"这条史料说明，南海沿海居民早在公元前 18 世纪就从事南海水产资源的开发了。千百年来，这些大海之子在海上航行、捕捞，在南海的岛礁上居住。有关我国渔民在南海的捕捞活动，历代史书都有记载。宋代《太平寰宇记》中记有"珊瑚州，在县南五百里。昔有人于海中捕鱼，得珊瑚"，描述的即是我国渔民在南海作业的情况。海南岛沿海的潭门、清澜、铺前等港口的渔民世代在南海捕鱼、捞贝、采珠，正是这些祖祖辈辈漂泊南海，从事渔业生产的渔民，成为开拓南海的先锋和建设南海诸岛的奠基者。

海南渔民"以海为田，以渔为活"，祖祖辈辈远涉鲸波，在南海诸岛搭棚、掘井、修庙、种树,南海及南海诸岛成为他们世代开发生产的渔场,也是他们辛勤耕耘的家园。除了随季风往来者,有一些渔民常住南海的岛礁上,捕鱼、摸螺、拣贝,晒鸟干、鱼干等各种海产品,等待船只运回海南岛。20世纪70年代,当琼海渔民们去南沙时,南沙诸岛上的椰子树已经长了五十多年,这是早先闯海的渔民先辈带去树种,亲手种下的。早期渔民出海,船只装备简单,除了祖辈传下的闯海经验,基本是靠天吃饭。渔民开发南海,遇飓风船倾人亡而葬身大海者无数;南海日色最毒,远在海中岛礁的渔民,因气候原因生病无法救治者也不在少数。南海岛礁上的一些庙宇即是为纪念在海上逝去的渔民而修建的。

上面提到的《更路簿》是南海世代渔民经验的总结,也是渔民远帆的航向指南。正是因为有了《更路簿》,丰富的南海渔场才成为海南人民航海捕捞的战场,出现了许多动人的故事,留下了丰富的海洋文化遗存,早已成为大海遗珍的一部分,成为中华民族海洋国土的一部分。《更路簿》以手抄本或口传的形式流传于海南渔民中,它记载了海南渔民从海南岛东部文昌清澜港和琼海潭门港航行至西沙、南沙群岛及东南亚等地的航海针位和更数。海南清澜港和潭门港的渔民有世代出远海的传统,大海烟波浩渺,要想谋得生路,必须熟悉海况。渔民年复一年探海,将对南海海域及南海各岛礁的认识渐渐付诸笔端,这些点、圈、线连接的南海天书实际是指引世代海南渔民的航海图,也只有在南海航行的渔民才能通晓其意。《更路簿》不仅是海南渔民参与开发和建设南海的有力证据,作为中国渔民最早在南海诸岛生产生活的真实记录,它也是认定南海诸岛自古是我国领土的有力证据之一。不同版本、抄本的《更路簿》是关于南海和南海诸岛的首创性研究,是我国渔民集体智慧的结晶,作为海南渔民的重大贡献,它所描绘出的南海风物图景具有法学、海洋学、历史地理学、人类学等多学科的研究价值,对今后南海和南海诸岛的研究和开发仍有重要的作用。

二、 路径选择

海南拥有自身独特的历史、地理及文化特点,这些底蕴和优势不仅使海南随着时间的推移被越来越多的人熟知,而且更为重要的是,这些都成为海南在21世纪海上丝绸之路建设过程中独有的底气和潜力。海南参与21世纪海上丝绸之路有许多其他省份或地区所不具备的特色：中国最大的经济特区，南海宽广的海域及资源、重要的侨乡、博鳌亚洲论坛的举办地、国际旅游岛的发展和建设等。因此，应运用好海南这些优势，利用 21 世纪海上丝绸之路建设的契机，建设文化强省，以文化特色为依托，以《更路簿》研究为亮点，从基础设施、对外贸易、人文交流等领域出发，将海南建设为当今海上丝绸之路的新枢纽。

（一） 加强基础设施建设，打造南海航运交通与资源利用综合服务平台

进一步加强海南通往东南亚航线的活力和张力，在已有的基础设施条件下，在港口、运输、集散建设上加大力度，加快速度；在海陆交通设施对接、海陆资源平台和海上公共服务平台上提高服务水平，推进信息共享，形成资源互通；与东南亚国家间建设更为便捷、高效的海、空运输网络，使海南成为沿线国家交通运输的航运枢纽和物流中心。

（二） 扩大与东盟国家的合作，扩大互补合作，创建良好的贸易环境

利用海南自身与东盟国家经贸合作历史悠久、基础良好的优势，为 21 世纪海上丝绸之路东南亚段创造良好的贸易环境，积极探索与东南亚国家经贸往来的优惠政策与便捷程序，促进海南吸引更多优质的东盟资本与人才。

第六章 │ 海上丝绸之路与经略南海

第一节　21 世纪海上丝绸之路南海区域建设

两千多年前开辟的海上丝绸之路,无论是从长度还是发挥作用的时间来说都是无与伦比的洲际贸易通道,而中国过去 30 多年来改革开放政策的深入实施,又使中国与海上丝绸之路沿线国的贸易往来重焕了新生。因此,通往东南亚的 21 世纪海上丝绸之路并非是"白纸一张",而是有着丰富的文化内涵和历史传承。总体上而言,建设 21 世纪海上丝绸之路是一项涵盖政治、经济、外交、文化等多领域的系统工程,不可能一蹴而就。要紧紧依托中国与东盟各国已有的良好发展基础,按照政策沟通、设施联通、贸易畅通、资金融通、民心相通的思路,由易到难,突出重点,以点带面,逐步形成南海区域大合作的格局,实现互利共赢、共建 21 世纪海上丝绸之路的宏伟目标。

一、增进政治互信和政策沟通

政治上的互信是共同推进 21 世纪海上丝绸之路南海区域建设的重要前提,也是推进中国—东盟关系持续健康稳定发展的基础和保障。反过来,建设 21 世纪海上丝绸之路也有助于打造中国—东盟更稳固的政治互信。

(一) 中国要积极阐明与东盟深化合作的政治立场

在东盟对外关系发展过程中,中国具有特殊而重要的地位,自 1991 年中国与东盟建立对话关系以来,双方创下了多个"第一":中国第一个与东盟结成战略伙伴,第一个加入《东南亚友好合作条约》,第一个与东盟启动自贸区谈判。2013 年,中国又表示愿第一个同东盟国家商签"睦邻友好合作条约",为中国—东盟世代友好提供法律和制度保障。尽管这是双方携手努力、共赢合作的结果,但东盟过去多年发展壮大的每个重要关头,中国都给予坚定有力的支持,这也是国际社会有目共睹的事实。正基于此,中国与东盟互信不断加深,合作成果累累。中国需要向东盟国家进一步阐明与东盟深化合作的政治意愿和立场。

(二) 中国要积极向东盟国家阐释周边外交政策内涵

中国始终坚持"与邻为善、以邻为伴"的周边外交方针,不断巩固同周边国家的睦邻友好合作关系,坚持"睦邻、安邻、富邻",突出"亲、诚、惠、容"的政策理念,努力使自身发展更好地惠及周边国家,与周边国家共同营造稳定、繁荣、和谐的地区环境。从根本上而言,中国与东盟国家山水相连,文化相通。东盟是 21 世纪海上丝绸之路的起点和关键所在。中国与东盟共建 21 世纪海上丝绸之路,将为建设更为紧密的中国—东盟命运共同体提供新平台、新机遇。更重要的是,中国外交的根基在发展中国家,中国与东盟绝大部分成员国同属发展中国家,也与东盟国家毗邻而居,东盟成为了中国对外合作的优先方向和战略依托。因此,从这个意义上看,中国乐见一个强有力的东盟组织在地区事务中发挥积极作用,这不仅符合中国周边外交理念和政策方针,也符合本地区和平发展的共同福祉,同时也有利于维护包括中国在内的发展中国家共同权益。

(三) 中国与东盟之间要积极管控彼此间存在的矛盾,着力缩小和化解分歧

针对当前由于"中国崛起"、南海问题发酵升温等因素引发周边东盟国家对华心态更趋敏感、疑虑与防范增加的新情况,要采取多种方式及时与周边国家做好有关释疑工作,进一步形成发展共识,增进政治互信。特别是要向东盟阐明,南海问题不是中国与东盟之间的问题,不应也不能绑架中国与东盟关系。而东盟个别成员国在南海问题上频频出招,为一己之私绑架中国与东盟关系,干扰双方合作大局。中国要向东盟阐明,一个强有力的东盟对其成员国要能够有效约束,若任由个别成员国的胡作非为,那将迫使东盟国家就各自利害攸关问题在大国之间选边,这有可能成为撕裂东盟的重大隐忧。而中国倡导以"双轨思路"处理南海问题,维护南海和平稳定,也是考虑到不让南海问题干扰和损害中国与东盟关系健康发展。今后需要继续深化中国与东盟国家的海上合作,以合作凝

聚共识,以合作化解分歧。可考虑从双方低敏感领域合作入手,用好中国政府设立的中国—东盟海上合作基金,开展海上搜救、海上环保和科研、海洋旅游、联合执法、海上互联互通等领域合作;稳步推进涉及利益博弈的海洋资源开发,积极主动与东盟邻海各国探讨合作共赢的有效模式,创造条件开展海洋渔业、南海油气资源等领域的共同合作;循序渐进地与涉海争端国推进南海问题的谈判和磋商,不断积累政治互信与共识,为推进 21 世纪海上丝绸之路南海区域建设扫清障碍。特别是要抓住有利时机,以南海油气资源开发为契机,带动海上装备制造业、物流运输业等相关配套产业发展,切实推进中国—东盟海上务实合作。

（四） 要注意加强宏观经济政策协调，协商制定南海区域合作规划

应深入研究各方优势,统筹考虑各方利益诉求,明确分工,制定出既科学合理又切实可行的合作方案和行动规划,在执行过程中要量力而行,由易到难推进重点合作项目,以发挥示范带动作用。可结合中国—东盟博览会和博鳌亚洲论坛年会等平台,不定期举行中国—东盟国家领导人非正式会晤,进一步加强高层交往,增进了解与互信,就双方关系发展和共同关心的问题加强沟通,增加理解,促进合作。

二、 加快推进基础设施的互联互通

完善便捷的现代化基础设施是共同推进 21 世纪海上丝绸之路南海区域建设的重要基础,也将成为中国与东盟国家加强产能合作的重要平台。中国与东盟国家互联互通是指实体的、政府制度的以及民间的合作行动纽带,包括了东盟旨在实现经济共同体、政治安全共同体和社会文化共同体的基础支持和促进手段。实体的互联互通主要包括交通运输、信息与通信技术、能源;政府制度的互联互通主要包括贸易自由化和促进、投资与服务自由化和促进、相互承认协议/机制、区域运输协议、跨境流程、能力建设项目;民间的互联互通主要包括教育、文化、旅游业。中国和东盟的互联互通是全方位、深层次、战略性的,对于加快中国与东盟各国经济合作具有重要意义。

（一）要用好已有的中国—东盟互联互通合作委员会和中国—东盟交通部长会等机制，加强沟通磋商，做好规划衔接，加快双方跨境陆路和海上基础设施互联互通建设规划的制定和实施，尽快形成基础设施互联互通的新格局

主要包括几项重点工作：首先是提出互联互通的重大项目清单，提出并完成中国与东盟国家的港口、油气管道、电网、信息网等关键基础设施"无缝衔接"的项目清单；提出我国与东盟各国在检验检疫、海关、技术标准等通关便利化的项目清单。其次是形成互联互通的金融支撑体系。加快探索我国与东盟国家金融机构共同出资组建融资平台的路径；积极参与东盟基础设施基金建设；以多种形式积极引入社会资本参与中国与东盟基础设施互联互通建设。最后要推进通关便利化，实现大通道、大通关。加快建设与东盟国家的"一体化"口岸管理机制，借鉴欧盟"单一窗口"经验，探索并推广区外货物进入区内后一次报关、一次查验、全程放行的"大通关"模式。

（二）确定并启动重大基础设施项目合作和建设，进一步完善双方港口航路和航空航路的联通，打造双方陆海空立体交通网络

重点是加强中国与东盟国家港口群建设与合作，推进广州港、钦州港、海口港、洋浦港等与东南亚国家港口间的联航联运，完善中国—东盟港口城市合作网络与机制，扩展至我国东部沿海、太平洋西海岸、印度洋等主要港口。加密与东盟之间的国际航线，开通海上丝绸之路客货运"穿梭巴士"。尤其要密切我国与东盟国家在港口、码头建设、集装箱联运、国际中转、运输航线、物流配送、油轮客运等方面的合作。加快推进公路、内河航道和铁路通道建设，整体推进中国—东盟陆路和海上互联互通。建议进一步加强与东盟各国在海上互联互通、航行安全与搜救、海事执法安全等领域的相关合作，构建中国—东盟"海上新丝绸之路"。同时建设中国—东盟航空中转枢纽，建设广州、南宁、桂林、海口等面向东盟的门户枢纽机场，形成广覆盖的直通东盟各国的航线网络。这将有利于推进中国与东盟国家在航运物流、产业、旅游、文化、教育培训等领域合作，形成全方位对内对

外开放合作格局。

（三）加强通信、电力、海关、口岸等配套服务能力的建设，尽快建成我国与东盟各国的海、陆、空互联互通的综合立体交通网络，为区域经济发展和人员往来提供更加便利

特别是要深化口岸管理体制改革。深入推进"大通关"模式，建立"一个窗口"对外、高效便捷的口岸管理与通关体制；加快口岸公共信息平台建设，提高口岸信息化管理水平，积极推动重点口岸开放开发水平，大力推进建设西南中南区域电子口岸及中越跨境便利运输通道。努力在未来10到15年间实现中国与东盟国家陆路运输通道的互联互通，有序推进运输便利化和技术标准一体化等工作，并更多考虑与东盟互联互通总体规划相互衔接，相互促进，为切实提升本地区互联互通水平创造条件。

（四）积极发挥亚洲基础设施投资银行的作用，助推南海周边地区的基础设施互联互通

当前，亚洲很多国家正处在工业化、城市化的起步或加速阶段，对能源、通信、交通等基础设施需求很大，但供给严重不足，面临建设资金短缺、技术和经验缺乏的困境。因此，加强基础设施建设，完全可以成为今后一个时期亚洲经济新的增长点。亚洲基础设施投资银行的设立能发挥促进亚洲各国加深合作的建设性作用，有利于加强亚洲国家之间的利益纽带，缓解当前亚洲地区，特别是东亚地缘政治紧张的压力。对于中国而言，这有利于落实我"与邻为善、以邻为伴"的周边外交方针，促进东海、南海资源共同开发。特别是亚投行可发挥经济金融领域的桥梁纽带作用，有利于加强投融资提供国与投资目的国的政治与经贸联系。我国可与志同道合的国家共同合作，通过财政出资，在亚投行内设立亚洲基础设施互联互通援助基金、中国基础设施技术投资援助基金和中国特别基金等规模、用途不同的各类基金，以便为亚洲基础设施建设的投资主体和项目开发提供融资支持，同时降低运营成本，推动亚洲基础设施的互联互通，为推动包括南海地区在内的亚洲区域经济一体化提供新动力。

三、 重点打造中国—东盟自由贸易区升级版

中国—东盟自贸区作为全世界覆盖人口最多的自贸区,其升级版建设将使我国与东盟之间各种生产要素加速流动,提升区域竞争力,进一步推动东亚区域经济一体化进程。加快中国—东盟自贸区升级版建设也是推进21世纪海上丝绸之路南海区域建设的重要基础。

(一) 进一步深化贸易投资合作,加快完成中国—东盟自由贸易区升级版谈判,推动双方在货物贸易、服务贸易、投资合作等领域采取更多开放举措

要以"类欧盟"为导向,不断增强各方战略互信,在各国平等协商的前提下,加快我国与东盟各国人流、物流、资金流和信息流的区内无障碍流通和基础设施的区内无障碍互联互通,政策规划的区内无障碍协调沟通,尽快形成具有较高水平的区域经济一体化新格局;要以扩充中国—东盟自贸区协定内容为开端,形成区域共同市场。自中国—东盟自贸区启动建设以来,先后签订并实施了《货物贸易协议》《服务贸易协议》《投资协议》等。要在现行自贸区框架基础上,更新中国—东盟自贸区协定内容,进一步开放市场,形成区域内货物、服务、资本、资源、劳动、技术和管理自由流通的统一市场;加大商品降税幅度,提高降税产品的覆盖范围,减小敏感产品比重,扩大"零关税"产品数量;加快减税的进程,缩短减税的时间表以及削减非关税贸易壁垒;积极开展新一批服务贸易承诺谈判,开放更多服务部门;尽快启动更高版本的中国—东盟投资协定谈判,从准入条件、人员往来等方面推动投资领域的实质性开放;进一步取消或者降低相互投资的准入门槛,尽快实现中国—东盟自贸区内生产要素的有序自由流动、资源高效配置以及市场深度融合;放宽投资限制,进一步提升区内贸易和投资自由化、便利化水平。力争到2020年双方贸易额达到1万亿美元。

（二）进一步丰富双方合作领域，利用相互产业互补的优势，推动农业、制造业、高科技产业、能源、现代服务业等领域深度合作，加快区域产业结构调整和产业升级，提升中国—东盟自由贸易区升级版的发展质量和发展内涵

重点要以服务贸易为抓手打造中国—东盟自贸区升级版。不断破除服务贸易发展的体制机制性障碍。加快改革步伐，不断提升双方自由贸易安排，降低敏感产品和服务的关税与非关税壁垒，缩短敏感行业准入过渡期，促进双方共同合理、适度地推进服务贸易开放；积极平衡服务贸易内部结构。大力推进知识密集型的信息服务、金融服务、技术服务等服务贸易的发展，全面协调劳动密集型的服务与知识密集型服务贸易的进出口，平衡服务贸易内部结构。支持发展保税商品的展示交易、保税贸易；加快口岸基础设施建设，完善口岸货物集疏运体系，降低国际货物通关及中转成本，发展以保税物流为主的口岸物流，加快国际知名船公司、高能级航运服务企业、航运航空物流企业及功能性机构积聚，加快发展船舶、飞机融资租赁等高端运输服务业及交易平台。积极发展跨境电子商务。支持开展跨境电子商务出口业务试点，支持建立海关跨境通关服务平台和跨境通关管理平台，建设跨境电子商务综合服务平台，构建跨境电子商务一站式服务中心，为跨境电商企业提供代运营、营销、物流仓储等配套服务，基本满足商品跨境电子商务出口监管要求；鼓励企业利用电子商务开拓国际营销渠道，积极研究为符合条件的电子商务企业、快递企业提供便利通关的措施，加快跨境电子商务通关试点建设。

（三）进一步加强中国各地区与东盟国家的合作

中国正在推进新一轮改革，探索沿海、沿江、沿边和内陆扩大开放的新模式。中国沿边沿海地区可以充分发挥地缘优势，把基础设施建设放在优先位置，加强国际综合运输通道、国际航运、国际物流体系、口岸设施、城市基础设施建设，中国已经与东南亚国家开展了一些有益的探索。在泛北部湾和海上丝绸之路大通道沿线，各国也可探索开放合作的模式。比如联合设立跨境工业合作区域，携手共建境外经贸合作区等等，实现基础设

施建设和产业发展的良性互动,提升基础设施投资运营效益,繁荣沿边沿线经济。同时,可参照上海自贸区的标准,尽快把具有一定基础的沿边经济合作区提升为沿边自贸区,从而带动边疆地区发展;西南地区以广西、云南为主,依托广西东兴、云南瑞丽等重点开发开放试验区,构建面向东盟区域经贸合作区;沿海地区以广东、海南为主,深化与东盟在服务贸易等领域的合作。

(四) 进一步与东盟国家加快推进 RCEP (区域全面经济伙伴关系) 谈判, 积极应对 TPP 和 TTIP 挑战, 争取在新一轮全球贸易规则博弈、区域一体化发展中赢得主动

以扩充中国—东盟自由贸易协定范围为要求,扩展服务贸易合作领域。按照推动 RCEP 谈判、探讨与 TPP 等区域合作机制的交流互动、促进区域和全球贸易安排"双轮驱动"的思路,顺应 RCEP 建设要求,关注 TPP 所倡导的新贸易规则,逐步扩充自贸协定的范围和涵盖领域,提升自贸区建设标准;在加强商品降税、服务贸易促进以及投资促进三大基本领域合作的基础上,进一步将合作领域从以贸易为主导逐步扩展到投资、产业、金融等多个领域。同时,加强我国与东盟的宏观政策协调。加强我国与东盟各国的宏观政策协调,强化经济韧性和增长稳定性;整合现有政策对话机制,成立中国—东盟自贸区宏观经济政策协调理事会,协调各成员国的财政、货币、汇率与贸易政策;考虑借鉴欧盟起步阶段煤钢同盟的做法,以部分产业政策的统一行动为突破口,逐步提高财政、货币、产业、贸易、投资政策的协调程度,争取实现宏观经济政策协调制度化,加强政策协调约束性,逐步建立起共同应对全球以及区域性危机的政策协调体系。最后力争在全球性和区域性事务上集体发声,提高影响力。通过协商一致,争取在世界银行、国际货币基金组织等国际组织内有更大的发言权和更广泛的影响力,共同在全球经济治理上发声,表达中国—东盟自贸区的共同关注;加强协调力度,共同推动 APEC、上合组织、亚洲开发银行等区域性组织和机构的改革创新,为打造中国与东盟自贸区升级版创造良好条件与舆论氛围。

总之,应进一步明确中国与东盟自贸区升级版建设急需研究的议题和重要任务清

单,就知识产权保护、劳工标准、环境标准、促进中小企业发展、金融监管、竞争政策、国有企业条款、经济立法、市场透明、规制等多个领域进行分析评估,制订备选方案;建立相关部门和地区参与的高层次协调机制,分解任务,确保责任落实到相关部门和地区,形成推进自贸区升级版建设的合力。

四、深化货币合作与资金融通

开放宽松的政策和便捷充足的资金是推进 21 世纪海上丝绸之路南海区域建设的重要保障。目前中国与东盟贸易中已经开始探索用人民币来结算,在东盟国家看来,中国是贸易大国,用"人民币结算"可以提高贸易效率,降低目前汇率巨幅波动可能带给贸易各方的风险,方便快捷地购买到价廉物美的中国商品。另外,人民币多年来在东盟各国享有非常正面的信誉。"人民币结算"已经成为许多国家的共识。随着中国与东盟经贸关系的日益融合,开启了人民币作为国际货币的一个新里程。因此,今后要利用双边货币互换、清迈倡议多边化、亚洲基础设施投资银行等双、多边金融安排,扩大本币结算,开展相互融资,共同抵御金融风险。特别是亚投行可发挥助推一国货币国际化的作用,有助于扩大人民币跨境结算和货币互换的规模,帮助人民币最终实现国际化。

（一）加强政策沟通,涉及各国政府层面的,应通过协商对话,本着求同存异的原则,制定更加有利于各方共建 21 世纪海上丝绸之路的合作开放政策;涉及我国沿海地方政府方面的,应加强统筹协调,制定避免同质化竞争的协同发展政策,从而最大化地发挥政策的导向性作用

今后要积极适应中国与东盟贸易国家投资结算对人民币需求不断上升的趋势,在各国拥有主权货币的前提下,尽快使人民币成为中国—东盟自贸区内贸易投资的主要结算货币,成为东盟国家的主要储备货币之一。

（二）加快货币流通和资本融通

进一步扩大双边本币互换规模和范围,扩大跨境贸易本币结算试点,发挥好中国—

东盟银联体作用;进一步拓宽融资渠道,在继续用好中国—东盟投资合作基金、提供专项贷款等基础上,探索人民币与东盟国家货币的直接汇率形成机制;进一步扩大区域货币储备库规模,将与 IMF 脱钩的比例提高到 40%~50%;加强货币当局战略合作,打造亚洲货币稳定体系、亚洲信用体系和亚洲投融资合作体系;循序渐进地推进投资管理体制改革,重点加强对东盟投资企业的融资渠道建设,设置专项投资合作基金,提供信贷支持,建立与东盟经贸合作的信息平台。

(三)积极发展跨境金融服务

鼓励和支持金融机构在双边、多边自贸区内开展跨境人民币借款、跨境人民币资金集中运营业务、个人跨境贸易人民币结算业务、跨境人民币双向资金池、外汇资本金意愿结汇、小额外币存款利率议价、大宗商品衍生品交易等跨境金融业务;扩大金融机构出口买方信贷、进口信贷和国际保理业务,完善出口信用保险机制;充分发挥政策性金融对外贸的支持作用,继续推动人民币对其他货币直接交易市场的发展;丰富汇率避险工具,为企业"走出去"提供全方位金融服务。

(四)充分发挥亚洲基础设施投资银行和"丝路基金"的杠杆作用,支持中国与东盟区域经济一体化建设

据亚洲开发银行测算,2020 年以前亚洲地区每年基础设施投资需求高达 7300 亿美元,由此可见资金问题对于亚洲各地区互联互通的重要性。而解决亚洲包括互联互通建设发展中的资金问题,依靠各国财政和民间资本投入是远远不够的,必须顺势而为成立金融融资机构来支持"一带一路"建设中的互联互通项目资金需求。在此基础上,中国发起筹建亚洲基础设施投资银行和丝路基金两个金融机构恰逢其时,旨在为"一带一路"沿线国家基础设施、资源开发、产业合作和金融合作等与互联互通有关的项目提供投融资支持。这凸显中国作为一个大国在亚洲区域性发展中的历史性担当,对亚洲乃至世界肩负起了与自己经济发展阶段相适应的历史责任。最大受益者是沿线国家、亚洲各国,乃至通过"一带一路"投入拉动包括欧美等世界经济的发展。其中,中国作为发起国,将在

组织、资金扶持、互联互通等方面发挥着主导作用。今后要充分利用中国资金实力为沿线国家基础设施建设、资源开发、产业合作等有关项目直接提供投融资支持,以促进中国与相关国家的经贸合作以及互联互通。特别是为东盟国家提供中长期的股权投资,引导债权融资和股权融资相互配合。运作模式为通过引导基金采用市场化运作模式,带动民营资本、地方政府及国际资本共同参与分基金的设立。

五、 积极推进"民心相通"工程

"国之交在于民相亲",睦邻友好的深厚基础在民间,民间交往为中国—东盟合作提供基础,创造动力,通过经贸合作,带动人员往来,促进人文交流与民间友好,这也是共同推进 21 世纪海上丝绸之路南海区域建设的重要载体。

（一） 利用中国和东盟国家山水相连、血脉相亲、民间交往基础良好的有利条件，进一步加强双方的人文交流合作，增进相互了解，巩固深化友谊，使周边国家对中国更友善、更亲近、更认同、更支持，夯实双方共建海上丝绸之路的民意基础

目前,中国与东盟国家每周有千余架次往来航班,每年有 1800 万人次的人员往来,互派留学生超过 18 万人。中国和东盟之间的人员往来日益紧密。随着 21 世纪海上丝绸之路的建设,特别是互联互通建设的推进,双方人文交流的广度和深度必将进一步深化。要以建设 21 世纪海上丝绸之路为契机,进一步密切与东盟各国在文化、科技、环保、旅游等领域合作,加强青年、媒体、智库和地方交流。

（二） 用好中国—东盟中心、中国—东盟教育交流周、中国—东盟思想库网络等平台，推动建设泛北部湾和海上丝绸之路旅游圈。 中国相继建立了中国—东盟中心、中国—东盟民间友好组织大会、中国—东盟青年企业家协会等各领域交流合作平台

在领域上,开展文化、教育、旅游、青年、妇女、地方等全方位民间交流合作。在举措

上，实施互派留学生"双十万计划"，为东盟各国提供政府奖学金，在东盟国家开展汉语教学，共同举行旅游促进活动等。实现到 2015 年双方人员往来 1500 万人次的目标，积极落实 2020 年把互派留学生规模扩大到 10 万人的"双十万计划"，让更多青年参与到地区合作交流中来，使中国—东盟睦邻友好薪火相传。

（三）做好与东盟国家在民生领域的合作。　从民众日常生活最为关注的问题来看，民生合作可能更多围绕就业、医疗、教育、扶贫、环保、公益、慈善等领域进行，这些领域都是为民众所看得见的事务，很容易为民众所注意

因此，建设中国与东盟国家的"民心相通"工程要把民生合作摆到突出位置，下大力气投入到东盟国家的民生合作事业中。要与南海周边国家强化在传染病疫情信息沟通、防治技术交流、专业人才培养等方面的医疗合作，提高合作处理突发公共卫生事件的能力，为沿线国家提供医疗援助和应急医疗救助，共同建设海上丝绸之路联合疾病控制中心，为沿线国家提供及时高效的医疗救助。要整合现有资源，积极推进沿线国家在青年就业、创业培训、职业技能开发、社会保障管理服务、公共行政管理等领域的务实合作，为解决失业和扩大就业提供帮助。要加强沿线国家民间组织的交流合作，重点面向基层民众，广泛开展教育医疗、减贫开发、生物多样性和生态环保等社会公益慈善活动，促进沿线国家地区生产生活条件的改善。要广泛发动社会志愿者群体，深入到内陆腹地地区，为当地民众提供迫切需要解决的帮助。

（四）加强智库网络建设，充分发挥智库的政策沟通作用，进一步凝聚双方民间智慧，为深化合作献计献策

智库具有专业知识和研究能力方面的优势，具有专业研究能力及对政府和公众的影响力，在促进各参与国政策沟通、增进政府和民众间的相互了解和理解方面大有可为。也具有独立、超脱的地位，在各国政策沟通方面能够发挥独特的作用。而且，深化智库合作是时代发展的要求。从历史上看，丝绸之路是各国沟通交流的典范，亚欧人民堪称知

识交流、相互学习的先行者。但随着时代的变迁,亚洲在知识交流、政策沟通方面远远落后于欧洲和美洲,这也在一定程度上制约了亚洲的共同发展。例如,在区域合作发展较好的欧洲和美洲,各国智库之间的交流合作非常密切,在政策沟通协调方面发挥着重要作用。智库不仅通过专业研究帮助政府制定政策,还通过各种媒体介绍研究成果,帮助企业、社会组织和公众了解和理解政府政策,在缩小国家间认知差距方面发挥着重要作用。因此,在中国与东盟共同推进21世纪海上丝绸之路南海区域建设中,相关智库要加强合作,积极在增信释疑、互学互鉴、政策沟通协调、推动务实合作方面发挥重要作用。

总而言之,21世纪海上丝绸之路搭建的是共商、共建、共享、共赢的平台。中国是建设海上丝绸之路的"推动者",而不是"主导方";海上丝绸之路是"合唱",而不是"独唱"。中方需要与东盟国家加强沟通,充分利用海上丝绸之路平台,实现经济发展政策对接、资源整合与共享,优化产业结构与分工,进一步提升本地区的综合竞争力。

第二节　经略南海与海上丝绸之路建设

从地理构成上来说,中国是一个陆海兼备的国家。自古以来海洋就与华夏民族的生存与发展、国家的统一强大、社会的稳定繁荣、人民的生产和生活休戚相关。早在四百多年前,明代有识之士郑开阳和胡宗宪,就已提出了"经略海上"的战略思想,[①]对我国当今海洋事业发展仍不无借鉴。一直以来,党中央十分重视我国海洋各项事业发展。特别是党的十八大以来,以习近平同志为总书记的新一届中央领导集体对海洋工作给予了前所未有的重视,从战略高度对我国海洋事业发展做出了全面部署和战略谋划。习近平总书记高度重视南海问题,就涉南海工作作出了一系列重要讲话和指示,形成了一系列重要理念、论述和论断,为我国经略南海指明了方向。

---

① 李明春.从海洋文化史看经略海洋.中国海洋报,2005-12-24.

一、经略南海要着力推进五个统筹

经略南海，是国家综合运用政治、外交、军事、经济、科技和法律等手段，对国家海洋方向的利益和安全进行战略谋划和经营管理。从当前和长远来看，经略南海要着力推进陆海统筹、内外统筹、央地统筹、军民统筹、远近统筹五个统筹。

（一）强化陆海统筹

由于中国是一个陆海兼备的国家，因此必然要求中国实现陆海统筹。特别是在南海方向，要从两方面齐头并进、协调发展。2010 年，国家"十二五"规划纲要首次明确提出了"坚持陆海统筹，制定和实施海洋发展战略"。即中国开始摒弃"重陆轻海"的传统思维与做法，转而采取"重陆兴海、兴海强国、陆海统筹"的发展思路。由此也表明了海洋对经济和社会科学发展的重要作用，标志着经济社会发展从以陆为主到陆海统筹的战略性转变。

坚持陆海统筹，首先要在国家发展战略中破除长久以来形成的"重陆轻海"的陈旧观念，要强化国民海洋意识，将海洋和陆地看作一个不可分割的有机整体，加强陆海之间的相互联动、相互促进和相互支援，促进海陆资源互补，力求陆海并举，实现陆海发展一体化。要在国家长远发展方面选择"重陆兴海"战略。应在确保陆地强国地位的基础上推进海洋强国战略。向海洋进军，必须实施陆权与海权并重战略，要以陆地为基本立足点和战略依托。海洋进军战略只有在与陆地统筹中才能实现最佳效益，否则单纯地强调海洋强国只是盲目作为。中国作为陆海兼备的国家，不能"重陆轻海"，但也不能"重海轻陆"，应该陆海统筹，陆权与海权并重。目前，中国经济社会经过改革开放以来 30 多年的持续发展，已经进入了一个新的历史阶段。未来中国的发展既面临着一些难得的战略机遇，也遇到诸多极具挑战性的问题。其中资源要素短缺、环境压力加大、生存空间缩小已经成为最为突出的问题。如何破解这些难题？向南海进军为中国未来的发展提供了新的出路。

南海蕴藏着丰富的深海生物资源和海底硫化物、多金属结核等矿产资源，随着海洋矿产资源开发技术的提升,南海丰富的矿产资源对中国未来的可持续发展将形成强有力的支撑。特别是南海的油气资源储量巨大,目前已知的含油气构造区块达 200 多个,油气田 180 个,整个南海的油气地质储量保守估计大致为 300~500 亿吨油当量(表 6.1)。中国陆上含油气盆地中主力油田大部分已有近半个世纪的开采历史,资源储量已接近枯竭,进一步扩大产量的空间十分有限,进军海洋开发油气资源已是大势所趋。对于我国油气开发战略而言,无论从开发时机、资本实力以及技术积累等多方面来说,还是着眼于从根本上改变我国能源消费结构来看,南海将成为我国未来的资源基地和能源接续区,在我国能源供应格局中将具有极为重要的地位。

表 6.1 南海与世界其他石油及天然气产区比较

地 区	探明储量 (10 亿桶)	天然气探明储量 (兆亿立方英尺)	石油开采速度 (百万桶/天)	天然气开采速度 (兆亿立方英尺/年)
波斯湾地区	674.0	1918.0	21.1	6.8
北海地区	15.9	147.2	6.6	9.3
里海地区	16.9~33.3	177~182	1.1	2.1
南中国海	约 6.9	约 136.9	2.0	2.5

此外,南海作为国际上重要的航运要道,对中国经贸安全关系重大。特别是中国经过多年的高速发展,已经发展成为拥有广泛海洋利益的外向型经济大国。中国目前是全球第二大经济体、第一大进出口贸易国,90%以上的国际贸易是通过海上航运完成的,海上原油进口 80%以上要从马六甲海峡输入。为了保障国家经济安全,就必须提高对海洋的综合控制能力,确保重要航道畅通无阻。只有坚持陆海统筹,海洋才能为中国战略利益拓展新空间,为沿海地区可持续发展提供基础条件,为缓解中国能源、资源紧缺提供强大的支撑,为中国外向型经济发展提供安全通道。

2013 年 7 月 30 日,习近平总书记主持中央政治局海洋强国建设集体学习时指出,要坚持陆海统筹,坚持走依海富国、以海强国、人海和谐、合作共赢的发展道路。经略南海的关键是统筹陆海空间布局,摒弃"重陆轻海"的传统思维与做法,实现海陆联动、陆海并举。为促进南海陆海统筹发展,要在当前南海岛礁大规模建设的基础上,着力构建华南大陆、海南岛、西南中沙群岛三位一体的海陆空立体空间格局,加快统筹陆海基础设施互联互通、资源开发、环境保护等重大问题,为海洋强国建设开创南海的实践范例。

(二) 贯彻内外统筹

2013 年 10 月 24 日,习近平总书记在中央召开的周边外交座谈会上指出:"我国周边外交的战略目标,就是统筹国内国际两个大局,服从和服务于实现"两个百年"奋斗目标,实现中华民族伟大复兴,全面发展同周边国家的关系,巩固睦邻友好,深化互利合作,维护和用好我国发展的重要战略机遇期,维护国家主权、安全和发展利益。"要充分认识维护南海权益的重要性,在注重维护陆地领土主权的同时,把维护国家海洋权益上升到国家战略的高度来加以重视和认识。维护海洋权益不仅事关国家可持续发展、中华民族的长远和根本利益,也事关国家生存、安全和发展的大局,某些时候也涉及民族感情和国家尊严,如若处理不好,甚至有可能引发国内社会稳定问题,必须加以高度重视。例如,对于中国南海政策的解读,一段时期国内老百姓普遍觉得,中国外交缺乏底气,甚至某些时候还比较软弱,希望中国外交保持强硬姿态的呼声不绝于耳。而某些域外大国唆使周边国家挑起海域争端和岛礁主权争端,择机或制造机会在中国周边地区迂回穿插,在中国海内外四处"放火",在内外一些势力的勾连下,甚至有把南海争端的矛头引向国内党和政府的倾向,其无外乎是抹黑党的领导,颠覆中国政府的思潮在作祟。只有中国稳定而强盛,中国共产党的领导坚强而有力,才能更好地保障国家安全、维护南海权益。

目前在经略南海方面,我国统筹处理大国关系和周边关系的矛盾出现交叉重叠,内政和外交交织影响,中央政府决策的回旋余地变小,空间受到挤压。特别是南海问题涉及我国国内舆情民意的管控和疏导问题,如若处理不当,有可能成为影响我国社会稳定的现实因素之一,进而牵涉到我国其他更重要、更紧迫、更具全局性问题的解决。有鉴于此,经略南海要注重内外统筹,一方面要统筹处理对美、日等域外大国关系,统筹处理和东盟及有关争议当事国的双边关系;另一方面要统筹处理我国继续坚持"韬光养晦"战略方针和国内日益抬头的民族主义倾向之间的矛盾,服务于国家总体战略发展的需要。就当前南海问题而言,中国在外交层面上的应对是务实的,也是正确的。中国作为联合国常任理事国,对外征战实力有限,又没有坚定强大的盟国;而且因不掌握国际话语权,在国际场合也比较被动。因此,统筹内外两个大局,对内做好自身的事情,对外通过外交努力争取时间,赢得广泛的理解与支持,才是维护南海权益和保障国家总体利益的正确途径。

(三) 推进央地统筹

2013 年 11 月 15 日,习近平总书记在主持中央会议说明《中共中央关于全面深化改革若干重大问题的决定》时指出,要逐步理顺中央和地方共同事权关系。经略南海的重点是实现央地统筹,理顺中央和地方关系。这对于实现中央与地方利益均衡,对于我国维护南海权益、建设海洋强国意义重大。建立起中央与地方的利益分享机制,有利于调动中央与地方两个积极性,不但可以为全国做出表率,而且能够更好地开发和利用海洋,拓展中华民族的生存空间。

1. 加快南海开发必须理顺中央与地方利益关系

海南省受权管辖南海,长期以来服从和服务于国家大局,积极支持、参与、协助南海执法维权活动,为国家维护南海权益做出了应有贡献。另外,海南陆地的承载力不足以支撑海南的可持续发展,海南的出路在于南海。因此,南海的开发与开放除涉及国家利益外,也涉及地方经济和社会发展的地方利益。从利益主体来看,南海开发涉及中央与地方权限和利益划分,存在着利益不协调的状况,海南受权管辖南海,但长期以来海洋资源优势尚未转化为经济优势,今后需要进一步改进完善利益分配机制。

2. 对海南区域发展定位给予配套政策支持

海南作为一个单独海洋经济区,开发南海是贯彻国家总体经济战略布局之举。海南作为一个岛屿经济体,尽管区位优势明显,海南内靠粤港澳深珠形成的华南经济圈,外临东南亚地区,处于中国—东盟自由贸易区的地理中心位置,海上交通十分便利,但海南目前所具有的区位优势还远没有转化为经济优势,海南在区域产业分工布局中还不能成为产业集聚的中心地带。因此,经略南海必须实施央地统筹,理顺中央与地方关系。

3. 积极发挥海南地方的主观能动性

海南作为维护我国南海权益的前沿,由于南海管辖海域范围很大,距离较远,海上突

发事件频发,现有力量不能快速到达和及时应对,管控能力显得薄弱,有关手段和设备也较滞后

　　而与之对应的是越南、菲律宾等周边国家不断强化海上管控力量建设,对我国管控南海、经略南海带来新的巨大挑战。鉴于海南在维护南海权益和开发南海的特殊地位,南海开发具有高度的复杂性、特殊性和迫切性,在南海开发中正确处理好中央与地方的关系至关重要。可考虑赋予海南海洋管辖权实质内容,授予相应的开发权,将维权和管辖权进一步落到实处。特别是 2012 年 6 月三沙市设立后,可以有效调动和增强南海一线斗争资源,发挥基层行政力量的主观能动性,发挥地方行政主体在经略南海中的特殊作用。建议加大调整南海油气开发利益分配格局,在南海开发中通过利益分配向地方倾斜来实现利益均衡,形成企业和地方政府甚至外资开发南海的局面,正确处理各级政府之间的收益分配,调动各方面的积极性。

（四）　实施军民统筹

　　2015 年 3 月 12 日,习近平总书记在出席十二届全国人大三次会议解放军代表团全体会议时强调,要深入实施军民融合发展战略,加快形成全要素、多领域、高效益的军民融合深度发展格局,努力开创强军兴军新局面。这一重要思想是对富国强军的整体设计布局,是习主席治党治国治军方略的新发展。要从时代高度清醒地认识到,深入实施军民融合发展战略,是民族复兴的百年大计,是富国强军根本之策,是推动经济发展的战略引擎,是抢占战略制高点的必然要求。党的十七大报告中指出:"要统筹经济建设和国防建设,在全面建设小康社会进程中实现富国和强军的统一。"进一步明确了新世纪新阶段处理经济建设和国防建设关系应遵循的指导方针。经略南海的保障是实现军民统筹,实现寓军于民、军民融合发展。特别是在南海维权方面,军地双方都要自觉站在国家发展和安全战略的高度,牢固树立加强海南国防建设、维护国家主权责无旁贷的意识,共同实现南海岛礁军事和民事建设的协调推进,谱写南海军民统筹、军地融合发展、共筑南海长城的时代新篇章。具体到三沙市的建设发展,要积极开展西沙群岛陆域、水域军事设施保护区域划定工作,落实保护措施,依法加强军事设施保护;积极推进开放开发西沙旅

游,有序发展无居民岛屿旅游,逐步实现西沙群岛由军管军控向军地共管、军民共治转变,形成军事建设和经济建设协调发展的工作局面。要以三沙基层政权建设作为契机,探索三沙基层政权建设的融合发展模式,着力推进军民统筹工作;其次,要以三沙社会经济发展总体规划的实施为契机,加快促进三沙社会经济与国防建设的协调发展,通过规划加快三沙社会经济的发展,体现更多民事存在,为国家的维权、维稳、保护、开发做出新贡献,努力争创全国双拥模范城;再者,要以当前重大基础设施和公共服务项目实施计划为抓手,加快三沙基础设施建设当中的融合式发展,进一步推进三沙军警民联防、海上综合执法的融合发展;最后,要以全国人大赋予三沙地方立法权为契机,加强三沙军民融合发展的相关法律法规保障工作,为三沙军民融合式发展奠定良好的法律基础。事实上,南海开发与南海国防建设并不矛盾,一方面经济建设是国防建设的根基,反过来,国防建设是经济建设的保障。统筹处理两者之间的关系,既关系到地方政府和投资者的切身利益,也关系到国家的长治久安。因此,这要求正确处理和对待经济建设和边防、海防建设的问题,实现两者的协调与统一。

（五） 实现远近统筹

习近平总书记高度重视我国周边海洋形势和维权工作,他高屋建瓴地指出:"我们今天的作为和积累决定了未来的海上态势。"南海问题由来已久,从 20 世纪 60 年代算起,迄今已近半个世纪的历史。正因为这一问题复杂敏感、久拖不决,由此演变成为了冷战后十分棘手的历史遗留问题。而南海问题演变发展至今,已经成为涵盖政治、经济、军事以及外交等多层面的综合较量,必须要用战略思维来宏观统筹这个问题,既不能乐观到期望短期内完全予以解决,也不能悲观到除了战争就别无他法,要在斗争与合作两个矛盾选项中寻求战略平衡。经略南海的核心在于牢牢把握我国和平发展的战略机遇期,立足眼前,面向长远,实现远近统筹、长短结合。如何让南海问题成为中国崛起进程中的垫脚石而不是绊脚石,这是对待南海问题所应有的大视野、大抱负。因此,解决南海问题不可能毕其功于一役,应保持地区积极有为、稳中求进的势头,积小胜换大胜,逐步换取时间和空间优势,为最终赢得战略主动奠定良好基础。

二、 经略南海要实施五大方略

经略南海涉及诸多领域,牵涉的内容千头万绪,既不可能面面俱到、齐头并进,也不可能一蹴而就、一劳永逸,要分清轻重缓急,坚持"稳中求进"的思路,着力实施政治方略、经济方略、安全方略、科技方略和文化方略五大方略。

(一) 政治方略

习近平总书记指出,要维护国家海洋权益,着力推动海洋维权向统筹兼顾型转变。我们爱好和平,坚持走和平发展道路,但决不能放弃正当权益,更不能牺牲国家核心利益。要统筹维稳和维权两个大局,坚持维护国家主权、安全、发展利益相统一,维护海洋权益和提升综合国力相匹配。要坚持用和平方式、谈判方式解决争端,努力维护和平稳定。要做好应对各种复杂局面的准备,提高海洋维权能力,坚决维护我国海洋权益。要坚持"主权属我、搁置争议、共同开发"的方针,推进互利友好合作,寻求和扩大共同利益的汇合点。

1. 经略南海要出台和实施南海战略

国家海洋战略是一个国家用于筹划和指导海洋安全、海洋开发利用、海洋管理和海洋生态环境保护的总体战略。21 世纪是海洋的世纪已经成为各国的共识,人类社会和经济发展将越来越多地依赖海洋。尤其是《联合国海洋法公约》的生效使国际海洋秩序及其斗争方式和手段发生了深刻变革。世界上的主要海洋大国如美国、俄罗斯、日本、加拿大、澳大利亚等都制定出台了国家海洋战略,制定和实施海洋战略已成世界性潮流。伴随着经济全球化和区域一体化的进程加快,我国的发展与海洋政治、安全、经济、环境、生态等方面的联系日益紧密、不可分割,海洋利益成为重要的国家利益。一方面,我国与海上周边国家和地区经济互相依存度高,但同时也面临一些周边国家争夺海洋权益和区域外势力介入的巨大挑战,我国海洋开发活动尤其是争议区海洋开发问题凸显。另一方面,尽管我国在海洋立法、海洋执法和行政管理等方面取得了相当进步,但还存在着政出多门、职能交叉、权责不清等问题。这在宏观层面上反映出我国由于海洋战略缺失,一直面临着海洋领域的诸多问题和挑战,尤其是在与周边国家发生海上突发事件时,应对上有时处于被动。在当前美国、日本等域外大国介入南海问题力度逐步加大的背景下,我国应该优先制定并出台南海战略,从而统筹南海各项事务,积极应对南海面临的严峻挑战。

2. 经略南海要加强对南海的管控

综合管控南海是经略南海的重要保障。除了要有与本国国情相适应的海上防卫力量外,还应形成综合运用行政、外交、法律等手段、中央与地方相结合、政府主导与社会参与相协调的管控格局。要研究和借鉴发达国家海洋事务管理的有效机制和成功经验,逐步提升海洋综合管理水平,建立有权威、效率高、职能相对集中、权责一致的海洋行政管理体制和海上执法体制,统筹对内行政执法和对外维权执法,为经略南海提供组织机构保障。要强化对我国南海管辖海域的定期维权巡航执法,完善海监、军方、外交三位一体的海上维权执法协调配合机制。稳步推进西沙、中沙、南沙等重点岛礁的建设。保障南海航行安全,为维护和拓展我国的海外利益提供安全保障。要完善南海海洋法律法规,在现有海洋法律法规基础上,进一步完善海洋法律体系。如尽快出台《海洋基本法》;继续推动《海洋环境保护法》以及《无居民岛屿开发利用条例》及其配套法规的立法修订工作,依法管控南海,维护我国南海权益。

3. 经略南海要增进南海各方互信与合作

在南海问题上,中国多年来一直践行怀柔南海的思想,呼吁有关争端方要保持克制,不要轻启战端。尽管南海局势时有紧张,但远没有激化到有关国家间的矛盾和关系不可调和的地步。因此,和平谈判依然是解决争议问题的优先选择和主要手段。中国要反复宣示南海诸岛的主权归属,在争议问题解决之前,采取"搁置争议、共同开发"的方式来稳定局势,增进各方的互信,这是寻求南海合作共赢之路。从实践层面来看,推进南海合作有助于增进合作各方的互信与共识、进一步管控矛盾与分歧,从总体上维护南海和平稳定的良好大局。一方面中国要积极维护与东盟关系发展以及与相关声索国双边关系的稳定,另一方面也要与美国、日本等大国管控好冲突和分歧,推动各方携手努力把南海变成信任之海,把不同的主张塑造成合作的共识,通过加强合作,增强共同利益的交汇点,确保实现南海和平稳定,向外界展现一种成熟的地区伙伴关系。

(二) 经济方略

发达的海洋经济是建设海洋强国的重要支撑,要提高海洋开发能力,扩大海洋开发领域,让海洋经济成为新的增长点。大力发展南海海洋经济,既是经略南海的必然选择,更是我国经济转型升级所赋予的时代重任。要加强南海海洋渔业、油气、旅游、可再生能源等资源的开发与利用,推动南海海洋产业发展壮大,夯实经略南海的经济基础。以渔业、旅游和油气资源开发利用为主线,通过经济发展手段与国防建设相辅相成,既可以形成海洋资源开发利用的实际性法理行为,也可以实现维护南海权益的根本目标。从南海法理斗争和长期维权需要出发,应加快推进三沙市发展建设,加强三沙市各项规划的编制工作,推进完善加强三沙市基础设施建设,积极推进三沙市渔业养殖、油气开发、海岛旅游等产业的发展,加快落实南海生态环境保护工作,促进地方经济建设和国防建设协调发展。

1. 南海经济开发要进一步强化南海诸岛基础设施建设和生产保障能力建设

在南海开发过程中,国家要按基地建设的目标强化海南及西沙群岛的建设。加速推进西沙群岛的开发,按照前沿基地的建设目标规划统筹西沙群岛的建设发展,积极构建西沙作为南海开发中间基地或前方基地所必需的水、电、路、码头、机场、博物馆等各项基础设施,要构建比较完善的海空交通网络,开通海南岛至西沙的定期海上客运航线。将西沙渔民村纳入"村村通"建设范围,开辟西沙诸岛岛际定期客货运航线。在渔民村和主要景区建设直升机起降点。将永兴岛军用机场改为军民合用,开辟海南岛至西沙的民用客运航空线路,开通定期航班等;重点加快邮轮旅游和西沙旅游发展。推动境外邮轮公司在海南注册设立经营性机构,在西沙银屿、鸭公岛、全富岛开放旅游的基础上,尽快开放西沙甘泉岛、晋卿岛、羚羊礁等岛礁旅游及开通邮轮旅游新航线,积极引进社会资本和机构,加快在相关岛礁上配套建设西沙旅游服务设施,可考虑在西沙永乐群岛符合条件的岛礁建设现代化、浮动式的海上旅游基地,以单体浮动客房为基础建设单元,配套连接通道、电力、万吨级观光船等设施,大力开发休闲渔业、潜水、海底探险、海钓、海洋体育等高端海洋休闲旅游项目。

2. 要建立经济高效稳定清洁的能源保障和淡水保障模式

协调大型石油企业在永兴岛设立供油点,可考虑在永兴岛建设自来水厂,通过雨水收集、岛水净化和海水淡化等途径,综合建设一体化供水管网。加强西沙诸岛渔民村饮用水安全保障工作;要构建覆盖三沙全域的公众通信网络。在西沙建设开发的基础上,也要着眼于南沙的推进建设,考虑在南沙美济礁建设综合保障和补给基地,为在南沙进行渔业开发和油气开发规模化作业打下坚实基础。通过海南、西沙、南沙这一后、中、前三级基地的建设,可以在很大程度上缩短海南与南沙的距离,推进南海开发进程。特别是要高水平规划建设一批特色产业园区,奠定三沙产业经济发展基础。推动和协调各省实施对口援建,利用优惠政策吸引和鼓励国内相关涉海企业参与等多种方式在三沙构建一批养殖、旅游等特色海洋产业园区。以海洋生态、科技产业项目建设为先导,拓展民用港口码头建设、生产科研平台设施提供等海上服务功能,完善海上油、气、淡水、蔬菜、冷链物流、海事搜救等综合保障服务。也可考虑构建蓝色经济创业孵化园,推动三沙海洋经济领域的大众创业、万众创新,依托园区在海洋产业策划、孵化和平台优势,在海洋科技新产品、海洋经济新模式、新业态等方面开展先行探索和培育,撬动更多社会资本参与三沙海洋开发。

3. 南海经济开发要壮大产业经济实力

在渔业生产方面,可利用海南周围海域良好的自然条件,在海南本岛建设渔业种质资源保护基地,培育海水养殖的良种良苗,打响全国水产品的南繁基地品牌,做大做强南海深水网箱养殖。也可尝试在南海腹地打造具备旅游、补给功能,产业链项目完整的岛屿渔港经济区。例如,依托南沙美济礁优越的自然条件和专业海上保障平台,以渔业综合服务为突破口,在美济礁建设石斑鱼、苏眉鱼、金枪鱼等名贵鱼类的高品质、规模化深水网箱养殖基地,力争打造成为集苗种繁育、养殖、捕捞、加工、科研、边贸和旅游休闲于一体的南沙水产品综合开发服务基地。同时要做大做强三沙社会基层政权和组织,扩大西沙、南沙渔民村建设,从而避免渔民散兵游勇式作业而面临的各种风险,发挥集群效应。推动实现三沙相关政策性保险和商业保险的全覆盖,为三沙居民生产生活提供全方位保障服务等。在旅游开发方面,要力争开通赴南沙的旅游航线,不断提升三沙旅游产品品质,不断丰富旅游文化内涵,例如,可打造"印象三沙""大美南海""南海丝绸之路"等高水平文化旅游节目和品牌,利用高科技声光电手段打造"人造海市蜃楼"等景观,通过"华光礁一号"沉船考古挖掘等项目开发,提升三沙旅游的人文、科技和历史内涵。在油气开发方面,应在开发机制上适当为国有大型石油公司松绑,鼓励石油公司赴南海中南部海域作业,体现每一座石油平台就是一个"人造岛礁"或者"流动国土"的理念,加大在争议海域的存在。这对昭示和维护中国的海洋权益,发挥"屯海戍边"的作用具有特殊意义。在产业开发组织形式上,可以采取公司制形式组建有关开发部门,具体人员可从转业或退伍的海军官兵中调配,赋予其生产性设备,实现守礁和生产相结合的策略,在不同海区也可有针对性地采取差别策略。屯海制作为军民融合、寓军于民的经济活动组织形式,不仅是屯田制的发展和升华,也是全面统筹协调海洋开发与国防建设的重要途径,也有助于加强中国在南海争议区域的经济存在。

（三）安全方略

古罗马政治家西塞罗说过:"谁能控制海洋,谁就能控制世界。"海权论的创始人马汉提出,所有帝国的兴衰,其决定因素都在于是否拥有强大的海权,能否控制海洋。正因为海权论在美国崛起中所起到的巨大作用,自然也就被诸多海洋强国奉为圭臬。历史一次次证明,不能制海,必为海制。海权"操之在我则存,操之在人则亡"。当今世界国家的利益边疆已经远远超出了国家的领海线。随着我国对外开放的发展,海外市场、海洋资源及海上交通运输通道对我国经济发展与安全已具有愈来愈重要的战略意义。特别是世界地缘政治经济的变迁与海洋作用的凸显日益紧密。世界经济已转向亚太,但由于亚太地缘环境的重要性和复杂性以及美国军事战略东移,在亚太出现了经济和安全分离的双重权力结构。随着中国的发展,中美之间的结构性竞争无法避免,因为美国担心中国的发展威胁美国在亚太的主导权和既得利益,为此,美国采取了加强与盟国、准盟国和其他国家之间的互动,目的是遏止中国的发展,消耗中国的资源,造成周边环境复杂而严峻的态势。

南海是我国南部的重要安全屏障,在我国海防安全战略中具有重要地位。所谓的海洋安全,是指国家的海洋权益不受侵害或不遭遇风险的状态,也被称为海上安全或海上保安。海上安全分为传统的海上安全和非传统海上安全两类。传统的海上安全主要为海上军事安全、海防安全。而海上军事入侵是最大的海上军事威胁。非传统海上安全主要为海上恐怖主义、海上非法活动(海盗行为)、海洋自然灾害、海洋污染和海洋生态恶化等。安全是发展的前提。影响中国南部地缘安全的南海问题越来越成为影响中国和平发展的显著的变量之一,其解决得好坏决定着中国能否持续、快速、健康与和平地发展。无论是从传统安全还是非传统安全来看,经略南海对维护我国政治、经济等多方面安全具有特殊意义,是我国建设海洋强国的重要组成部分。

经略南海应贯彻大海防战略,形成岸上、岛上和海上作战能力强,支持保障机制健全的海防体系。应建立科学的海上安全预警机制,以西沙群岛为基点和依托,加大海、空巡视力度,不间断地宣示我国南海诸岛主权。充分发挥各方面力量的作用,切实加强海上安全工作,确保我国渔民等有关海域从事正常作业人员的生命财产安全。着眼于我国当前现实需要和未来长远发展的考量,经略南海需要加强南海执法力量的整合与统一。通过组建海岸警卫队管控海上事务,既可充分体现海上维权执法行为的民事特征,也可避免海军位居前沿一线引发冲突升级的可能,使外交方面能够保持应有的弹性空间。特别是我国涉海部门要形成"大南海"的观念,从国家安全、经济安全等角度把握海洋在国家发展中的作用,以适应 21 世纪全球海洋竞争的新形势,争取我国在南海的有利态势和战略利益。

经略南海要加强海军力量建设。当前要尽快实现由近海防御型海军向信息化、远海型和慑战兼备型海军的转变。要着眼海军跨越式发展的需求,重点提高信息化作战能力。必须确立建设信息化海军,打赢海上信息化战争的战略目标,加快海军信息化建设步伐,全面提高海军的信息化作战水平。进一步建立和完善核常兼备的海上威慑体系,加强威慑手段的运用,通过显示南海力量存在,努力遏制南海危机,促进南海争端和平解决。要大力拓展海军战略运用领域,进一步发挥海军在南海政治外交活动中的重要作用。可根据联合国决议授权和国际社会的需要,积极承担南海救援、反海盗、反恐等国际义务,应对非传统安全威胁,履行中国作为南海地区大国的国际责任和义务。

（四）科技方略

海洋世纪的竞争归根结底是科技的竞争。习近平总书记指出,创新是不竭动力,必须深入实施科技兴海战略,不断提升科技对海洋经济的贡献率。经略南海的核心保障在于科技。没有科技的突破和支撑,人们面对浩瀚的南海,只能是"望洋兴叹"。南海作为我国最大的海区,有着丰富的海洋自然资源和良好的海洋科研条件,是我国开展海洋科学研究和技术应用开发的主战场。因此,实施经略南海的科技方略,关键在于加强我国涉海科技和人才在南海一线的聚集,围绕南海开展深海、热带海洋等重大项目的攻关研究,形成集产、学、研于一体的南海海洋科技发展的新局面。特别是吸引国内外优势海洋科技资源集聚,建设国内一流、国际先进的集深海科学研究、海洋资源开发与环境保护、技术研发和装备制造为一体的海洋科研基地,着重构建为我国海洋权益维护、深海资源调查、区域海洋经济发展战略与规划、海洋防灾减灾、海洋环境监测与保护、海域海岛保护开发和管理、海洋资源综合利用开发、深海装备技术研发、海洋综合管理和海洋公益性服务等科技支撑体系,有利于促进我国海洋科技的跨越式发展,为南海综合管理和海洋经济发展提供强有力的科技支撑和保障,从而带动和辐射全国海洋科技发展。

1. 经略南海要大力研发海洋高新技术，提高海洋开发和生态环境保护的科技水平

我国海洋科技研究开发取得了一定成就,但还存在着海洋科技成果产业化程度偏低、海洋科技对海洋经济的贡献率不高、海洋科技发展总体水平有待进一步提升等问题。因此,未来南海科技研发要着眼海洋产业发展、海洋生态环境保护,提高海洋公益事业水平和支持海洋军事利用需求,重点发展海洋生物、海水综合利用、深海科技、海洋监测等海洋高新技术,以科技手段支撑海洋综合开发与海洋战略实施。

2. 经略南海要加强海洋科研机构、海洋科技队伍和海洋科研基础技术设施建设

主要目标是打破部门和地方的条块分割,调整组织结构,优化资源配置。实施海洋人才战略,深化海洋教育改革,加速海洋科研人才的培养。增建先进的科学调查船,增加

海洋卫星数量,研制和布放海洋浮标,加强海洋科学考察等。特别是要着眼于整合南海科研力量,培养海洋科技人才,依靠科技进步和劳动者素质的提高,加快传统产业改造升级、新兴产业培育和发展的步伐,促进海洋开发由粗放型向集约型转变,增强海洋产业的竞争力,提高科技对海洋经济发展的贡献率。海洋科技总体水平达到中等发达国家同期水平,海洋科技进步贡献率达到 70%～80%;海洋科技成果转化率达到 60%～70%,海洋高层次人才数量再增加 30% 左右,海洋研发经费投入强度达到 3% 以上,达到中等发达国家同期水平,为经略南海奠定坚实的科技和人才基础。

(五) 文化方略

习近平总书记指出,要进一步关心海洋,认识海洋,经略海洋,推动我国海洋强国建设不断取得新成就。推进南海海洋文化建设,重中之重是树立全民海洋意识,要转变思想观念,打造好、运用好海洋文化软实力。一方面要着力塑造海纳百川、勇于创新、开放包容的国民品格;另一方面要加大南海文化宣传工作力度,扩大南海知识普及面,营造关注南海、热爱南海、保护南海的浓厚氛围。

1. 经略南海要大力培育海洋文化

海洋观和海洋意识根植于海洋文化,是海洋文化的集中反映,是海洋强国的精神动力。通过加强海洋文化的发掘整理和理论研究,建立中国传统的海洋文化价值核心体系;通过海洋文化创新,赋予海洋文化鲜活的时代特征;通过海洋文化推广,提高全民族的海洋意识,树立新的海洋价值观和科学发展观,形成全社会关注海洋、开发海洋、保护海洋的良好氛围;通过发展海洋文化产业,带动海洋产业和沿海各涉海行业的发展。最终把我国海洋文化建设成为提倡民族性,保持先进性,体现时代性,可以担负起海洋强国战略精神基石重任的先进的社会主义海洋文化。

2. 经略南海要增强全民海洋意识、南海意识

(1) 应把增强全民族的海洋意识作为海洋强国的一项长期性、基础性工作来推动。组织实施海洋宣传教育工程,制定海洋教育规划,运用多种手段深入进行海洋观教育。教育国民树立正确的海洋国土观、海洋国防观、海洋经济观和海洋法律观,增强海洋忧患

意识,激发建设海洋强国的斗志,使"陆海并重,以海兴邦"成为全国人民的共识。

（2）应增加海洋文化领域的实践活动。主要包括：广泛组织举办有关海事、海洋科技、新型舰艇的大型展览,重大节假日开放若干军港基地,积极组织地方官员、普通民众和青少年参观舰艇和军事表演,资助和鼓励个人和团体的海洋探险活动,与各国广泛开展海洋文化体育领域的交流合作等。

3. 经略南海要着眼于文化融合

纵观当今世界的文明竞争格局,亨廷顿所笃信的"文明的冲突"并没有弱化,甚至局部程度还存在显化的隐忧。以儒释道精神为基础的中华文明要实现伟大复兴,自然要受到西方文明的分化和排挤。在当今的全球化时代,全世界的每一个国家和地区在人类历史上从来没有像今天一样联系如此紧密,相互依存。而中华文明所强调的"天下"以及"大同"的思想淡化了国家、民族和疆界的概念,顺应了这种"地球同一村"的趋势。这种超越国界的文明和文化体系更加能够适应全球化的时代,为实现全世界的和谐提供了可能。环顾中国的邻邦,比起经济强国日本、军事强国俄罗斯和新兴大国印度,东南亚虽无庞大的经济规模,也无对中国构成实质性威胁的军事实力,却实现了世界几大文明的相互融合的实质性存在。泰国的佛教文明、印度尼西亚和马来西亚的穆斯林文明、越南的儒释道文明、菲律宾的天主教文明在此实现了高度融合,东南亚地区将成为中华文明世界化的突破口。中国如若对此加以利用,中华文明的生存和发展空间将得到大幅度的提升,融合了东南亚宗教文化多元性的中华文明将展示更加强大的生命力。因此,中国应加强与东南亚国家在政治、经贸往来、文化交流等领域的合作,全方位扩大并夯实中国的影响力,这是经略南海所应有的更深入、更广泛的文化内涵。

三、 南海丝绸之路·经略南海

21 世纪海上丝绸之路作为一项系统建设工程,其重点方向是从中国沿海港口经南海到印度洋延伸至欧洲,整个路线绵延数万千米,沿线国家有 30 多个。其中 21 世纪海上丝绸之路南海区域建设是重中之重,整个区域涵盖中国和东南亚 12 国,历史文化丰富,经济贸易活跃。鉴于该区域以南海为中心,因此也可以称其为南海丝绸之路。同样,经略南海也是以南海为中心的一项系统工程。与南海丝绸之路建设既有交集，又各有不同的侧重。例如两者均具有全局性、综合性、系统性以及战略性的特点，与此同时，在某些方面又有显著的差别。有必要进行研究比较。

从目标诉求上看，海上丝绸之路建设继承和弘扬开放包容、和平友好、合作共赢的古代"丝路"精神，强调共建、共享、共赢；而经略南海也注重和南海周边国家的合作，但更多是基于中国自身的角度来考量的，强调运用政治、外交、军事、经济、科技等综合手段，对中国在南海方向的利益和安全进行战略谋划和经营管理。两者之间在一些方面有本质上的区别。

从基本特征上看，21世纪海上丝绸之路具有时空性、多元性、开放性、包容性、互利性等特征。特别是21世纪海上丝绸之路涵盖的国家和地区众多，各地资源禀赋、地缘优势和利益追求不尽一致。因此，南海丝绸之路建设应秉持"开放包容、双向互动、互利共赢"原则，促进中国与对东南亚国家文化互通、文明互鉴，找到共同利益交汇点，增进双方合作共识，拓宽合作领域，造福南海及周边地区民众。而经略南海具有区域性、指向性、实效性的特点，更聚焦中国在南海的现实作用和积极作为，旨在为中国海洋强国和"中国梦"的实现奠定良好基础。

从实施路径上看，南海丝绸之路建设要充分形成中国与东盟国家共建的合力，按照政策沟通、设施联通、贸易畅通、资金融通、民心相通的思路，由易到难，以点带面，稳中求进。而经略南海同样也是遵循稳中求进的思路，通过实施政治方略、经济方略、安全方略、科技方略和文化方略五大方略，从多方面对南海事务进行统筹协调，从而实现经略南海的总体目标。某种意义上而言，南海丝绸之路和经略南海在实施路径上有对应的方面，例如，建设南海丝绸之路首先要加强政策沟通，这与经略南海实施的政治方略是有所对应的，均是通过政治、外交等手段实现目标诉求，两者在出发点和落脚点上基本是一致的，只是在侧重点上有所不同；再如，建设南海丝绸之路要加强民心相通，这与经略南海实施的文化方略也是有关联的，两者都体现了通过民间交往的方式增进相关各国的互信，共同维护地区和平稳定和人民福祉。此外，建设南海丝绸之路要加强设施联通、贸易畅通、资金融通，这均是从经济、技术的角度和方式来谋划的，与经略南海实施的经济方略、科技方略、安全方略也是有一定关联的,总体上体现了政治搭台、外交铺路、经贸唱戏、民心相亲的合作发展思路。综而观之,海上丝绸之路建设南海区域建设与经略南海有着内在的密切关联,两者间是相辅相成、互为促进的关系。一方面,推进南海丝绸之路建设进一步拓展了我国海洋发展的空间,有利于增进沿海国家的互信交流,维护南海和平稳定,推进我国南海战略的实施;另一方面,实现南海维权维稳相统一,将南海建设成为和平之海、友谊之海、合作之海,有利于为共建南海丝绸之路铺平道路。本质上而言,中国推进 21 世纪海上丝绸之路建设,绝不仅仅是聚焦于应对南海纷争的权宜之计,而是凝聚历史共同认知,弘扬中国历史文化传统,重塑中华民族昔日荣光的战略举措。同时也是中国在国家交往中施展"巧实力"和扩充"软实力"的重要体现。

经略南海,推进海上丝绸南海区域建设,重点是实现我国在南海地区的全方位存在,可实施"三步走"战略。

一是构建陆海基础设施互联互通体系。加快完善以海南岛为核心的海陆空立体交通枢纽建设,构建海南岛、西沙群岛、南沙群岛相衔接的立体交通网络,推进相关基础设施的完善配套,将海南岛打造成为面向东南亚、背靠华南腹地的航运枢纽,构建面向东盟的南海国际大通道,形成大港口、大基地、大流通、大发展的海陆空立体互联互通格局。

二是构建南海海洋经济开发和保障体系。大力推进南海产业开发和海洋经济发展。经济存在主要体现在资源开发方面,以渔业资源和油气资源开发利用为主线,通过经济发展手段与国防建设相辅相成,既可以形成海洋资源开发利用的实际性法理行为,也可以实现维护南海权益的根本目标。通过加快南海资源开发步伐,重点推动南海中南部油气资源共同开发,适时进行油气资源的自主勘探开发,以此彰显经济存在。在当前南海问题复杂多变的背景下,要首先加强在海洋基础设施建设和互联互通领域的合作,在利益交集比较大的海洋旅游、海洋科技等低敏感领域寻求突破,在加强海洋旅游、科技合作基础上,进一步与东盟国家开展文化、金融、物流等现代服务业的双边和多边合作,建立南海经济合作圈,以经济合作淡化海洋争端,不仅对海南国际旅游岛建设有着重要作用,而且对深化与南海周边国家的经济贸易合作意义重大,从而实现海南海洋强省建设取得突破性进展。

三是实施规模化的驻岛和综合开发计划。在西沙及南沙进一步建立健全基层政权机构。在岛礁建设的基础上,大规模推进民事建设和综合开发进程,例如在美济礁等其他我国驻岛礁建设能停靠大型船只的补给码头。此外,还可在岛礁上修建养殖场,发展深水网箱养殖业,起到寓军于民的掩护作用。积极鼓励和加强在我国驻守岛礁的移民和相关民事保障设施建设。逐步建立和完善中国在西南中沙群岛的地方政府,形成村、镇、局的三级政权构架,进一步体现中国的实际存在,提升区域影响力、辐射力和在海洋事务中的主导能力。

第三节　充分发挥海南的特殊地位和重要作用

海南地处南海,受权管辖南海,海南的战略地位也来自南海。海南由于特殊的历史、区位、政策、交通和人文优势,在 21 世纪海上丝绸之路建设和南海维权维稳中具有重要的地位和作用,海南既是 21 世纪海上丝绸之路建设的重要战略支点,也是经略南海的战略前沿,在我国海洋发展战略中负有责无旁贷的历史责任,这也是海南有别于国内其他省市的重大战略地位所在。要充分发挥海南在经略南海、建设海上丝绸之路中的特殊作用,服务国家海洋发展战略的实施。

一、 海南打造海上丝绸之路战略支点的现实条件

海南建省办特区 20 多年以来,经济综合实力明显提升,基础设施大大改善,加上海南拥有得天独厚的区位优势和丰富的自然资源,奠定了把海南岛建成南海基地的基础条件。

(一) 海南具有打造海上丝绸之路战略支点的众多资源优势

海南海岛资源丰富。海南省拥有热带海岛 500 多个,北起琼州海峡中线,南至南沙曾母暗沙海域,西起北部湾中部,东抵中沙黄岩岛海域,岛、礁、沙洲星罗棋布,广泛分布于海南受权管辖的约 200 万平方千米南海海域内,可资开发利用的岛礁为数众多,完全

可以建设成为我国在南海腹地的民事开发基地和军事桥头堡。此外,海南省渔业资源丰富,优良的渔场有北部湾渔场、清澜渔场、三亚渔场、西南中沙渔场。海南岛近海海域已记录鱼类有 800 多种,南海北部大陆架海域已记录鱼类有 1000 多种。西沙群岛海域除底栖和潮间带鱼类外,仅珊瑚礁盘区域鱼类就有 535 种,其中以鲈形目类占绝对优势,共有 386 种,占总种数的 72.1%。具有较高经济价值且有一定群体数量可供捕捞的常见鱼类近百种。南沙群岛地处热带,渔业资源特别丰富,主要有软体类动物、甲壳类动物和藻类。富含海藻、海带等热带资源,其中很多具有极高的经济价值。中国南海海洋鱼类约 1500 多种,大多数种类在南沙群岛海域都有分布,其中很多具有极高的经济价值。南沙群岛的鱼类资源十分丰富,品质十分优良,而且盛产中国其他海区罕见的金枪鱼等大洋性鱼类。中沙群岛附近海域营养盐分丰富,是南海重要渔场,海洋鱼类种类丰富,其中很多具有极高的经济价值。珊瑚礁的生物量也较高,形成五光十色的"海底花园"。同时中沙群岛渔场还以出产海参、龙虾等珍贵海产品而著名,且产量极高。在海洋旅游资源方面。海南省是热带海岛省份,海洋旅游资源十分丰富,拥有砂质海岸线 700 多千米,天然海滨浴场 60 多处,热带海岛 500 多个,还有丰富的珊瑚礁、红树林、海草床等热带海洋生态景观,形成了数量众多的海洋旅游度假胜地,构成了海南北部、东部、南部及西南中沙群岛海洋旅游特色资源。海南岛珊瑚礁岸线约 200 千米,占本岛岸线总长度的 11%;岸礁生长带宽达 1500～3500 米,面积约 2.2 万公顷。海南现有红树植物 16 科 32 种,占我国红树种类的 90% 以上,其中有 8 种是海南独有的珍贵树种;红树林面积约 4274 公顷,约占全国红树林面积的 20%。在海洋矿产资源方面,海南省目前已经探明的海洋矿产资源主要包括海南岛近海砂矿资源和海洋油气资源。海南岛近海砂矿资源丰富,具有矿种多、储量大、品位高、分布集中、矿种配套和开采条件良好等特点,目前已探明的有:锆英石 380～473 万吨,钛铁矿 3930～4308 万吨,伴生的金红石 111～185 万吨,独居石 2.2～2.7 万吨,石英砂约 51 亿吨;南海具有丰富的油气资源和天然气水合物资源,有含油气构造 200 多个,油气田 180 多个,石油地质储量约在 230～300 亿吨之间。另外,西沙群岛、南沙群岛和中沙群岛海底蕴藏丰富的锰结核和钴结核资源。海南还有热带典型海洋生态系统,拥有三大典型热带海洋生态系统——珊瑚礁生态系统、红树林生态系统、海草床生态系统。珊瑚礁分布较广,海南岛三亚、琼海、文昌和澄迈至东方八所沿岸,以及南海诸岛环礁均有珊瑚礁及活珊瑚分布,活珊瑚生长发育较为完好,种类众多,珊瑚礁生态系统生物多样性丰富。红树林生态系统和海草床生态系统主要分布于海南岛邻近海域。海南岛东北部岸线曲折,海湾多且面积大,红树林分布广且种类多,其中海口东寨港和文昌清澜港是全省最大的红树林分布区,西南部岸线较平直,多为砂岸和岩岸,红树林面积小,种类组成也较简单;海草床生态系统则主要广泛分布于文昌高隆湾与长圮港、琼海龙湾等港湾及陵水新村与黎安潟湖等海南岛东部海域。

(二) 海南具备成为海上丝绸之路战略支点的最佳区位优势

海南内靠我国经济发达对外开放前沿的"9+2"的泛珠三角地区外缘,是我国西南、华南内陆国土与南部海洋国土的接合点;外处中国—东盟自由贸易区中心位置,是我国面向世界开放的重要窗口,是连接东北亚和东南亚的地理区域中心,也是世界特别是东南亚国家和大洋洲国家通向中国大陆市场的要道。海南岛距离南海沿岸地区直线距离均不超过 2000 千米,地理区位独特而重要,是连接太平洋与印度洋和我国主要石油进口地区(中东)的交通要冲,海上交通十分便利。

未来在泰国建设克拉运河的计划一旦成为现实,将使正好位于东南亚至东北亚国际海运航线中心位置的海南有望成为面向印度洋新航线的海上重要枢纽之一。特别是,近年来海南基础设施已日趋完善,基本上实现了海南岛与大陆交通的对接。海南"三纵四横"的公路网络已贯穿全岛;海南岛沿岸有大小港湾 84 处,其中可供开发的大小港湾 68 处,有 18 处港湾已开辟为港口,有渔港 43 座。除已建港外,海南岛尚有 40 多处港湾具有建港的自然环境条件,其中 20 余处港湾可辟为大、中型港口。目前海南已初步形成以中心渔港为中心、一级渔港为骨干、二三级渔港为补充的渔港体系。沿海公路建设稳步推进,完成了洋浦港专用高速公路、马村港中心港区疏港公路建设,东环城际快速客运铁路主体工程完工。加强了公路、铁路、通道与机场的对接,构建了海陆相连、空地一体、衔接良好的立体交通网络,全面提升了港口枢纽纵深辐射功能。经过多年发展,海南港口建设基本上实现了海南岛与大陆交通的对接,已形成"四方五港"的布局,拥有 34 个万吨级以上港口泊位和我国第一个 10 万吨级国际邮轮专用码头,货物吞吐量已突破 1 亿吨,海南正在逐渐成为区域性的国际航运枢纽和物流中心。海南正在逐渐成为区域性的国际航运枢纽和物流中心。由于海南与东盟国家地缘相近,合作前景广阔。亚洲国家的区域合作起步较晚,但发展迅速,彼此间的贸易和投资联系日益密切,双边、区域、次区域以及跨区域的合作逐步展开。新加坡和中国香港、澳门等与海南地缘相近,已经建成了国际知名的自由港。未来几年是我国与东盟区域经济合作的关键时期,这对处于亚洲中心的海南加快国际化提出了迫切要求。

（三）　海南具备建设海上丝绸之路战略支点的政策优势

1988 年 4 月 13 日,七届全国人大一次会议通过关于海南建省办特区的同时,宣布授权海南管辖周围 200 万平方千米的海域面积。2009 年 12 月《国务院关于推进海南国际旅游岛建设发展的若干意见》,为海南海洋经济的发展提出明确的政策支持。例如,在国际旅游岛的战略定位中,要求将海南建设成为"南海资源开发和服务基地"和"世界一流的海岛休闲度假旅游目的地",支持海南加大南海油气、旅游、渔业等资源的开发力度,加强海洋科研、科普和服务保障体系建设,使海南成为我国南海资源开发的物资供应、综合利用和产品运销基地。特别是过去多年来,国家支持海南海洋产业发展的政策优势。2011 年 4 月和 2012 年 7 月,国家海洋局先后赋予海南 10 多项政策措施,支持海南海洋经济和海洋事业发展。用足用好中央支持海南的政策措施,为打造战略支点提供了政策条件。2012 年 6 月海南省设立三沙市的重要目的之一是更好地发挥海南在南海中的战略作用。建立海上丝绸之路战略支点正是履行国家使命,加快三沙发展的重要任务。

（四）　海南建省办特区 27 年的快速发展为建设海上丝绸战略支点奠定了 重要基础

海南海洋经济总量不断扩大,在国民经济中的地位显著提升,作用不断增强,已经成为海南省国民经济快速发展的重要支柱。据统计,2014 年海南全省海洋生产总值达 915 亿元,与建省初期的 1988 年相比,增长了近 120 倍。产业结构逐步得到优化,海洋第三产业日趋占据主导地位,海洋渔业、海洋旅游、交通运输、海洋油气业四大支柱产业保持了持续快速发展,2014 年增加值达到 490 亿元,占海洋总产值的 56%。海洋产业布局日趋合理。海南省按照因地制宜、突出重点、循序渐进的原则,布局发展海洋产业,逐步形成了以海口市为中心的北部综合产业带、以三亚市为中心的南部休闲度假产业带、以洋浦经济开发区和东方工业区为主体的西部工业园区和围绕"博鳌亚洲论坛"的东部旅游农业产业带。三大产业带和西部工业园区特色突出,结构完整,运行良好。海洋产业的发展带动了沿海市县经济社会全面发展。滨海旅游业的快速发展也带动了海南省航空业、交通运输业、房地产业、酒店业的快速发展。海洋生态环境保持良好。海南省坚持把海洋生态环境建设作为生态文明建设的重要内容,不断加大海洋生态环境建设投入,海南省海洋生态环境保持了良好水平。一是远海海域、近海海域海水水质符合清洁海域水质标准,水质优良;二是近岸海域监测面积总计 393 平方千米,大部分监测海域的海水水质符合清洁海域水质标准,水质状况总体优良;三是近岸大部分区域珊瑚礁生态系统和海草床生态系统基本保持其自然属性,生物多样性及生态系统结构相对稳定,生态系统主要服务功能基本正常发挥。海洋公共服务体系初步建立。海南加强海洋监测预报体系、海域动态监测体系、海上搜救体系和水生动物疫病防疫体系建设,初步形成了海洋公共服务体系。建立了全省海洋生态监视监测和海洋环境观测预报网络,加强功能区环境监测及赤潮等重大海洋污损事件应急监测预报工作;建立了省、县(市)两级海域使用动态监视监测管理系统,为海域使用动态管理提供切实有力的技术支撑;建立了海上搜救体系,为推进海洋安全和生态文明建设奠定了良好基础。

二、 海南打造海上丝绸之路战略支点面临重要机遇

近年来,海南在全国政治、军事、经济、社会发展全局中的战略地位明显提升,海南打造海上丝绸之路战略支点面临前所未有的重要机遇。特别是三沙市的设立提升了海南在维护南海主权和海洋权益中的重要作用,进一步凸显了海南在国家发展全局中不可替代的战略地位,也为海南建设海上丝绸之路战略支点提供了重大机遇。此外,海南在国家公共外交中的区位影响不断扩大。近年来,博鳌公共外交示范基地、三亚国家首脑休

闲外交基地、万宁中非交流合作促进基地和海口侨务工作交流示范区建设加快推进,海南正成为我国对外开放的重要窗口,这为扩大海南在东南亚国家中的区位影响力,发挥海南在人文交流中的特殊作用提供了重要条件。海南建设海上丝绸之路战略支点面临两大历史机遇。

(一)　我国海洋强国战略的实施带来重要历史机遇

党的十八大报告提出建设海洋强国的战略目标,这已成为我国参与国际竞争、走向世界大国的必由之路。海洋作为人类存在与发展的重要空间,占地球 70% 面积的巨大空间,使得海洋孕育着广阔的发展空间。特别是 21 世纪以来,国际海洋形势发生了重大变化,全球海洋竞争日趋激烈。一些大国从战略全局上更加关注海洋,纷纷制定新的国家海洋战略。随着外部竞争的日趋激烈和国内海洋经济总量的提升,我国海洋经济和产业发展已经站在了重要的历史新起点上,面临着前所未有的发展机遇。在新技术革命的推动下,新的可开发利用的海洋资源不断发现,海洋已成为财富源泉与全球经济重要增长极。海洋产业在世界经济中的比重,1970 年占 2%,1990 年占 5%,目前已达到 10% 左右,预计到 2050 年,将上升到 20%,主要增长领域集中在海洋石油和天然气、海洋生物、海洋电子信息、海洋休闲娱乐、海洋服务和海洋新能源等。此外,我国人口众多,陆地资源禀赋较差,维系人们基本生存的耕地资源、淡水资源、支撑经济持续增长的能源和重要矿产资源等均严重短缺。特别是随着城镇化建设步伐的不断加快,东部沿海地区人口聚集,向海洋要资源、要空间的趋势日益明显,大规模、多种类、高强度开发利用海洋的时期已经到来。大力推进实施海洋产业开发必将为缓解我国经济和社会发展中面临的资源短缺压力,推动经济社会可持续发展,为实现全面建设小康社会目标创造物质基础。未来 10 年是我国从陆地走向海洋,实现海陆一体化、建设海洋强国的重要时期。海洋是海南的最大优势。海洋强国战略的实施为海南建设海上丝绸之路战略支点,实现海洋强省提供了重大机遇。海南必须抓住机遇,加快挺进南海的进程,实现海洋强省,才能有力支撑国家海洋强国战略。

（二）中国—东盟自贸区升级版建设带来重要历史机遇

在亚太地区经济一体化进程中，中国和东盟自由贸易关系进展具有重要意义。2000—2013年，中国—东盟双边贸易额从395亿美元上升到4436亿美元，年均增长20.4％。中国已经成为东盟的最大贸易伙伴（表6.2），东盟成为中国仅次于欧盟、美国的第三大贸易伙伴。基于中国—东盟的人口总规模、经济发展活力和潜力，与北美自由贸易区等相比，"10＋1"自贸区仍然有巨大潜力，升级空间巨大。2013年9月3日，在第十届中国—东盟博览会和中国—东盟商务与投资峰会上，李克强总理提出打造中国—东盟自由贸易区升级版，开启双边合作的"钻石十年"。同年10月，在第16次中国—东盟领导人会议上，李克强总理建议尽早启动中国—东盟自贸区升级版谈判。打造中国—东盟自贸区升级版，将通过更新和扩充中国—东盟自贸区协定的内容与范围，削减非关税措施，提出新一批服务贸易承诺，从准入条件、人员往来等方面推动投资领域的实质性开放，提升贸易和投资自由化便利化水平，力争到2020年双边贸易额达到1万亿美元，形成宽领域、高层次、高水平、全方位合作格局。在我国提出打造中国—东盟自贸区升级版之后，东盟对此提议高度关注。经多次磋商和不懈努力，双方于2014年6月对启动自贸区升级版谈判达成共识。未来一段时期，打造中国—东盟自贸区升级版，进一步深化自贸区合作，成为了中国与东盟的共同选择。总体上看，打造中国—东盟自贸区升级版不仅是加快推动东亚区域经济一体化进程的战略要求，也是中国与东盟应对国际经贸新形势的战略需要，更是中国与东盟实现互利共赢同发展的现实选择。中国与东盟经济发展水平和目标相似，都处于工业化、城镇化快速推进的阶段，处于结构转型、产业升级发展要求迫切的阶段。双方地区产业布局和产业链都比较完整，贸易互补性较强，因此具备互利共赢同发展的条件。特别是在贸易领域，中国目前的出口商品中，资金与技术密集型的机电产品比重较高，而劳动密集型的纺织品服装的比重正在下降，而东盟多数国家的出口仍以资源密集型和劳动密集型产品为主，双方可以实现错位发展；在产业合作方面，双方能够形成合理的产业分工，实现优势互补，延长产业链，联合起来在全球价值链转移中谋求更高的地位与份额。海南作为中国与东盟大多国家隔海相望、海域相连最长、海上运输最便捷的省份,是打造"10＋1"升级版的前沿阵地。但 2013 年海南与东盟间贸易额仅为 27 亿美元,占中国—东盟同期贸易总量的千分之六,扩大海南与东盟贸易的空间巨大。打造中国—东盟自贸区升级版为海南以海上丝绸之路战略支点建设为载体扩大开放提供了新的重要历史机遇。

表 6.2　2000—2013 年中国及海南与东盟贸易往来情况

年份	中国与东盟		海南与东盟	
	贸易额(亿美元)	同比增长(%)	贸易额(亿美元)	同比增长(%)
2000	395	45.3	1.25	5.1
2001	416	5.3	1.30	4.0
2002	547	31.6	1.39	7.1
2003	785	42.0	1.44	4.3
2004	1059	35.0	2.67	85.0
2005	1304	23.1	2.64	−1.2
2006	1608	23.4	4.08	54.5
2007	2025	25.9	5.51	35.0
2008	2311	13.9	7.39	34.1
2009	2130	−7.8	10.94	48.7
2010	2928	37.5	14.3	30.7
2011	3628	23.9	17.7	23.8
2012	4001	10.3	16.9	−4.5
2013	4436.1	10.9	27.38	62.3

数据来源:根据中国商务部网站数据整理及统计处理得到。

三、 海南服务海上丝绸之路建设的基本路径

进入 21 世纪,我国经济社会发展正从陆域延伸到海洋,进入海陆统筹发展的新阶段。海南作为海洋大省,必须成为海洋强省,才能有力支撑国家建设海洋强国战略。海南要按照海陆统筹的要求,以海洋经济拓展提升陆域经济,重点打造岛屿—海洋经济体,

实现由海洋大省向海洋强省的转型升级,更好地服务国家发展战略。海南服务海上丝绸之路建设的基本路径是以海上丝绸之路战略支点建设为总目标,坚持海陆统筹、综合开发,把南海的资源优势、后发优势与陆域的综合优势、先发优势结合起来,推动经济社会发展重心由陆地逐步转向海洋。

(一) 以陆海统筹支撑海南海洋强省建设

海南未来发展的空间、潜力在海洋。借助海洋经济的发展,推动海南经济的转型升级,关键在于海陆统筹,推进"以陆为主"向"倚陆向海"转变。实施全面陆海统筹,推进陆海一体化发展。实施陆海统筹,要促进陆海经济相互渗透与交叉,形成资源互补、相互促进、协调发展的新局面。要加强海洋、海岸带和海岛开发、控制、综合管理,既要避免陆地上的人类活动污染海洋,又要避免海洋灾害影响陆地,强化生态文明建设,形成陆海一体化发展和可持续发展的新格局。

1. 统筹陆海规划,强化陆海联动发展意识

规划是经济社会发展的蓝图,指引着未来经济社会发展的方向。海南省作为海洋大省,要实现陆海统筹发展,就要统筹做好经济社会发展相关规划,在编制规划时,要坚持"陆海统筹、一体化发展"原则,把陆域、海域放在同等重要的位置,充分考虑陆海要素,使陆海统筹充分体现在各个相关规划中。构建统筹衔接的陆海规划体系。统筹编制城乡总体规划,要把海南省管辖陆域、海域及其岛屿都纳入总体规划,实现陆海空间的统筹布局;统筹编制土地利用总体规划和海洋功能区划,编制土地利用总体规划要将围填海计划纳入,编制海洋功能区划要明确围填海控制总量,使陆海空间都得到合理利用和规范管理,以拓展海南省发展空间;统筹编制旅游、港口、渔业等部门专项规划,各专项规划应统筹考虑陆地和海洋要素,特别是要关注到西南中沙群岛及其海域,并以海洋功能区划为布局依据,严格按照海岛、海岸带相关法律制定规划,使陆海资源都得到合理利用;要优化海陆空间发展布局。坚持"以陆促海、以海带陆、陆海统筹、一体发展"的原则,加强陆地和海域管理,全面实施土地利用总体规划和海洋功能区划,进一步拓展发展空间,培植新的经济增长点,着力构建环海南岛沿海的三条产业带(北部海洋综合产业带、南部滨

海旅游产业带、东部滨海旅游—渔农矿业产业带)和西部临海工业园区,南海北、中、南部三个海洋经济区,西、南、中沙群岛和海南岛沿海岛屿两个岛群海洋经济开发区,优化布局,有序发展;强化规划执行监管。加快制订并完善有利于陆海统筹、陆海联动发展方式的绩效评价考核体系和具体考核办法,考核结果作为各级政府领导班子调整和领导干部选拔任用、奖励惩戒的重要依据。

2. 统筹陆海资源,促进陆海资源互补性开发利用

紧紧围绕"以海带陆、依海兴琼、建设海洋经济强省"的发展战略,充分利用各种陆地与海洋资源,在加快海洋资源勘探开发步伐的同时,陆地给予用地支持,努力形成陆海资源高效、互补性开发的局面。建设南海油气资源勘探开发服务基地。支持大型石油公司加大海洋石油资源勘探开发力度,提高海洋油气资源开发利用水平,努力把海南建成南海油气资源勘探开发、加工和服务基地。适时规划建设海南国家石油战略储备基地,鼓励发展商业石油储备和成品油储备;建设海洋渔业资源开发和服务基地。完善渔港体系建设,建成以中心渔港为中心,一级渔港为骨干,二级渔港、避风锚地协调配套、功能齐全、布局科学的渔港体系。加快建设西沙、南沙、中沙渔业补给基地,加大西沙、南沙、中沙渔场的开发力度。在重点港口组建几个大型水产批发市场,完善冷冻仓储设施建设,建成几个大型水产品物流基地。加强渔业信息服务平台建设,促进传统渔业向信息化和知识化密集型渔业升级;大力开发利用海洋能源和海水资源,弥补陆地自然资源的不足。加大各种海洋可再生能源开发利用,以海洋风能利用为重点,全面发展海洋能利用。加大潮流能、波浪能发电技术研发,在管辖海岛范围内大力推进潮汐能、潮流能、温差能和波浪能小型发电站建设。大力发展海岛海水淡化,以海水淡化水作为海岛居民的第一水源;建设海洋科研基地。整合现有的海洋科技力量,以省水产研究所、省海洋开发规划设计研究院为基础组建省海洋科学研究院。支持海洋重点实验室和工程技术研究中心建设,争取设立国家南方海洋科研中心和科考基地。建设南海海洋科技研发基地和产业园区,加快海洋高科技产业化进程。建设国内先进水平的新药研发平台,加快发展海洋生物制药,增强海洋药物的自主研发能力,抢占新一轮经济和科技发展制高点。

3. 统筹陆海产业，建设陆海协调发展的产业体系

陆海产业密切相关，陆地产业发展离不开海洋产业提供资源、能源和空间资源支撑，海洋产业发展需要科技、加工、流通、金融等陆地配套产业支持，两者互相关联、互相促进，因此，建立统筹协调的陆海产业体系有利于海南经济持续健康发展。大力发展临港工业。按照"技术水平先进、经济效益好、环保水平高"的原则，在洋浦经济开发区和东方工业区集中打造绿色效能油气化工产业，逐步形成芳烃、烯烃、甲醇、化肥和精细化工产业链。建立大型海洋工程装备修造基地、区域性船舶修造基地和游艇修造基地。建设海南国际航运物流中心。以洋浦经济开发区为龙头，努力打造面向东南亚的航运枢纽、物流中心和出口加工基地。充分利用洋浦港的区位优势和洋浦保税区的政策优势，促进海南保税区物流产业共同发展。充分发挥海口作为全省商业贸易中心和重要枢纽的位置优势，以海口综合保税区为龙头，努力打造面向东南亚的航运枢纽、物流中心和出口加工基地。

4. 统筹陆海生态环境建设，推进海南生态省建设

海洋生态系统是一个稳定性较大的生态系统，与陆域生态系统存在着较大的依存性和互补性。只有坚持统筹陆海生态环境建设，才能推进海岛的经济建设与环境保护协调发展，走可持续发展的道路。要加强陆海污染源的监管。控制陆源污染和海洋开发利用活动污染物排放和海洋倾废，实施重点港湾海洋排污总量控制制度，重点污染企业实现全面达标排放。要加强海岸带综合保护。以立法和规划为主要手段，提高海岸带综合管理水平。在西部地区，集中安排特定海岸带，集中布局、集约发展临港工业、海洋矿产、海洋油气化工业，提高经济效益，减少海洋污染。要加强保护和修复海洋生态环境。实施生物资源保养增殖等生态保护与修复工程，加强珍稀濒危海洋动物栖息地生态环境、海洋渔业资源及生物多样性的保护，使海洋生物资源衰退趋势得到初步遏制。重点保护好红树林、珊瑚礁和海草床等典型海洋生态系统。要建立陆域和海域生态补偿机制，加快解决影响陆海生态建设和环境保护的突出问题。

5. 统筹陆海管理，增强海洋综合管理能力

海洋开发是一个综合性的经济活动，管理海洋经济涉及多个部门的职责，协调好部

门之间管理职责是提高海洋综合管理能力的关键。要建立陆海统筹、统一高效的海洋管理体制，协调和指导陆海统筹及跨部门、跨行业海洋事务。建议成立海南省海洋经济领导小组，成员由涉海厅局和沿海市县政府组成，明确各成员单位职责，加强各成员单位的横向联系，形成职责明确、分工合理、协调配合、运行顺畅的海洋综合管理体系。各级政府要围绕海南海洋经济发展的大局，各尽其职，各负其责，为海洋产业发展做好管理服务，形成开发海洋资源、发展海洋经济合力。要建立科学统一的陆海管理法规体系。完善地方立法内容，重点推进法规空白领域的地方性立法工作，增强陆海法规的针对性和可操作性。加强配套制度、配套措施、实施细则和工作规程等制度的制定与检查落实。加强港口管理、海洋渔业管理、海洋资源管理、海岸带保护与开发管理、海岛开发与保护、海域管理和海洋环境保护等法规体系建设。要统筹陆海行政审批，赋予海域使用权、海岛使用权与土地使用权同等法律地位。要加强陆海联合执法。建立陆海执法协调机制、执法信息通报和案件移交制度，继续加大海上联合执法力度，提高对海上综合案件的处置能力，制定海上应急执法工作预案，提高海上执法的整体力量与优势。

6. 统筹陆海国防建设，构建南海维权和保障基地

南海争议涉及我国主权、安全和发展利益，西南中沙群岛及其海域是海南省管辖海域的重要组成部分，维护南海权益是海南省职责所在，要通过陆海统筹，加强南海维权。要加强对西南中沙群岛的行政管理，在有条件的海岛要设立镇级人民政府。加快对西南中沙管辖权的行政立法，把全国人大第七届第一次会议决定的海南省对西沙群岛、南沙群岛、中沙群岛的岛礁及其海域管辖权落在实处。要建设西南中沙渔业补给基地，鼓励渔民造大船闯深海，发展"民间远洋"，力争做到探索"以开发促维权"。要建设西沙群岛自然生态保护区、西沙群岛国家海洋公园、西沙群岛海域天然气水合物勘探开发服务基地，逐步向南沙群岛及其海域拓展。要建设海岛生态经济建设国际合作平台，广泛开展国际性生态、技术和经济的合作和交流，强化"寓维权于生态保护和开发建设之中"的新理念和新方式。要建立南海区海岛生态经济建设管理体制与机制创新的试验区，根据南海诸岛海洋权益国际争议的特点，协调军事、外交、国家相关部门和地方政府的关系，探索建立西沙群岛生态保护与社会经济可持续发展的新的管理体制和机制。

（二）以"四个转型"打造"海上海南"

海南以海洋强省实现海南绿色崛起,突破海南发展瓶颈,拓展发展空间的出路在于打造"海上海南"。生存空间狭小,陆地资源严重短缺,环境压力越来越大是海南面临的最为突出的问题。破解这些发展难题,200 万平方千米的蓝色国土为海南提供了新的出路。

未来五到十年,海南全面走向南海的时机成熟,关键是要抓住机遇,服务国家周边外交战略,加快推进海洋强省进程。海南全面走向南海关键在于实现发展重心由陆地向海洋的战略转移。将发展视野真正从 3.53 万平方千米的陆域拓展到 1823 千米的海岸线以外和 200 万平方千米的南海海域,以海陆统筹的原则和策略拓展南海发展空间,推动经济社会发展重心由陆地逐步转向海洋,逐步形成以陆促海、以海带陆、海陆一体的发展新格局。海南全面走向南海的发展空间极为广阔。统计数据显示,2013 年海南单位海岸线所创造的海洋经济仅为 0.46 亿元/千米,仅相当于广东的 31.1%、上海的 1.2%。如果海南在未来的 7 年里不断扩展海洋产业发展空间和资源开发力度,提高海洋经济产出水平,按照静态对比,到 2020 年,如果海南单位岸线海洋经济产出率达到广东 2013 年的水平(1.48 亿元/千米),海南海洋经济总产值将达到 2696 亿元,相当于 2013 年海洋经济总产值的 3.2 倍;如果 2020 年达到上海现有水平的 20%(7.51 亿元/千米),那么海南的海洋经济产值将达到 13 839 亿元,相当于 2013 年海洋经济总产值的 16.3 倍。由此可见,海南海洋经济发展空间十分巨大(图 6.1)。

海南打造"海上海南"要着力实现四个转变。首先,率先实现经济增长以岛屿经济为主导向以海洋经济为主导的转变。抓住国家实施海洋强国战略、共建 21 世纪海上丝绸之路、三沙市设立、国际旅游岛建设等重要机遇,逐步把经济发展重心从岛屿陆地经济向开发南海、发展海洋经济转移,拓展发展空间,提高海洋经济增长速度和增长质量,增大海洋经济对全省经济增长的贡献率,在全国率先建立海洋主导型的经济可持续增长的新格局。其次,率先实现以岛屿产业为主向现代海洋产业为主的经济结构转型升级。发挥海洋资源优势,延伸陆地产业,做大、做优、做强海洋产业,加快发展海洋旅游业,积极发

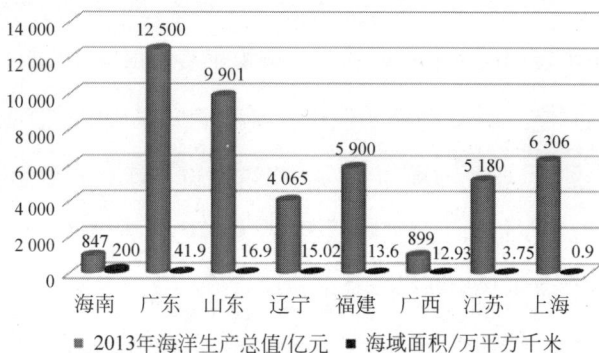

图 6.1　2013 年海南及部分沿海省份海域面积、海洋经济比较

展海洋交通运输业,做大做强临港工业,大力发展现代海洋渔业,培育壮大发展海洋生物医药、海洋新能源、海水淡化和综合利用等海洋新兴产业,为海上丝绸之路"南海基地"建设和实现"海洋强省"提供产业支撑。再次,率先实现经济发展以陆地资源开发为主向以海洋资源开发为主的转型升级。以建设"南海资源开发基地"为目标,加快海洋油气等战略资源开发,推进可再生能源开发,集中、集约开发利用海域及海岛资源,深入挖掘海洋旅游和文化资源,缓解海南经济发展面临的资源、能源和环境压力,提高海南可持续发展能力。最后,率先实现从分散型海洋管理体制向"大部制"综合治理体制转型升级。服务于海上丝绸之路"南海四大基地"建设,整合外交、国防、农业、交通、国土、环境、石油、船舶等涉海部门,建立强有力、权威性、跨部门、跨地区统筹协调机制,推进低层次、分散化海洋管理体制向高层次、集中化的海洋综合治理体制转型升级,为海上丝绸之路"南海基地"建设提供体制机制保障。

四、 海南打造海上丝绸之路战略支点的重点任务

按照"政策沟通、设施联通、贸易畅通、资金融通、民心相通"的总体思路与原则,重点推进海上丝绸之路战略支点建设。

(一) 打造面向东南亚、背靠华南腹地的航运枢纽

把海南打造成为海上丝绸之路战略支点,重在推动海上互动互通建设,实现与南海

周边国家和地区海运、物流以及贸易等方面的深度融合,进一步扩大海南在南海航运方面的重要影响,为维护我国南海航道畅通和安全提供坚实保障。

1. 加快完善海陆空立体交通枢纽建设,构建面向东南亚的国际大通道

规划和推进公路和铁路大型枢纽、场站、通道建设。推动海南洋浦等港口与海口美兰国际机场以及大型航空集团组建战略联盟,着力构建海陆相连、空地一体、衔接良好的立体交通网络,全面提升港口枢纽纵深辐射功能。

2. 积极参与合作,加快推进港口、航空、管道、通信、输电线路等基础设施互联互通

进一步加快港口航运枢纽基础设施建设,形成更多面向东盟、东南亚的国际班轮航线网。加快完善航空通道,依托海口美兰机场和三亚凤凰机场,加快建成海南区域性枢纽机场,发挥海南开放第三、四、五航权的政策优势,增加面向东南亚的国际航线。进一步完善港口国际航线网络,增加近远洋航线密度,提升海南对亚洲地区、中东地区、非洲地区的辐射能力。加强海南港口体系建设,推动建设中国—东盟港口群,加强与南海沿线国家和地区港口体系对接。重点在港口、口岸、物流和信息设施等领域努力与沿线国家就合作方向、重点内容和共建机制等方面开展合作,着力推进多式联运和集疏运交通体系建设。依托区位、港口资源和保税港区的政策优势,优化港口结构和布局。以三亚、海口、洋浦为重点,配套建设一批为国际旅游岛和临港产业发展服务的港口设施,把洋浦保税港区打造成为背靠华南腹地、连接北部湾、面向东南亚的区域性航运和物流中心;把洋浦港、海口港建设成主枢纽港,将洋浦—海口组合港建成区域性国际航运枢纽;把八所港、三亚港建设成地区重要港口;发展一批地方特色专业港口,形成布局均衡的港口体系。

3. 推动国际客运和大宗货种专业化码头建设

坚持集约化、高效化、专业化、信息化的发展方向,完善布局,优化结构,提升功能。大力发展公用码头,加快大型专业化码头建设,形成集装箱、石油天然气、煤炭三大重点货种港口的专业化、集约化布局,完善海运直达、水中转联运的运输系统。完善海运支持保障系统,加强海上安全合作,加快港航管理信息化建设,加强水上交通安全监管。加快

沿海巡航搜救监管一体化基地和防污染基地建设,提高有毒有害物质及危险品运输污染防治和应急处置能力。加快航道水上服务区建设,增强水运服务保障能力。提升海运便利化水平,注重深化与南海沿线国家交流与合作,进一步加强多边和双边磋商,注重在海运会谈政府合作机制下,努力促进和鼓励相关行业、企业开展多层次交流与合作。推动便利化运输。关键要推进"一站式"通关,切实解决好"一站式"通关的标准、规范、机制、信息化等问题。

4. 拓展合作领域，注重海上安全合作机制和制度建设，共同打造南海海上交通安全保障体系

重点加强航行安全、海上救援和应急处置、船舶防污染、新能效船舶研发、海事技术交流与人员培训等领域的合作。加快航运业发展,提高海运市场国际化水平。积极扶持培育国际海运业发展。加快海运运力结构调整步伐,适应市场需求,实行积极的扶持政策,实现运力结构优化。大力发展集装箱、矿石、滚装、石油、液化气等专业化船舶运输。加快海运企业转型升级。促进航运业规模化、集约化经营,加快运力增长。培育具有活力和竞争力的现代海洋运输企业集团、现代运输队,引入国内外有实力的大公司,对现有的国有资产进行重组和专业化分工。

（二）全面建设南海维权和服务两大基地

充分发挥海南的区域优势和特殊作用,以服务于我国构建全方位对外开放新格局为总要求,以贯彻落实我国海洋强国战略和稳定周边战略为指引,服务南海维权和综合开发等总体战略部署。

1. 推进南海维权基地建设

加强南海维权保障基地建设。在海南岛推进建设南海维权综合保障服务基地,为海监、渔政、海事等海上维权执法力量提供物资供应、检测维修、人员驻扎等保障服务工作。建立三沙统一指挥协调机制,以西沙建设为先导,加快实施西沙重大基础项目建设,兼顾军民两用。按照"寓军于民、平战结合"的发展路子,分阶段、有步骤地推进中沙、南沙建设,将西沙建设成为南海维权的后方支持基地,逐步推进中沙黄岩岛和南沙美济礁综合

补给基地建设,为南海维权提供战略支撑。加强南海战略部署和战场设施建设。构建大陆、海南本岛、西沙、南沙衔接一体的战场保障体系。面向南海军事斗争准备工作需要,强化南海前沿军事部署。加大对亚龙湾、榆林和海南一线机场的建设力度。进一步推进海南岛航母基地、核潜艇基地等战略军事基地建设,增强南海战略威慑力。完善对西沙群岛的综合配套保障能力建设,对南沙现驻岛礁设施进行有计划的维修改造,适时推进南沙永暑礁、美济礁机场建设。加强南海中远程作战体系建设;加强南海维权执法能力建设。加大资金和技术投入,根据各部门南海执法的实际需要,重点建设一批吨位较大、装备先进、现代化水平高的南海执法船艇及相关的后勤保障、通信系统,初步形成现代化的南海维权和应急反应体系。加强南海维权法规体系建设。建立和完善与南海维权执法相关的海上综合管控、海上交通安全管理、海上搜寻救助、船舶与海上设施检验管理、海洋捕捞、海洋环保等方面的法律法规。

2. 推进南海综合服务基地建设

积极吸引新加坡、国内东南沿海海洋工程装备企业向海南转移和聚集。大力发展海南临港工业,推动临港、临空保税区发展。加快南海油气资源储备基地建设,完善港口物流配套公共设施建设。加快南海油气资源综合加工基地基础设施建设,将洋浦建成海南集约发展新型工业的示范区,为南海资源开发与综合利用提供基础。建设南海防灾减灾和搜救综合服务基地。加快建设南海辐射码头和机场,给各类船舶提供驻泊、油料供应、电力供应、淡水供应,为南海物资储运、医疗救助、环境监测、油气开发等重大任务提供服务保障。建设南海生态环保和科研综合服务基地。开展气象、地质、海洋灾害预警监测,推动建立区域共同防范自然灾害的长效机制。提升海上安全生产、环境保障服务和应急救助信息化水平,规划建设避灾避难安置场所和救灾物资储备仓库,提高海上救助服务能力。开展海洋灾害风险评估与区划工作,加强海洋防灾减灾应急指挥能力建设。加强海平面上升影响调查及评估工作,提升海岸防护能力,为南海生态环保和科研提供综合服务。

(三) 大力发展海洋特色产业

依托南海资源优势,加快实施海洋旅游、油气、渔业产业综合开发,积极发展海洋优势产业,以构建旅游、油气、渔业三大产业中心为重点实现海洋经济的跨越式发展。

1. 构建南海丝绸之路旅游经济带

加快发展海洋旅游业。大力开发滨海度假、海岛休闲、海洋观光、邮轮游艇、海上运动等特色旅游项目,建设世界一流的海岛休闲度假旅游目的地。建设三沙旅游开发基地。开辟海南岛赴三沙定期旅游航线,规范三沙旅游开发活动。有序发展无居民海岛旅游。重点加快邮轮旅游和西沙旅游发展。推动境外邮轮公司在海南注册设立经营性机构,在西沙银屿、鸭公岛、全富岛开放旅游的基础上,尽快开放西沙甘泉岛、晋卿岛、羚羊礁等岛礁旅游及开通邮轮旅游新航线,积极引进社会资本和机构,加快在相关岛礁上配套建设西沙旅游服务设施,可考虑在西沙永乐群岛符合条件的岛礁建设现代化、浮动式的海上旅游基地,以单体浮动客房为基础建设单元,配套连接通道、电力、万吨级观光船等设施,大力开发休闲渔业、潜水、海底探险、海钓、海洋体育等高端海洋休闲旅游项目。积极发展邮轮游艇产业。利用我国的邮轮客源市场和环南海周边国家不断改善邮轮基础设施条件的有利时机,积极开辟赴新加坡、马来西亚、香港等地的旅游航线;创造条件,开辟赴印度洋和太平洋周边国家的邮轮航线。

2. 构建南海油气能源开发与交易中心

加大南海油气资源勘探开发力度。进一步扩大对外开放,支持南海油气区块对外招标,引进海上油气开发的人才、技术、管理。支持中石油、中海油、中石化勘探开发三沙海域油气资源,优先保障项目用地、用海需求,开通项目审批建设的绿色通道。加快发展南海油气资源勘探开发服务业。鼓励大型海上油田服务公司到海南落户,优先支持配套南海资源开发的海洋工程装备制造、维修服务、仓储物流、加工利用等产业发展。建设一批规模效益大、现代化水平高的油气化工项目。积极拓展和延伸油气化工产业链,促进海南油气化工产业优化升级。大力发展油气化工产业集群,形成以洋浦开发区为核心的油气产业基地。

3. 建设海南现代海洋渔业产业中心

大力发展现代海洋渔业。支持海南渔业拓展海上丝绸之路,与南海周边地区以及印度洋、太平洋区域相关国家开展渔业捕捞合作,鼓励发展外海和远洋捕捞,给予海南增加远洋渔船指标等政策。严格控制近海捕捞强度。提升捕捞技术装备水平,组建以三沙为重点的外海捕捞船队。积极推进生态健康养殖和深水抗风浪网箱养殖,培育热带水产苗种繁育体系。发展水产品精深加工。建设水产品物流基地和渔业出口基地。积极推进渔区建设,改善渔村环境,打造一批以现代渔港为依托、特色鲜明的渔业风情小镇,推进休闲渔业发展。以市场为导向,扶持龙头企业,创建知名品牌,提高渔业组织化水平。完善水产品质量安全防控体系。建设水生动物疫病防治和水产品质量安全检验检测网络,扩大与周边地区的渔业品贸易,把海南建成集交易、物流配送、冷库仓储、检验检疫、信息中心、安全监控于一体的现代国际渔业产业中心。

4. 着力发展海洋新兴产业

着力集聚高端海洋生产要素,大力发展特色海洋产业,建设以临港运输、海洋旅游、海洋资源综合利用、海洋服务业、海洋文化教育为重点的产业集聚区,着力打造海洋高端产业孵化基地、热带海洋经济产业示范园、中国—东盟海洋产业合作基地。重点发展海洋工程与装备、海洋能源开发、海洋功能生物资源利用、海上娱乐文化、海洋探测监测与信息服务等海洋新兴产业。

五、 积极发挥海口、三亚和三沙等地的区域支撑作用

海南打造海上丝绸之路的战略支点,要积极发挥海口、三亚、三沙、洋浦以及博鳌等区域节点的支撑作用,充分体现它们各自的特色、区位、产业等优势,实现错位布局,服务于海南总体战略目标的实现。

(一) 海口

海口作为海南的省会城市,具有独特的区位优势、资源优势、政策优势、生态环境优势。特别是海口是 21 世纪海上丝绸之路的重要节点和连接中国大陆及辐射东南亚的桥头堡。尤其是在发展面向东盟经济圈、华南经济圈的区域合作和外向型经济方面有着得天独厚的优势,在海南打造海上丝绸之路战略支点中具有重要作用。

1. 海口打造成为环北部湾重要口岸城市

依托海口良好的区位优势,推动琼桂粤"三地七港"大通关合作。深化省会经济圈合作,通过产业对接、合作、转移,构筑跨行政区域的产业链。构建面向东盟的国际大通道,形成大港口、大基地、大流通、大发展的海陆空立体互联互通格局,打造环北部湾海陆空重要交通枢纽。

2. 把海口发展成为北部湾沿岸开放型经济新高地

积极参与中国—东盟自贸区升级版建设,提高金融、投资、贸易的国际化水平,在打造中国—东盟自由贸易区升级版中增加海口的分量。进一步拓展海口综合保税区功能区,按照自由贸易园区和自由贸易港区的发展方向,使海口综合保税区具备更多的贸易投资自由化功能。重点推进海口美兰空港综合保税区建设,探索实施自由贸易港区先行先试政策和管理体制,推进临空自贸区建设。积极探索建立投资合作贸易平台。依托海口本地的优势物产资源,吸纳东盟自由贸易区和北部湾地区同类资源,发展特色经济,将海口打造成为具有较高分工水平的、面向东南亚的重要经贸窗口。

3. 把海口打造成为区域经济合作示范区

加强与东南亚国家和地区的经济合作。依托国际资本和日益成熟的国内民营资本,特别是"珠三角"的外溢工业资本,进军中国大陆市场、东南亚市场甚至更大范围的国际市场。强化与"华南经济圈"的互联互通建设。在"华南经济圈"的持续发展与消费结构升级过程中,将海口打造成为"华南经济圈"的后花园。

4. 把海口打造成为国内外知名旅游目的地

依托海南本岛的优质人居环境资源,加强海口与北部湾其他地区和城市的协作,打造具有整体集群优势的北部湾"旅游度假经济板块"。充分吸纳、利用东南亚(包括港澳)的旅游资本与运作管理技术,促进海口逐渐成为环北部湾甚至东南亚的旅游集散中心之一。充分发挥海口与海上丝绸之路沿线国家丰富的旅游资源优势,尤其是海洋旅游资源,加强海口与周边国家和地区在以旅游为基础的经贸合作力度。积极开通海口至周边地区的邮轮航线,将传统的运输航线上升为海上旅游航线。例如,积极开辟中国(海口)—越南(下龙、岘港、胡志明市)—泰国—马来西亚—新加坡—印度尼西亚—文莱—菲律宾的海上跨国旅游环线。建立泛北部湾区域旅游合作联盟,共同打造特色旅游线路,共同开展对外营销,将"海上丝绸之路"打造成世界一流的跨国海上旅游精品。进一步探索发展"海上丝绸之路"邮轮旅游,开通海口至东盟沿海城市的邮轮航线,加强区域旅游合作和客源市场互动,以旅游为桥梁深化与东盟各国的交流沟通。

5. 把海口建设成为海上丝绸之路历史文化名城

以积极参与 21 世纪海上丝绸之路申遗工作为契机,加强海上丝绸文化建设,深入挖掘海口在古代海上丝绸之路中的历史文化资源,不断扩大与海上丝绸之路沿线国家的交流与合作,打造海上丝绸之路历史文化名城。

(二) 三亚

三亚背靠海南本岛,直面南海,地理区位独特而重要,海上交通便利,自古就是海上丝绸之路的重要驿站,当今更是居于海上丝绸之路这条连接亚欧贸易与和平之路的最前沿。与此同时,作为南海重要门户,三亚也是我国国防前沿和军事重镇。目前,三亚正在建设亚洲最大的国际邮轮始发中心凤凰国际邮轮港,其主要是面向中国沿海、东南亚、韩国、日本等海上丝绸之路主要沿线国家和地区。大型海港的建设有效提升了三亚在海上丝绸之路建设中的区位优势。

1. 把三亚打造成为环南海旅游经济带中心

以海上丝绸之路为契机,以南海地区旅游合作为抓手,积极构建环南海丝绸之路旅游经济带。加强与香港、台湾、菲律宾等地合作,积极搭建以亚洲邮轮旅游为重点的合作平台,大力发展以海上丝绸之路为主题的海洋旅游,积极推动发展邮轮游艇、帆船、帆板、低空飞行等高端旅游业态,为推进中国—东盟海洋旅游经济圈建设发挥积极作用,努力使三亚成为环南海旅游经济带的中心。重点是打造国际一流热带滨海旅游精品城市。紧紧围绕国际旅游岛建设,面向国内外旅游市场需求,坚持国际标准、精品思维、高端发展,把三亚打造成为国际著名的高端旅游目的地,建成国际一流热带滨海旅游精品城市。打造国际顶级消费娱乐中心。以海棠湾免税购物中心为龙头,以丰富多彩的旅游购物和旅游消费为支撑,大力发展与旅游相关的文体娱乐业,把三亚打造成为著名的"免税购物之都"和国际顶级消费娱乐中心。打造国际特色医疗养生中心。以海棠湾医疗板块、崖州区南滨南片区为载体,积极争取三亚国际医疗旅游先行区试点,率先推进医疗领域改革开放,把三亚建设成为具有中国特色的国际医疗养生中心。

2. 把三亚建设成为现代服务业综合改革先行试验区

重点支持三亚以旅游、教育、医疗为重点的生活性服务业和海水养殖、海洋渔业、海洋综合物流为重点的生产性服务业的全面开放。支持琼港澳在免税购物、博彩业等领域的合作,形成优势互补、资源共享、协作配套的现代服务业体系。推进以旅游、文化、信息产业为重点的服务贸易发展,在中国—东盟自由贸易区升级版中发挥独特作用,成为全国对外经贸的重要战略支点,将三亚打造成为现代服务业开放的综合试验区。坚持体制机制创新与服务业开放相结合,重点支持海南发展服务业的财税体制、投融资、土地等体制机制创新。推进服务业的"营改增"改革,促进中小企业发展。逐步探索并完善服务产品出口退税制度。探索实行服务业与工业用地同价改革。支持符合条件的服务业企业上市融资,探索发行国际旅游岛债券,将三亚打造成为服务业发展的体制机制创新试验区。

3. 将三亚建设成为面向东南亚、南亚的海陆空立体交通枢纽、互联互通平台

三亚作为海南省南部的中心城市、交通枢纽和我国的南大门,是我国东南沿海对外开放黄金海岸线上最南端的对外贸易重要口岸,是海上丝绸之路重要的交通运输枢纽。科学规划,大力推进公路和铁路大型枢纽、航线、场站、通道建设,着力构建海陆相连、空地一体、衔接良好的立体交通网络。加强与丝绸之路经济带沿线城市的交流合作。鼓励机场、口岸与国内外大型航空集团组成战略联盟,充分发挥三亚独特的区位优势,把三亚市建设成为面向东南亚、南亚的航空运输枢纽、互联互通平台。

4. 将三亚打造成为国家非正式外交与科技文化交流中心

借助博鳌亚洲论坛等高端平台,全方位开展高层次的外交外事活动及区域性、国际性经贸文化交流活动,大力加强基础设施建设及人才队伍建设,促进国家首脑休闲外交基地建设,不断提高开展高层次外交外事活动的能力。以博鳌亚洲论坛为平台,设立南

海问题专题论坛,研究并宣传我国南海主张。加快国际学术交流平台建设,拓展国际文化交流领域,打造无国界科技文化交流中心。

5. 将三亚打造成为国际自由贸易港

借鉴国际自由港政策,积极争取国家政策支持,逐步形成一套自由、开放的多边自由贸易制度,把三亚建设成为陆海空网全方位开放的国际自由港。争取中央支持在三亚探索发展大型空港自由贸易区,探索负面清单管理模式,创新税收结构,不断加强三亚与国内外其他城市的经济联系。

6. 将三亚打造成为南海后勤服务保障基地

不断强化三亚在国防建设和维护南海权益中的重要战略支点作用,将三亚建设成为面向南海开发开放的重要门户、海上救援基地和综合服务保障基地,由此形成更为积极主动地维护我国南海"蓝色领土"主权和海洋权益的新局面。

(三)三沙

三沙地处南海前沿,在南海维权维稳中具有重要的作用。当前南海问题已成为我国推进海上丝绸之路,与美、日等大国博弈面临的突出问题,也是最能体现海南的战略地位与责任担当的突出问题。海南最能体现这一问题所在就是三沙。要充分发挥三沙的支撑作用,服务于海南经略南海和打造海上丝绸之路战略支点的目标。

1. 扩大三沙南海维权队伍

在现有基础上,加速海上执法力量的整合与统一,整编成新的海上综合管理执法队伍。在三沙设立协调中心,统一调度海上综合执法队伍。努力争取国家对南海一线海洋执法基地、执法船队、装备建设及海监执法队伍建设支持力度。

2. 建立渔业资源开发前沿基地

加强西沙永兴岛渔业补给基地建设,加快在西沙晋卿岛、南沙美济礁和中沙合适岛屿建设一批渔业综合补给基地,为渔业生产提供服务保障。建立南海深海捕捞示范基地,鼓励成立若干个以岛礁外海域为主要作业区的现代化综合捕捞船队。鼓励渔民或渔业公司在西南中沙海域开展礁盘内潟湖深水养殖,支持深水网箱基地建设。

3. 建设南海油气勘探开发、储备、加工战略基地

充分利用海南丰富的油气资源优势、区位优势,形成以大型油气国企为开发主体,三沙市作为油气中转服务基地、洋浦作为石油加工储备基地的三线格局。积极促进中海油、中石化、中石油按照国家分配的区域在南海进行油气勘探开发。重点推动两岸开展海洋油气开发合作,规划一批油气开发利用的重大项目。

4. 完善三沙服务保障基础设施建设

推进三沙油气开发中转服务基地建设,在西沙建立南海油气开发中转服务基地,完善三沙市配套油气码头、中转、存储等服务设施建设。选择适合的南沙岛礁支点,通过围海造地,打造资源开发综合基地,为周边海域和岛礁的油气、矿产、渔业、旅游等资源开发提供维权保护、执法、后勤保障等服务。

(四) 洋浦

洋浦作为我国新兴的国家级石油化工产业基地,同时也作为海南新型工业发展的龙头,在南海资源开发和服务基地建设中具有重要的地位和作用。海南打造海上丝绸之路战略支点,要充分发挥洋浦对海南的支撑带动作用,将洋浦打造成为自由工业港区。

1. 规划洋浦港航道和内陆交通建设

用2～3年时间,打造洋浦内陆集疏运便利的交通网络,完善港区辐射公路网,建设直通港口的高等级公路和铁路,确保南海开采的或从东南亚进口的原油能够通过海上通道顺利进入洋浦港,确保洋浦加工或转运的油品能够通过海上通道快速到达东南亚各国或中国大陆目的地。

2. 做强洋浦能源加工、储备基地和交易平台

建立与油气加工量相匹配的能源储备仓库、港口泊位、集装箱、远洋轮船、大货车等配套建设。进一步提升洋浦炼油产能,用5～10年时间,把洋浦打造成国内乃至亚洲的能源加工中心和交易中心,服务海南与海上丝绸之路沿线地区能源贸易发展。

（五）博鳌

充分发挥博鳌亚洲论坛的国际声誉和重要影响力，将其打造成为海南重要的公共外交和人文交流平台。

1. 完善博鳌硬件设施

合理规划博鳌城镇化布局，完善公共基础设施，加大公路、电力、排水等建设。加快琼海博鳌机场建设进度，按时实现博鳌机场通航。按需建设高端会议厅和高端国际性酒店，引进高水平的酒店管理人员。建设高水平的医疗机构，全民提升博鳌高端医疗服务水平。

2. 依托博鳌亚洲论坛，扩大合作交流渠道

与亚洲国家领导人和企业团体，尤其是东盟国家领导人和企业团体就共建海上丝绸之路进行深入探讨。吸引多方力量共建博鳌公共外交和人文交流平台。在博鳌打造海南侨胞、中国侨胞文化节，定期组织琼籍侨胞回乡探访活动，邀请海外侨胞参加每年举办的博鳌亚洲论坛，发挥海外侨胞和名人在博鳌公共外交和人文交流平台建设中的作用。

第四节　海南打造海上丝绸之路战略支点的政策需求

海南打造海上丝绸之路战略支点需要良好的政策环境。海南要在用足用好现有优惠政策的基础上，在产业开放、区域开放、综合配套政策等方面争取国家更多的政策支持，为海上丝绸之路战略支点建设典型良好的条件。

一、产业开放的重点政策需求

争取国家加大对海南海洋支柱产业和新兴海洋产业的政策支持，以产业开放带动海洋产业转型升级，为海上丝绸之路"南海基地"建设提供产业支撑。

（一）争取国家支持的南海旅游产业政策

1. 支持海南建设环南海地区邮轮旅游航线，争取开辟赴印度洋和太平洋周边国家的邮轮航线

充分利用我国的邮轮客源市场和环南海周边国家不断提升邮轮基础设施条件的有利时机，通过协商沟通，开通更多泛南海邮轮旅游航线，加强我国与南海周边国家的人员交流，扩大我国在东南亚的影响。条件允许时，进一步争取开辟赴印度洋和太平洋周边国家的邮轮航线。

2. 进一步放宽游艇在海南游览观光活动水域

对境外游艇进一步开放海口东营、琼海博鳌、万宁石梅湾、三亚海棠湾、三亚南山、乐东龙沐湾、昌江棋子湾、临高角八个海上游览景区，以丰富游艇旅游产品。

3. 支持海南实施鼓励邮轮在琼注册和停靠的优惠政策

协调中央金融机构为在海南注册的邮轮公司提供租船、买船的低息或贴息贷款。在海南注册的邮轮公司，购买中型以上新型邮轮予以税收优惠或财政性补贴。协调国家有关部委，减免邮轮进港时所需的海事、引航、关税等方面费用，降低邮轮公司的经营成本，吸引更多邮轮停靠海南邮轮码头。

推动实现外国籍邮轮"多港挂靠"政策突破。推动"多港挂靠"特许审批制度突破，争取实现"一次申请、长期有效"。允许外国籍邮轮经营国内航线，进一步丰富邮轮旅游产品。下放对境外游艇游览观光、比赛会展活动的临时开放水域的审批权。国家有关部委应进一步向海南下放审批境外游艇临时进入非开放水域的权限。

4. 进一步放活免税购物政策

逐步考虑放开离岛免税政策规定的"四限"，即增加离岛免税商品品种，增加离岛免税购物次数，适度放宽购物数量限制，适度提高上限额度。准予设立并开通离岛免税店的网上购物平台，来海南的旅客可通过网上购买离岛免税商品，在海南机场离岛时提货。根据旅客需求适当调整海南离岛免税店布局，在海南游客集中的区域再增加布局若干家

离岛免税店。

5. 推动出入境管理方面的改革

推动现有免签证政策与 72 小时过境免签有效衔接。积极探索实施免签团琼港澳三地自由行政策,允许已到香港、澳门的持有与我国建交国家的普通护照的外国人由港澳注册旅行社组团(2 人或 2 人以上),由岛内旅行社接待,可免签证由港澳来琼旅游 21 天。

6. 加强无人海岛旅游的开发和保护

争取国家允许将南海无人海岛旅游的开发和保护纳入海南国际旅游岛建设的整体规划,未来 3～5 年,借鉴"马尔代夫模式",制订无人海岛开发计划。探索在海南成立中国海岛开发总公司,在实行"保护为主,适度整岛开发"的前提下,允许和鼓励经营南海海洋国土的无人岛,把无人海岛开发成生态旅游岛。

(二) 争取国家支持的海洋渔业产业政策

1. 争取把海南省作为我国发展西中南沙渔业生产、维护南海权益的基地

同意海南在南沙建设综合渔港,解决渔民避风和补给需求,必要时可允许社会资本填海造地,建造渔用码头。在政策和税收上,允许并鼓励各类企业到南沙投资养殖基地。

2. 进一步扶持海南加大在西南中沙渔业资源的开发力度

在海洋捕捞渔船控制指标上给予大力扶持。进一步新增海南省发展西南中沙渔业生产渔船指标。放宽海南省渔船"双限"指标的限制,尤其是给予赴外海进行渔业生产的渔船指标优惠。国家从海洋捕捞渔船控制指标上给予倾斜,新增 80 吨以上外海捕捞渔船指标。

3. 扶持海南组建大型捕捞船队

国家可根据海南建设发展的需要,特批专项船网工具指标,扶持建造配备生产、冷藏、粗加工等先进设备的大中型捕捞渔船,加大南沙生产渔船更新改造资金补助力度。扶持海南省建造渔船赴西南中沙捕捞,增加海南省赴西南中沙渔业生产渔船的柴油补贴额度。

4. 支持海南与海上丝绸之路沿线国家开展远洋捕捞合作

争取中央支持海南渔业拓展海上丝绸之路，与南海周边地区以及附近印度洋、太平洋区域相关国家开展渔业捕捞合作，国家给予海南增加远洋渔船指标等政策，对外海和远洋捕捞船加大柴油财政补贴。

5. 支持海南加强南海渔业资源调查和水产育种科研建设

制定南海渔业资源调查的国家规划，由科技部、农业部、财政部组织实施，将南海渔业资源调查纳入到国家财政预算安排，以专项资金形式用于南海资源开展调查。农业部和财政部应专项支持在海南建设"国家级水产苗种南繁基地"和"热带水产苗种繁育高科技园区"，逐步构建遗传育种中心—良种场—育苗场等完善的热带水产育种体系。

6. 支持海南省建造南海执法船只

有计划地增加海洋执法船的建造数量，将造船计划列入中央财政预算。加大巡航力度，严厉打击外国渔船的侵渔行为。

7. 调整海域使用金中央与地方分成比例

随着南海资源开发与利用强度逐步加大，海洋管理成本也日渐增加，海洋日常管理、监察执法事务繁多，海域、海岸带、海岛及海洋生态修复工作所需资金投入量大。为此争取中央将海域使用金的中央与地方分成比例进行合理调整。

（三）争取国家支持的海洋油气产业政策

1. 争取国家层面尽快制订南海油气开发总体规划

对南海油气开发进行顶层设计，全面部署油气资源的基础调查、作业布局、服务基地等任务。争取国家相关部委牵头，海南地方部门参与和配合，成立专门服务于南海油气资源开发的"南海油气资源开发工作机制"，加大南海油气资源勘探力度。重点统筹规划建立海警、海事等海上力量在内的联动安全保障机制，为油气开发活动保驾护航。

2. 进一步支持海南参与南海油气开发，合理调整中央与地方南海油气开发收入分配比例

继续加大对南海油气资源开发与服务基地建设的支持力度，鼓励各种资本参与南海

开发建设。统筹建设服务保障基地,形成陆、海、空立体式补给链条,为南海油气开发提供有效保障,建设跨海天然气输送管道,拓宽南海油气资源市场。支持海南采取地方差别化税制,增加地方财政盈余,申请一定比例的国家财政返补资金,尤其是南海油气资源开发所产生的经济效益返补资金。

3. 争取中央将南海油气开发管理权部分下放给海南省

鉴于南海油气资源开发的迫切性和现实需要,当前在继续发挥海洋油气开发由国家统一管理的主渠道作用的同时,中央可将南海油气开发管理权部分下放给海南省。条件成熟时,争取中央授予海南省开发海域油气资源的自营开发和对外合作勘探开发权,加大对海南参与南海油气勘探开发的支持力度。争取成立以海南省为基地的开发公司积极参与南海油气矿产资源开发,税金和产值由海南省和中央政府共享。

4. 争取国家发改委、财政部和工信部等尽快设立南海深海采矿工程专项

在南海海域开展深水油气、可燃冰等矿产资源的大规模调查和勘探工作,积极支持与欧盟国家的海洋油气技术合作,率先开展海洋资源的科技勘探、合作考察等高水平科研活动。

5. 争取国家支持把洋浦作为面向东南亚的油品加工出口基地和储备基地

把洋浦列为国家南海油气综合开发基地,积极拓展石油加工产业链,发展石油的易货贸易和石油化工下游的深加工,为进入南海进行油气开发的中外石油勘探企业提供各类进口海洋石油生产设备的国际采购、集装分拆、加工维修、储存保税与配运业务。财政部应加大财政扶持力度,给予洋浦经济开发区一定的开发建设资金补助,交通部应继续大力支持洋浦基础设施建设,并按西部政策标准给予资金补助。争取中央在洋浦设立国家战略石油储备基地。建立多元化战略储备体系,进行原油储存,或充分发挥民间企业储备的功能,鼓励企业利用闲置的商业库容,增加石油储备。设立石油储备基金,对洋浦石油储备基地建设给予资金支持。

6. 支持海南在洋浦建设国际油品交易所

支持海南洋浦逐步建设以现货、远期、期货等为重点的国际石油石化产品交易中心,

对在海南洋浦开展油品交易的企业资质按照国际惯例审批。带动南海油气资源综合加工和仓储物流、金融等现代服务业发展。争取商务部支持,放宽对注册在洋浦的油气贸易公司的配额限制。争取中国人民银行支持,授予洋浦油品交易所一定额度的美元交易权限。

二、 区域开放的重点政策需求

以海洋产业开放带动以东盟国家为重点的区域开放,形成海南全方位开放新格局。

(一) 建立三亚海上丝绸之路临空自贸区政策需求

1. 争取中央批复三亚海上丝绸之路临空自贸区

争取全国政协与有关部委支持,就建立海南三亚海上丝绸之路临空自贸区作专题调研。在充分调研论证的基础上,争取中央批复同意设立三亚海上丝绸之路临空自贸区。

2. 扩大自贸区重点产业开放,扩大海洋产业开放

放宽中外合资、中外合作国际船舶运输企业的外资股比限制,由国务院交通运输主管部门制定相关管理试行办法。允许设立外商独资国际船舶管理企业。允许中资公司拥有或控股拥有的非五星旗船(五星旗船是指在中国船级社注册的挂中国国旗的船),先行先试外贸进出口集装箱在国内沿海港口和海南各港口之间的沿海捎带业务。扩大旅游产业开放。实行境外游客到海南旅游 120 小时免签证,试点东盟—中国海南单一签证。增加邮轮航线,给予外籍邮轮在航线审批上与中国籍船只同等待遇。允许设立自贸区免税店,放宽现有离岛免税政策限制。扩大商贸业开放。准许三亚港成为保税港区。准许在港区企业开展贸易大流通改革试点,并在国家层面给予指导、协调和支持。对推进扩大出口和贸易便利化的试点企业给予政策性金融支持。对试点企业开展进出口及相关金融业务给予支持。扩大金融产业开放。允许符合条件的外资金融机构设立外资银行,符合条件的民营资本与外资金融机构共同设立中外合资银行。允许自贸区内符合条件的中资银行开办离岸业务。准许设立非银行金融机构及证券、保险、期货等金融衍生品机构在区内设立分支机构。允许融资租赁公司兼营与主营业务有关的商业保理业

务。准许自贸区内有资质的企业开展基金、私募及其他类金融业务。在自贸区内尝试放开外汇管制,允许资金自由流动、跨境投融资自由化。扩大文化体育娱乐市场开放。引进一批国际影视盛典、国外奢侈品展览、国际游艇展览等大型国际性文化会展和娱乐节庆活动。用足用好竞猜型体育彩票和大型国际赛事即开彩票政策。争取国家支持,在CEPA框架下,加强海南与澳门在彩票业的管理和职业培训等领域的合作。

3. 实施与自贸区相配套的税收政策

促进投资的税收政策。对航空旅游、现代金融、热带农业、海洋资源开发等重点开放领域企业和符合条件的健康医疗、文化娱乐、信息服务等环境友好型企业,按15%的税率减征企业所得税。参照上海自贸区,对注册在自贸区内的企业或个人股东,因非货币性资产对外投资等资产重组行为而产生的资产评估增值部分,可在不超过5年期限内分期缴纳所得税。自贸区内企业以股份或出资比例等股权形式给予企业高端人才和紧缺人才的奖励,实行与中关村和上海自贸区相同的股权激励个人所得税分期纳税政策。促进贸易的税收政策。实施启运港退税、境外入境邮轮离岛退税。降低和简化跨境电商个人物品税率标准。将自贸区内注册的融资租赁企业或金融租赁公司在自贸区内设立的项目子公司纳入融资租赁出口退税试点范围。对自贸区内注册的国内租赁公司或租赁公司设立的项目子公司,从境外购买空载重量在25吨以上并租赁给国内航空公司使用的飞机,按5%征收进口环节增值税。允许租赁物进口关税、进口环节增值税随租金递延缴纳。在现行政策框架下,对自贸区内生产企业和服务企业进口所需的机器、设备、餐饮食材等予以免税。降低游艇进口关税,实行"放水养鱼"。对推进扩大出口和贸易便利化的试点企业予以政策性金融及税收支持。

(二)建立洋浦自由工业港区的政策需求

1. 把洋浦作为我国自由港区的先行试验区

洋浦在建设南海资源开发和服务基地、打造中国—东盟自由贸易区升级版、共建21世纪海上丝绸之路、保障国家能源安全和经济安全中具有不可替代的作用。洋浦是最接近自由港区体制的经济开发区,有条件建成符合国际惯例的、高度开放的新型自由工业港区。在洋浦经济开发区范围内,以油气综合开发为重点,以实行自由港区的发展模式为目标,把洋浦建成具有国际竞争力的现代化油气综合开发基地和新型工业基地,使其成为我国对外开放程度最高的自由工业港区。

2. 尽快研究制定洋浦自由工业港区的产业发展规划

在已有洋浦各种规划的基础上,在总的发展目标认可的前提下,尽快制定和通过洋浦自由工业港区产业发展规划。总体思路是"一个基地、三个集群",即把洋浦自由工业港区定位为中国南海油气综合开发基地,同时发展油气综合开发产业集群、现代物流产业集群和特色制造业产业集群。

3. 构建洋浦自由工业港区的管理体制

以服务于中国—东盟自由贸易区升级版为重要目标,采取"境内关外,一线放开,二线管住,高度开放"的总原则。推进区港一体化,工业区与港口相互依存,共同发展。发展以油气综合开发为主体的产业集群。统一协调,高效管理。通过人大立法,建立依法管理的体制。在微观管理层面,建立政府主导、政企分开型管理体制。在地方监管层面建立独立性直接监管体制。在管理机构设置上,建立精干、高效、廉洁的管理机构。

(三) 发挥博鳌区域合作与文化交流基地的政策需求

1. 充分发挥博鳌在海上丝绸之路中的文化交流基地作用

在每年的博鳌论坛上设立"海上丝绸之路"分论坛,使其成为机制化的交流平台,对海南参与海上丝绸之路建设进行专题研讨,发出海南的声音,提升海南在海洋问题上的话语权和国际影响力。

2. 在时机成熟的条件下建立南海问题高层论坛

设立高层定期对话机制,会议地点可以放在博鳌,为和平解决南海争端创造良好的政治氛围。

3. 在博鳌建立南海合作研究中心

重点围绕南海务实合作展开共同研究,推动与周边国家拓展海洋科技合作、环境保护及防灾减灾等方面的国际合作研究,为解决合作开发南海资源提供智力支持。

三、 三沙市建设发展的重点政策需求

（一） 制定援助三沙市建设发展总体规划

参照我国实施多年的援建新疆和西藏等地区的成功经验和做法,加快制定并实施国家各部委和各省(直辖市)援助三沙市建设的总体规划,以促进三沙海洋开发进程和社会经济全面发展,为有效维护我国在南海的海洋权益提供必备的后勤保障。

（二） 支持三沙打造 21 世纪海上丝绸之路公共安全综合服务平台

建立集海洋观测预报、海洋灾情预警、海上执法管控、海上搜救、海洋渔业安全生产指挥、渔船管理等多功能为一体的南海海洋与渔业指挥管理系统,构建高效应急救助体系。建设海上交通、货物交流、气象监测服务系统,使之成为海上公共安全综合服务平台和建设南海海上丝绸之路的重要支点。争取国家发改委、财政部将三沙应急救援基地建设项目纳入正在编制的三沙区域发展规划和中央支持三沙市的建设专项中。

（三） 支持三沙市推进立法工作

全国人大常委会指导海南省人大常委会依法加强三沙相关立法工作。全国人大常委会在相关立法时,充分考虑三沙海域岛礁建设发展的特殊性,条件成熟时,研究以特殊方式授权三沙市人大特别立法权,为三沙依法维权奠定坚实基础。

（四） 争取在三沙建设国家海洋公园

争取由国家海洋局牵头,海南地方部门参与和配合,尽快组织编制在三沙建立国家海洋公园的总体规划。在西南中沙群岛及其海域范围内选择一批条件较好的地区,开展前期各项工作。

四、综合政策需求

建设"南海基地"涉及面广,需求多,任务重,应综合财政、金融、用海等多种政策手段,发挥政策的杠杆作用,着力推进项目实施和综合保障。

（一）争取财政政策需求

争取中央财政加大支持力度,助推南海开发。争取中央财政安排专项资金,支持南海开发和海洋产业发展。争取通过战略性新兴产业发展专项资金、海域使用金、海洋公益性行业科研专项经费、高等学校创新能力提升计划专项资金对海南海洋成果转化类和海洋产业公共服务平台类等项目进行支持。争取国家财政继续加大对南海渔船更新改造项目的扶持。积极争取国家对海南海洋经济发展税收政策支持,加大对涉南海开发企业的税收减免力度。争取国家加大财政投入促进海洋信用担保业和保险业发展。争取从国家层面通过制度设计与政策引导,推动金融机构拓展海洋金融业务,完善海洋产业的资本市场融资机制,并通过加大财政投入促进海南海洋信用担保业和保险业发展,特别是船舶保险、海上货运险、保证保险、航运再保险市场发展。争取中国—东盟海上合作基金对海南的支持和倾斜。推动海南在"基金"框架下参与中国与东盟海上务实合作项目,争取外交部和财政部对海南在海洋环保、海上搜救、综合服务等合作项目和资金上的支持。

（二）金融政策需求

争取国家支持拓宽南海开发投融资渠道。支持国内外金融企业依法在海南设立机构。鼓励银行等金融机构加大对南海基地重点领域、重点项目、重点企业的信贷资金投放力度,开展船舶、海域使用权等抵押贷款。支持涉海企业发展企业债、公司债、短期融资券和中期票据等债务融资工具。支持符合条件的涉海企业在境内外发行股票上市融资。加大信贷投放支持南海开发建设的力度。完善金融支持南海开发的服务机制,支持南海资源开发建设。鼓励商业银行开辟南海开发建设专项贷款,优先安排重点项目建设,保证信贷资金供给。探索银行信贷支持海洋产业的途径与方式,鼓励商业银行开展战略合作,为南海开发提供银团贷款支持。争取中国人民银行、中国银监会等国家部委政策支持,积极与国家开发银行等大型银行开展合作,争取南海开发信贷支持。拓宽南海开发融资渠道。争取国家支持海南搭建以国有资本为主导,充分发挥民间资本和国际财团力量,多种经济成分参与的南海投融资平台,推进地区间、国际间合作,在更大范围内积蓄人力、财力、物力。支持符合条件的海洋产业相关企业上市和发行债券,推动设立海洋产业相关投资基金。探索在我省设立旅游产权等各类资本要素交易市场,促进南海资源要素的合理配置和流动。支持海洋产业利用融资租赁实现设备升级改造,促进区域金融资源合理流动和优化配置。建立健全南海开发政策性保险制度。争取保监会加强对南海开发有关保险业务的支持力度,积极保障南海渔业、油气和旅游等开发主体和个人的生命财产安全。

(三)用海政策需求

进一步争取国家在围填海指标和海域使用金分配上给予海南政策倾斜,创新优化用海审批程序,以满足重点项目和特殊项目用海需求。

(四)自由贸易政策需求

争取全国政协支持,就海南建立自由贸易区进行专题调研。抓住当前两岸经贸往来日益密切的有利时机,以国际旅游岛为平台,争取中央支持,推动琼台农业项下自由贸易,就农业项下的自由贸易问题主动与台湾有关方面直接对话磋商。

(五)海上救援的政策需求

考虑到南海应急救援基础设施建设对南海海域防灾减灾、海上应急救援和抗御应急突发事件的重大意义,争取国家发改委等有关部委应尽快帮助海南推进南海应急救援基础设施建设项目立项,并安排建设资金支持项目建设。

（六）科技和人才政策需求

进一步争取国家对海南涉海科研项目的政策扶持和倾斜。扩大对海南涉海开发人才的特殊优惠政策和激励机制。进一步争取国家级科研院所和知名高校来海南建立海洋研发机构，将海南打造为国家海洋科研基地和人才高地。

（七）生态补偿政策需求

争取国家提高对海南的生态补偿标准和补偿额度，加大对海南一般性转移支付力度和生态补偿专项资金支持力度。支持海南开征生态环境税，作为地方税种，用以支持海南生态保护。

参 考 文 献

[1] 人民网—人民日报. [2015-08-01]. http://www.people.com.cn/.

[2] 陈世清. 对称经济学术语表(一). 中国改革论坛, [2015-08-06]. http://www.chinareform.org. cn/people/C/chenshiqing/Article/201504/t20150418_223286.htm.

[3] 中国经济网—经济日报. [2015-08-07]. http://www.ce.cn/.

[4] 新华网. [2015-08-10]. http://www.xinhuanet.com/.

[5] 海南日报. [2015-08-15]. http://hnrb.hinews.cn/.

[6] 海南国际旅游岛. [2015-08-19. http://www.hsyq.cn/.

[7] 今日海南. http://www.hainan-today.com/.

[8] 南国都市报. [2015-08-22]. http://ngdsb.hinews.cn/.

[9] 李国强. 南中国海研究: 历史与现状. 哈尔滨: 黑龙江教育出版社, 2003.

[10] 周东旭. 社科院专家介绍各国对南海实际控制与石油开采情况. 凤凰网. [2015-08-17]. http:// news.ifeng.com/mainland/special/nanhaizhengduan/content-1/detail_2011_06/14/ 7007098_0. shtml.

[11] 中国海洋法学评论, 2013 年卷第 1 期. http://colr.xmu.edu.cn/_upload/ article/files/db/d6/ 2f940d37426297211d577a905c41/867c3d87-d0cd-4068-8bd6-0511eab495e3.pdf.

[12] 科技文汇, 2015(6(上)).

[13] 地域研究与开发, 2006, 25(1).

[14] 海南省人民政府网. [2015-09-10]. http://www.hainan.gov.cn/.

[15] 管媛媛. 海南国际旅游岛文化建设研究[D]. 海口: 海南师范大学, 2013.

[16] 陈海鹰. 海南省生态旅游可持续发展研究[D]. 武汉: 华中师范大学, 2007.

[17] 华南热带农业大学学报, 2002, 8(2).

[18] 国务院办公厅. 国务院关于推进海南国际旅游岛建设发展的若干意见(国发〔2009〕44 号). [2015-08-26]. http://www.gov.cn/zwgk/2010-01/04/content_1502531.htm.

［19］ 海南省政协建议：打造 21 世纪海上丝路南海基地. 新华网海南频道. ［2015-09-01］. http://www. hq. xinhuanet. com/news/2015-01/23/c_1114098280. htm.

［20］ 民俗研究,1995(1).

［21］ 旅游学刊,2001(4).

［22］ 杨寿川. 云南民族文化旅游资源开发研究. 北京：中国社会科学出版社,2003.

［23］ 唐胄. 正德琼台志. 海口：海南出版社,2006.

［24］ 周伟民,唐玲玲. 历代文人笔记中的海南. 海口：海南出版社,2006.

［25］ 万历琼州府志. 海口：海南出版社,2003.

［26］ 世界宗教研究,2014(2).

［27］ 康熙广东通志·琼州府. 海口：海南出版社,2006.

［28］ 广东民族学院学报(社会科学版),1991(3).

［29］ 白寿彝. 中国交通史. 北京：商务印书馆,1993.

［30］ 南海学刊,2015(1).

［31］ 陈天锡,郑资约、杨秀靖. 南海诸岛三种. 海口：海南出版社,2004.

［32］ 方舆胜览·海外四州//乐史,等. 地理志·海南. 海口：海南出版社,2006.

［33］ 陈植. 海南岛新志. 海口：海南出版社,2004.

［34］ 咸丰琼山县志. 海口：海南出版社,2004.

［35］ 康熙琼山县志. 海口：海南出版社,2006.

［36］ 乾隆琼山县志. 海口：海南出版社,2006.

［37］ 康熙临高县志. 海口：海南出版社,2004.

［38］ 道光广东通志·琼州府. 海口：海南出版社,2006.

［39］ 昌化县志. 海口：海南出版社,2004.

［40］ 嘉庆澄迈县志. 海口：海南出版社,2004.

［41］ 康熙澄迈县志. 海口：海南出版社,2006.

［42］ 王向红. 海南岛与东南亚交流史. 海口：南方出版社,2013.

［43］ 姚燧. 牧庵集：卷十二. 北京：中华书局,1985.

［44］ 程钜夫. 雪楼集：卷二十. 北京：中国书店, 2011.

［45］ 元史：卷十四. 北京：中华书局,1976.

[46] 康熙琼郡志. 海口：海南出版社,2006.

[47] 康熙琼州府志. 海口：海南出版社,2006.

[48] 古今图书集成·琼州府部//乐史,等. 地理志·海南. 海口：海南出版社,2006.

[49] 民国广东通志未成稿·海南(二种). 海口：海南出版社,2006.

[50] 民国琼山县志. 海口：海南出版社,2004.

[51] 咸丰文昌县志. 海口：海南出版社,2003.

[52] 乾隆崖州志. 海口：海南出版社,2006.

[53] 琼脂钩沉(三种). 海口：海南出版社,2006.

[54] 康熙乐会县志;宣统乐会县志. 海口：海南出版社,2006.

[55] 康熙文昌县志. 海口：海南出版社,2003.

[56] 万历儋州志. 海口：海南出版社,2004.

[57] 万历广东通志·琼州府. 海口：海南出版社,2006.

[58] 民国文昌县志：下册. 海口：海南出版社,2003.

[59] 光绪琼山乡土志. 海口：海南出版社,2004.

[60] 宣统定安县志(外一种). 海口：海南出版社,2004.

[61] 牛志平,等. 海南文化史. 海口：海南出版社,2008.

[62] 吴华. 星洲琼籍人士之今与昔//新加坡琼州会馆庆祝成立一百三十五周年纪念特刊. 新加坡：
     琼州会馆,1989.

[63] 王桢华. 琼海市华侨志. 北京：中国文联出版社,2007.

[64] 海南百科全书编纂委员会. 海南百科全书。北京：中国大百科全书出版社,1999.

[65] 文昌市地方志编纂委员会. 文昌县志. 北京：方志出版社,2000.

[66] 潘干. 琼山县最早出洋帆船的兴衰史//琼山文史资料：第5期,1989.

[67] 泰国海南会馆史略：由海南史地文化及乡侨出洋经过述起(三)海南人出洋及抵暹之经过//泰国
     海南会馆卅四年周年纪念特刊,1980：34.

[68] 冯子平. 走向世界的海南人. 北京：中国华侨出版社,1992.

[69] 苏云峰. 海南历史论文集. 海口：海南人民出版社,1992.

[70] 苏云峰. 东南亚琼侨移民史//海南历史论文集. 海口：海南出版社,2002.

[71] 新加坡琼州会馆秘书处. 新加坡琼州会馆天后宫史略//新加坡琼州会馆庆祝成立一百三十五周

年纪念特刊. 新加坡：琼州会馆,1989.

[72] 韩槐准. 琼州南洋交通考. 琼州会馆联合会报,第一卷第一期.

[73] 徐善福. 十七—十九世纪的越南南方华侨//华侨史论文集：第 1 集. 广州：暨南大学华侨研究所,1981.

[74] 张荫桓《三洲日记》.

[75] 王振春. 海南回民情系邦国. 南洋商报,1997-03-16.

[76] 光绪十五年琼州口华洋贸易情形论略//中国旧海关史料(1859—1948)：第 15 册. 北京：京华出版社,2001.

[77] 光绪二十八年琼州口华洋贸易情形论略//中国旧海关史料(1859—1948)：第 36 册. 北京：京华出版社,2001.

[78] 林日举,李琼兴. 外国资本主义侵琼及岛内人民的抗争. 琼州大学学报,1998(4)：98.

[79] 《后汉书》卷一一六《西南夷传》.

[80] 伯希和. 交广印度两道考. 冯承钧,译. 北京：中华书局,2003：88-89.

[81] 《后汉书》卷一一八《西域·天竺传》.

[82] 《汉书》卷二八下《地理志》.

[83] 法显《佛国记》.

[84] 王元林,邓敏锐. 明清时期海南岛的妈祖信仰. 海南大学学报(人文社会科学版),2004,22(4)：381-386.

[85] 吴华. 世界海南组织资料汇编. 马来西亚海南会馆联合会,2009.

[86] Anthony Reid. Southeast Asia in the Age of Commence 1450—1680：Vol Ⅱ. Yale University Press,1993：97.

[87] 李荣陵. 沙捞越人口及其聚落. 星洲日报,1986-07-19.

[88] David Bulbeck, Anthony Reid, Lay Cheng Tan, et al. Southeast Asian Exports since the 14th Century：Cloves, Coffee and Sugar. Leiden：KTLV Press, 1998：81.

[89] 黄省曾. 西洋朝贡点录·渤泥. 北京：中华书局,2000.

[90] 赵汝适. 诸蕃志. 北京：中华书局,2000.

[91] 郑一钧. 论郑和下西洋. 北京：海洋出版社,1985.

[92] 《明史·岳镇海渎山川之祀条》卷四九.

[93] 《明史·李泥列传》卷三二五.

[94] 雍正《广东通志》卷五十七.

[95] 顾炎武《天下郡国利病书》卷一二.

[96] 海南省文物保护管理委员会. 海南省的考古发现与文物保护//文物考古工作十年. 北京：文物出版社,1990.

[97] 王克荣. 海南岛的主要考古发现及其重要价值. 海南黎族苗族自治州博物馆馆刊,1987(创刊号).

[98] 《宋史》第四百八十九卷.

[99] 《汉书·地理志》.

[100] 海南地方志编纂委员会. 海南地方志丛刊. 海口：海南出版社,2004.

[101] 马欢. 瀛涯胜览. 北京：中华书局,1955.

[102] 屈大均. 广东新语. 北京：中华书局,1985.

[103] 冯承钧. 诸蕃志校注. 上海：商务印书馆,1940.

[104] 周去非. 岭外代答. 北京：中华书局,1999.

[105] 严如煜《海防辑要》卷六"广东".

[106] 《太平寰宇记·岭南道·广州》卷一百五十六.

[107] 《后汉书·南蛮西南夷列传》卷八十六.

[108] 韩振华. 我国南海诸岛史料汇编. 北京：东方出版社,1988.

[109] 李熙篆修《琼山县志》卷二,民国重印本.

[110] 《元史》卷九一. 北京：中华书局,1976.

[111] 张燮. 东西洋考. 北京：中华书局,1981.

[112] 彭德清. 中国航海史. 北京：人民交通出版社,1988.

[113] 梁廷枏. 粤海关志. 广州：广东人民出版社,2002.

[114] 道光琼州府志：卷十七. 海口：海南出版社,2006.

[115] 祝穆. 方舆胜览·海外四州. 海口：海南出版社,2006.

[116] 陈炎. 海上丝绸之路与中外文化交流. 北京：北京大学出版社,2002.

[117] 张炜,方堃. 中国海疆通史. 郑州：中州古籍出版社,2002.

[118] 刘迎胜. 丝路文物·海上卷. 杭州：浙江人民出版社,1995.

[119] 韩振华. 南海诸岛史地考证论集. 北京, 中华书局, 1981.

[120] 向达. 两种海道针经. 北京：中华书局, 2000.

[121] 《宋会要辑稿·食货》.

[122] 王象之《舆地纪胜》卷一二四"琼州".

[123] 《钦定大清会典则例》卷一一四"海禁".

[124] 蓝鼎元《论南洋事宜书》,《鹿洲初集》卷三.

[125] 明清《实录》中的海南. 海口：海南出版社, 2006.

[126] 二十五史中的海南. 海口：海南出版社, 2006.

[127] 刘迎胜. 丝绸之路. 南京：江苏人民出版社, 2014.

[128] 席龙飞. 中国造船史. 武汉：湖北教育出版社, 2000.

[129] 张静芬. 中国古代的造船与航海. 北京：商务印书馆, 1997.

[130] 布尔努瓦. 丝绸之路. 耿昇, 译. 济南：山东画报出版社, 2001.

[131] 张一平. 海南历史文化大系·历史卷. 海口：海南出版社, 2008.

[132] 张一平. 南海知识丛书. 桂林：广西师范大学出版社, 2011.

[133] 张一平. 南海研究丛书. 广州：暨南大学出版社, 2012.

[134] John Crawford. A Descritive Dictionary of the Indian Islands & Adjacent Countries. London：Oxford University Press, 1971：68-70.

[135] Boxer C R. War and Trade in the Indian Ocean and the South China Sea：1600—1650// Portuguese Conquest and Commerce in Southern Asia：1500—1750. London：Variorum Reprints, 1985：Ⅵ.

[136] Hussainmiya B A. Sultan Omar Ali Saifuddin Ⅲ and Britain：The making of Brunei Darussalam. Kuala Lumpur：Oxford University Press, 1995.

[137] Saunders G. A History of Brunei. Kuala Lumpur：Oxford University Press, 1994.

[138] Craig A Lockard. Southeast Asia in World History. Oxford University Press, 2009.

[139] Brian Harrison. South-East Asia：a history. St. Martin Press, 1972.

[140] Martin Stuart-Fox. A Short History of China and Southeast Asia：Tribute, Trade and Influence. National Library of Australia, 2003.

[141] 海南省地方史志办公室. 海南省志. 海口：南海出版公司, 2011.

[142]　清严如煜《海防辑要》卷六"广东".

[143]　乾隆琼州府志. 海口：海南出版社,2006.

[144]　光绪崖州志. 海口：海南出版社,2006.

[145]　林日举. 海南史. 长春：吉林人民出版社,2002.

[146]　陈铭枢. 海南岛志. 海口：海南出版社,2004.

[147]　小叶田淳. 海南岛史. 广州：中国科学院广东民族研究所,1964.

[148]　费信. 星槎胜览. 北京：中华书局,1954.

[149]　杨孚. 异物志. 北京：中华书局,1985.

[150]　陈天锡. 西沙岛成案汇编. 海口：海南出版社,2003：25-26.

[151]　沈鹏飞. 调查西沙群岛报告书. 广州：中山大学,1928：107-113.

[152]　海军部二十三年三月份重要工作概况. 海军杂志,1934,6(8)：9-11.

[153]　李明春. 从海洋文化史看经略海洋. 中国海洋报. 2005-12-24.

[154]　郑资约. 南海诸岛地理志略. 上海：商务印书馆,1947.

[155]　姚伯初. 南海地质调查报告. 南海地理志,1976.

[156]　李金明. 南沙争端与国际海洋法. 北京：海洋出版社,2003

[157]　李金明. 21世纪的南海主权研究的新动向. 南洋问题研究,2001(1)：80-96.

[158]　马汉. 海权论. 萧伟中,梅然,译. 北京：中国言实出版社,1991.

[159]　兹比格纽·布热津斯基. 大棋局. 上海：上海人民出版社,1998.

[160]　孙光圻. 中国古代航海史. 北京：海洋出版社,1989.

[161]　韩振华. 南海诸岛史地研究. 北京：社会科学文献出版社,1996.

[162]　马大正. 中国边疆经略史. 郑州：中州古籍出版社,2000.

[163]　冯梁,王维,周亦民. 两岸南海政策：历史分析与合作基础. 世界经济与政治论坛,2010(4)：1-13.

[164]　贾宇. 南海断续线的法律地位. 中国边疆史地研究,2005(2)：112-120.

[165]　李金明. 南海问题的最新动态与发展趋势. 东南亚研究,2010(1)：35-41.

[166]　何忠龙,任兴平,罗宪芬,等. 中国海岸警卫队组建的可行性分析. 海洋开发与管理,2007,24(3)：84-87.

[167]　海南要做好海洋这篇大文章. 海南日报. 2011-03-18.

[168] 李军. 宋元"海上丝绸之路"繁荣时期广州、明州(宁波)、泉州三大港口发展之比较研究. 南方文物，2005(1)：76-82.

[169] 陈炎. 海上丝绸之路(一)："丝绸之路"由陆地转向海洋. 瞭望周刊,1984(36).

[170] 李金明. 从水下考古发现看中国古代海上丝绸之路的发展. 海洋文化与福建发展,2011.

[171] 张福将,张慧. 中国海军百科全书. 北京：海潮出版社,1998.

后　记

　　2014 年初,根据王路副省长的指示精神,中共海南省委党史研究室(海南省地方志办公室)围绕中心,服务大局,充分发挥部门专业与资源的优势,借助社会力量,正式启动"海南与海上丝绸之路"课题研究,以期更好地发挥资政作用。3 月 13 日,毛志华主任主持召开"海南与海上丝绸之路"课题研究座谈会,召集海南师范大学、中国南海研究院、海南省委党校等专家学者进行研讨。同月,与海南省南海区域文化研究基地张一平和中国(海南)改革发展研究院海洋经济研究所刘锋达成合作意向。4 月 9 日,受毛志华主任委托,海南省委党史研究室(海南省地方志办公室)副主任陈波到北京与中国社会科学院中国边疆史地研究中心主任邢广程研究员商讨合作研究事宜。

　　6 月 13 日,中国地方志指导小组成员、中国社会科学院中国边疆史地研究中心主任邢广程研究员到海南商谈合作研究课题,并达成合作意向。经过参与单位和有关专家学者的共同努力,2015 年 10 月,完成约 40 万字的撰稿任务。陈波、李润珍、陈家传参加统审和修改工作,最后由毛志华主任审定全书,结集出版。

　　本课题组组长为海南省委党史研究室(海南省地方志办公室)主任毛志华,中国社会科学院边疆研究所所长邢广程。

　　参加本课题撰稿人员如下:张一平、王晓鹏、刘锋、李润珍、周伟、王志强、丘刚、阎根齐、赵全鹏、邢寒冬、唐若玲、林敏、孙佳梅、郑泽民、胡素萍、王育龙。

　　陈波、孙宏年、侯毅、陈家传参加本课题的组织协调工作。本书在编写过程中,得到海南省副省长王路的高度重视和大力支持,中共海南省委党史研究室(海南省地方志办公室)副主任许达民、中国社会科学院边疆史地研究所、中国南海研究院、海南大学、海南师范大学、中国(海南)改革发展研究院、海南省委党校等单位和个人给予了大力支持和热情帮助,在此一并表示感谢。

由于编写者水平有限,书中难免存在不足之处,希望广大读者批评指正。

中共海南省委党史研究室(海南省地方志办公室)

2015 年 11 月